한길그레이트북스

인 류 의 위 대 한 지 적 유 산

GB
한길그레이트북스

인류의 위대한 지적유산

마르틴 하이데거

칸트와 형이상학의 문제

이선일 옮김

한길사

인류의위대한지적유산

Martin Heidegger

Kant und das problem der Metaphysik

Translated by
Lee, Sun-il

이성 일변도로 치닫던 서구의 전통 형이상학을 뒤흔든 20세기 철학의 거장
마르틴 하이데거(1889~1976)

이마누엘 칸트

하이데거는 칸트의 『순수이성비판』에 대한 해석을 통해 칸트와의 '고약스런 대화'를 시도
하고 있다. 『칸트와 형이상학의 문제』에서 하이데거는 칸트가 명확히 말했던 내용만을 문
제삼는 주석가의 입장에 머물지 않고 "칸트가 말하고자 했던 바"를 말하도록 강요하는 해
석학적 모험을 감행한다.

Critik
der
reinen Vernunft

von
Immanuel Kant
Professor in Königsberg.

Riga,
verlegts Johann Friedrich Hartknoch
1781.

칸트의 제1주저인 『순수이성비판』
기존의 신칸트주의가 칸트의 『순수이성비판』을 인식론으로 해석한 반면 『칸트와 형이상학의 문제』에서 이 제1주저를 하이데거는 형이상학을 정초한 작품으로 해석한다. '형이상학의 정초'란 기존의 형이상학에 새로운 토대를 마련하는 정도가 아니라 형이상학 자체를 새로이 기획함을 의미한다.

『칸트와 형이상학의 문제』 제1판 소장본에 적혀 있는 하이데거의 친필원고

한때 휴가에 동행할 정도로 사제의 정이 두터웠던 후설과 하이데거
후설은 자신에게 헌정된 『존재와 시간』을 보고 놀라움과 실망감을 금치 못했다. 그의 기대와는
달리 하이데거의 철학은 의식의 현상학이 아닌 현존재의 현상학이었기 때문이다.

(위) 1929년 이래 하이데거가 몸담았던 프라이부르크 대학
하이데거는 이 대학의 총장을 지내기도 했지만 이때 그가 취하였던 정치적 입장으로 인해 오점을 남기기도 했다.
(아래) 토트나우베르크 산장
산장 주변의 들과 숲길을 거닐면서 하이데거는 존재로부터 들려오는 목소리를 경청했다. 이 산장은 그의 존재
사유가 펼쳐진 산실이었다.

하이데거가 격찬한 클레의 「죽음과 불」

하이데거는 프라이부르크 대학에서 '파울 클레'에 대한 강연을 할 정도로 클레와 그의 작품세계에 깊이 매료되어 있었다.

고대의 철학자들인 헤라클레이토스, 소크라테스, 아리스토텔레스, 플라톤(왼쪽부터 시계방향)

하이데거는 현대 과학기술문명을 서구 전통 형이상학의 종말이자 완성으로 해석한다. 따라서 하이데거는 서구 전통 형이상학의 모태인 플라톤과 아리스토텔레스의 철학과 역사적 대결을 시도한다. 이러한 대결을 통해 그는 서구 형이상학의 근원에 아직 숨쉬고 있는 남겨진 가능성을 사유한다.

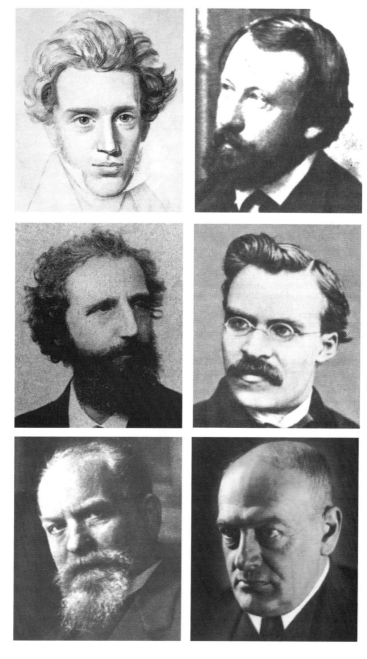

하이데거의 존재사유를 이끌던 선배 철학자 키에르케고르, 딜타이, 니체, 셸러, 후설, 브렌타노(왼쪽부터 시계방향) 하이데거에게 아리스토텔레스를 알려주었던 이가 브렌타노라면, 후설은 현상학적 방법을 전수하였고 딜타이는 존재물음을 인간의 삶과 연관시키는 계기가 되었다. 키에르케고르는 삶의 본래성을 불안 속에서 추구하도록 한 모델이었고 셸러의 철학적 인간학은 인간의 존재를 이성주의적 전통에서 벗어나 심연에서부터 해명하려는 하이데거의 사유를 열어준 지평이었다. 마지막으로 니체는 전통적 형이상학을 초극하여 새로운 철학적 시원을 모색하던 하이데거의 영원한 맞수였다.

(위) 한때 하이데거의 절친한 친구이자 철학적 동료였던 야스퍼스
그러나 둘은 나치와 관련된 정치적 문제로 인해 결별했다. 두 사람 사이의 존경과 오해의 문제는 오늘의 우리가 풀어야 할 숙제다.

(아래) 1929년 스위스 다보스 대학에서 소장철학자인 하이데거와 일대 논쟁을 펼쳤던 카시러
이 논쟁은 칸트의『순수이성비판』을 둘러싼 논쟁이었을 뿐 아니라 인간, 죽음, 유한성 등의 문제를 통해 두 철학자 간의 입장 차이를 극명히 보여주었다.

하이데거의 영향을 받았던 현대 철학자들인 사르트르, 하버마스, 데리다, 푸코(왼쪽부터 시계방향)
하이데거를 긍정하든 부정하든 현대 철학은 하이데거를 중심으로 전개된다. 하이데거 철학을 실존주의로 해석한 사르트르는 물론 오늘날 현대·탈현대 논쟁을 주도하는 하버마스, 푸코, 데리다는 모두 하이데거의 영향을 받은 인물이다. 사르트르의 '저주받은 자유의 불안'이나 하버마스의 '현대의 미완성' 안에는 그리고 푸코나 데리다류의 '권력음모의 해체철학' 안에는 모두 하이데거의 존재사유가 도사리고 있다.

옮긴이 **이선일**은 서울대학교 철학과를 졸업하고 같은 대학교 대학원에서
철학박사학위를 받았다. 지금은 인하대 · 서울 시립대 철학과 강사이며,
서울대학교 철학사상연구소 특별연구원으로 있다. 주요 논문으로는
「하이데거의 기술의 문제」「하이데거와 현대성 비판의 문제」
「환경철학과 하이데거의 존재사유」외 다수가 있으며,
역서로는 『이데올로기의 시대』(헨리 에이킨, 서광사, 1986),
『마르크스 레닌주의의 실천논쟁』(편역, 거름, 1989),
『사랑이란 무엇인가』(편역, 둥지, 1996) 등이 있다.

GB
한길그레이트북스

인류의 위 대 한 지 적 유 산

마르틴 하이데거

—

칸트와 형이상학의 문제

—

이선일 옮김

한길사

칸트와 형이상학의 문제

차례

부록

일러두기

1. 이 책은 Martin Heidegger(1889~1976)의 *Kant und das Problem der Metaphysik* 제5판(1991)의 번역이다.
2. ' '은 독자들의 이해를 돕기 위해 옮긴이가 붙인 표시이다.
3. [ ] 안의 내용은 독자들의 이해를 돕기 위해 옮긴이가 덧붙인 것이며, 더러는 옮긴이의 간단한 주석이기도 하다.
4. 본문 중 a, b, c ……로 표시된 주는 하이데거 자신의 제1판 소장본에 적혀 있던 난외주석들이다.

하이데거의 칸트 읽기: 역사학적 칸트와 하이데거적 칸트

이선일 서울대 철학사상연구소 선임연구원

1. 여는 말

『칸트와 형이상학의 문제』[1](1929)는 하이데거 스스로가 해석의
폭력성을 인정할 정도로 많은 논란을 일으킨 작품이다. 특히 이
작품 속에는 '역사학적 칸트'와 '하이데거적 칸트'가 혼재되어 있기
에, 참으로 어디까지가 역사학적 칸트이고 어디부터가 하이데거적
칸트인지의 여부가 불투명할 정도이다. 이런 까닭에 이 작품은 칸
트를 의도적으로 왜곡한 작품으로 폄하되기도 한다. 다보스 대학
강좌(1929)에서 하이데거와 논쟁을 벌인 바 있던 카시러(Ernst
Cassirer)가 『하이데거의 칸트 해석에 대한 서평』에서 하이데거
를 칸트 철학에 대한 주석가로서 평가하지 않고 오히려 자신의 철
학적 목적을 위해 칸트의 체계를 이용한 찬탈자로 혹평하였음은 주
지의 사실이다.[2]

---

1) Martin Heidegger, *Kant und das Problem der Metaphysik*, Fünfte,
   vermehrte Auflage, Vittorio Klostermann, Frankfurt am Main, 1991.
2) Pierre Aubenque, "The 1929 debate between Cassirer and Heidegger",
   MARTIN HEIDEGGER: CRITICAL ASSESSMENTS II(edited by

그러나 하나의 동일한 사태에 대해서도 엇갈린 평가가 가능하다. 찬탈자를 어떤 관점에서 보느냐에 따라 찬탈자가 해석학적 모험가로 탈바꿈한다. 아울러『칸트와 형이상학의 문제』도 철학적 문헌에 독특하게 기여한 작품으로 자리 매김된다. 이 작품이 이제는 주요한 역사적 인물의 사상을 해석함에 있어 해석자 자신의 철학적 기본구조가 분명히 드러난 유일한 예로 격상된다.[3]『칸트와 형이상학의 문제』는 단순히 '역사학적 칸트'를 복원하는 작품이 아니라 오히려 '칸트와의 역사적 대결'을 통해 하이데거가 자신의 기초존재론적 이념의 필연성을 입증하고자 했던 작품으로 인정받는다. 그런 까닭에 리처드슨(W. J. Richardson)은『칸트와 형이상학의 문제』에서 시도된 하이데거의 칸트 해석을 칸트의 고전적 언어로 하이데거의 현존재(現存在)의 이념을 소개한 "『존재와 시간』에 관한 최고의 권위적 해석"[4]으로 평가한다.

하나의 텍스트에 대한 해석의 가능성은 열려 있다. 해석자는 자신의 의도 하에서 또 자신의 구도에 따라 하나의 텍스트를 자기의 것으로 획득하고자 노력한다. 이에 따라 하나의 텍스트에 대해 다양한 해석이 펼쳐진다. 따라서 하이데거가 칸트 철학에 대한 찬탈자에 그치고 말았다는 성급한 판단만큼은 유보되어야 한다. 오히려 우리는『칸트와 형이상학의 문제』가 본래는『존재와 시간』의 미간행(未刊行) 제2부 "존재론의 역사에 대한 현상학적 해체작업"[5]의 한 부분으로서,『존재와 시간』에서 제기된 존재물음이 오해에 부딪

Christopher Macann), Routledge, 1992. 218쪽 참조.

3) Christopher Macann, "Hermeneutics in theory and in practice", *MARTIN HEIDEGGER: CRITICAL ASSESSMENTS* II(edited by Christopher Macann), Routledge, 1992. 222쪽 참조.

4) W. J. Richardson, *HEIDEGGER, Through Phenomenology to Thought*, Martinus Nijhoff, 1974. 106쪽.

5) M. Heidegger, *Sein und Zeit*, GA 2, 53쪽.

혔을 때 "존재물음의 대변자를 칸트에게서 찾기 위한 피난처"(이 책의 58쪽)의 구실을 한 작품임을 주목해야 한다.

우리의 논의를 앞질러 말하자면, 하이데거는 칸트의 명확한 언표 내용만을 문제삼는 주석가의 입장을 넘어서 칸트가 말하고자 했던 의중을 말하도록 강요하는 해석학적 모험을 감행한다. 해석학적 모험가는 칸트가 서 있던 사태의 장에 뛰어들어 칸트가 애써 외면했던 사태의 실상을 파헤쳐 형이상학이 숨쉬고 있는 본질적 장소를 규명하고자 한다. 따라서 이러한 모험은 바로 칸트 철학의 문제 안에 이제까지 감추어졌던 근원적 가능성들을 개시하여 그것들을 회복하고자 하는 모험이 된다. 하이데거는『칸트와 형이상학의 문제』에서 시도된 자신의 폭력적 해석을 "사유가들 사이에서의 사유하는 대화"(63쪽)라고도 명명하는데, 이러한 대화가 사유가들 사이의 역사적 대결임은 물론이다.

이제 본고(本稿)는 이러한 구도 하에서『칸트와 형이상학의 문제』를 해체하고자 한다. 해체의 목적은 하이데거와 칸트, 이 두 사상가의 역사적 대화의 요체를 규명함으로써 존재론의 역사에 대한 하이데거의 현상학적 해체작업이 갖는 궁극적 의미를 밝혀내는 것이다. 따라서 이 논문은 크게 다음의 3주제로 구성된다.

1. 하이데거는『순수이성비판』을 '형이상학을 정초하는 작품'으로 해석하는데, 그가 형이상학의 정초작업을 통해 전통적 형이상학과 벌이는 비판적 대결의 의미는 무엇인가?

2.『순수이성비판』을 '형이상학을 정초하는 작품'으로 해석하는 하이데거의 작업은 구체적으로 어떻게 수행되는가?

3. 하이데거의 이러한 해석작업은 어떤 폭력성을 지니는가? 즉 '역사학적 칸트'와 '하이데거적 칸트'는 어떻게 구별되는가?

II. 전통적 형이상학과 '형이상학의 정초작업'

형이상학은 존재자의 본질을 특정하게 해석하고 진리의 개념을 특정하게 설정한다. 형이상학은 한 시대의 본질적 형태를 가늠하는 토대를 마련한다.[6] 형이상학은 한 시대의 운명을 결정짓는 사건이 된다. 그렇게 결정된 우리 시대의 운명이 현대 자연과학적 기술이다. 현대 자연과학적 기술도 궁극적으로는 형이상학의 극단적 가능성이 완성된 형태에 해당한다. 특히 존재자 전체의 근거로 간주되던 신(神)이 사라진 이후, 좀더 정확히 말하자면, 인간의 이성이 신의 존재를 몰아낸 이후 인간의 이성이 신의 자리를 대신하면서 전개된 근대 주관주의적 형이상학은 현대 자연과학적 기술의 직접적인 모태가 된다.

그런데 만약 우리가 현대 자연과학적 기술을 전면적으로 긍정할 수 없다면, 또한 더욱이 현대 자연과학적 기술 속에 우리 시대를 질곡으로 몰아넣는 위기의 본질이 도사리고 있다면, 이제 우리는 우리에게 전수된 형이상학을 내적으로 가능하게 했던 그것의 근거를 진지하게 되물어야 한다. 아마도 이러한 물음은 형이상학의 성립 조건을 되돌아봄으로써 새로운 형이상학의 가능성을 모색하는 물음이 될 것이다.

이러한 물음을 구체적으로 수행하고자 하는 것이 우리가 이 논문에서 문제삼는 형이상학의 정초작업이다. 그러니까 우리는 형이상학의 정초작업을 기존의 형이상학에 대해 그것의 기초를 새로운 기초로 대체하는 작업 정도로 오해하지 말아야 한다. 넓은 의미에서 보자면, 형이상학의 정초작업은 형이상학(혹은 존재론)의 역사를 현상학적으로 해체하여 형이상학을 극복하고자 하는 시도와 그것의

---

6) M. Heidegger, *Holzwege*, GA 6, 73쪽 참조.

맥락을 같이 한다. 종래의 형이상학을 내적으로 가능하게 하면서도 이제까지 감추어져 있던 바로 그 근거를 향한 귀환이 형이상학의 역사에 대한 존재론적 해체라면, 그러한 근거 안에 감추어졌던 형이상학의 본래적 가능성을 파헤쳐 드러냄으로써 형이상학을 그것의 진리에로 넘어-나르는 것이 형이상학의 극복에 해당한다.[7]

이러한 관점에서 보자면, 『칸트와 형이상학의 문제』에서 '형이상학의 문제'라는 표현은 이중적 의미를 담고 있다. 먼저, 하이데거가 문제삼는 형이상학은, 나의 용어를 빌어 말한다면, 본래적 양상의 형이상학이다. 본래적 양상의 형이상학이란 기존의 형이상학을 극복하여 그것의 진리를 회복한 형이상학을 의미한다. 이러한 형이상학의 물음을 하이데거는 "전체 안에서의 존재자 그 자체에 관한 물음"(die Frage nach dem Seienden als solchen im Ganzen)(64쪽)으로 정식화하는데, 여기에서의 '전체'란 존재자 그 자체의 본래적 의미가 고유하게 드러나는 전체적 지평을 의미한다. 그러나 본래적 양상의 형이상학이 가능하기 위해서는 우선은 형이상학의 성립 조건에 대한 물음이 선행되어야 한다. 형이상학이 형이상학으로서 성립할 수 있는 가능 조건이 해명되어야 우리는 비로소 형이상학의 본래적 가능성을 모색하게 된다. 따라서 본래적 양상의 형이상학의 물음은 "형이상학으로서의 형이상학"(64쪽)을 비로소 문제이게끔 한다. 형이상학으서로의 형이상학이 『존재와 시간』에서 시도된 기초존재론, 다시 말해 현존재의 형이상학을 의미함은 물론이다.

그러면 하이데거의 형이상학의 정초작업은 구체적으로 어떻게 수행되는가? 이 장에서는 앞으로 Ⅲ장에서 하이데거가 칸트의 언어를 빌어 증거한 형이상학의 정초작업을 논의하기에 앞서, 우선

---

7) M. Heidegger, *Vorträge und Aufsätze*, GA 7, 75쪽 참조. 또한 「형이상학의 극복」(박찬국 옮김, 『하이데거 철학과 동양사상』, 한국하이데거학회 편, 철학과 현실사, 2002) 395쪽 참조.

형이상학의 정초작업이 어떤 구도 하에서 움직이고 있는가 만을 간략히 살펴보기로 한다.

주지하다시피, 전통적 형이상학의 주도적 물음은 "존재자란 무엇인가?"(τι τὸ ὄν)이나, 이 물음은 이중 구조이다. 이 물음은 한편으로는 존재자로서의 존재자를 그것의 일반성(즉 보편적 특성)을 근거로 하여 묻는 일반형이상학(Metaphysica generalis)이며, 또 다른 한편으로는 최고 존재자를 근거로 하여 존재자 전체의 가능성을 묻는 특수형이상학(Metaphysica specialis)이다. 그런데 이 둘 사이의 구조 연관에서는 특수형이상학이 일반형이상학에 우선한다. 최고 존재자(신)는 모든 존재자를 발원하게 한다는 의미에서 모든 존재자의 근거로서, 단적인 초월로서, 즉 존재(Sein)로서 군림한다. 이런 까닭에 통상적으로는 특수형이상학에 의해 일반형이상학이 정초된다. 최고 존재자의 빛 안에서 이를 근거로 하여 존재자 일반이 무엇인가를 해명하고자 했던 것이 전통적 형이상학의 면면한 흐름이다. 따라서 하이데거는 전통적 형이상학의 이중 구조를 하나로 묶어 존재-신-론(Onto-Theo-Logie)이라고 총괄한다.

전통적 형이상학은 존재-신-론이다. 존재-신-론에서 신학은 인간이 궁극적으로 추구하는 본래적 형이상학이다. 그러나 하이데거는 존재자가 존재자적 차원에서 어디로부터 유래하는가의 여부에는 아무런 관심도 없다. 설령 존재자 전체의 존재근거가 중세철학에서처럼 신이라고 한들, 그의 관점에서 보자면, 최고 존재자인 신도 어디까지나 하나의 존재자일 뿐이다. 따라서 전통적 형이상학을 정초하는 연관의 구조도 바뀌게 된다. 이제까지는 특수형이상학(신학)이 일반형이상학을 정초하는 위치에 있었다면, 이제부터는 일반형이상학이 특수형이상학을 정초하는 역할을 담당한다. 이런 까닭에 하이데거는 특수형이상학을 일반형이상학으로 환원한다. 신도 하나의 존재자에 불과하다면, 신에 관한 특수형이상학적 인식이 존재자

로서의 존재자(존재자 일반)에 관한 일반형이상학적 인식을 전제해
야 한다는 것은 자명한 이치이다. 전통적으로 특수형이상학에 종속
되어 있던 일반형이상학이 이제는 오히려 특수형이상학을 정초해야
하는 것이다.

　일반형이상학은 "존재자로서의 존재자는 그 일반자 안에서 무엇
인가?"(Was ist das Seiende im allgemeinen als Seiendes?)라는 물
음으로 귀착된다. 이 물음에서의 관건은 신, 인간, 자연이라는 다양한
존재자 일반(Überhaupt)이 그 차이성에도 불구하고 존재자로서 갖는
일반성(Allgemeinheit)이다. 존재자 일반의 일반성이란 존재자 일반
의 보편적 특성으로서, 존재자 일반의 본질, 관계, 양상, 속성 따위가
여기에 속한다고 할 수 있다. 일반형이상학은 존재자 일반의 일반성
을 근거(Grund)로 하여 존재자로서의 존재자가 무엇인가를 해명하고
자 하는 물음이다. 따라서 일반형이상학에서는 존재자로서의 존재자
를 해명하는 근거인 존재자 일반의 일반성이 존재(Sein)로 규정된다.
이런 까닭에 일반형이상학은 철학의 역사가 진행되는 과정에서 존재
론(Ontologie)이라는 명칭에 도달하기도 한다.

　일반형이상학에서 존재는 '가장 자명한 것'으로 간주된다. 그러나
엄밀히 보자면, 전통적 형이상학은 이미 우리 눈앞에 드러나 있는
존재자를 전제한 뒤 존재자에 대한 객관적 인식(theoria)을 토대로
존재자 일반의 일반성을 개념 파악한다. 존재자 일반의 일반성에
대한 개념 파악은 그 자체로서 자명한 것이 아니라 오히려 '존재자
가 이미 우리 눈앞에 드러나 있음'을 전제한다. 따라서 형이상학적
존재 개념도 실상은 존재자의 차원에 국한된다. 더욱이 형이상학적
존재 개념은 '존재자가 이미 우리 눈앞에 어떻게 드러나 있는가'에
좌우된다. 더 정확히 말하자면, 형이상학적 존재 개념은 존재자가
존재자로서 비로소 드러나는 조건을 우리가 어떻게 이해하느냐에
따라 그 의미를 달리한다. 이러한 사태를 하이데거의 독특한 언어

를 빌어 말하면 다음과 같다. 즉 형이상학적 존재 개념은 우리가 어떤 존재이해를 갖느냐에 따라 그것의 의미를 달리한다.

형이상학적 존재 개념과 하이데거가 거론하는 존재 개념은 구별된다. 아직 존재자의 차원에 머물러 있던 것이 형이상학적 존재 개념이라면, 하이데거의 존재 개념은 그러한 형이상학적 존재 개념이 자라 나오게 된 궁극적 원천이다. 형이상학적 존재 개념이 우리가 존재자를 존재자로서 받아들이고 난 이후, 즉 존재자가 존재하는 그 어떤 것인 한에서, 이미 존재하는 것의 존재함을 구성하는 개념이라면, 하이데거가 거론하는 존재 개념은 존재자를 비로소 존재자로서 만날 수 있는 선술어적 조건에 해당한다. 따라서 하이데거는 형이상학적 존재 개념을 존재자성(Seiendheit)이라 명명하면서 자신의 존재 개념과의 차별화를 시도한다. 이러한 차별화는 형이상학적 전통의 배후로 되돌아가 형이상학을 가능하게 했던 근원적 영역에 대해 물음을 개진하고자 하는 전략의 일환이다. 이것이 바로 형이상학의 역사에 대한 현상학적 해체에 해당한다.

존재가 인간과 존재자의 만남을 비로소 가능하게 하는 선술어적 조건이라면, 존재이해는 인간과 존재자의 만남을 비로소 가능하게 하는 근원적 사건이다. 또한 형이상학이 존재자의 본질을 특정하게 해석하고 진리의 개념을 특정하게 설정함으로써 인간의 실존적 삶의 공간을 근본적으로 윤곽 짓는 사건이라면, 존재이해는 그러한 형이상학을 형이상학으로서 비로소 가능하게 하는 근원적 사건이다. 따라서 인간을 존재론적으로 특징짓는 것은 존재이해이다. 존재이해는 인간이 비로소 인간일 수 있는 근본 조건이다. 실로 존재자의 한 복판에서 존재자에게 의존한 채 그때마다 자신의 존재를 선택함으로써 삶을 영위해야 하는 것이 유한한 인간의 실존이라면, 인간의 실존은 존재자의 존재에 대한 이해를 필연적으로 요구할 뿐더러 또한 필연적으로 수반한다. 그러니까 존재이해는 인간의 실존을 가능하게 하는 존재론적-실존론적 근거가 된다. 즉 존재이해는 "유한성의 가장 내적인 본질"(311쪽)을 특징짓는 사건이다. 그래서 하이데거는 인간의 존재양식을 현존재(Dasein)라 명명한다. 현존재 란 인간과 존재의 공속 관계를 지칭하는 이름으로서 인간이 존재의 개방성 안에 이미 들어서 있음을 함축한다.

　존재이해와 인간의 유한성은 본질적으로 관계한다. 존재이해는 유한성의 가장 내적인 본질이다. 이제 하이데거의 궁극적 관심사는 유한성과 존재이해의 본질적 연관성을 밝혀내는 작업이 된다. 하이 데거의 근본물음은 '유한한 현존재에게 어떻게 존재이해가 가능한 가?'라는 물음으로 귀착된다. 따라서 이 물음은 현존재에 대한 실존 론적 분석론으로 수행된다. 현존재에 대한 실존론적 분석론은 현존 재에게 어떻게 존재이해가 가능한 것인가를 밝혀냄으로써 형이상학 을 형이상학으로서 가능하게 하는 형식적 구조를 해명한다. 그러므 로 현존재에 대한 실존론적 분석론은 현존재의 형이상학으로서, 기 초존재론이 된다.

　형이상학의 정초작업은 현존재에 대한 실존론적 분석론(현존재 의 형이상학)에서 그 뿌리를 발견한다. 특수형이상학이 일반형이상 학(존재론)으로 환원되었다면, 일반형이상학(존재론)은 그것을 내 적으로 가능하게 하는 '현존재의 형이상학'으로 소환된다. 즉 "형이 상학의 정초작업은 현존재의 형이상학에 근거한다"(311쪽). 따라서 현존재의 형이상학은 존재론의 가능 근거로서 기초존재론이 된다. 형이상학의 정초작업은 인간의 유한성과 존재이해의 본질적 상호관 계를 탁월하게 해명하는 기초존재론으로 완성된다.

　기초존재론의 주요 물음은 인간과 존재의 공속의 근거에 관한 물 음이다. 이 물음을 통해 하이데거는 시간을 인간과 존재의 공속의 근거로서 밝혀낸다. 『존재와 시간』의 언어를 빌어 말한다면, 현존 재의 존재의 의미는 시간으로 입증된다. 다시 말해 시간은 현존재의 존재이해의 근거로서 입증된다. 그런데 우리는 여기에서 거론되는 시간을 아리스토텔레스에 의해 정립된 통속적 시간으로 오해하지 말아야 한다. 하이데거가 거론하는 시간은 현존재의 시간적 구조를 의미한다. 그러니까 현존재의 시간적 구조로서의 시간은 공공적 시간이나 혹은 통속적 시간이 근원적으로는 거기에서부터 비롯되는 그러한 근원적 시간을 의미한다. 그런 까닭에 하이데거는 자신이 거론하는 시간을 시간성이라고도 명명한다.

하이데거의 관점에서 보자면, 현존재는 본질적으로 시간적 존재자이다. 또한 현존재가 어떤 시간적 태도를 취하느냐에 따라 인간과 존재의 공속의 관계도 달라진다. 만약 현존재가 본래적 양상의 시간적 태도를 취한다면 본래적 실존이 가능할 것이고, 만약 현존재가 비본래적 시간의 양상을 취한다면 비본래적 실존이 가능하게 된다. 그런데 현존재는 우선 대개 비본래적으로 실존한다. 또한 전통적 형이상학도 여기에서 예외일 수 없다. 전통적 형이상학은 현존재의 비본래적 시간성에서 비롯된 비본래적 양상의 형이상학에 해당한다. 그렇기에 하이데거는 전통적 형이상학을 현상학적으로 해체하여 형이상학이 형이상학으로서 발원하는 인간과 존재의 공속의 지평인 시간성에 도달한 것이고 이제는 본래적 시간 양상으로부터 비롯되는 본래적 양상의 형이상학을 추구하는 것이다. 따라서 형이상학의 정초작업은 존재자로서의 존재자를 그것의 고유한 의미지평에서 해명하는 본래적 양상의 형이상학이 수행될 때 비로소 완성되는 것으로 보아야 할 것이다.

『존재와 시간』을 중심으로 한 하이데거의 초기 철학을 특징짓는 것은 기초존재론적 이념이다. 인간의 유한한 실존에 관한 실존론적-존재론적 분석론을 토대로 새로운 형이상학을 건축하고자 했던 것이 하이데거의 철학적 이념이다. 그러나 신칸트학파가 득세하던 당시의 상황에서는 비판적 인식론과 비판적 가치론만 철학으로 인

정될 뿐, 인간과 존재의 공속 지평을 시간으로 밝혀내는 하이데거
의 존재물음은 많은 오해에 부딪힌다. 그래서 하이데거는 형이상학
의 역사를 현상학적으로 해체하는 과정에서 이러한 오해를 불식할
하나의 피난처를 구하고자 노력했고 마침내 마르부르크대학 겨울
세미나(1927/28년)에서 행한 『순수이성비판』에 관한 강의[8]에서 하
나의 피난처를 발견한다.

　이 강의에서 하이데거는 기초존재론적 이념을 실증할 가능성을 칸트 철
학에서 찾아낸다. 특히 이 강의의 말미 도식장(Schematismuskapitel)
해석에서 그가 꿰뚫어 본 존재문제(범주들의 문제)와 시간의 연관
이 결정적 계기였다. 거기에서 그는 존재와 시간의 연관을 옹호할
대변자를 칸트에게서 찾을 수 있을 것이라는 희망을 가지게 된다.
그러나 후기(後期) 하이데거가 고백하듯이,[9] 칸트가 문제로 삼는
범주는 그리스 철학이래 논의되어 오던 우시아(οὐσία)로서, 하이데
거의 철학적 의미에서 보자면, 존재자성(Seiendheit)에 해당한다.
도식장의 문제는 정확히 "존재자성과 시간의 연관"이다. 하지만 하
이데거는 칸트가 그러한 연관의 "은닉된 전개"를 그리스 철학이래
처음 목격한 증인이라는 하나의 사실만으로도 엄청난 충격을 느꼈
던 것[10]이며, 따라서 제2차 다보스대학 강좌(1929)에서 카시러와 신칸
트주의에 관한 논쟁을 벌인 뒤 작성된 『칸트와 형이상학의 문제』는

---

8) 이 강의는 *Phänomenologische Interpretation von Kants Kritik der
　reinen Vernunft* [GA 25]라는 제목으로 출판되었다.
9) M. Heidegger, *Beiträge zur Philosophie*, GA 65, S. 254.
10) 칸트를 읽고 느낀 충격을 하이데거는 이렇게 표현한다. "몇 해 전 『순수이
　성비판』을 새롭게 연구하면서 그 작품을 후설(Husserl)의 현상학의 배경 하
　에서 읽었을 때, 내 눈에서 눈곱과 같은 것이 떨어져 나갔다. 그리고 칸트는
　내가 추구했던 길의 정당성을 본질적으로 확인해 주는 자가 되었다."(M.
　Heidegger, *Phänomenologische Interpretation von Kants Kritik der
　reinen Vernunft*, GA 25, 431쪽.)

처음부터 『존재와 시간』의 시야에서 씌어진 작품이었다(58쪽 참고).

형이상학을 정초하는 과정에서 결국 관건이 되는 것은, 인간의 유한성, 존재이해, 그리고 이 양자의 본질 연관의 의미(근거)로서의 시간이다. 제III장에서 필자는 이러한 기초존재론적 문제가 『순수이성비판』에 대한 하이데거의 해석을 통해 어떻게 구체화되는지를 살펴보고자 한다. 따라서 필자는 『칸트와 형이상학의 문제』에서 하이데거가 행한 해석이 지니는 폭력성에 대한 시비(是非) 논쟁은 일단 보류한 뒤, 우선은 하이데거의 형이상학의 정초작업을 '칸트의 형이상학의 정초작업'으로 호칭하고자 한다. 그러니까 제III장의 주제는 역사학적 칸트가 아닌 하이데거적 칸트가 된다.

III. '칸트의 형이상학의 정초작업'

형이상학의 정초작업이란 특수형이상학을 일반형이상학(존재론)으로 환원한 뒤 그리고나서 동시에 일반형이상학(존재론)의 내적 가능성을 개현하는 작업이다. 하이데거의 관점에서 볼 때, 칸트에게서는 이러한 정초작업이 "선험적 종합판단들은 어떻게 가능한가?"[11] 라는 초월론적 물음으로 정식화된다. 그 까닭은 선험적 종합판단이란 존재자에 대한 경험을 가능하게 하는 '존재자와의 선행적 관계맺음'을, 즉 하이데거의 용어로 말하자면, 유한한 인간과 존재자의 만남을 가능하게 하는 존재론적 인식을 의미하기 때문이다. 그러니까 '칸트의 형이상학의 정초작업'은, 선험적 종합판단의 내적 가능성을 규명하는 작업으로, 다시 말해 인간의 유한성과 존재론적 인

---

11) I. Kant, *Kritik der reinen Vernunft*, Felix Meiner, Hamburg, 1956. B. 19. (앞으로 이 책은 *K.d.r.V.*로 약칭할 것이며 이때 A와 B는 각각 이 책의 『초판』과 『재판』을 의미한다.)

식의 본질연관을 규명하는 작업으로 귀결된다.

칸트에게서 인식활동 일반의 본질은 직관이다. "어떤 방식으로 또한 어떤 수단을 통해 인식이 대상들에 관계하든, 인식이 그것을 통해 대상들에 직접 관계를 맺고 또한 모든 사유가 수단으로서 노리고 있는 바로 그것은 직관이다."[12] 신(神)적인 인식도 인식일반으로서는 이미 직관이다. 그러나 신적인 직관과 인간의 직관은 직관 방식의 성격에서 구별된다. 신적인 직관은 존재자를 직접 표상하여 존재자를 비로소 생성하는 "근원적 직관"인 반면 인간의 직관은 기존의 존재자에게 자신을 맞추어 비로소 거기에로 접근하는 "파생적 직관"[13]이다. 따라서 파생적 직관에서는 존재자를 수용하는 활동 자체가 관건이 된다.

인간의 직관은 수용적 직관이다. 수용성은 인간의 유한성의 고유한 특성이다. 그러나 수용적 직관은 "결코 자명한 활동이 아니다"(142쪽). 유한자는 자신이 창조하지 않은 존재자를 존재자로서 수용할 수 있기 위해 존재자의 존재틀(Seinsverfassung)에 대한 선행적 이해를 가져야 한다. 존재자의 존재틀이 존재자의 존재 즉 존재를 의미한다면, 존재자의 존재틀에 대한 이해란 이러한 존재틀을 구성하는 존재이해의 사건을 의미한다. 또한 존재이해의 사건을 하이데거는 존재론적 인식 혹은 초월이라고도 명명하는데, 초월이란 존재자를 넘어서 존재자의 존재를 근원적으로 형성하는 역동적 사건을 의미한다. 따라서 "초월은 유한자에게 존재자 그 자체를 접근 가능하게 한다"(193쪽).

칸트에서의 경험을 존재자에로의 현실적 접근이라 규정한다면, 초월은 경험 일반의 가능 조건이다. 그런데 유한한 인식자가 초월을 통해 만나는 존재자는 '물자체'가 아니라 '현상'이다. 물론 물자

---

12) *K.d.r.V.* A 19, B 33.
13) *K.d.r.V.* B. 72.

38

체와 현상은 "동일한 존재자"(99쪽)이긴 하나, 존재자는 그것과 관
계 맺는 인식방식에 따라 물자체로 혹은 현상으로도 드러난다. 무
한한 인식은 존재자를 창조하는 근원적 직관이므로 무한한 인식에
대해선 존재자가 물자체로서 드러나지만, 유한한 인식에 대해선 현
상으로서 주어진다. 그런데 현상은 감각적 다양에 불과하다. 따라서
초월은 존재자가 자신을 인간에게 통일적 대상으로 현상하게끔 하
는 가능 조건을 구성해야 한다. 초월은 존재자가 대상으로서 드러
날 수 있는 '대상성'을, 다시 말해 대상으로서의 존재자의 존재를
구성하는 사건이 된다. 그러므로 존재자를 유한한 인식자에게 접근
하게끔 하는 경험 일반의 가능 조건은 동시에 존재자를 대상으로서
현상하게끔 하는 조건이기도 하다. 초월의 가장 내적인 통일적 구
조를 가장 근원적으로 표현하면 다음과 같다. 즉, "경험 일반의 가능
조건들은 동시에 경험의 대상들의 가능 조건들이다."[14]

　유한자로서의 인간은 존재자를 대상으로서 맞아들일 수 있는 존
재이해를 필요로 한다. 초월은 유한성의 징표이다. 그러나 존재자의
존재를 구성하는 초월사건 자체는 "비-수용적 (겉으로는 유한하지
-않은 듯 보이는) 인식활동"(106쪽)이다. 따라서 '유한한 인간에게
어떻게 초월이 가능한가?'라는 물음이 '칸트의 형이상학의 정초작
업'에서 핵심적 과제로 등장한다. "존재자의 존재틀을 몰(沒)경험적
으로 제시하는 것, 즉 존재론적 종합이 가능하려면, 유한자는 자신
의 고유한 존재틀에 따라 어떻게 존재해야 하는가?"(107쪽) 달리
표현하자면, "인간이라 명명되는 유한자가 자신이 아닌 존재자에
대해 …… 어떻든 열려진 채 존재할 수 있기 위해서는, 자신의 가
장 내적인 본질에 관련하여 어떻게 존재해야 하는가?"(111쪽)

　초월은 인간에서의 근본사건이므로 초월의 내적 가능성을 규명

---

14) *K.d.r.V.* A. 158. B. 197.

하는 물음은 인간 주관의 주관성에 관한 물음으로 귀착된다. 적어
도 하이데거의 관점에서 볼 때 『순수이성비판』의 초월론적 감성론
과 초월론적 분석론은 처음부터 초월에 정위(定位)되어 있고, 따라
서 '칸트의 형이상학의 정초작업'은 "유한한 주관으로서의 주관의
주관성에 대한 순수현상학"(159쪽)이 된다. 따라서 우리의 관심은
하이데거가 칸트의 초월의 분석론을 '어떻게' 해체하여 유한성과 초
월(존재론적 인식)의 본질적 연관을 밝혀내는가에 집중된다.

　칸트에 따르면 유한한 인식의 초월을 가능하게 하는 "심성의 두
근본원천"[15]은 순수감성과 순수지성이다. 순수감성은 존재자를 수용
하는 능력으로서 그 활동방식은 순수직관이며, 순수지성은 우리에
게 주어지는 존재자를 대상으로서 사유할 수 있는 능력으로서 그
활동방식은 순수사유이다. 그런데 순수직관과 순수사유는 따로 따
로 작용하기보다는 본래부터 하나의 통일된 구조 속에서 작용한다.
존재자와의 만남을 가능하게 하는 근원적 지평이 순수직관이라면,
순수사유는 순수직관의 지평 안에서 유한한 인식자가 존재자를 대
상으로 만날 수 있게끔 개념적 통일 작용을 수행한다. 따라서 순수
직관과 순수사유의 종합을 통해 구성되는 존재론적 인식은 일차적
으로 순수직관이다. 이에 반해 순수사유는 순수직관에 의존한 채
대상의 대상성을 구성하는 봉사적 기능에 불과하다. "순수지성은
지성으로서 순수직관의 노예이다"(146쪽).

　순수직관과 순수사유의 종합을 통해 유한한 인식자는 대상성의
지평을 구성한다. 순수종합이 유한한 인식자의 초월을 형성한다. 따
라서 초월의 본질을 밝혀내는 작업에서의 핵심 과제는 순수종합의
가능 근거의 개현이다. 순수종합의 가능 근거를 『순수이성비판』은
우리에게 이렇게 암시한다. "아마도 '공통적인 그러나 우리에게 알

---

15) *K.d.r.V.* A. 50. B. 74.

려지지 않은 뿌리'로부터 발원하는 인간 인식의 두 줄기가 있다. 즉 감성과 지성이 있다."[16] "우리는 …… 우리의 인식력의 '보편적 뿌리'가 나누어져 두 줄기로 갈라지는 점으로부터만 출발한다."[17]

존재론적 인식은 "심성의 두 근본원천들"(순수감성과 순수지성)을 구성요소로 성립한다. 이 두 근본원천들은 "공통적인 그러나 우리에게 알려지지 않은 뿌리"("보편적 뿌리")로부터 "발원하는" "두 줄기"이다. 이 보편적 뿌리를 칸트는 상상력(Einbildungskraft)이라 명명한다. 좀더 정확히 말해서 이러한 상상력은 순수직관과 순수사유를 종합함으로써 유한한 인식자의 초월을 형성하는 '초월적 상상력'이다. 초월적 상상력은 심성의 제3의 근본원천으로서 선험적 종합의 가능 근거이다.

그러나 칸트는 초월적 상상력 앞에서 동요한다. 초월적 상상력이 존재론적 인식의 가능 근거라면, 칸트가 서 있던 로고스 중심의 서구 형이상학의 토대들은 일거에 와해된다(358쪽 참고). 이런 까닭에 『순수이성비판』의 『재판』에서 초월적 상상력은 지성의 하위기능으로 전락하고 만다. 초월적 상상력의 순수종합은 기껏해야 순수지성이 범주를 통해 시간의 다양을 종합할 때 순수지성을 돕는 작용으로 규정된다. 즉 초월적 상상력의 순수종합은 "지성이 감성에 미치는 작용"[18] 정도로만 파악된다. 그러나 하이데거는 『재판』에서의 초월적 상상력의 위상변화를 부정적으로 파악한다. 초월적 상상력이 지성의 기능으로 전락해 버린다면, 순수감성과 순수사유의 통일성을 규정할 어떤 가능성도 소멸하기 때문이다. 따라서 하이데거의 칸트 해석은 『재판』보다 『초판』을 우선시한다.

그러나 『초판』에서도 초월적 상상력에 대한 칸트의 입장은 일관

---

16) *K.d.r.V.* A. 15. B. 29.
17) *K.d.r.V.* A. 835. B. 863.
18) *K.d.r.V.* B. 152.

적이지 않다. 순수직관, 초월적 상상력, 순수지성이라는 세 계기의
상호관계가 칸트에게선 항상 문제시된다. 이성주의자로서의 칸트는
초월적 상상력 앞에서 머뭇거린다. "모든 대상들의 선험적 인식을
위해 주어져야 할 첫번째 것은 순수직관의 다양이다. 상상력에 의한
이러한 다양의 종합은 두번째 것인데, 그러나 아직 어떠한 인식도
주지 못한다. 이러한 순수종합에 통일성을 주는 것은 개념들이다.
개념들은 오로지 이러한 필연적이며 종합적인 통일성의 표상에서만
존립한다. 개념들은 현출하는 대상을 인식하기 위한 세번째의 역할
을 하며 지성에 기인한다."[19] 이 인용문에 따르면, 초월적 상상력은
단지 순수직관의 순수다양과 순수지성의 개념을 매개하는 중간적
기능에 불과하다. 순수종합은 아직은 개념적 통일성을 결여한 채
순수다양만을 종합하는 활동을 의미한다.

그러나 하이데거의 관점에서 볼 때 칸트에 대한 이러한 해석은
표면적 해석에 불과하다. 아니 칸트 자신도 아직은 자신의 입장을
피상적으로만 파악하고 있다. 오히려 하이데거의 관점에서 볼 때
순수종합은 순수직관과 순수지성의 종합적 통일이요, 따라서 초월
적 상상력은 순수직관과 순수지성의 "구조적 중앙"(134쪽)이다. 초
월적 상상력은 순수직관과 순수지성을 종합 통일하여 초월적 도식
을 구성해내며, 이러한 초월적 도식이야말로 유한한 인식자가 존재
자를 대상으로서 만날 수 있는 대상성의 지평이라는 것이 하이데거
의 기본관점이다.

하이데거는 자신의 이러한 관점을 『순수이성비판』의 도식장(圖
式章)을 해석함으로써 정당화한다. 불과 11쪽에 불과한 도식장이
하이데거에게는 『순수이성비판』의 "핵심부분"(160쪽)이다. 또한 하
이데거는 심리적이라는 이유로 『재판』에서 삭제된 『초판』의 삼중

---

19) *K.d.r.V.* A. 78 이하. B. 104.

종합을 재해석함으로써, 도식장에 대한 자신의 해석을 다시 한번 공고히 하며, 궁극적으로는 초월적 상상력이 근원적 시간임을 입증함으로써 '칸트의 형이상학의 정초작업'을 '존재와 시간'의 필연적 연관으로 귀결한다. 따라서 이제 우리의 관심은 도식장과 삼중종합에 대한 하이데거의 해석에 집중된다.

칸트는 순수직관의 두 유형으로 시간과 공간을 제시한다. 그런데 우리의 모든 표상활동은 시간의 순수계기(純粹繼起)안에서 발생하는 내감(內感)의 변양(變樣)이므로 공간은 시간으로 환원된다. "시간은 모든 현상들 일반의 선험적인 형식적 조건이다."[20] 순수직관은 시간이다. 시간은 인간과 존재자의 만남을 가능하게 하는 근원적 지평이다. 그런데 인간과 존재자의 만남은 존재자에 의한 촉발을 전제하나, 근원적 지평으로서의 시간은 순수직관이 스스로 발원케 한 순수표상이다. 즉 시간은 순수촉발이다. 또한 순수계기로서 표상된 시간은 합일적 전체이다. 전체의 각 부분들은 이미 전체의 성격을 지니고 있으며, 또한 전체는 그것의 모든 부분들 안에 존재한다. 칸트는 시간의 이러한 성격을 "개관"(概觀, Synopsis)[21]이라 명명한다.

하이데거는 시간의 개관적 성격을 주목한다. 그의 관점에서 볼 때 순수직관에서 직관된 것의 전체성은 개념의 보편적 통일성을 갖지 않으므로 지성의 종합으로부터 발원할 수 없다. 오히려 초월적 상상력이 여하튼 "종합 일반"[22]의 근원인 한에서, 시간의 개관적 성격은 초월적 상상력으로부터 발원한다. "순수개관은 …… 단지 초월적 상상력 안에서만 가능하다"(217쪽). 더욱이 순수시간은 "직관된 대상들"이 아니라" 오히려 "상상된 존재"[23]이다. "그러므로 순수

---

20) *K.d.r.V.* A. 33. B. 49 이하.
21) *K.d.r.V.* A. 94.
22) *K.d.r.V.* A. 78. B. 103.

직관활동은 그 본질적 근거에서 순수한 상상활동이다"(219쪽).

시간 속에 주어진 존재자는 감각적 다양이다. 그러나 우리의 통일적 의식은 감각적 다양을 하나의 대상으로 정립하고자 한다. 대상은 "우리의 인식들이 닥치는 대로 혹은 임의에 따라 규정되지 않고, 오히려 어떤 방식에 따라 선험적으로 규정되도록 하는 저항적인 것"[24]을 의미한다. 따라서 여기에서 관건이 되는 것은 결코 존재자가 갖는 저항적 성격이 아니라, 오히려 "존재의 선행적 저항성"(144쪽)이다. 존재의 선행적 저항성이란 인간과 만나는 존재자가 처음부터 대상의 성격을 갖도록 강요하는 대상의 "대상성"(181쪽)을 의미한다.

그런데 "통일성을 향한 이같은 선행적 지속적 수렴"(144쪽)에는 이미 통일성이 보유되어 있어야 한다. 이러한 통일성을 개념적으로 표상하는 활동이 지성의 근원적 행위이다. 지성은 감각적 다양을 하나의 대상으로 정립할 통일성의 개념을 표상한다. 이러한 통일성의 표상이 전통적으로는 범주라고 불려진 것이다. 범주는 '반성된 것'으로서의 경험적 개념과는 달리 '반성하는 표상'으로서 대상의 대상성을 형성한다. 그러나 문제는 범주의 작용 조건이다. 범주는 순수직관의 틀 안에서 작용하므로 자신을 시간의 모습으로 가시화해야 한다. 여기에서 도식(圖式, Schema)을 해석하는 하이데거의 독특함이 드러난다. 칸트는 '범주들 아래로의 현상들의 포섭'을 실마리로 도식을 해석하나, 하이데거는 우선은 "도식화작용문제의 내적인 동적 구조"(160쪽)를 실마리로 도식을 해석한다. 그래서 '범주의 감성화'가 주요 관건으로 등장한다.

범주가 범주로서 기능하기 위해선 시간 안에 자신을 형상화해야 한다. 즉 범주 자신이 감성화되어야 한다. 하이데거는 범주를 감성

---

23) *K.d.r.V.* A. 291. B. 347.
24) *K.d.r.V.* A. 104.

화하는 근본적 능력으로서 초월적 상상력을 중시한다. 초월적 상상
력은 "인간 영혼의 근본능력"[25]으로서 개념을 형상화하는 역할을
담당한다. 예컨대 우리가 눈앞에 있는 물체를 개(犬)라고 표상할
수 있는 것은, 상상력이 개의 개념을 규칙으로 하여 개에 해당하는
형상을 그려내기 때문이다. 마찬가지로 우리가 눈앞에 있는 도형을
삼각형으로 인식할 수 있는 것도 상상력이 삼각형의 개념의 규칙에
따라 삼각형의 형상을 그려내기 때문이다. 도식이란 이처럼 "어떤
개념에게 그것의 형상을 마련하기 위한 상상력의 일반적 절차에 관
한 표상"[26]이다.

　그러나 범주는 순수개념이므로 경험적 개념이나 수학적 개념과
같은 방식으로는 형상화되지 않는다. 칸트는 바로 이러한 난제에서
봉착한다. 그러나 하나의 실마리가 있다. 그것은 바로 순수형상으로
서의 시간을 바탕으로 범주의 형상[27]을 그려내는 것이다. 초월적 상
상력은 범주의 규칙을 표상하여 그것을 시간의 순수형상 안에 집어
넣는다. 시간의 순수형상은 범주의 규칙에 따라 다양하게 분절된다
(177쪽 참고). 이처럼 다양하게 분절되어 생성된 시간이 바로 초월
적 도식이다. 초월적 도식은 순수직관의 개관과 범주의 종합적 기
능이 순수하게 합일된 통일성이다. 초월적 도식은 시간과 범주의
결합체로서 "초월적 시간 규정"[28]이다. 초월적 도식은 인간과 존재

---

25) *K.d.r.V.* A. 124.
26) *K.d.r.V.* A. 140. B. 179 이하.
27) 엄격히 말해, 도식에 따라 그려지는 개념의 형상은 '도식-형상' (Schema-Bild)
　이다. 형상이란 직접적인 직관활동을 통해 파악되는 존재자의 직접적인 상
　이나 혹은 그러한 상에 대한 모상을 의미한다. 이에 비해 경험적 개념, 수학
　적 개념, 순수개념(범주)을 상상력이 감성화함으로써 도식에 따라 그려내는
　상은 도식-형상이다. "도식의 형상적 성격은 자신의 고유한 본질을 지닌다.
　도식의 형상적 성격은 단지 소박한 상(일차적 의미에서의 '형상')도 또한 모
　상(이차적 의미에서의 '형상')도 아니다. 따라서 도식의 형상적 성격은 도식
　-형상이라 명명되면 좋을 것이다."(K/97)

자의 만남을 가능하게 하는 대상의 대상성을 구성한다. 초월적 도식은 초월의 가능 근거를 확보한다.

그런데 하이데거에 따르면 칸트는 초월적 상상력의 근원적 의미를 이미 삼중종합[29]에 대한 논의에서 파악하고 있다. 따라서 하이데거는 칸트가 『재판』에서 삼중종합을 삭제한 것은 『순수이성비판』의 본래적 의미를 도리어 왜곡한 처사라며 비난한다. 오히려 하이데거는 삼중종합을 재해석함으로써 경험적 종합과 순수종합의 관계는 물론이고, 더 나아가 초월적 상상력이 근원적 시간임을 밝혀낸다.

삼중종합은 경험적 종합의 세 양태와 순수종합의 세 양태로 이루어진다. 그런데 순수종합이 경험적 종합의 가능 조건이므로, 우리의 관심은 순수포착의 종합, 순수재생의 종합, 그리고 순수인지의 종합에 대한 하이데거의 해석에 집중된다.

경험적 포착의 종합이 주어진 감각적 다양을 현재의 시간 안에 끌어 모으는 종합이라면, 순수포착의 종합은 그러한 종합을 가능하게 하는 "현재 일반"(257쪽)을 형성하는 종합이다. 또한 경험적 재생의 종합이 감각적 다양을 현재의 시간 안에 불러모으기 위해 이전의 다양을 복원하는 종합이라면, 순수재생의 종합은 재생 일반을 가능하게 하는 기존성(旣存性, Gewesenheit)(259쪽)을 형성하는 종합이다. 순수포착의 종합이 현재의 시간에 관계한다면, 순수재생의 종합은 기존성의 시간에 관계한다. 그런데 인지(認知)의 종합이란 복원된 다양이 현재의 감각적 표상과 동일한 것임을 인지하는 종합으로서, 하이데거에 따르면, 다른 두 양태의 종합에 존재론적으로 우선하는 종합이다. 그 까닭은 동일한 대상을 확보하기 위해선 초월적 도식이 선행적으로 작용하여 존재자를 동일한 대상으로 맞아들일 지평을 갖추어 놓고 있어야 하기 때문이다. 따라서 경험적 인지의 종합

---

28) *K.d.r.V.* A. 138. B. 177.
29) *K.d.r.V.* A. 98-110 참조.

에 대응하는 순수인지의 종합은 "장래"(將來, Zukunft)(264쪽)를 근원적으로 형성하는 종합이 된다.

초월적 상상력은 현재, 기존성, 장래의 시간을 형성한다. 이 중 초월적 도식이 작용하는 장래의 시간은 존재자를 "앞서 맞아들여 보유할 가능성 일반의 지평"(Horizont von Vorhaltbarkeit Überhaupt)(264쪽)을 형성한다. 따라서 장래의 시간은 다른 시간적 계기에 대해 우위에 선다. "시간은 근본적으로 장래로부터 시간화한다."(264쪽) 장래가 현재와 기존성을 가능하게 한다. 그리고 이 세 계기의 시간은 현재의 시간에서 통일된다. 이것이 근원적 시간이다. 초월적 상상력은 근원적 시간을 형성한다. 아니 "초월적 상상력은 근원적 시간이다"(265쪽). 이러한 근원적 시간이야말로 인간이 존재자를 대상으로서 만날 수 있는 근원적 지평이다. 따라서 칸트의 형이상학은 궁극적으로 존재와 시간의 본질적 연관으로 귀결된다.

초월적 상상력은 인간에게서 중앙을 차지한다. 순수직관과 순수지성 그리고 순수이성은 모두 초월적 상상력과 구조적 관계를 맺고 있다. 그런데 하이데거는 실천이성까지도 초월적 상상력과 구조적으로 관련시킨다. 초월적 상상력은 능동적인 동시에 수용적이다. 초월적 상상력은 존재자를 대상으로 맞아들일 현전성(現前性, Anwesenheit)의 상을 구성하는 동시에 그 상을 받아들여 거기에 복종한다. 그런데 실천이성도 동일한 구조를 지니고 있다. 실천이성은 법칙에 대한 존경심에서 법칙을 직관하며 거기에 복종한다. 실천이성의 본질도 초월적 상상력에서 유래된 것이다(232~236쪽 참고).

그러나 칸트는 초월적 상상력으로부터 후퇴한다. 그가 그토록 고심하여 도달한 인간의 중앙으로부터 물러선 것이다. 아니 물러섰다기보다 오히려 그를 지배하던 이성의 힘이 그를 초월적 상상력으로부터 밀어낸 것이다. 칸트가 두려워 한 것은 서구 형이상학을 이끌어온 이성의 지배가 소멸된다는 현실이었다. 도덕률까지도 궁극적으론 초월적 상상력의 구조에서 해명해야 하는 현실을 그는 견디기 어려웠을 것이다. 그러나 하이데거는 칸트의 이러한 태도 변화를 부정적으로만 파악하진 않는다. 오히려 하이데거에겐 칸트의 태도 변화야말로 그가 우리에게 던져준 소중한 "성과"(293쪽)가 된다. 왜냐하면 이로 인해 비로소 인간의 본질에 관해 물음을 제기할 기회를 마련할 수 있기 때문이다. 하이데거의 형이상학의 회복 작업은 이러한 의도에서 수행된 것이다. 인간의 본질에 관한 회복 작업이 『존재와 시간』에서 시도된 기초존재론 즉 현존재 분석론임은 두 말 할 필요도 없다.

IV. 폭력적 해석의 해체

후기 하이데거는 수시로 자신의 칸트 해석이 역사학적으론 잘못된 것임을 고백한다. 하이데거의 칸트 해석에는 역사학적 칸트와 하이데거적 칸트가 혼재한다. 그러나 나는 III절에서는 의도적으로 하이데거의 폭력적 해석을 일방적으로 소개했다. 그 까닭은 이러한 시도를 통해서만 우리는 하이데거의 폭력적 해석이 이루어진 본래적 장소를 규명할 수 있고, 또한 하이데거의 궁극적 의도를 읽어 낼 수 있기 때문이다.

『칸트와 형이상학의 문제』는 본래 『존재와 시간』의 구도 안에서 쓰어진 작품이다. 『칸트와 형이상학의 문제』는 『존재와 시간』과 형식적 구조에서 유사할 뿐 더러, 내용적으로도 『존재와 시간』의 관점에서 칸트의 형이상학을 의도적으로 왜곡한다. 먼저 두 작품의 형식적 유사성을 살펴보자.

첫째, 『존재와 시간』에서 인간 현존재의 근본적 존재틀은 세계-내-존재로서 규정된다. 세계-내-존재는 다시 세계, 내-존재, 세인

48

(世人)의 세 계기로 나뉘어진다. 이 세 계기에 형식상 대응하는 것
이『칸트와 형이상학의 문제』에선 순수직관, 초월적 상상력, 순수
지성이다. 더욱이『존재와 시간』에서 세계, 내-존재, 세인의 구조계
기가 결국은 내-존재에서 통합되듯,『칸트와 형이상학의 문제』에서
도 순수직관과 순수지성은 초월적 상상력에 의해 통합된다.[30]

둘째,『존재와 시간』에서 인간 현존재와 존재자의 만남을 가능하
게 하는 지평은 세계이다.『칸트와 형이상학의 문제』에서 이에 형
식상 대응하는 것은 초월적 도식이다. 초월적 도식은 인간과 존재
자의 만남이 이루어지는 대상성의 지평이다.

셋째,『존재와 시간』에서 인간 현존재의 존재인 심려(Sorge)는
실존성(Existenzialitat), 현사실성(Faktizitat), 퇴락(Verfallen)이
란 세 계기로 구성된다.『칸트와 형이상학의 문제』에서 이에 형식
상 대응하는 것은 순수 삼중종합이다. 즉 순수인지의 종합, 순수포
착의 종합, 그리고 순수재생의 종합이 각각 심려의 세 계기에 대응
한다.

넷째,『존재와 시간』에서 심려의 분절된 세 계기는 장래, 현재,
기존성의 근원적 통일성인 탈자적 시간성에 의해 전체성으로 통합
된다. 이와 마찬가지로『칸트와 형이상학의 문제』에서도 순수 삼중
종합의 세 양태는 각각 장래, 현재, 기존성의 시간을 형성하며, 이
세 계기의 근원적 통일성인 근원적 시간이 순수 삼중종합의 세 양
태를 하나의 종합으로 통합한다.

그런데『칸트와 형이상학의 문제』는 이처럼『존재와 시간』과 형
식적 유사성을 보일 뿐 아니라, 그보다 더욱 중요하게는『존재와
시간』의 관점에서 칸트를 의도적으로 왜곡한다. 그 폭력적 해석의

---

30) C. Macann, "Hermeneutics in theory and in practice", *MARTIN
HEIDEGGER, CRITICAL ASSESSMENTS*, V.II, Routledge, 1992. 23
3~234쪽 참조.

장소를 해체하면 다음과 같다.[31]

첫째, 『존재와 시간』이 인간의 주변에서 인간과 관계를 맺고 있는 모든 존재자(가용자[可用者, Zuhandenes]와 전재자[前在者, Vorhandenes])를 문제삼듯이, 『칸트와 형이상학의 문제』에서도 존재자는 존재자 일반을 가리킨다. 그러나 이것은 칸트의 의도와는 다른 것이다. 본래 『순수이성비판』은 자연과학의 가능성을 물은 작업이다. 따라서 칸트는 자연의 존재자의 존재에 대해 물은 것이었으나, 하이데거는 칸트를 통해 존재론 일반의 가능 근거를 묻고자 존재자의 범위를 확대한다. 이 점은 『순수이성비판』을 "자연이라는 존재분야에 관한 선험적 사태논리학"[32]으로 규정한 『존재와 시간』에서의 하이데거 자신의 입장과도 위배된다.

둘째, 『존재와 시간』에서는 존재자 일반과 인간 만남의 구조가 문제시된다. 세계는 인간과 존재자의 만남의 지평이다. 『칸트와 형이상학의 문제』에서는 초월적 도식이 세계의 역할을 대행한다. 하지만 과연 『순수이성비판』의 근본물음이 인간과 존재자의 만남을 주제화하는지는 극히 의심스럽다. 『순수이성비판』에서 존재자의 수용성은 문제되지 않는다. 그것은 순수직관을 통해 해결된다. 오히려 칸트가 묻고자 하는 것은 순수직관에 주어진 감각적 다양이 어떻게 자연과학적 대상으로 구성되는가의 여부이다.

---

31) 하이데거의 폭력적 해석의 본질적 장소를 해체함에 있어 필자는 H. Hoppe 의 논문 "Wandlungen in der Kant-Auffassung Heideggers"(*Zur Kantforschung der Gegenwart*, Darmstadt, 1981)에서 많은 영향을 받았다. 이 논문은 하이데거 자신이 높이 평가할 정도로 훌륭한 논문이다.(참고. K/XIV) 이 논문의 특히 372~390쪽을 참조할 것. 이 밖에도 국내논문으로는 배학수의 논문 『전통적 존재론의 한 해체 작업으로서의 하이데거의 칸트 해석』(서울대학교 철학과 박사학위논문, 1992)을 참조할 수 있다. 특히, 88~96쪽.

32) M. Heidegger, *Sein und Zeit*, GA 2, 14쪽.

범주는 자연과학적 대상을 구성하는 근본개념이다. 엄격히 말해 범주는 '존재자의 존재자성'이다. 범주는 존재자 일반의 일반적 특성으로서 순수직관에 주어진 감각적 다양을 자연과학적 대상으로 정립하는 근본개념이다. 그러나 하이데거는 자신의 의도를 관철하기 위해 범주를 '존재자를 수용하는 조건'으로 변형한다. 즉 범주는 시간의 지평 안에서 존재자를 대상으로 맞아들이기 위한 조건으로 규정된다. 이로써 초월론적 분석론이 초월론적 감성론에 지니던 우위는 무너진다. 순수지성의 존재는 순수직관에 의존해 있는 것으로 규정된다. 선험적 종합판단은 본질적으로 순수직관이며, 범주는 순수직관을 규정하는 봉사자의 기능으로 전락한다.

셋째, 이로써 하이데거에게서는 초월적 상상력이 근본능력으로 등장한다. 역사학적 칸트에게서 초월적 상상력은 순수지성의 종합통일을 위해 순수다양을 종합하는 기능에 불과하지만, 하이데거에게서 초월적 상상력은 순수직관의 개관과 순수지성의 종합을 종합통일함으로써 대상성의 지평을 구성하는 '인간에서의 중앙'으로 규정된다. 따라서 초월적 통각의 종합적 통일은 초월적 상상력의 근원적 통일을 위한 예비조건으로 규정된다. 즉 초월적 통각의 종합적 통일은 초월적 상상력의 근원적 통일을 "앞서 일견함"[33]으로써 이루어지는 하위 활동으로 전락한다. 이로써 칸트에게서 초월적 통각이 지니던 초시간적인 논리적 주관의 성격은 말소된다. 초월적 통각은 초월적 상상력의 근원적 지평에서만 작용하는 시간적 주관으로 규정된다(265~274쪽 참고).

넷째, 우리가 또 하나 눈여겨볼 점은 『칸트와 형이상학의 문제』에서의 대상 개념은 역사학적 칸트에게서의 대상 개념과 근본적으로 다르다는 점이다. 칸트에서의 대상은 자연과학적 대상을 의미한

---

33) W. J. Richardson(1974), 126쪽.

다. 그것은 범주에 의해 규정된 보편타당한 대상이다. 그러나 『칸트와 형이상학의 문제』에서의 대상은 결코 학적인 의미의 대상일 수 없다. 오히려 그것은 인간과 일차적으로 만나는 대상이다. 『존재와 시간』의 관점에서 말하자면, 인간이 세계를 지평으로 만나는 이미 적소(適所, Bewandtnis)를 지닌 존재자이다. 『칸트와 형이상학의 문제』에서 등장하는 "독자적 질서를 지닌 존재자"(154쪽)라는 표현은 이 점을 입증한다. 『존재와 시간』의 용어로 하이데거와 칸트의 대상 개념을 다시 구별해 보면 다음과 같다. 『칸트와 형이상학의 문제』에서 하이데거가 문제삼는 대상은 "실존론적-해석학적 '으로서'"(das existenzial-hermeneutische 'Als')[34]에 의해 해석된 대상이다. 이에 비해 역사학적 칸트가 문제삼는 대상은 "명제적 '으로서'"(das apophantische 'Als')에 의해 해석된 대상이다. 즉 가용자(可用者)로 부터 도구연관이 제거되어 변용된 이론적 진술의 대상이다.

다섯째, 마지막으로 우리는 하이데거에 의해 철저히 왜곡된 또 하나의 칸트를 실천이성과 초월적 상상력의 관계에 관한 하이데거의 해석에서 발견한다. 하이데거는 실천이성을 초월적 상상력으로부터 발원된 것으로 규정한다. 그렇다면 실천이성도 감성적 차원에서 논의되어야 한다. 그러나 다보스 논쟁에서 카시러가 지적하듯이 (361, 362쪽 참고)[35], 윤리적 사태에서는 예지적 세계로의 이행이 관건이다. 윤리적 사태에서 인식자의 유한성은 더 이상 상관적이지 않다. 오히려 자유의 문제는 절대자의 관점에서 제기된다. 따라서 칸트는 윤리적 사태에서 도식화작용을 금지한다. "(감성적으론 전혀 제약되지 않은 원인성으로서의) 자유의 법칙의 근저에는, 따라

---

34) M. Heidegger, *Sein und Zeit*, GA 2, 210쪽.
35) 카시러와 하이데거의 다보스 논쟁은 『칸트와 형이상학의 문제』 274~296쪽에 부록으로 실려 있다.

서 또한 무제약적-선(善)의 근저에는 아무런 직관도 있을 수 없다. 그러므로 거기에 적용되기 위한 아무런 도식도 구체적으로 있을 수 없다."[36] 오히려 도덕법을 매개하는 것은 상상력이 아니라 지성이다. 지성은 실천적 판단력을 위한 법칙으로서 도덕법의 전형(典型, Typus)만을 갖는다. 따라서 칸트에게서는 이론이성과 실천이성의 분리가 난제(難題)로 남아 있긴 하나, 실천이성을 초월적 상상력의 지평에서 해석하는 하이데거의 시도는 분명 폭력적이다.

V. 닫는 말

하이데거가 칸트를 해석한 근본의도는 존재와 시간의 연관을 밝혀내는 것이었다. 하이데거는 『순수이성비판』의 해석을 통해 나름대로는 자신의 의도를 관철했다. 그러나 중요한 점은 하이데거에게서 문제시되는 존재는 유한한 인간이 구성한 존재가 아니라, 그야말로 존재자가 존재자로서 드러나는 단적인 존재라는 사실이다. 이 점은 현존재의 존재이해가 『존재와 시간』에서는 '피투적 기투(被投的 企投)'로서 또한 후기 철학에서는 '존재의 부름에 대한 대응투사'로서 규정된다는 점에서도 입증된다. 즉 존재는 구성된 것이 아니라 오히려 인간에게 말을 건네는 것이요, 인간은 거기에 응답하는 것이다. 그러나 하이데거가 칸트에서 해석해 낸 존재는 결국은 초월적 상상력에 의해 구성된 존재이다. 이런 이유에서 하이데거는 초월적 상상력이 근원적 시간을 구성해 낸 것이 아니라 오히려 "근원적 시간이 초월적 상상력을 가능하게 한 것"(275쪽)이라 다소간

---

36) I. Kant, *Kritik der praktischen Vernunft*, *Kant Werke* Bd. 6, Darmstadt, 1983. 188쪽.

극적으로 강변하기도 하나, 이는 칸트 철학의 텍스트 내에서는 설득력을 지니지 못한다.[37]

　하이데거가 칸트에게 시도한 대화는 고약스럽다. 하이데거는 칸트가 말하지 않은 바를 자기 나름대로 말하도록 강요한다. 그러나 이런 이유에서 우리가 하이데거의 칸트 해석을 버릴 필요는 없다. 여하튼 모든 텍스트에 대해 해석의 가능성은 열려 있다. 중요한 것은, 해석자가 자신의 해석을 통해 무엇을 말하고자 했던가를 파악하는 것이다. 하이데거는 칸트가 서 있던 사태의 실상을 현상학적으로 꿰뚫어 본다. 초월적 상상력은 초월적 도식을 구성해 냄으로써 인간과 존재자가 만날 수 있는 근원적 시간지평을 개시한다. 그러나 칸트는 머뭇거린다. 칸트는 로고스 중심의 철학적 전통 안에서 헤어나지 못하고, 결국 초월적 상상력을 지성의 하위기능으로 전락시키고 만다. 이로써 칸트 철학은 자연과학에 대한 인식론으로 탈색된다.

　칸트조차 형이상학의 고향을 망각해버린다. 시간적 존재자인 인간은 시간을 지평으로 존재와 공속한다. 존재와 인간의 공속의 근거는 시간이다. 존재와 시간이야말로 "사태의 실상"(Sach-verhalt)[38]이다. 본래적 시간의 지평에서 존재의 감추어진 참다운 의미를 찾아낼 것, 그래서 존재자에게 본래의 고유한 의미를 되돌려 줄 것, 이것이야말로 하이데거가 현대인에게 요청하는 간곡한 부탁이다. 참으로 존재를 사유하는 경건한 사유의 가능성을 하이데거는 열어 보이고자 한다. 그 동안 서구 형이상학이 난도질한 '존재와 사유의 연관'을 하이데거는 회복하고자 한다. "존재와 사유"(Sein und Denken)에서의 이 "와"(und)야말로 "이제까지의 철학과 오늘날의 사유가 사유해야할 가치 있는 것(das Denkwurdige)"[39]을 간직하

---

37) W. J. Richardson(1974), 146쪽 참조.
38) M. Heidegger, *Zur Sache des Denkens*, GA 14, 20쪽.

고 있는 것이다.

그러나 전통적 형이상학은 눈앞의 존재자만을 주목할 뿐, 존재자가 존재자로서 드러나는 존재 지평을 망각한다. 존재자의 존재자성을 한 손에 쥔 채 전통적 형이상학은 존재자를 지배한다. 형이상학의 역사는 존재자 지배의 역사이다. 그래서 하이데거는 존재론의 역사에 대한 현상학적 해체를 단행한다.『칸트와 형이상학의 문제』는 이러한 의도에서 씌어진 작품이다. 이 작품은 미래의 사유를 준비한다. "이러한 칸트 해석은 '역사학적으로는' 부당하다. 그러나 확실히 이 해석은 역사적 해석이다. 즉 미래의 사유에 대한 준비에, 아니 단지 그러한 준비에만 연관되어 있다. 본질적으로 이 해석은 (칸트와는) 전혀 다른 것에 대한 역사적 지적이다."[40]

물론 다른 이(칸트)의 언어를 빌어 자기(하이데거)의 철학을 말하는 것은 하나의 속임수이다. 그런데 속임수의 진정한 의미는 아찔한 현기증이다. 숨막히는 형이상학적 지배의 역사를 청산하고자 시도된 하이데거의 현상학적 해체작업은 우리에게 아찔한 현기증을 느끼게 한다. 그러나 우리는 그러한 현기증 속에서 인간의 사유의 본래적 고향이 어디인지를 보게 된다. 존재와 시간의 연관, 존재와 사유의 연관이이야말로 우리에게 잊혀졌던 고향의 모습이다. "아찔한 현기증의 극단적 위험이 있는 곳에, 사유와 물음의 진정함의 최상의 가능성도 있다. 이러한 진정함을 위한 욕구를 일깨워 생생하게 보유하는 것이 철학함의 의미이다."[41]

---

39) M. Heidegger, "Kants These über Sein", *Wegmarken*, GA 9, 477쪽.

40) M. Heidegger, *Beiträge zur Philosophie*, GA 65, 253쪽. 인용문 중 [   ] 에 해당하는 내용은 필자가 삽입한 것임.

41) M. Heidegger, *Phänomenologische Interpretation von Kants Kritik der reinen Vernunft*, GA 25, 431쪽.

막스 셸러를 회상하며

제4판의 서문

이 책의 제1판 저자 보존용 책자에는 그 표지 위에 쪽지 한 장이 있었다. 이 쪽지는 30년대 중반에 손으로 쓴 것인데, 그 내용은 이렇다.

칸트책.

오직 『존재와 시간』과 더불어 ── 사람들이 본래적인 물음[I부 3편[1] 그리고 해체[2] 참고]에 동의하지 않았다는 사실은 거의 분명하다.

하나의 피난처 ── 칸트의 문헌학에 이르는
도상에서 그리고
새로운 발견은 아님. ──

[존재] 존재자성 ── 대상성
그리고 "시간"
도식화작용

---

1) 『존재와 시간』 I부 3편[미간행된 "시간과 존재"]을 의미함.
2) 『존재와 시간』 II부의 존재론사의 해체.

그러나 동시에 : 고유한 길은 막혀 있고
그리고 곡해되어 있다.
4편[3] 참고.
『기고들』[4]——새로운 시원에 이르는 시원——반성개념들

칸트책의 발간 동기가 앞서의 진술들과 관련하여 언급된다. 『존재와 시간』에서 제기된 존재물음에 대해, 이미 1929년에 불거진 오해가 그 동기다. 칸트의 『순수이성비판』에 관해 1927/28년 겨울 세미나에서 행한 강의를 마무리하면서 나는 도식장을 주목하게 되었고, 거기에서 범주들의 문제, 즉 전승된 형이상학의 존재문제와 시간의 현상 간의 연관을 꿰뚫어보았다. 그러므로 『존재와 시간』의 물음제기는 내가 시도한 칸트 해석을 앞서 포착하는 작업으로서 영향을 끼치게 되었다. 칸트의 텍스트는 내가 제기한 존재물음의 대변자를 칸트에게서 찾기 위한 피난처가 되었다.

이와 같이 규정된 피난처로 인해 『순수이성비판』은 『존재와 시간』의 물음제기의 시야 안에서 해석되었다. 그렇지만 진실로 칸트의 물음에는 그 물음을 제약하긴 하나 그 물음에 낯설은 물음제기가 이미 깔려 있었다.

후에 쓰여진 글들(제3판[1965]의 서문 참고)에서 나는 칸트에 관한 과도한 해석을 철회하려 시도하였다. 그러나 칸트책 자체를 그에 맞게 새로 쓰진 않았다.

한스게오르그 호페(Hansgeorg Hoppe)는 비토리오 클로스터만(Vittorio Klostermann)에 의해 출판된 모음집 『전망들』(1970, 284~317쪽)에서 초기의 비판적 태도들을 지적하며, 나의 칸트 해석의 변화를 교훈적이고도 비판적으로 통찰하였다.

---

3) 칸트책의 4편.
4) 『철학을 위한 기고들』(전집 65권).

혜르만 뫼르헨(Hermann Mörchen)은 마르부르크 대학의 학위 논문(1928)인 「칸트에서의 상상력」(『철학과 현상학적 연구를 위한 연보』, XI권, 막스 니마이어 할레, 1930, 311∼495쪽, 개정되지 않은 채로 출간된 2판, 막스 니마이어, 튀빙겐, 1970 [별쇄본])에서 칸트책에서 시도된 '초월적 상상력'에 관한 구명을 완성한다.

칸트책은 제2차 다보스 대학의 강좌(1929년 3월 17일∼4월 6일)가 끝난 직후 그 동안 준비된 내용을 토대로 쓰여졌다(제1판의 서문 참고).

이 판의 부록은 "칸트의 순수이성비판과 형이상학의 정초작업의 과제"에 관한 세 차례에 걸친 다보스의 강연들을 내가 노심초사 요약한 내용을 옮겨실은 것이다(다보스 평론 IV권[1929], 7번, 194∼196쪽에 발표되어 있음).

게다가 나의 강연들과 관련하여 에른스트 카시러(Ernst Cassirer)와 나 사이에 벌어진 논쟁에 관한 보고서도 부록에 실려 있다. 카시러는 세 차례의 강연들에서 철학적 인간학에 관해, 특히 공간과 언어, 죽음의 문제에 관해 언급한 바 있었다.[5]

『존재와 시간』에 단초를 둔 존재물음은 카시러의 철학적 인간학보다 훨씬 더 광범위한 물음의 가치를 지니고 있다. 칸트책은 물을 가치가 있는 우회길을 따라 이러한 존재물음의 가치에 이르기 위해 시도된 입문서로 남아 있다.

점점 커져만 가는 사유에 대한 모호한 불안은 이 시대를 철저히 지배하는 존재망각에 대한 통찰을 더 이상 허용하지 않는다.

---

5) 다보스 논쟁의 텍스트는 다보스 대학의 강좌에 참가한 볼노브(O. F. Bollnow)와 리터(J. Ritter)에 의해 작성된 기록이다. 이 기록은 볼노브의 보고에 따르면, 잣구에 충실한 프로토콜이 아니라 함께 쓴 기록을 토대로 좀더 보충해서 완성한 글이다. 타이프로 친 텍스트를 볼노브가 출판할 수 있도록 처리했다. 이에 대해 여기에서 그에게 감사한다.

오래전부터 이 책에 관심을 보여주신 출판업자 비토리오 클로스
터만 씨에게 이 자리를 빌어 특히 감사드린다. 교정작업을 세심하
게 마쳐주신 것에 대해 힐데가르트 파익(Hildegard Feick) 박사
(비즈바덴)와 대학 사강사인 헤르만(Fr.- W.v. Herrmann) 박사
(프라이부르크)에게도 감사드린다.

1973년 8월말
마르틴 하이데거

제1판의 서문

다음 해석작업의 본질적 내용은 처음에는 1927/28년 겨울 세미나의 네 시간짜리 강의에서, 그리고 이후에는 (1928년 9월 리가의 헤르더연구소 및 같은 해 3월 다보스대학 강좌에서 행한) 여러 강연들과 일련의 강의들에서 다양하게 전달된 바 있다.

『순수이성비판』에 관한 해석은 『존재와 시간』 2부의 첫 마무리 작업과 연관하여 움트게 되었다.(『존재와 시간』, 전반부, 『철학과 현상학적 연구를 위한 연보』, 후설(E. Husserl)에 의해 출판됨, VIII권[1927], 23쪽 이하 참고. 지금은 교정되어 2판으로 간행된 별쇄본의 쪽수는 『연보』의 쪽수와 일치한다.)

『존재와 시간』의 2부에서는 이 책의 연구주제가 더욱 긴장된 물음제기를 지반으로 하여 다루어질 것이다. 반면 거기에서는 『순수이성비판』에 관한 전진적 해석이 단념된다. 이로 인해 이 책의 출판은 그것에 대한 예비적인 보완작업으로서 실행되어야 한다.

동시에 이 책의 출판은 『존재와 시간』 전반부에서 논의된 논점을 "역사적" 입문이란 의미에서 명확히 밝혀놓는다.

주도적인 물음제기를 좀더 광범위하게 해명하기 위해선 별쇄본으로도 간행된 필자의 논문 「근거의 본질에 관하여」가 도움이 된다 (후설을 위한 축하 기념 간행물, 철학과 현상학적 연구를 위한 연보의 증보판, 1929, 71~110쪽 참고).

　이 책은 막스 셸러(Max Scheler)를 기념하여 헌정된다. 이 책의
내용은 필자가 이 위대한 이로부터 얻은 힘을 다시 한번 감지할 기
회가 되었던 마지막 대화의 대상이었다.

　바덴 슈바르츠발트의 토트나우베르크,
　오순절, 1929.

제2판의 서문

20년 전에 출판되었다가 이내 절판된 이 책이 여기에서 아무런 정정 없이 간행된다. 그러므로 이 책에는, [과거] 이 책이 다양한 방식으로 영향을 끼치기도 했고 또한 끼치지 못하기도 했던, 당시의 그 형태가 고스란히 남아 있다.

끊임없이 독자들은 나의 해석의 폭력성에 부딪친다. 폭력적이라는 질책은 이 책에서 훌륭히 입증될 수 있다. 만약 이 질책이 사유가들 사이의 사유하는 대화를 이끌고자 하는 시도를 지향한다면, 이 질책과 관련된 철학사적 연구작업은 그때마다 적합하기조차 하다. 나름대로의 고유한 과제를 지닌 역사학적 문헌학의 방법들과는 구별되게, 사유하는 대담은 다른 법칙들하에 있다. 이 법칙들은 더욱 상처받기 쉽다. 대담에서의 과오는 더 위협적이며, 과실은 더 빈번하다.

이 시도의 과오와 과실이 지난 20년 동안의 사유의 길에서 나에게 너무도 명확해졌기에 나는 그것을 만회하는 추가조항, 부록, 후기(後記) 등을 덧붙여 이 책을 다시 짜깁기한 책으로 만드는 작업을 포기했다.

사유가는 과실로부터 더 오랫동안 영향에 남을 것을 배운다.

프라이부르크, 1950년 6월.

제3판의 서문

  이 책의 제목에 대한 적합한 이해를 위해서는 다음의 지적이 도움이 될 수도 있다. 형이상학에서 문제가 되는 것, 즉 전체 안에서의 존재자 그 자체에 관한 물음(die Frage nach dem Seienden als solchen im Ganzen)은 형이상학으로서의 형이상학을 문제이게끔 한다. "형이상학의 문제"라는 표현은 이중적 의미다.

  이 책의 보완을 위해 이제 다음의 글들을 독자들에게 제시하는 바다. 『존재에 대한 칸트의 테제』, 1963, 비토리오 클로스터만 출판사, 프랑크푸르트, 그리고 『사물에 관한 물음. 초월적 원칙들에 관한 칸트의 학설에 대해』, 1962, 막스 니마이어 출판사, 튀빙겐.

  프라이부르크, 1965년 초.

연구의 주제와 그 짜임새

다음의 연구는 칸트(I. Kant)의 『순수이성비판』을 '형이상학을 정초하는 작품'으로 해석하고, 이로써 형이상학의 문제를 기초존재론의 문제로서 보여줄 것을 과제로 설정한다.

기초존재론은 '유한한 인간존재에 대한 존재론적 분석론'을 의미하는데, 이러한 분석론은 "인간의 본성에 속하는" 형이상학을 위해 그 기초를 마련해주어야 한다. 기초존재론은 형이상학을 가능케 하기 위해 필연적으로 요구되는 '인간 현존재에 대한 형이상학'이다. 기초존재론은 모든 인간학, 따라서 철학적 인간학과도 원칙적으로 구별된다. 기초존재론의 이념을 펼쳐놓는다는 것은 다음을 의미한다. 즉 이렇게 특징지은 '현존재의 존재론적 분석론'을 필수요건으로 명시하고, 이로써 현존재의 존재론적 분석론이 어떤 의도와 방식으로, 그리고 어떤 한계내에서, 또 어떤 전제하에서 '인간이란 무엇인가?'라는 구체적인 물음을 제기하는지를 명백히 밝힌다는 것이다. 그러나 하나의 이념은 우선은 [모든 것을] 속속들이 비추는 자신의 힘을 통해 자신을 알리고 있는 한, 기초존재론의 이념도 『순수이성비판』을 '형이상학을 정초하는 작품'으로 해석하는 가운데 확증되고 현시되어야 한다.

이에 덧붙여 먼저 해명되어야 할 점은, "정초작업"이란 도대체 무엇을 의미하는가다. 이 표현의 의미는 건축분야에서 구체화된다. 형이상학은 물론 눈앞의 건물은 아니다. 그러나 모든 인간의 내면에 "자연스런[본성적] 소질로서" 실제한다.[1] 따라서 형이상학을 정초하는 작업은 이러한 자연스런 형이상학에 기초를 놓거나, 혹은 이미 놓인 기초를 새로운 기초로 대체하는 작업을 의미할 수도 있을 것이다. 그러나 이미 완성된 건물을 위해 토대를 마련하는 작업이 관건이라는 바로 이런 생각이야말로 정초작업의 이념으로부터 멀리할 필요가 있다. 정초작업은 오히려 건축설계도 자체를 기투[기획]하는 작업이며, 이로써 이 건축설계도는 건축물이 어떤 기반위에 어떻게 건설되면 좋을지에 대한 지침도 동시에 부여한다. '건축설계도를 기투하는 작업'으로서의 '형이상학을 정초하는 작업'은, 다시 말해, 결코 하나의 체계와 그 분과들을 공허하게 산출하는 작업이 아니다. 오히려 형이상학의 내적 가능성을 건축학적으로 한정하여 돋보이게 하는 작업, 즉 형이상학의 본질을 구체적으로 규정하는 작업이다. 그러나 모든 본질규정은 그 본질근거를 파헤쳐 드러내야 비로소 완성된다.

그러므로 '형이상학의 내적 가능성을 기투하는 작업'으로서의 정초작업은 필연적으로 '놓여진 근거'의 지탱 기능을 작용케 하는 작업이다. 이 작업이 과연 실현되는가의 여부 및 또 [실현된다면] 어떻게 실현되느냐의 여부가 정초작업의 근원성과 폭을 가늠하는 기준이 된다.

『순수이성비판』에 관한 다음의 해석에서 형이상학의 근원의 근원성을 명명백백히 밝히는 작업이 성공을 거둔다 할지라도, 이러한 근원성은 그 본질상, [그것을] 발원케 하는 구체적 사건으로 틀림없

---

1) 『순수이성비판』, 제2판, 21쪽.—초판(A)과 재판(B)은 라이문트 슈미트(Raymund Schmidt)의 (마이너 철학문고) 1926년 판에 모범적인 방식으로 서로 대조되어 있다. 앞으로 나는 항상 A와 B를 동시에 인용한다.

이 소환될 경우에만, 즉 형이상학의 정초작업이 회복될 경우에만 진정으로 이해된다.

형이상학이 "인간의 본성"에 속하고 인간과 더불어 현사실적으로 존재하는 한, 형이상학은 그때마다 이미 어떤 형태로든 형성되어 왔다. 따라서 형이상학의 명확한 정초작업은 무(無)로부터가 아니라, 오히려 형이상학에게 그 단초의 가능성들을 앞에 그려주고 있는 전승(傳承)의 그 [어떤 명시적인] 힘과 암묵적인 힘 안에서 행해진다. 그렇다면 형이상학 안에 포함되어 있는 전승과 관련지어 볼 때, 각각의 정초작업은, 그 이전의 정초작업과의 관계 속에서, 그 이전의 정초작업의 과제의 변형이다. 그러므로『순수이성비판』을 형이상학의 정초로서 해석하는 다음의 작업은 4중적인 점을 밝히고자 시도해야 한다.

1. 형이상학의 정초작업의 단초.
2. 형이상학의 정초작업의 수행.
3. 형이상학의 정초작업의 근원성.
4. 형이상학의 정초작업의 회복.

『순수이성비판』을 형이상학을 정초하는
작품으로 해석함으로써
기초존재론의 이념을 펼쳐놓음

제1장
형이상학의 정초작업의 단초

형이상학을 정초하기 위한 칸트의 단초를 논구하는 작업은, '왜 칸트에게선 형이상학의 정초가 『순수이성비판』으로 되는가?'라는 물음에 답하는 작업과 동일하다. 이에 대한 답변은 다음의 세 가지 부분적인 물음들을 구명함으로써 얻어져야 할 것이다.

1. 칸트가 먼저 만난 형이상학의 개념은 무엇인가?
2. 이 전승된 형이상학을 정초하는 작업의 단초는 무엇인가?
3. 왜 이러한 정초작업은 순수이성비판인가?

제1절 형이상학의 전승된 개념

칸트가 그 안에서 형이상학을 보았고 또 그 내부에서 자신의 정초작업을 시작해야 했던 그 시계(視界)는 바움가르텐(Baumgarten)의 정의를 통해 대략 다음과 같이 특징지어진다. 형이상학은 인간 인식의 제1원리들을 포함하는 학문이다(Metaphysica est scientia prima cognitionis humanae principia continens).[1] 형이상학은 인간의 인식활동이 파악한 것의 제1근거들을 포함하는 학문이다.[a] "인간 인식의 제1원리들"이란 개념에는, 독특하면서도 우선은 필연적인 이중성이 담겨 있다. 형이상학에는 존재론과 우주론, 자연심리학 및 자연신학이 속한다(Ad metaphysicam referuntur ontologia, cosmologia, psychologia et theologia naturalis).[2] 형이상학의 이러한 강단개념이 어떻게 형성되었고 확정되었는가에 관한 동기와 역사를 여기에서 서술할 수는 없다. 그저 본질적인 점을 간략히 지적하는 것만으로 이 개념의 문제점을 풀어내어, 정초를 위해 칸트가 취한 단초의 원칙적 의미에 대한 이해를 마련해야 한다.[3]

잘 알려져 있다시피, 형이상학($\mu\varepsilon\tau\dot{\alpha}$ $\tau\dot{\alpha}$ $\varphi\upsilon\sigma\iota\chi\dot{\alpha}$)이란 표현은

---

1) 바움가르텐, 『형이상학』 II권, 1743쪽, 1절.
2) 같은 책, 2절.
3) 피힐러(H. Pichler)가 그의 저서 『크리스찬 볼프의 존재론』(1910)에서 선례를 보인 이래, 칸트와 전승된 형이상학의 관계는 최근에 좀더 철저히 또한 더욱 광범위하게 탐구되었다. 참고 : 특히 하임조에트(H. Heimsoeth)의 연구가 눈에 띈다. 즉 『비판적 관념론을 형성할 때의 형이상학적 동기들』(칸트 연구, XXIX권, 1924), 121쪽 이하. 또한 『크루시우스(Chr. A. Crusius)에서의 형이상학과 비판. 18세기 순수이성비판의 존재론적 전(前) 역사에 대한 기고문』(쾨니히스베르거 학회 논문집, III권, 1926)——그밖에도 분트(M. Wundt)의 위대한 저작인 『형이상학자로서의 칸트. 18세기 독일철학의 역사에 대한 기고문』(1924)이 있다.——칸트 이후 형이상학의 역사를 고려한 가운데 칸트의 철학을 서술한 책으로는 크로너(R. Kroner)의 『칸트로부터 헤겔까지』(2권, 1921/1924)를 꼽을 수 있다. 독일관념론에서의 형이상학의 역사에 대해서는 하르트만(N. Hartmann)의 『독일관념론의 철학』(I부, 1923 / II부, 1929)을 참고하라. 이러한 연구들에 대한 비판적 입장 표명이 여기서는 가능하지 않다. 단지 한 가지 주석을 덧붙인다면, 이러한 연구들은 모두 『순수이성비판』을 "인식론"으로 파악하는 견해를 처음부터 고집하며, 게다가 이제는 형이상학과 "형이상학적 동기들"을 강조한다.

a. 형이상학이 인간의 인식활동이 표상한 것의 표준적 근거들을 포함하고 있는 한, 형이상학은 제1학문이다.

(『자연학』에 속한 논문들 뒤에 정리된 아리스토텔레스(Aristoteles)
의 논문들을 총칭하는 이름으로서) 처음에는 순전히 책의 편집상
붙여진 의미에 불과했는데, 이 의미가 나중에는 변모하여 『자연학』
뒤에 정리된 논문들의 내용을 철학적으로 해석하는 성격을 지니게
되었다. 그러나 이러한 의미변화는, 통상적으로 잘못 묘사되듯, 무
해한 것이 아니다. 오히려 이러한 의미변화는 이 논문들의 해석을
매우 특정한 방향으로 몰아감으로써 아리스토텔레스의 논술내용을
"형이상학"으로 파악하도록 결정해버렸다.

그렇지만 아리스토텔레스적 "형이상학"에 결집된 내용이 과연
"형이상학"인가의 여부는 반드시 의심해보아야 한다. 물론 칸트 자
신도 형이상학이란 표현에 직접 어떤 내용적 의미를 지정하고자 한
다. "형이상학이란 이름에 관해 말하자면, 이 이름은 학문과 매우
정확히 조화를 이루고 있으므로 우연히 생겨났다고는 믿을 수 없
다. 그 까닭은 이렇다. 퓌지스(φύσις)는 자연을 의미하는데, 우리는
경험에 의하지 않고는 달리 자연의 개념에 도달할 수 없다. 따라서
자연학에 후속하는 이러한 학문은 (넘어섬(μετά, trans)과 자연학
(physica)의 합성어인) 형이상학을 의미한다. 형이상학은, 말하자면
자연학의 분야를 벗어나 자연학 저편에 있는 학문인 셈이다."[4]

이같은 특정한 내용해석의 동기가 되었던 편집상의 표현은, 물론
아리스토텔레스의 전집 안에 분류된 문헌들을 사태에 맞게 이해할
때 빚어진 당혹감에서 비롯되었다. 실로 아리스토텔레스 이후의 강
단철학(논리학, 자연학, 윤리학)에는, 그가 제1철학(πρώτη φιλοσοφ
ία), 본래적 철학, 혹은 일차적인 철학함으로 추구했던 것에 걸맞

---

4) 하인체(M. Heinze), 『3학기에 걸친 칸트의 형이상학 강연』, 작센 과학원
회보, XIV권, 1894, 666쪽(별쇄본, 186쪽).――다음의 책도 참고하라. 칸트,
『라이프니츠와 볼프 이래의 형이상학의 진보에 관하여』(이하 『진보에 관
하여』), WW(Cassirer) VIII, 301쪽 이하.

는, 또한 제1철학이 그 속에 짜맞추어질 수 있는 그 어떤 분과나 그 어떤 틀도 없었다. 따라서 형이상학(μετὰ τὰ φυσιχά)은 원칙적인 철학적 당혹감을 가리키는 표제다.

다른 한편 이러한 당혹감은, 그 논문들에서 구명된 문제와 인식내용의 본질이 명료하지 않다는 점에도 그 근거를 두고 있다. 아리스토텔레스가 스스로 이 점에 관해 자신의 의견을 표명하는 한, 실로 "제1철학"의 본질규정에서는 주목할 만한 이중성이 나타난다. 제1철학은 "존재자로서의 존재자(ὄν ᾗ ὄν)에 관한 인식"이며, 또한 그것으로부터 전체(χαθόλου) 안에서의 존재자가 규정되는 '존재자의 가장 탁월한 영역(τιμιώτατον γένος)에 관한 인식'이기도 하다.

제1철학(πρώτη φιλοσοφία)의 이러한 이중적 성격규정은 근본적으로 상이한 상호독립적인 두 가지의 사유과정을 포함하지 않으며, 또한 어느 한 사유과정이 다른 사유과정을 위해 약화되거나 소멸되어서도 안 되며, 더욱이 표면적 분열이 성급하게 통일로 무마되지도 않는다. 오히려 필요한 것은, 두 규정들의 표면적인 분열의 근거와 공속의 양식을 존재자에 관한 "제1철학"의 주도적 문제에 의거해 해명하는 작업이다. 이러한 과제가 더욱더 절실해지는 까닭은, 언급된 이중성이 아리스토텔레스에게서 갑자기 나타난 것이 아니라, 오히려 고대철학의 시원 이래로 존재문제를 속속들이 지배해왔기 때문이다.

그러나 "형이상학"의 본질규정에 관한 이 문제를 확고히 견지하기 위해, '형이상학은 그 자체로서의 또한 전체 안에서의 존재자에 관한 원칙적 인식이다'라고 앞질러 말할 수도 있다. 그러나 이러한 "정의"는 그저 다음과 같은 문제를, 즉 '존재자의 존재에 관한 인식의 본질은 어디에 있는가?'라는 물음을 고시(告示)해주는 것으로만 간주되어야 한다. 존재자의 존재에 관한 인식은 얼마큼이나 필연적으로 전체 안에서의 존재자에 관한 인식으로 전개되는가? 존재자의 존재에 관한 인식은 왜 다시 존재인식의 인식[가능성]으로 첨예화되는가? 그러므로 "형이상학"은 단적으로 철학의 당혹감에 대한 표제로 남아 있다.

아리스토텔레스 이후의 서구 형이상학은 소위 기존의 아리스토텔레스 체계를 넘겨받아 발전시킨 덕분에 완성된 것이 아니라, 오히려 플라톤(Platon)과 아리스토텔레스가 주요 문제들을 제기할 때 빚어진 그 모호함과 개방성을 잘못 이해한 덕분에 완성되었다. [특히] 두 가지의 동기가 앞서 인용된 형이상학의 강단개념을 완성하는 데 현저한 역할을 하였으며, 나아가 [플라톤과 아리스토텔레스의] 근원적 논점이 다시는 수용될 수 없도록 방해까지 하였다.

첫째 동기는 형이상학의 내용적 분류에 관련된 것이며 기독교의 신앙적 세계해석에서 유래한다. 이 해석에 따르면, 신이 아닌 모든 존재자는 창조된 것 즉 우주다. 피조물들 중에서 인간은, 자신의 영혼 구제와 영원한 실존이 문제되는 한, 탁월한 위치를 차지한다. 그러므로 이러한 기독교적인 세계의식과 현존재의식에 따라 존재자 전체는 신, 자연, 인간으로 나뉘어진다. 그리고 이들 각 영역에는 최고 존재자를 대상으로 하는 신학, 우주론, 심리학이 즉각 소속된다. 신학, 우주론, 심리학은 특수형이상학(Metaphysica specialis)의 분과를 형성한다. 특수형이상학과 구별되는 일반형이상학(Metaphysica generalis : 존재론)은 존재자 "일반"(ens commune)을 대상으로 삼는다.

형이상학의 강단개념을 완성하는 데 기여한 또 다른 본질적 동기는 형이상학의 인식방식 및 방법에 관련된 것이다. 형이상학은 "누구나가 관심을 갖는"(칸트) 존재자 일반과 최고 존재자를 대상으로 삼기에, 최고의 위엄을 지닌 학문 즉 "학문들의 여왕"이다. 따라서 형이상학의 인식방식도 가장 엄밀하면서도 단적으로 구속력을 지닌 인식방식이어야 한다. 이것은 형이상학의 인식방식이 그에 상응하는 인식이상(Erkenntnisideal)에 동화될 것을 요구한다. 이러한 인식이상으로 간주되는 것은 "수학적" 인식이다. 수학적 인식은 우연적 경험으로부터 독립되어 있기에 가장 합리적이며 선험적인 학문, 즉 순수한 이성학문이다. 그러므로 존재자 일반에 관한 인식(일반형이상학)과 존재자의 주요 영역들에 관한 인식(특수형이상학)은 "단순한 이성에서 유래한 학문"이 된다.

그런데 칸트는 이러한 형이상학의 의도를 고수할 뿐 아니라, 더욱이 형이상학을 그가 "본래적 형이상학" 혹은 "형이상학의 궁극목적"[5]이라 명명한 특수형이상학 쪽으로 더욱 강력히 옮겨놓는다. 그렇지만 이러한 학문내에서 진행된 온갖 음모의 끊임없는 "실패"와 모순성 및 좌절에 직면하여, 순수한 이성인식을 확장하려는 모든 시도는, 이 학문의 내적 가능성에 관한 물음이 명료하게 해명되기 전까지는, 우선 중단되어야 한다. 그러므로 형이상학의 본질규정이란 의미에서 정초작업의 과제가 움트게 된다. 칸트는 형이상학의 본질을 한정하는 이러한 작업을 어떻게 시작하는가?

제2절 전승된 형이상학을 정초하는 작업의 단초

존재자에서의 "일반적인 것"에 관한 그리고 존재자의 주요영역의 그때마다의 전체성에 관한 순수 합리적 인식으로서의 형이상학에서는, 특수한 것과 부분적인 것에 관한 경험이 그때마다 제시할 수 있는 것을 뛰어넘는 "넘어섬"이 수행된다. 감각적인 것을 넘어, 이러한 인식은 초감각적-존재자를 파악하고자 한다. 그러나 "형이상학적 방법은 지금까지 그저 갈팡질팡할 뿐이었으며, 심지어는 단순한 개념들하에"[6] 머물러 있기까지 하였다. 형이상학은 자신에게

---

5) 『진보에 관하여』, 같은 책, 238쪽.
6) B XV.

요구된 통찰을 구속력 있게 증명해내지 못한다. [그렇다면 과연] 무
엇이 이러한 형이상학에게 그것이 존재하고자 하는 그 무엇으로 존
재하도록 내적 가능성을 부여하는가?

 '형이상학의 내적 가능성을 한정하는 작업'이란 의미에서의 형이
상학의 정초작업은 무엇보다도 형이상학의 궁극적인 목적, 즉 특수
형이상학의 본질규정을 목표로 삼아야 한다. 왜냐하면 특수형이상
학은 각별한 의미에서 초감각적 존재자에 관한 인식이기 때문이다.
그러나 이러한 인식의 내적 가능성에 관한 물음은 존재자 그 자체
를 여하튼 드러낼 내적 가능성에 관한 좀더 일반적인 물음으로 소
급된다. 이제 정초작업은 존재자에 대한 관계맺음의 본질, 즉 그 안
에서 존재자가 자신을 자기자신에 즉해 내보이게 되고, 그로써 그
로부터 존재자에 관한 모든 진술이 증명가능케 되는 그런 관계맺음
의 본질을 해명하는 작업이다.

 그런데 존재자에 대한 이러한 관계맺음의 가능성에는 무엇이 속
하는가? 이러한 관계맺음을 가능케 하는 것에 대한 어떤 "암시"는
있는가? 물론 있다. 자연연구자들의 방법이 그것이다. 그들에게서
"한 줄기 빛이 떠올랐다. 이성은 자신의 기투에 따라 스스로 산출한
것만을 통찰한다는 사실, 그리고 이성은 항구적 법칙에 따른 자신
의 판단원리를 가지고 앞서 나아가 자연으로 하여금 자신의 물음에
답변하도록 강요해야 하며, 따라서 이를테면 자연을 실마리로 해서
는 걸음마조차도 배워서는 안 된다라는 사실을, 그들은 파악하였
다."[7] 자연 일반에 대해 "앞서 기투된 계획"은 모든 연구물음이 존
재자에 대해 관계를 맺을 수 있도록 존재자의 존재틀을 먼저 앞서
부여한다. 존재자에 관한 이러한 선행적 존재계획은 해당 자연과학
의 근본개념들과 원칙들로 기입된다. 그러므로 존재자에 대한 관계

---

7) B XIII 이하.

맺음(존재적 인식)을 가능케 하는 것은 존재틀에 대한 선행적 이해, 즉 존재론적 인식이다.

수학적 자연과학은 존재적 경험과 존재론적 인식 간의 이러한 원칙적 제약연관에 대해 하나의 암시를 준다. 그러나 형이상학의 정초작업에서 수학적 자연과학의 기능은 이 정도에 불과하다. 왜냐하면 이러한 제약연관에 대한 지적은 아직 [형이상학의 정초작업이라는] 그 문제의 해결책이 아니라, 오히려 그저 그 문제가 ─ 원칙적 일반성에서 이해될 때 ─ 우선 탐구되어야 할 방향에 대한 지침에 불과하기 때문이다. 그러한 지침이 수학적 자연과학에서만 도대체 발견될 수 있는 것인지, 즉 특수형이상학의 이념이 도대체 실증적(과학적) 인식개념에 맞추어 기투되어도 좋은지는 이제 비로소 결정되어야 한다.

특수형이상학의 내적 가능성의 기투는, 존재적 인식의 가능성에 관한 물음을 넘어, 존재적 인식을 가능케 하는 것의 가능성에 관한 물음으로까지 소급된다. 이것은 선행적 존재이해의, 즉 가장 넓은 의미에서의 존재론적 인식의, 본질에 관한 문제다. 그렇지만 존재론의 내적 가능성의 문제는 일반형이상학의 가능성에 관한 물음을 포괄한다. 특수형이상학을 정초하고자 하는 시도는 결국 일반형이상학의 본질에 관한 물음으로 스스로 역진(逆進)하게 된다.

이런 식의 단초를 지닌 형이상학의 정초작업으로 인해, 칸트는 아리스토텔레스 및 플라톤과의 대화 속으로 직접 들어간다. 존재론은 이제 여하튼 처음 문제가 된 것이다. 이로써 전승된 형이상학의 건물에 최초이자 또한 가장 내적인 동요가 일어난다. 일반형이상학이 이제까지 존재자 일반의 "일반성"을 다루었을 때의 그 무규정성과 자명성은 소멸되고 만다. 정초작업의 물음은 일반화의 양식에 관한 명확성 및 이와 더불어 존재틀의 인식에 담겨 있는 '넘어섬'의 성격에 관한 명확성을 처음으로 요구한다. 칸트 자신이 그 문제의 완전한 명확성에 도달했는가는 부차적인 물음일 뿐이다. 그가 그러한 문제의 필연성을 인식했고 무엇보다 그것을 서술했다는 사실만으로도 충분하다. 이로써 존재론은 본래적으로 여하튼 실증과학의 정초작업에는 관련되어 있지 않다는 점도 분명해진다. 존재론의 필연성과 역할은 인간의 이성이 지닌 "가장 지대한 관심"에 그 근거를 두고 있다. 그런데 일반형이상학은 특수형이상학을 위해 필요한 "장비"[8]를 제공하므로, 일반형이상학을 정초할 때 특수형이상학의 본질규정도 변화되어야 한다.

형이상학 전체를 정초하는 작업은 존재론의 내적 가능성을 개현(開顯, Enthüllung)하는 작업을 의미한다. 이것이 칸트의 "코페르니쿠스적 전회"라는 표제하에서 부단히 곡해되어온 것의 형이상학적 (즉 유일한 주제인 형이상학에 관련된) 의미며, 따라서 진정한 의미다. "지금까지 사람들은, 우리의 모든 인식은 대상들을 올바로 향해야 한다라고 가정하였다. 그러나 대상들에 관해 우리의 인식을 확장해줄 그 어떤 것을 개념들에 의해 선험적으로 형성하려는 모든 시도는, 이러한 전제하에서는 실패하고 말았다. 따라서 사람들은 거꾸로 대상들이 우리의 인식을 올바로 향해야 한다라는 가정이 형이상학적 과제 해결에 더 도움이 되지 않을까 해서 한번쯤은 시도해본다. 이러한 가정은, 대상들이 우리에게 주어지기 이전에 대상들에 관해 어떤 것을 확정해야 한다는, 앞서 요구된, 대상들에 관한 선험적 인식의 가능성에 원래 한층 더 부합한다."[9]

따라서 칸트가 말하고자 하는 바는 이렇다. "모든 인식"이 존재적 인식은 아니며, 존재적 인식이 현존할 경우에 그것은 존재론적 인식에 의해서만 가능케 된다. 코페르니쿠스적 전회를 통해 "옛" 진리개념이, 즉 존재자에 대한 인식의 "동화"가 흔들리기는커녕, 오

---

8) 『진보에 관하여』, 같은 책, 302쪽.
9) B XVI.

히려 코페르니쿠스적 전회는 옛 진리개념을 실로 전제할 뿐 아니라 그것을 최초로 근거짓기까지 한다. 존재자("대상들")에 존재적 인식이 동화될 수 있는 것은, 이러한 존재자가 존재자로서 앞서 이미 드러나 있을 경우, 즉 존재자가 자신의 존재틀에서 인식되어 있을 경우뿐이다. 대상들, 즉 대상들의 존재적 규정가능성은 이러한 궁극적 인식을 올바르게 향해야 한다. 존재자의 드러나 있음(존재적 진리)은 존재자의 존재틀의 개현성(開顯性, 존재론적 진리)에 달려 있다. 즉 존재적 인식은 결코 혼자 힘으로는 대상 "쪽으로" 올바르게 향할 수 없는데, 그 까닭은, 존재적 인식은 존재론적 인식이 없다면 그것이 향할 가능한 방향조차 결코 가질 수 없기 때문이다.

이로써 다음의 사실이 분명해진다. 전승된 형이상학을 정초하는 작업은 존재론 그 자체의 내적 가능성에 관한 물음에 단초를 두고 있다. 그러나 왜 이러한 정초작업이 『순수이성비판』으로 되는가?

제3절 『순수이성비판』은 형이상학을 정초하는 작품

칸트는 존재론의 가능성의 문제를 "선험적 종합판단들은 어떻게 가능한가?"라는 물음으로 정식화한다. 이러한 문제정식을 해석해 보면, 형이상학을 정초하는 작업이 순수이성비판으로 수행된다라는 사실이 설명된다. 존재론적 인식의 가능성에 관한 물음은 존재론적 인식의 성격을 선행적으로 묘사할 것을 요구한다. 칸트는 이 정식에서, 그 당시의 전승에 따라 인식을 판단으로 파악한다. 존재론적 이해에는 어떤 유형의 인식이 담겨 있는가? 거기에는 존재자가 인식되어 있다. 거기에 인식되어 있는 것은, 존재자가 도대체 어떻게 경험되고 규정되든 간에 존재자에게 속해 있다. 존재자의 이 인식된 무엇존재[본질]는, 비록 바로 존재적 경험을 위한 것이긴 하나, 모든 존재적 경험에 앞서 존재론적 인식 안에 선험적으로 제시되어 있다. 존재자의 무엇내용[본질]을 제시하는, 즉 존재자 자체를 개현하는 인식을, 칸트는 "종합적" 인식이라 명명한다. 그러므로 존재론적 인식의 가능성에 관한 물음은, 선험적 종합판단들의 본질을 묻는 문제가 된다.

존재자의 존재에 관한 이 사태함유적 판단들의 합법성을 근거짓는 법원은 경험 안에 있을 수 없다. 왜냐하면 우리는 어떤 특정한 관점에서는 경험을 통해 존재자에게 접근해야 하나, 존재자에 관한 경험 자체는 이미 언제나 존재자에 관한 존재론적 이해에 의해 이끌려지기 때문이다. 그러므로 존재론적 인식은 경험에 따라서는 결코 제시될 수 없는 근거들(원리들)에 따른 판단이다.

그런데 칸트는 원리들에 입각해 선험적으로 인식하는 우리의 능력을 "순수이성"[10]이라 명명한다. "순수이성은 어떤 것을 선험적으로만 인식하는 원리들을 포함한 이성이다."[11] 그러므로 이성 안에 포함된 원리들이 선험적 인식의 가능성을 형성하는 한, 존재론적 인식의 가능성을 개현하는 작업은 순수이성의 본질을 해명하는 작업이 되어야 한다. 그러나 순수이성의 본질을 한정하는 작업은 동시에 순수이성의 비본질을 구별하여 규정하는 작업이기도 하며, 따라서 순수이성의 본질적 가능성들에 대해 그 경계를 설정하고 제한(비판)하는 작업이다. 형이상학을 정초하는 작업은 존재론의 본질을 개현하는 작업으로서 『순수이성비판』이다.

존재론적 인식, 즉 선험적 "종합" "때문에 본래 모든 비판은 존재한다."[12] 형이상학을 근거짓는 작업의 주도적인 문제를 확정할 때, 이러한 종합에 관한 좀더 자세한 규정은 참으로 더욱더 절실해진다. 여하튼 칸트는 이 표현을 다양한 의미들로 사용할 뿐 아니

---

10) 『판단력 비판』 제1판에 대한 서문, 1790, WW(Cass.) V, 235쪽.
11) A 11, B 24.
12) A 14, B 28.

라,[13] 또한 바로 형이상학을 정초하는 문제의 정식 안에는 이러한
의미들이 서로 짜맞추어져 있다. 물음은 선험적 종합판단들의 가능
성을 찾고 있다. 그런데 모든 판단 그 자체는 이미 "나는 결합한
다", 즉 주어와 술어의 결합이다. "분석"판단들도, 비록 주어-술어-
결합의 일치 근거가 오직 주어의 표상에 있긴 하지만, 역시 판단들
이기에 이미 종합적이다. 그렇다면 종합판단들은 이중적 의미에서,
즉 첫째는 판단들 일반으로서, 둘째는 표상"결합"(종합)의 합법성
이 판단되는 그 존재자 자체로부터 "제시되는"(종합) 한 "종합적"
이다.

   그러나 문제가 된 선험적 종합판단들에서는 종합의 또 다른 방식
이 중요하다. 이러한 종합은, 존재자로부터 경험에 따라서는 얻어지
지 않는 그 어떤 것을 존재자에 관해 제시해야 한다. 이처럼 존재자
의 존재규정을 제시한다는 것은, 경험에 앞서 존재자와의 관계맺음
을 의미하게 된다. "……에 대한" 이러한 순수"관계"(종합)는 존재
자 그 자체가 경험적 종합 안에서 경험될 수 있는 기반과 지평을
비로소 형성한다. 이러한 선험적 종합을 그것의 가능성에서 해명하
는 작업이 필요하다. 이러한 종합의 본질에 관여하는 연구를, 칸트
는 초월론적(transzendental) 연구라고 명명한다. "대상들을 다루
지 않고 오히려 대상들에 관한 우리의 인식방식을, 이것이 선험적
으로 가능해야 하는 한에서, 일반적으로 다루는 모든 인식을 나는
초월론적이라 명명한다."[14] 그러므로 초월론적 인식은 존재자 자체
를 연구하지 않고, 오히려 선행적 존재이해의 가능성을 즉 동시에
존재자의 존재틀을 연구한다. 순수이성이 존재자를 향해 넘어서야
[초월해야] 이제 비로소 경험은 가능적 대상인 존재자에게 들어맞
을 수 있는데, 초월론적 인식은 순수이성의 이러한 넘어섬(초월)에

---

13) 이 책의 7절 106쪽 이하 참고.
14) B 25, (A 11).

관계한다.

존재론의 가능성을 문제화한다는 것은, 존재이해의 이러한 초월의 가능성에 관해 즉 그것의 본질에 관해 묻는다는 것, 다시 말해 초월론적으로 철학함을 의미한다. 그러므로 칸트는 전승된 존재론의 논점을 분명히 하기 위해, 일반형이상학(존재론)에 대해 "초월철학"[15]이란 명칭을 사용한다. 이에 따라 그는 이러한 전승된 존재론을 언급할 때, 이를 "옛사람들의 초월철학"[16]이라 부르고 있다.

그렇지만 『순수이성비판』은 초월철학의 "체계"는 결코 만들어내지 않는다. 오히려 그것은 "방법에 관한 논문"[17]이다. 그러나 그렇다고 해서 『순수이성비판』이 방법절차의 기술(技術)론을 의미하진 않는다. 오히려 『순수이성비판』은 존재론의 "전체적인 개략도"와 "전체적인 내부구조"의 완전한 규정을 성취한 작품을 의미한다. 존재론의 내적 가능성을 기투하는 형이상학의 이러한 정초작업을 통해, "형이상학의 체계에 대한 전체적 윤곽을 그려낼 수 있다."[18]

그러므로 『순수이성비판』이 "경험의 이론"이나 혹은 그것도 모자라 실증과학의 이론으로 해석될 때, 이 작품의 의도는 원칙적으로 여전히 오해될 뿐이다. 『순수이성비판』은 "인식론"과는 전혀 무관하다. 만약 어떻게 하든 인식론으로서의 해석이 타당한 것으로 간주된다면, 『순수이성비판』은 존재적 인식(경험)의 이론이 아니라 존재론적 인식의 이론이라고는 언급될 수 있을 것이다. 그러나 이러한 견해조차도 초월론적 감성론과 분석론에 대한 지배적인 해석과는 이미 현격한 거리를 두고 있기에 『순수이성비판』의 본질적인 면은 적중되지 못한다. 실로 일반형이상학으로서의 존재론이, 즉 형

---

15) A 845쪽 이하, B 873쪽 이하 ; A 247, B 303 ; 『진보에 관하여』, 같은 책, 238, 263, 269, 301쪽 참고.
16) B 113.
17) B XXII.
18) B XXIII.

이상학 전체의 근본부분으로서의 존재론이 근거지어지며, 여기에서 비로소 자기 본연의 모습을 찾게 된다는 이 작품의 본질적인 면은 적중되지 못한다. 초월의 문제로 인해, 형이상학의 자리에 "인식론"이 대체되는 것이 아니라, 오히려 존재론이 자신의 내적 가능성에 관련해 심문을 받게 된다.

인식의 본질에 초월의 진리가 속한다면, 선험적 종합인식의 내적 가능성을 묻는 초월론적 문제는 존재론적 초월의 진리의 본질에 관한 물음이다. "모든 경험적 진리에 앞서 있으며 또한 그것을 가능케 하는 초월적 진리"[19]의 본질을 규정하는 작업이 필요하다. "왜냐하면 인식이 모든 내용을, 즉 어떤 객관과의 모든 관계를, 따라서 모든 진리를 동시에 상실하지 않는다면, 그 어떤 인식도 초월론적 분석론에 모순될 수 없기 때문이다."[20] 존재적 진리는 필연적으로 존재론적 진리를 올바르게 향한다. 다시 새롭게 말하자면, 이것이야말로 "코페르니쿠스적 전회"의 의미에 대한 적절한 해석이다. 따라서 이러한 전회를 통해 칸트는 존재론의 문제를 『비판』의 중심으로 부각시킨다. 근원적인 존재론적 진리의 가능성이라는 논점을 위해서는 아무런 것도 전제될 수 없고, 더욱이 적어도 실증과학의 진리의 "사실"만큼은 결코 전제될 수 없다. 정초작업은 오히려 선험적 종합을 오로지 스스로의 힘으로 역추적하여, 그러한 종합을 존재하고 있는 바, 그것으로 발생케 하는(본질적으로 가능케 하는) 그 근저에 놓여 있는 맹아에 이르러야 한다.

형이상학의 정초작업의 독특함에 대한 명확한 통찰에 의거해서 칸트는 『순수이성비판』에 관해 이렇게 이야기한다. "인식을 그것의 근원적 맹아로부터 전개하고자 하는 이러한 작업은 어렵다. 또한 이러한 작업은 이성 자체 외에는 아무런 것도 근거에 주어져 있지

---

19) A 146, B 185.
20) A 62쪽 이하, B 87.

않는 그러한 체계에 차츰 자신을 집어넣어 생각할 줄 아는, 따라서 그 어떤 사실에도 의존하지 않는 결연한 독자를 요구한다."[21]

그러므로 존재론의 가능성이 그것의 맹아로부터 전개되는 이러한 과정이 어떻게 수행되는가를 밝히려는 과제가 움터나온다.

---

21) 『모든 미래의 형이상학에 대한 서언』, 4절, WW(Cass.) IV, 23쪽.

제2장
형이상학의 정초작업의 수행

    존재론적 인식의 내적 가능성을 기투하기 위해선, 그러한 기투의 본질틀 안에서 탐색되는 것의 가능성을 담지하는 근거를 향한 귀환의 차원이 앞서 통찰되어야 한다. 그런데 이제까지 감추어졌던 장(Feld)이 비로소 "차츰차츰" 규정된다는 사실은, 이러한 장으로 육박해 들어가는 모든 진정한 침입이 겪는 필연적 운명이다. [이러한 장으로] 돌진해 들어가는 과정 자체에서 비로소 접근 방향이 확고해지며 그 길의 통행가능성도 형성된다. 따라서 최초의 침입이 창조적 개시(開示, Erschließen)의 확실성과 확고한 방향력에 의해 계속 이끌려진다 하더라도, 우선은 그러한 장이 명백히 체계적으로 개간되지도 또한 부각되지도 못한다. 물론 "『비판들』은 원천에 관한 지식들을 요구하며, 이성은 자기를 스스로 인식해야 한다……."[1] 그러나 칸트는 『비판』을 통해 비로소 이성의 이러한 좀더 근원적 자

---

[1] 『칸트의 손으로 쓴 유고(遺稿)』 V권, 『형이상학』(프로이센 과학아카데미에 의해 간행된 학회출판물 III, 5) 1928, 4892번. 에르드만(B. Erdmann), 『비판철학에 대한 칸트의 반성들』 II, 217쪽 참고.

기인식을 성취한다.

이에 비해 다음의 해석은, 기투의 근원적 방향력을 아직 소유한
바도 없고 또한 앞으로도 소유하지 못할 것이기에, 주도적인 통찰
내용을 처음부터 분명히 확인하여 그로써 정초작업 전체를 내적으
로 이끄는 주요단계들을 먼저 다루어야 한다. 형이상학의 정초작업
이 어떻게 수행되는가를 실감나게 음미하기에 앞서, 정초작업의 귀
환의 차원에 대한 통찰내용을 미리 제시할 것이 요망된다. 따라서
이 장을 두 부분으로 나누기로 한다.

A. 형이상학의 정초작업을 수행하기 위한 귀환의 차원을 특징지음.

B. 존재론의 내적 가능성의 기투를 수행하는 단계들.

A. 형이상학의 정초작업을 수행하기 위한 귀환의 차원을 특징지음

우리의 과제는, 존재론적 인식을 가능케 하는 맹아로부터 존재론
적 인식의 근원을 해명함으로써 존재론적 인식의 본질을 규정하는
것이다. 이를 위해서는 무엇보다 인식 일반의 본질에 대한 또한 근
원적인 장의 장소와 유형에 대한 명확한 해명이 이루어져야 한다.
『순수이성비판』에 대한 종래의 해석에서는, 바로 그 근원적 차원에
관한 선행적이며 충분한 성격묘사가 부당하게 등한시되거나 잘못
해석되기도 하였다. 따라서 게다가 『순수이성비판』의 의도에 대한
규정까지 동요해서는 이 작품의 근본적 경향이 생산적으로 획득될
수 없었다. 근원적인 장의 성격을 묘사하는 동시에, 근원을 개현하
는 방식까지도 그 독특성에 맞게 특징지어야 한다.

I. 근원적인 장의 본질적 성격들

제4절 인식 일반의 본질[a]

  칸트는 근원적인 장의 본질적 성격들을 명확히 주제적으로 구명
하지 않고[b], 오히려 그것들을 "자명한 전제들"의 의미로만 받아들
인다. 그러나 우리의 해석은 그럴수록 이러한 "정립들"[자명한 전
제들을 가리킴]의 선(先)작용적 기능을 간과하지 말아야 한다. 이
러한 정립들은 다음의 테제로 총괄된다.

  형이상학의 정초를 위한 원천적 근거는 인간의 순수이성이다. 더
욱이 이러한 정초작업의 논점의 핵심에서는 바로 이성의 인간성,
즉 이성의 유한성이 본질적인 의미를 갖게 된다. 따라서 근원적인
장의 특성을 묘사하기 위해선 인간 인식의 유한성의 본질을 명확히
해명하는 작업에 모든 노력을 집중할 필요가 있다. 그러나 이성의
이러한 유한성이 존립하는 까닭은 단지 인간의 인식활동이 비지속
성, 비정확성, 그리고 오류라는 다양한 결함을 내보이기 때문만은
아니다. 또한 그것이 일차적인 이유도 될 수 없다. 오히려 그 까닭
은 인식의 본질적 구조 자체에 있다. 지식의 현사실적 한계성은 겨
우 이러한 본질의 결과일 뿐이다.

  인식의 유한성의 본질을 논구하기 위해선, 인식활동[c]의 본질을
일반적으로 특징지을 필요가 있다. 참으로 이러한 점을 되돌아볼

---

a. 표-상활동으로서의 인식과 지적인 활동으로서의 인식, 즉 주도적 개념에
   의한 지적인 활동으로서의 인식 간의 구별로부터 출발함으로써 더 날카롭
   게 전개된다. 1935/36년의 겨울학기 강의[『사물에 관한 물음. 초월적 원칙
   들에 관한 칸트의 이론에 관하여』, 전집 41권] 136쪽 이하 참고.
b. 이 책의 92~93쪽 참고.
c. 여기에서의 인식활동은 인간의 인식활동을 의미한다.

때, 칸트가 『순수이성비판』을 주제적으로 구명한 첫 문장을 통해
언급한 내용이 대개는 너무도 낮게 평가되었다. 즉 "어떤 방식으로
또한 어떤 수단을 통해 인식이 대상들에 관계하든, 인식이 그것을
통해 대상들에 직접 관계를 맺고 또한 모든 사유가 수단으로서 노
리고 있는 그것은 바로 직관이다."[2]d

『순수이성비판』을 총체적으로 이해하기 위해 이를테면 머리 속
에 주입해야 할 점은, 인식활동은 일차적으로[e] 직관활동이다[f]라는
사실이다. 이로써 분명해지는 점은, 인식을 판단(사유)으로 바꿔 해
석하는 것은 칸트적 문제의 결정적 의미에 어긋난다라는 사실이다.
왜냐하면 모든 사유는 오로지 직관에 봉사하는 역할만을 맡기 때문
이다.[g] 사유는 직관 옆에 나란히 "또한 역시" 현존할 뿐 아니라, 직

---

2) A 19, B 33(칸트 자신에 의해 강조되었음).

d. 『순수이성비판』 B 306 ; 직관의 우위! 『진보에 관하여』(마이너판) 157쪽
   참고.
e. 이 책의 92쪽에서는 "일차적으로"(primär)라는 표현 대신 "본래적으로"(eigent-
   lich)라는 표현을 사용하였다.──이런 표현은 무엇을 의미하는가? 여기서
   직관활동이란 [존재자를 자기] 쪽으로──받아들이는 활동으로서 즉 [존재자
   를 자기 쪽으로] 주어지게끔 하는 활동으로서 존재자 자체를 명확히 소유하
   는 활동을 의미한다. 인식활동은 "일차적으로", 즉 우선적으로 그것의 본질
   의 근거에서 (유한한 것으로서) 있다. 진정 이 인식활동의 본질에는 사유가
   이차적인 것으로서 필연적으로 귀속해 있다. 단지 이런 이유 때문에 [직관활
   동이] 일차적인 것! 그러나 여기서 "이차적인 것"이란 표현은 본질의 구조
   의 순서라는 의미에서 사념된 것이지 "근본적으로는 없어도 된다"라는 통
   속적 의미에서 사념된 것이 아니다. 인식활동은 일차적으로 직관활동이라는
   바로 그 이유 때문에, 우리에게는 직관활동 그것만으로는 결코 인식이 성립하
   지 못한다. 따라서 초월론적 감성론도 동일한 상대성을 갖는다. 이 책의
   137쪽! 참고.
f. 본질적으로 그렇다! 이 책의 121쪽! 참고. 135~136쪽 참고.
g. B 219 참고. "감각적 객관들에 관한 인식의 본질적인 점"은 하나의 의식 안에
   서의 종합적 통일이다. "종합"이란 성격 속에 [직관에 대한 사유의] 봉사적

관이 일차적으로 그리고 부단히 목표로 삼는 그것에 대해 자신의
내적인 구조에 따라 봉사한다. 그러므로 사유가 본질에 맞게 직관
과 관련을 맺어야 한다면, 이 양자는 즉 직관과 사유는 양자의 합일
을 허용하는 어떤 내적인 유사성을 가지고 있어야 한다. 이러한 유
사성, 즉 동일한 종(種)으로부터의 유래는, 이 양자에서 "유(類)는
표상 일반이다"[3]라는 사실에서 표현된다.

　여기서 "표상"은 우선 폭넓은 형식적 의미를 지니고 있다. 이러
한 의미에 따르면, 어떤 것은 다른 어떤 것을 지시하며 고지(告知)
하며 현시한다. 그런데 이러한 표상활동은 "의식과 함께"[4] 실현되
는 그러한 활동일 수 있다. 이러한 표상활동에는, 어떤 것을 고지하
는 활동과 그 어떤 것이 고지되어 있음(지각)에 관한 앎이 속해 있
다. 그런데 더욱이 어떤 것을 통해 어떤 것을 표상하는 활동 안에
표상활동뿐 아니라 이러한 표상활동을 통해 표상된 것 그 자체까지
도 표상되어 있다면, 즉 "의식"되어 있다면, 이러한 표상활동은 표
상활동 그 자체에서 현시되는 것과의 관계맺음을 의미한다. "객관
적 지각"이라는 이러한 의미에서 인식은 표상활동이다.

　인식하는 표상활동은 직관이거나 개념(intuitus vel conceptus)
이다.[h] "전자는 직접 대상에 관계하며 개별적이다. 그러나 후자는,

---

3) A 320, B 376 이하.
4) 같은 곳.

　역할의 가능성은 있다. 즉 여기에서 인식은 본질적으로 유한하다. [존재자를]
　만나게끔 하는 것으로서의 직관이 근본적으로 본질적이기 때문에만 사유도
　본질적이다. 지성은 물론——유한성과 궁핍성이란 면에서는——직관을 능가
　한다. 이러한 우위가 크면 클수록, 직관에 대한 [사유의] 의존성은 더 무제한
　적이다. 그리고 이러한 의존성을 배제할 가능성은 점점 더 작아진다.
h. A 271, B 327 참고. 로크(J. Locke)와 라이프니츠(Leibniz)와는 반대다. 즉
　감성과 지성은 "표상들의 전혀 다른 두 가지 원천들"이다.

간접적으로, 즉 다수의 사물에 공통적일 수 있는 어떤 표징을 매개로 대상에 관계한다."[5] 앞서 인용된 『순수이성비판』의 첫 문장에 따르면, 인식활동은 사유하는 직관활동이다. 사유는 즉 "일반적 표상활동"이란 의미의 사유는, 개별적 대상을 즉 구체적 존재자 자체를 그것의 직접성에서 또한 더욱이 누구에게나 접근가능케 하는 데 봉사할 뿐이다. "이 양자(직관과 사유)는 각각 표상이긴 하나 아직 인식은 아니다."[6]

이로써 사람들은 직관활동과 사유 사이에는 상호적인 그것도 완전히 균형적인 연관이 존립한다라고 추론할 수 있을 것이다. 그 결과 인식활동은 직관하는 사유이며, 따라서 근본적으로 판단이다라고 [앞서 인식은 사유하는 직관이다라고 말했을 때만큼] 동일한 정당성을 가지고 말할 수도 있겠다.

그러나 이에 대해 꼭 고수되어야 할 점이 있다. 직관이 인식의 본래적 본질을 형성하며 또한 직관활동과 사유 간의 상호연관에도 불구하고 본래적 중요성을 차지한다라는 사실이다. 이런 점은 앞서 인용된 칸트의 설명과 "직관"이란 용어에 대한 강조에 의거해 분명히 나타날 뿐 아니라, 더욱이 인식을 이처럼 해석할 경우에만, 인식에 관한 정의에서의 본질적인 점에 대한, 즉 인식의 유한성에 대한 파악도 가능하다. 『순수이성비판』의 첫 문장은 결코 인식 일반에 관한 정의가 아니라, 이미 인간 인식에 관한 본질적 규정이었다. "그것과는 반대로 ("신이나 다른 고등 정신"과 구별해서) 인간에 관해 말하면, 인간의 모든 인식은 개념과 직관으로 이루어져 있다."[7]

유한한 인간 인식의 본질은, 무한한 신적 인식, 즉 "원본적 직

---

5) 같은 곳.
6) 『진보에 관하여』, 같은 책, 312쪽.
7) 같은 곳.

관"[8](intuitus originarius)의 이념과의 대조를 통해 규명된다. 그러
나 신적 인식도 신적 인식으로서가 아니라 오히려 인식 일반으로서
는 이미 직관이다. 무한한 직관은 개별자를, 즉 일회적인 단 하나뿐
인 존재자를 그 전체 안에서 직접 표상하는 가운데 이 존재자를 비
로소 그것의 존재에게로 가져와 생성(origo)케 한다라는 사실에서[i],
무한한 직관과 유한한 직관은 구별된다. 만약 절대적 직관이 이미
눈앞에 있는 존재자에 의존해서 이 존재자에 자신을 맞춰야 직관가
능한 존재자에 비로소 접근할 수 있다면, 그러한 직관은 결코 절대
적이지 않을 것이다. 신적 인식은 자신의 직관활동을 통해 직관가
능한 존재자 그 자체를 비로소[j] 산출하는 그러한 표상이다.[9] 신적
인식은 존재자를 미리 단적으로 훑어보면서 직접 전체로서 직관하
기에, 어떠한 사유도 필요하지 않다.[k] 따라서 사유 그 자체는 이미
유한성의 징표다. 신적 인식은 "직관이다(왜냐하면 신의 모든 인식
은 직관이어야지, 항상 한계성을 입증할 뿐인 사유이어서는 안 되기
때문이다)."[10]

그러나 만약 사람들이 신적 인식은 단지 직관이며 이에 비해 인
간의 인식은 사유하는 직관이라고 말하고자 한다면, 무한한 인식과
유한한 인식을 구별하는 결정적 요소는 파악되지 않을 것이며 또한
유한성의 본질도 빗나간다. 이러한 인식 유형들의 본질적인 구별점

---

8) B 72.
9) B 139, 145.
10) B 71.

i. 『진보에 관하여』(폴렌더 판), 92쪽 참고
j. '비로소'란 표현은 '여하튼 처음'이란 표현으로 대체할 수 있다. 신(神)적 인
   식은 그러한 것으로서 자신의 "대상"을 이미 항상 생성되게끔 하였다.
k. 신적 인식활동은 "모든 감성으로부터 또한 동시에 개념들을 통해 인식하려
   는 욕구로부터 자유"롭다(같은 곳).

은 오히려 — 진정 인식은 본래적으로[1] 직관이기 때문에 — 일차적
으로는 직관 자체에 있다. 따라서 인간 인식의 유한성은 우선은 그
것에 고유한 직관의 유한성에서 탐색되어야 한다. 유한하게 인식하
는 자는 "또한" 반드시 사유해야 한다라는 사실은, 그의 직관활동
의 유한성에서 비롯된 본질적 결과일 뿐이다. 오로지 이렇게 해서
만, "모든 사유의" 본질적인 봉사의 역할은 적합하게 밝혀진다. 그
런데 유한한 직관의 본질은, 따라서 인간 인식 일반의 유한성의 본
질은 어디에 있는가?

제5절 인식의 유한성의 본질

우리는 우선 부정적으로는 이렇게 말할 수 있다. 유한한 인식은
비창조적 직관이다. 유한한 인식이 직접 그 개별성에서 현시해야
하는 것은, 그에 앞서 이미 눈앞에 있어야 한다. 유한한 직관은 직
관가능한 것에, 즉 스스로 이미 존재하는 것에 의존한다. [유한한
직관에 의해] 직관된 것은 그러한 존재자로부터 유래하며, 따라서
이러한 직관은 "파생적" 직관 즉 [그러한 존재자로부터] 유래하는
직관이다.[11]a 존재자에 대한 유한한 직관은 스스로의 힘으로는 자신
에게 대상을 부여할 능력이 없다. 유한한 직관은 대상을 부여받아
야 한다. 모든 직관 그 자체가 그런 것은 아니고, 오직 유한한 직관

---

11) B 72.

l. "일차적으로"?
a. 그러나 그렇다고 해서 절대적 직관으로부터 연역되는 것은 아니다. 유한한
   인식활동은, 그것의 구조적 본질에서, (스스로 창조하는 대신에) 다른 어떤
   곳으로부터 유래하는 것, 즉 스스로에게 주어지게끔 하는 것이다. 그러나 유
   한한 인식활동이 절대적 인식활동으로부터 "파생된 것"(Derivat)이라고는 생
   각되지 않는다! 존재적 근원에 관한 물음은 전혀 문제되지 않는다.

만이 [대상을] 받아들인다. 따라서 직관의 유한성의 특성은 수용성
에 있다. 받아들여져야 할 것이 스스로를 고지하지 않는다면, 유한한
직관은 아무것도 받아들일 수 없다. 유한한 직관은 그 본질상, 직관가
능한 존재자에 의해 관계를 맺게 되어야, 즉 촉발되어야 한다.

인식의 본질은 일차적으로 직관에 있기 때문에, 또한 형이상학
의[b] 정초작업 전체에선 인간의 유한한 본질이 주제이기 때문에[c], 칸
트는 『비판』의 첫 문장을 바로 이렇게 이어간다. "그러나 이것은
(직관은) 우리에게 대상이 주어질 경우에만 존재한다. 그러나 다른
한편으로, 적어도 우리 인간에게 대상이 가능케 되는 것은, 대상이
어떤 방식으로든 심성을 촉발할 경우일 뿐이다."[12] "적어도 우리 인
간에게"라는 표현은 물론 '재판'[d]에서 비로소 첨가되었다. [그러나]
이 표현은, '초판'에서도 처음부터 유한한 인식이 주제였음을 좀더
명확히 밝혀줄 뿐이다.

인간의 직관은 유한한 직관으로서 [대상을] 받아들이는데, [이처
럼] 받아들이면서 "입수하는 활동"[e]의 가능성은 촉발을 요구하므
로, 촉발의 도구인 "감관"이 사실상 필요하다. 그러므로 인간의 직
관은, 그것의 촉발이 "감관"-도구를 통해 일어나기 때문에, "감성
적인" 것이 아니다. 오히려 그 반대다. 우리의 현존재는 유한한 것
이기에—즉 이미 존재하는 것 한복판에 실존하면서 그것에 내맡
겨져 있기에—우리의 현존재는[f] 이미 존재하는 것을 필연적으로

---

12) A 19, B 33.

b. 인간의 자연적 소질로서의 형이상학.
c. [그러나] 특별히 주제는 아니다. 아마도 주제는 인식이다. 이 책의 87쪽 참고.
d. 뿐만 아니라 실로 아직도 '재판' 안에 있다!
e. 옆에 다다름(Beikommendes)—쪽으로-다다름(be-kommen)[이 주는 입
　수하는 활동이라고 번역된 Bekommen이란 단어가 독일어 그 자체로 갖는
　의미를 설명한 것임].

받아들여야 한다. 즉 존재자에게 스스로를 고지할 가능성을 제공해
야 한다. 고지내용이 전달되도록 하기 위해선 도구가 필요하다. 감
성의 본질은 직관의 유한성 안에 존립한다. 따라서 촉발에 봉사하
는 도구가 감관적 도구인 까닭은, 그 도구가 유한한 직관에 즉 감성
에 속해 있기 때문이다. 이로써 칸트는 감성의 존재론적 비-감각론
적 개념을 처음으로 획득하게 되었다. 이에 따라 '존재자에 의해 경
험적으로 촉발된 직관'이 "감성"과 필연적으로 합치하지 않을 때,
본질적으로 비-경험적 감성의 가능성은 계속 열려 있게 된다.[13]

　인식은 일차적으로 직관이다. 즉 존재자를 직접 스스로 표상하는
표상활동이다. 그런데 유한한 직관이 인식이어야 한다면, 유한한 직
관은 드러나 있는 존재자 자체를 그것이 무엇으로 어떻게 존재하는
가라는 관점에서 어느 누구에게나 어느 시간에건 접근가능케 만들
수 있어야 한다. 유한하게 직관하는 자들은 존재자에 대한 그때마
다의 직관을 서로 공유할 수 있어야 한다. 그런데 유한한 직관은 직
관이기에, 우선은 언제나 그때마다 직관된 개별자에 여전히 몰입해
있다. 모든 사람이 직관된 바를 자신과 다른 사람에게 이해시킬 수
있고 그로써 서로에게 전달할 수 있을 경우에만, 직관된 것은 인식
된 존재자가 된다. 그러므로 이 직관된 개별자가, 예컨대 여기에 있
는 백묵조각이 백묵으로서 혹은 물체로서 규정되어야만, 우리는 이
러한 존재자 자체를 우리에 대해 동일한 것으로서 서로 인식할 수
있다. 인식으로 존재하기 위해, 유한한 직관은 직관된 것을 이러이
러한 것으로서 규정하는 활동을 언제나 필요로 한다.

　직관에 따라 표상된 것은, 그것이 "일반적으로" 무엇인가를 고려

---

13) "감성적 직관은 순수직관(공간과 시간)이거나, 혹은 감각을 통해 공간과 시간
　　안에 실제적인 것으로 직접 표상된 것 즉 경험적 직관이다"(B 147 이하).

f. 여하튼 존재자에게 도달하기 위해선

하는 가운데, 그러한 규정활동을 통해 다시 한번 표상된다. 그러나
규정활동은 일반자를 그 자체로서 주제적으로 표상하지는 않는다.
그리고 규정활동은 사물의 물체성을 대상화하지 않는다. 오히려 직
관적으로 표상된 것을 규정하는 표상활동은 물론 일반자를 고려하
기는 하되, 이는 단지 일반자를 주목한 채 개별자를 올바르게 향함
으로써 …… 에 대한 고려를 바탕으로 개별자를 규정하기 위해서다.
그 자체로서 직관활동에 봉사하는 이러한 "일반적" 표상활동은, 직
관에서 표상된 여러가지의 것을 하나 아래 포함해서 이 포괄을 근
거로 그것을 "다수의 사람에게 타당케 하는" 방식으로, 다시 한번
표상(vorstelliger)ᵍ한다. 따라서 칸트는 '일반자를 매개로 한 표상
활동'을 "개념을 매개로 한 표상활동"이라 명명한다. 그러므로 규정
하는 표상활동은 "표상(직관)의 표상[개념]"ʰ으로 입증된다. 그런데
규정하는 표상활동은 그 자체로 보자면 어떤 것에 관해 어떤 것을
진술하는 활동(술어화)이다. "그러므로 판단은 대상에 대한 간접적
인식이며, 따라서 동일한 대상의 표상의 표상이다."[14] 그런데 "판단
하는 능력"은 지성이다. 즉 지성에 고유한 표상활동은 직관을 "이

---

g. 더 잘 파악해보자! 일반자를 매개로 한 표상활동──개념을 매개로 한 표상
활동──사유──판단. 이상의 것은 직관적으로 주어진 개별자를 다시 한번 표
상한다
    (1. 개념이 다수의 개별적 대상들에게 타당하게 적용되는 한에서, 2. 이
러한 일반자가 누구에게나 접근가능한 한에서, 3. 그로써 비로소 존재자 자
체가 더 접근가능케 되는 한에서.)
    이런 점은 필연적인가 또 왜 그러한가? 직관활동으로서의 받아들이는 표
상활동은 그로써 더 수용적이 되며, 또한 그로써 비로소 "존재자"를 소유할
수 있다. 그리고 사유는 그토록 필연적이고 (왜?) 또한 이때 [직관적으로 주
어진 것을] 다시 한번 표상하기 때문에, 사유는 봉사의 역할을 한다! 표상
으로서의 직관 안에는 아직 아무런 존재자도 없는가? 아니요──우리가 실
로 여하튼 결코 직관만 하는 경우가 아닌 한에서.
h. 여기서 즉각적으로 또한 어떤 근거를 갖고서 비판적 판단개념이 도입됨.

해될 수 있도록" 만든다.[i]

판단하는 규정활동이 본질적으로 직관에 의존하는 한, 사유는 직관을 위해 봉사할 때 언제나 직관과 합일한다. 이러한 합일(종합)을 통해 사유는 간접적으로 대상에 관계한다. 대상은 사유하는 직관의 통일성 안에서 드러난다(참이 된다). 이에 따라 사유와 직관의 종합은 우리가 만나는 존재자를 대상으로서 드러낸다. 그러므로 우리는 이러한 종합을 참이게 하는(드러내주는) 진리적 종합이라 명명한다. 진리적 종합은 앞서 언급한 바 있던, 존재자 자체의 사실적 규정성을 "제시하는 활동"과 합치한다.

그런데 진리적 종합에서 직관과 합일하는 사유는, 그 자체로 보아도, 즉 판단활동으로서도, 또 다른 의미에서 합일활동(종합)이다. 칸트는 말한다. "판단은, 상이한 표상들을 의식이 통일하는 표상이거나, 혹은 상이한 표상들이 하나의 개념을 형성하는 한, 그 표상들의 관계의 표상이다."[15] 판단은 "통일의 기능"이다. 즉 술어 성격을 지닌 개념에 의해 [상이한 표상들을] 합일적으로 통일하는 표상활동이다. 이런 합일적 표상활동을 우리는 술어적 종합이라 명명한다.

그러나 다른 한편으로 술어적 종합은 판단이 주어와 술어의 결합으로서 표명되는 합일활동과는 합치하지 않는다. 주어와 술어에 관한 이러한 후자의 종합을 우리는 명제적 종합이라 명명한다.

따라서 유한한 인식 일반의 본질을 형성하는 진리적 종합을 정점

---

14) A 68, B 93.

15) 『칸트의 논리학』, 강의를 위한 중형본(中型本), 예쉐(G. B. Jäsche)가 편집함, WW(Cass.) VIII, 17절, 408쪽 참고.

i. 1) 분석판단과 종합판단 각각 그 자체의 본질 ── 2) 이러한 구별의 본질 : 양자는 인식과 사유의 유한성의 인덱스.

으로, 술어적 종합과 명제적 종합은 필연적으로 서로 결집하여 종합들의 구조적 통일성을 이룬다.

'칸트에 따르면 인식의 본질은 "종합"이다'라고 사람들이 주장할 때, 종합이란 표현이 다의적으로 쓰일 뿐 아무런 규정 없이 방치되어 있는 한, 이러한 테제는 여전히 아무런 의미도 없다.

유한한 직관은 규정을 필요로 하므로 지성에 의존한다. [그런데] 지성은 직관의 유한성에 속할 뿐만 아니라, 더욱이 유한한 직관활동의 직접성조차 결여되어 있는 한, 그 자체는 [직관보다] 훨씬 더 유한하다. 지성의 표상활동은 우회를, 즉 일반자에 대한 고려를 필요로 한다. 일반자를 통해 또한 일반자에 의거해서만 다수의 개별자들은 개념적으로 표상될 수 있다. 지성의 본질에 속하는 이러한 우회성(추론성)은 지성의 유한성에 대한 가장 날카로운 지표다.

그러나 유한한 직관의 형이상학적 본질인 수용성이 '직관은 "부여하면서" 존재한다'라는 직관의 일반적인 본질적 성격을 내포하듯이, 지성의 유한성도 절대적 인식의 즉 "근원적 (발원케 하는) 직관"의 본질을 어느 정도는 내보인다. 근원적 직관은 자발적으로 직관활동을 통해 직관가능한 존재자를 비로소 산출한다. 지성은, 좀더 정확히 말하자면——유한한 직관에 관련된 지성은——근원적 직관처럼 창조적이지는 않다. 지성은 존재자를 결코 생산하진 못하나 직관의 수용활동과는 달리 일종의 산출활동이라 할 수 있다. 물론 존재자에 대한 판단은 직관된 것을 개념적으로 표상하는 [도구인] 일반자를 단적으로는 산출하지 못한다. 일반자는 그것의 사태내용상 직관적인 것 자체로부터 얻어진다. 단지 포괄적 통일성으로서의 이러한 사태내용이 다수에 적용되는 그 유형과 방식만이 지성의 성과다.

개념의 형식을 생산함으로써 지성은 대상의 내용을 준비(beistellen)하는 데   도움을 준다. "세움"ʲ(Stellen)의   이러한 유형에서, 사유의 독특한 표상-활동(Vor-stellen)이 표명된다. 이처럼 [개념의 형식을] "생산하는"(herstellenden) 지성의 형이상학적 본질은 실로 "자발적으로"(즉 자발성)라는 특성을 통해 더불어——규정되나, 아직 그 핵심이 적중되지는 않고 있다.

이제까지 인식의 유한성은 받아들이는 직관으로서, 따라서 사유하는 직관으로서 그 특성이 규정되었다. 유한성에 대한 이런 해명은 인식활동의 구조를 주시하는 가운데 실현되었다. [그러나] 형이상학의 정초작업이라는 논점을 위해 유한성의 기초적인 의미에 몰두할 때, 유한한 인식의 본질은 아직 또 다른 측면으로부터도, 즉 그런 인식에서 인식될 수 있는 것을 고려하는 가운데 조명되어야 한다.

유한한 인식이 수용적 직관이라면, 인식될 수 있는 것은 자신을 스스로 내보여야 한다. 따라서 유한한 인식이 드러낼 수 있는 것은, 본질적으로, 스스로를 내보이는 존재자, 즉 나타나는 것, 즉 현상이다. "현상"이란 표제는 유한한 인식의 대상으로서의 존재자 자체를 의미한다. 좀더 정확히 말하면, 여하튼 유한한 인식에 대해서만 대상과 같은 것이 존재한다.ᵏ 오로지 유한한 인식만이 기존의 존재자에게 내맡겨져 있다.

무한한 인식에 대해서는 그 어떤 기존의 존재자도 대립할 수 없다. 따라서 무한한 인식은 그 어떤 기존의 존재자에게도 올바르게 향할 필요가 없다. ……에게로 올바르게 향함은 이미 ……에 의존하고 있음을, 즉 유한성을 의미할 것이다. 무한한 인식은 그 자체로서 존재자 자체를 생겨나게 하는 직관이다.

절대적 인식은 존재자를 생겨나게 함으로써 스스로 존재자를 드

---

j. 여기에서의 세움(Stellen)은 자기 쪽으로 세움(Zustellen)을 의미한다.
k. 대상성은 경험적 의미에서의 존재다!

러낸다. 절대적 인식은 존재자를 생겨나게 함으로써 존재자를 언제나 "단지" '생성하는 것'으로서"만", 즉 '생성-된 것'으로서"만" 드러낸다. 존재자가 절대적 직관에 대해 드러나는 한, 존재자는 바로 자신이 존재하게 되는 과정 속에서 "존재한다". 존재자는 존재자그 자체로서의 존재자이지, 결코 대상으로서의 존재자가 아니다. 따라서 흔히들 무한한 직관은 자신의 직관활동을 통해 "대상"을 비로소 생산한다고 하지만, 그렇게 해서는 엄밀히 말해, 무한한 인식의 본질이 적중되지 않는다.

"현상에서의" 존재자는 존재자 그 자체와 동일한¹ 존재자며, 바로 그것일 뿐이다. 그러나 현상에서의 존재자는 비록 유한한 인식에 대해서뿐이긴 하지만, 대상이 될 수 있다. 이때 존재자는 유한한 인식이 마음대로 처리하는 수용 능력과 규정 능력의 방식 및 폭에 맞게 자신을 드러낸다.

칸트는 "현상"이란 표현을 좁은 의미와 넓은 의미에서 사용한다. 넓은 의미의 현상(Phaenomena)은 "대상들"[16]의 유형, 즉 사유하면서 받아들이는 직관으로서의 유한한 인식이 드러내주는 존재자 자체다. 좁은 의미의 현상은 넓은 의미의 현상 가운데 사유(규정활동)에 의해 노출되는, 즉 유한한 직관에 속하는 촉발의 상관자일 뿐인 것, 다시 말해 경험적 직관의 내용을 의미한다. "경험적 직관의 무규정적 대상은 현상을 의미한다."[17] 또 현상한다는 것은, "경험적 직관의 객관이다"[18]라는 뜻이다.

현상들은 단순한 가상이 아니라 오히려 존재자 자체다. 재차 말

---

16) A 235 (표제), 249.
17) A 20, B 34.
18) A 89, B 121.

1. 무엇내용(Was)의 동일성이 아니라 X의 사실존재(Daß)의 동일성!

하건대 이러한 존재자는 물자체와 다른 어떤 것이 아니라, 오히려
바로 이것과 하나인 존재자다. 존재자 자신은 존재자 "그 자체"(즉
생성-된 것으로서의 존재자)가 인식되지 않아도 드러날 수 있다.
이같이 존재자를 "물자체"로 또한 "현상"으로도 해석하는 이중적인
특성 묘사는, 존재자가 무한한 인식과도 혹은 유한한 인식과도 관
련을 맺을 수 있다는 이중적 방식에 상응한다. 즉 생성된 존재자는
대상으로서의 존재자와 동일한 것이다.

   만약 『순수이성비판』에서 인간의 유한성이 존재론의 정초를 위
한 문제의 토대[m]라면, 『비판』은 유한한 인식과 무한한 인식의 이
러한 구별에 각별히 비중을 두어야 한다. 따라서 칸트는 『순수이
성비판』에 관해 이렇게 말한다. "『비판』은 객관을 두 가지 의미로
즉 현상으로 혹은 물자체로도 해석할 것을 가르친다."[19] [그러나]
정확히 주목해볼 때, "객관[n]"이란 표현이 언급돼서는 안 된다. 왜
냐하면 절대적 인식에 대해서는 어떤 대-상들도 존재할 수 없기
때문이다. 『유고』(遺稿)에서 칸트는, 물자체는 현상과 다른 존재
자가 아니다라고 이야기한다. 즉 "물자체와 현상에서의 존재자라
는 개념들간의 구별은 객관적이지 않고 오히려 주관적일 뿐이다.
물자체는 또 다른 객관이 아니라 표상이 동일한 객관과 맺는 다른
관계다."[20]

   그런데 유한한 인식과 무한한 인식의 구별에 초점을 맞춰 "현상"

---

19) B XXVII.
20) 『칸트의 유고』, 아디케스(v. E. Adickes)에 의해 서술되고 비평됨. 1920,
   653쪽(C 551), (강조는 저자가 하였음).°

m. 명확한 주제는 아니다!
n. 더 날카롭게 말하자면, "그렇게 존재하는 것"이란 표현도 언급되지 말아야
   한다. 만약 "존재"가 유한성에 속한다면, 신(神)에 대해선 어떤 식으로든
   아무런 존재자도 성립하지 않기 때문이다.

과 "물자체"의 개념들을 해석해냄으로써, "현상의 배후에"라는 표현과 "단순한 현상"이라는 표현이 무엇을 의미하는지도 명확히 설명할 수 있다. "배후에"라는 표현은 흔히 이렇게 이해된다. 즉 유한한 인식 그 자체에 대해 바로 물자체가 대립해 있으며, 또한 물자체는 "완전하게는" 파악되지 못하고 그 본질은 표류하지만, 이따금 간접적으로 가시화된다라고 한다. 그러나 이러한 이해는 "배후에"라는 표현의 진정한 의미일 수 없다. "현상의 배후에"라는 표현이 오히려 의미하는 바는, 유한한 인식은 유한한 것이기에 필연적으로 물자체를 동시에 감추고 있으며, 더욱이 처음부터 그렇게 감추고 있기에 "물자체"는 아마도 단지 불완전하게만이 아니라 본질적으로도 여하튼 그 자체로는 유한한 인식에 도달될 수 없다라는 사실이다. "현상의 배후에" 있는 것은 현상과 동일한 존재자다. 그러나 현상은 존재자를 단지 대상으로만 부여하므로, 동일한 존재자를 원칙적으로 생성-된 것으로는 파악하게 할 수 없다. "『비판』에 따르면, 현상내의 모든 것 자체는 다시 말해 현상일 뿐이다."[21]

그러므로 사람들이 실증주의적 비판을 통해 물자체의 인식불

---

21) 칸트, 『순수이성에 대한 모든 새로운 비판들이 낡은 비판을 통해 무용지물이 되어버려야 하는 하나의 발견에 관하여』, 1790, WW. (Cass.) VI, 27쪽.

o . C 567 참고. "현상으로서의 대상 개념에 필연적으로 대립하는 것은 그것의 반대짝 = X인 물자체의 개념이다. 그러나 물자체는 현상으로서의 대상과 구별되는 객관[현실 안에 특별하게 주어져 있는 것]이 아니다. 오히려 단순히 개념상으로만 '주어진 어떤 것'인데, 그러나 무엇으로 주어져 있느냐는 추상화된다. 또한 물자체는 객관적 가상체로서 단순히 주관적으로만 분할의 한 항을 형성하는 것이다. 이러한 가상체는 이성적 표상 일반 이외에 다른 것이 아니다. 그리고 선험적 종합인식들은 어떻게 가능한가?라는 물음에는 현상에서의 대상적인 것이 될 만한 어떤 특별한 객관도 없다."(쟌케 (R. Jancke)의 지적, 「마르틴 하이데거의 칸트-해석」, 『체계적 철학과 사회학을 위한 문고』, XXXIV, 271쪽.)

가능성을 증명해야 한다라고 믿는다면, 이것은 물자체의 의미에 대한 오해다. 이러한 증명 시도는, 물자체가 여하튼 유한한 인식 내에서 대상으로서 추정되는 어떤 것이며, 그 대상에 대한 현사 실적 접근불가능성은 증명될 수 있고 또한 증명되어야 한다라는 사실을 전제한다. 이와 마찬가지로 "단순한 현상"이란 표현에서 "단순한"이란 용어는 사물의 실제성에 대한 제한과 축소가 아니라, 오히려 존재자가 인간 인식을 통해 무한하게 인식될 것이라는 사실에 대한 부정일 뿐이다. "……(감각계에서) 우리는 그 세계의 대상들을 아무리 심오하게 탐구해도 오직 현상과만 관계를 맺는다."[22]

끝으로 현상과 물자체의 구별의 본질은, "우리의 밖에"[23]라는 표현의 이중적 의미에서 특히 명확히 나타난다. 이 두 의미 어디에서건, 언제나 존재자 자체가 생각된다. 유한자인 우리가 물자체에 속하는 무한한 직관의 유형으로부터 배제되어 있는 한, 물자체로서의 존재자는 우리의 밖에 존재한다. 만약 존재자가 현상들을 의미한다 해도, 우리 자신이 비록 이런 존재자는 아닐지라도 이에 대한 접근통로를 지니고 있는 한, 이런 존재자는 우리의 밖에 존재한다. 유한한 인식과 무한한 인식에서 그때마다 인식되는 것의 상이한 성격을 고려하여 이 두 인식의 구별점을 구명한 결과, 이제는 그 역으로, 『비판』의 기본개념들인 현상과 물자체는 여하튼 인간 본질의 유한성이라는 논점을 명백히 그 근거에 둘 경우에만 이해될 수 있고, 더욱 폭넓은 문제로 확장될 수 있다는 사실도 동시에 밝혀진다. 그러나 전혀 무차별적인 단초를 지닌 "저" [무한한] 인식의 내부에는 서로 중첩된 두 가지의 대상층이 결코 존재하지 않는다.

22) A 45, B 62 이하.
23) A 373.

인간 인식의 유한성을 이처럼 특징지음으로써, 형이상학의 정초
작업이 움직이고 있는 바로 그 차원의 본질적인 점이 지적된다. 이
로써 동시에 존재론의 내적 가능성의 원천들로 귀환하는 작업이 취
해야 할 방향에 대한 좀더 명확한 예시도 이루어진다.

제6절 형이상학을 정초하는 작업의 원천적 근거

인식 일반의 본질과 특히 인식의 유한성에 대한 해석은 다음과
같은 점을 밝혀놓았다. 유한한 직관(감성) 그 자체는 지성에 의한
규정을 필요로 한다. 역으로 말하자면, 그 자신 이미 유한한 지성
은 직관에 의존한다. "왜냐하면 우리는 [물질이라는] 우리의 낱말
에 대응하는 것이 직관 중에 지니고 있는 것 외에는 아무것도 이
해할 수 없기 때문이다."[24] 따라서 칸트가 "(감성과 지성이라는)
이 두 속성 중 어느 것도 다른 것보다 나을 수 없다"[25]라고 말할
때, 이 말은, 그가 인식의 근본성격을 직관으로 옮겨놓았다라는 사
실에 모순되는 것으로 보인다. 그러나 유한한 인식의 본질적 통일
을 위한 감성과 지성의 필연적 공속은, 사유가 주도적 표상활동인
직관에 그 구조에 맞게 근거할 때 하나의 서열이 성립한다라는 사
실을 배제하지 않고 오히려 포함한다. 우리가 칸트적인 논점의 가
장 내적인 특징에 더욱 가까이 접근하고자 한다면, 감성과 지성의
재귀적 공속을 넘어서는 바로 이러한 서열이 간과되어서는 안 되
며, 또한 내용과 형식의 무차별적인 상관관계로 수평화되어서도
안 된다.

그런데 유한한 인식을 가능케 하는 원천적 근거로 귀환하는 물음
을 위해서는 인식 요소들의 단순한 재귀적 이중성에 머물러 있는

24) A 277, B 333.
25) A 51, B 75.

것만으로도 마치 충분한 듯 보인다. 칸트 자신이 우리 인식의 "발원"을 명확히 "심성의 두 가지 근본적인 원천들"에 정위(定位)해놓고 있기에 더 더욱 그러하다. "우리의 인식은 심성의 두 가지 근본적인 원천들로부터 발원한다. 첫번째 원천은 표상들을 받아들이는 것(인상들의 수용성)이며, 두번째 원천은 이러한 표상들을 통해 하나의 대상을 인식하는 능력(개념들의 자발성)이다."[26] 또한 더욱 날카롭게 칸트는 이렇게 말한다. (감성과 지성이라는) "이 두 가지 인식원천들 외에" 우리는 "아무런 원천도" 갖지 못한다.[27]

그러나 원천들의 이러한 이중성은 결코 단순한 병존관계가 아니다. 오히려 이 두 가지 원천들의 구조를 통해 예시되는 양자의 합일에서만 유한한 인식은 그 본질이 요구하는 그것으로 존재할 수 있다. "그것들이 통합한다라는 사실에 근거해서만 인식은 발원할 수 있다."[28] 그러나 두 요소들의 이러한 합일적 통일은 결코 이것들이 서로 맞부딪쳐 빚어진 추가적 결과가 아니다. 오히려 이 두 요소들을 합일하는 자는, 즉 이러한 "종합"은 이 요소들을 공속과 통일성을 지니도록 발원케 해야 한다. 유한한 인식의 본질이 바로 근본적인 원천들의 근원적 종합에 있고 또한 형이상학의 정초는 유한한 인식의 본질적 근거를 향해 돌진해야 한다면, 이미 "두 가지 근본적인 원천들"을 예시하면서 명명할 때 그것들의 원천적 근거에 대한, 즉 근원적 통일성에 대한 지적도 분명히 암시되지 않을 수 없다.

그러므로 칸트 역시 『순수이성비판』의 서문과 결론에서 두 가지 근본적인 원천들의 단순한 열거를 넘어서 그것들의 특징을 주목할 만하게 묘사한다. "오직 다음과 같은 사실만이 서문이나 머리말에

---

26) A 50, B 74.
27) A 294, B 350.
28) A 51, B 75 이하.

필요한 듯하다. 즉 아마도 '공통적인 그러나 우리에게는 알려지지 않은 뿌리'로부터 발원하는 인간 인식의 두 줄기가 있다. 즉 감성과 지성이 있다. 감성을 통해서는 대상들이 우리에게 주어지며, 지성을 통해서는 대상들이 사유된다."[29] "여기에서 우리는 순수이성에서 유래하는 모든 인식의 건축만을 오로지 기투하는 우리의 업무를 완성함으로써 만족하며, 우리의 인식력의 보편적인 뿌리가 나누어져 두 줄기로 갈라지는 점으로부터만 출발한다. 이 두 줄기 중 하나가 이성이다. 여기에서 이성은 상위의 전체 인식능력을 의미하며, 그러므로 이성적인 것은 경험적인 것에 대립한다."[30] 여기에서 "경험적인" 것은 경험하면서 받아들이는 것, 즉 수용성, 즉 감성 그 자체를 의미한다.

여기에서 [인식의] "원천들"은 공통적인 뿌리에서 발원하는 "줄기들"로서 파악된다. 그런데 첫번째 인용문에서는 "공통적인 뿌리"가 "아마도"라는 표현과 더불어 명명된 반면, 두번째 인용문에서는 "보편적인 뿌리"가 존재하고 있는 것으로서 간주된다. 그럼에도 불구하고 두 인용문 어디에서건 이 뿌리는 단지 지적되는 것에 그치고 만다. 칸트는 이 뿌리를 추적하지 않을 뿐 아니라, 그것을 더욱이 "우리에게 알려지지 않은" 것으로 특징짓는다. 이로써 칸트의 형이상학의 정초작업의 일반적 특성을 해명하기 위한 본질적인 점 하나가 밝혀진다. 칸트의 정초작업은 제1명제와 원리의 선명한 절대적 명증성으로 나아가지 않고, 오히려 '미지(未知)의 것'으로 나아가 그것을 의식적으로 지적한다. 칸트의 정초작업은 철학을 철학적으로 정초하는 작업이다.

---

29) A 15, B 29.
30) A 835, B 863.

II. 근원을 개현하는 방식

제7절 존재론을 정초하는 단계들의 예시

형이상학을 근거짓는 작업은 선험적 종합의 내적 가능성을 기투하는 작업이다. 선험적 종합의 본질은 그것의 원천적 근거에 의거해 규정되어야 하며, 또한 기투의 근원도 그 원천적 근거에 의거해 현시되어야 한다. 유한한 인식의 본질을 규명하고 근본적 원천들의 특성을 묘사하는 가운데, 본질적 근원을 개현하는 작업의 차원이 한정되었다. 그러나 이로써 선험적 종합인식의 내적 가능성에 관한 물음은 동시에 첨예화되며 복잡스레 얽히게 된다.

형이상학을 근거짓는 작업의 문제를 예비적으로 펼쳐놓았을 때, 다음과 같은 점이 밝혀졌다.[31] 존재자에 관한 인식은 존재자의 존재 틀에 관한 선행적 몰(沒)경험적 인식을 근거로 해서만 가능하다. 그런데 그 유한성이 물어지고 있는 유한한 인식은 그 본질상 존재자를 받아들이면서 규정하는 직관이다. 존재자에 관한 유한한 인식이 가능하려면, 유한한 인식은 '[존재자의 감각적 다양을] 수용하는 모든 활동에 앞서 존재자의 존재를 인식하는 활동'에 근거해야 한다. 따라서 존재자에 관한 유한한 인식은, 그것의 고유한 가능성을 위해, 마치 "창조적" 직관활동과 동일한 비-수용적 (따라서 겉으로는 유한하지-않은 듯 보이는) 인식활동을 요구한다.

그러므로 선험적 종합의 가능성에 관한 물음은 다음과 같은 방향으로 첨예화된다. 그 자체로서는 존재자에게 맡겨져 있고 존재자의 수용에 의존하고 있는 유한자가, 어떻게 존재자의 "창조자"가 아니면서도 [존재자에 대한] 모든 수용에 앞서 존재자를 인식, 즉 직관

---

31) 이 책의 제2절, 75쪽 이하 참고.

할 수 있는가? 달리 말하자면, 존재자의 존재틀을 몰(沒)경험적으로 제시하는 것, 즉 존재론적 종합이 가능하려면, 유한자는 자신의 고유한 존재틀에 따라 어떻게 존재해야 하는가?

선험적 종합의 가능성에 관한 물음이 이처럼 제기되고 또 유한한 모든 인식은 앞서 명명된 두 요소들로 이중화되어 있어, 즉 그 자체가 종합이라면, 선험적 종합의 가능성에 관한 물음에는 독특한 혼잡성이 나타난다. 왜냐하면 이러한 종합은 오로지 존재적 인식에만 관여하는 앞서 명명된 진리적 종합과 동일하지 않기 때문이다.

존재론적 종합은 인식 일반으로서 이미 종합적이다. 따라서 형이상학의 정초작업은 순수인식의 순수요소들(순수직관과 순수사유)을 논구하면서 시작되어야 한다. 그리고 나서 이러한 순수요소들의 근원적인 본질적 통일이, 즉 순수 진리적 종합이 어떤 특성을 지니는가를 해명할 필요가 있다. 순수 진리적 종합은 순수직관을, 이를테면 선험적으로 규정하는 방식으로 존재해야 한다. 순수 진리적 종합에 속하는 개념들은 형식에서뿐 아니라 내용에서도 모든 경험에 앞서 발원해야 한다. 여기에서 중요한 점은 이렇다. 순수 진리적 종합에 필연적으로 속하는 순수술어는 탁월한 유형의 술어다. 따라서 존재론적 종합인 선험적 종합의 문제에서는 "존재론적 술어들"의 본질에 관한 물음이 중요한 위치를 차지해야 한다.

그러나 순수 진리적 종합의 본질적 통일성의 내적 가능성에 관한 물음은, 이러한 종합의 내적 가능성의 근원적인 근거를 해명하는 작업으로 스스로 한걸음 더 역진(逆進)한다. 순수종합의 본질을 순수종합의 근거로부터 개현함으로써, 존재론적 인식이 얼마큼이나 존재적 인식의 가능조건일 수 있는가에 관한 통찰도 비로소 이루어진다. 이로써 존재론적 진리의 완전한 본질이 한정된다.

따라서 존재론의 정초는 다섯 단계를 거친다. 이 다섯 단계는 아래의 표제를 통해 고시된다. 1. 순수인식의 본질적 요소들. 2. 순수인식의 본질적 통일성. 3. 존재론적 종합의 본질적 통일성의 내적 가능성. 4. 존재론적 종합의 내적 가능성의 근거. 5. 존재론적 인식의 완전한 본질 규정.

제8절 근원을 개현하는 방법

유한한 인식의 본질적 구조를 예비적으로 특징지은 결과, 이미 종합의 공속적 구조들의 풍요로움은 지적되었다. 그런데 순수 진리적 종합이 어떤 의미에서는 유한하지-않은 듯 보이는 인식의 이념을 포함하는 한, 유한자에게서 존재론의 가능성에 관한 물음은 혼란스러워진다. 결과적으로 유한한 인식의 근본적 원천들의 원천적 근거와 그 원천들의 가능적 통일에 대한 암시는 '미지의 것'에까지 이르렀다.

주도적 문제의 이러한 특성과 이 문제의 논의가 가능한 차원을 주목해볼 때, 근원을 개현하는 양식과 원천적 근거로의 귀환의 방식이 아직 규정되어 있지 않다 하더라도, 이것은 놀라운 일이 아니다. 그것들의 확실성과 규정성은 지금까지 감추어졌던 분야로 돌진하면서, 거기에서 자신을 내보이는 것과 대결하는 가운데 이를테면 비로소 자라난다. 더욱이 근원이 개현되는 분야는 바로 인간의 "심성"이다. 심성을 개시(開示)하는 작업은 흔히 "심리학"의 몫으로 돌려진다. [그러나] 이곳에서는 "인식"에 대한 해석이 관건이고, 그리고 일반적으로는 판단(λόγος)이 인식의 본질로서 간주되는 한, 심성을 이처럼 개시하는 작업에 "논리학"도 반드시 관여해야 한다. 피상적으로 보자면, "심리학"과 "논리학"은 서로 과제를 분담하거나, 혹은 서로 우위를 다퉈 적절하게 확장되고 변형된다.

그러나 우리가 한편으로는 칸트가 추구한 바의 근원성과 비교불

가능성을 고려하고, 또 다른 한편으로는 그러한 논점에 결코 들어
맞지 않는 전승된 "논리학"과 "심리학"의 모호성을 살펴볼 때, 칸트
의 형이상학의 정초작업의 본질적인 점을 "논리학적" 물음제기나
"심리학적" 물음제기를 실마리로 하여, 혹은 심지어 그 양자의 피
상적인 결합을 통해 포착하고자 하는 시도는 허무한 것으로 입증된
다. 유한한 인간 존재의 규정이 어떤 원칙적-방법적인 어려움에 직
면하게 되는가를 파악하자마자, "초월론적 심리학"은 단지 당혹감
에 대한 표현일 뿐이라는 사실이 명확해진다.

　그러므로 단 한 가지의 길만이 남아 있다. 그것은 근원을 개현하
는 방법을 계속 열어놓아, 그러한 방법을 전승된 분과학문이나 날
조된 분과학문 안으로 성급하게 몰아넣지 않는 길이다. 그러한 방
법의 특성을 이처럼 열어놓을 때, 물론 우리는 칸트 자신이 『순수
이성비판』을 종결한 직후 이 작품에 대해 말했던 바를, 즉 "이러한
유형의 탐구는 항상 어려울 것이다"[32]라는 말을 반드시 기억하고
있어야 한다.

　그럼에도 불구하고 형이상학의 이러한 정초작업의 진행의 원칙
적 특성에 대한 일반적인 지적이 필요하다. 탐구의 유형은 가장 넓
은 의미에서의 "분석론"으로 파악된다. 분석론은 어떻게 유한한 순
수이성이 자신의 본질을 근거로 존재론적 종합과 같은 것을 가능케
하는가를 고려하면서 유한한 순수이성에 관여한다. 따라서 칸트는
『비판』을 "우리의 내적인 본성에 관한 연구"[33]로 표기한다. 인간적
현존재의 본질을 이처럼 개현하는 작업은 "철학자에게는 더욱이 의
무이기까지 하다."[a]

---

32) 헤르츠(M. Herz)에게 보낸 편지, 1781, WW(Cass.) IX, 198쪽.
33) A 703, B 731.

a. 비판의 방법절차인 초월론적 반성, A 262이하, B 319 참고.

이때 "분석론"은 유한한 순수이성을 요소들로 분해하여 쪼개놓는 작업을 의미하지 않고, 오히려 그 반대로 존재론의 맹아들을 풀어 파헤쳐 드러내는 것으로서의[b] "분해작업"를 의미한다. 분석론은 존재론 전체를 내적인 가능성에 따라 싹트게 하는 조건들을 개현한다. 칸트의 고유한 용어에 따르면 그러한 분석론은 "이성이 순전히 자기 자신으로부터 산출하는 것"을 "[이성이] 이성을 통해 스스로를 밝혀내는"[34)c] 작업이다. 그러므로 분석론은 유한한 순수이성의 본질이 그것의 고유한 근거에 입각하여 어떻게 발생하는가를 보여주는 작업이 된다.

따라서 그러한 분석론에서는 유한한 순수이성의 전체적인 내적 본질을 기투하면서 선취하는 작업이 필요하다. 이러한 본질을 일관되게 구성할 경우에만 존재론의 본질적 구조가 가시화된다. 이렇게 개현된 존재론의 본질적 구조는 그것에 필연적인 토대들의 구성을 동시에 규정한다. 존재론을 본질적으로 가능케 하는 그 전체를 이처럼 기투하면서 파헤쳐 드러내는 작업을 통해, 칸트는 인간 본성의 하나의 "시련"[35)]인 형이상학을 그것이 뿌리 박고 있는 근거와 지반으로 소환한다.

B. 존재론의 내적 가능성을 기투하는 수행의 단계들

이 자리에서 『비판』에 대한 해석은 주도적 문제를 새롭게 또한

---

34) A XX.
35) B XV.

b. 가용적(可溶的)인 것으로 만듦, 용해시킴! 근원
c. 분리해-나눔, 분류의 통일성을 밝혀냄.

점점 더 날카롭게 확인해야 한다. 그리고 존재론적 종합의 본질적 가능성에 관해 물음이 제기된다. 이 물음을 펼쳐보면 이렇다. 유한한 인간 현존재는 자신이 스스로 창조하지 않았을 뿐더러, 더욱이 자신이 현존재로서 실존할 수 있기 위해 의존하는 그러한 존재자를 어떻게 처음부터 넘어설(초월할) 수 있는가? 따라서 존재론의 가능성의 문제는 선행적 존재이해의 초월의 본질과 본질적 근거에 관한 물음이다. 그러므로 초월적 종합의, 즉 초월을 형성하는 종합의 문제는 이렇게도 제기될 수 있다. 인간이라 명명되는 유한자가 자신이 아닌 존재자에 대해, 따라서 스스로를 자발적으로 내보일 수 있어야 하는 존재자에 대해 어떻든 열려진 채 존재할 수 있기 위해서는, 자신의 가장 내적인 본질에 관련해 어떻게 존재해야 하는가?

이러한 물음에 답변하는 단계들은 이미 앞에서 예시된 바 있다.[36] 비록 우리는 이 모든 단계들을 동일한 방식으로 몽땅 드러내는 해석은 포기하였지만, 이제 이러한 단계들을 하나씩 훑어볼 필요는 있다. 이때 우리는 칸트의 정초작업의 내적인 움직임을 따라갈 뿐, 칸트의 고유한 배열과 정식화를 고수하진 않는다. 정초작업의 내적인 특징에 대한 좀더 근원적인 이해를 바탕으로 『순수이성비판』의 표면적 건축술의 적절성, 합법성, 한계를 평가할 수 있기 위해서는 이러한 고유한 배열과 정식화의 배후로 귀환하는 작업이 요망된다.

정초작업의 첫번째 단계 : 순수인식의 본질적 요소들

선험적 종합인식의 본질이 명시되어야 한다면, 우선은 그 필연적

---

36) 이 책의 제7절, 107쪽 참고.

요소들의 실상에 대한 해명이 필요하다. 초월적 종합은 인식활동으로서는 [일차적으로] 직관이어야 하며, 선험적 인식활동으로서는 [일차적으로] 순수직관이어야 한다. 인간의 유한성에 속하는 순수 인식 활동으로서의 순수직관은 순수사유를 통해 필연적으로 규정되어야 한다.

a) 유한한 인식활동에서의 순수직관[a]

제9절 공간과 시간을 순수직관들로서 해명함

존재자에 대한 유한한 인식활동에서 과연 순수직관 활동과 같은 것이 발견되는가?[b] 이러한 물음을 통해 탐색되는 것은 개별자와의, 비록 몰경험적이긴 하나 직접적인 만남이다. 순수직관 활동도 물론 유한한 것으로서 수용적 표상활동이다. 그러나 존재자가 아닌 존재에 대한 인식활동이 관건인 한, 이제 수용되어야 할 것은, 스스로를 부여하는 눈앞의 존재자일 수 없다. 오히려 순수 수용적 표상활동은 표상될 수 있는 것[c] 자체를 스스로 부여해야 한다. 따라서 순수직관은 어떤 방식으로든 "창조적"이어야 한다.

순수직관 활동에서 표상된 것은 존재자(대상 즉 현상하는 존재자)는 아니지만, 그렇다고 해서 무(無)도 아니다. 따라서 순수직관에서 단지 순수직관의 방식으로만 표상된 것이 무엇인지를, 또한 그렇게 표상된 것에 상응하여 표상활동의 방식은 어떻게 한정될 수

---

a. 220쪽, 여하튼 제28절 참고.

b. 『진보에 관하여』, 91쪽 이하 참고. 선험적 직관의 이념을 기투함.

c. 표상될 수 있는 것(ein Vorstellbares)이란 표현에서 ein은 정확히 말해 sein으로 바뀌어야 한다. [그러면 자신에 의해 표상될 수 있는 것이란 의미를 갖게 된다.]

있는지를 논구하는 작업이 더욱더 절실히 필요하다.

순수직관들로서 [즉 순수하게 직관된 것들로서] 칸트가 논구하는 것은 공간과 시간이다. 우선 공간과 관련해서는 공간이 존재자에 관한 유한한 인식에서 어떻게 표명되는지의 여부와, 그리고 이에 따라 공간의 본질은 어떤 점에서만 현시될 수 있는지의 여부를 밝혀내는 작업이 필요하다.

칸트는 언제나 공간과 시간이라는 그 현상의 특성을 부정적으로 묘사한 이후, 거기에서 예시된 긍정적 성격을 묘사하는 식으로 공간과 시간의 본질을 개현하는 작업을 구상하였다.

본질에 관한 특성묘사가 부정적인 형태로 시작된 것은 결코 우연이 아니다. 그러한 묘사는, 공간과 시간은 이런 것도 저런 것도 아니다라는 방어적 명제와 더불어 시작된다. 왜냐하면 긍정적으로 파악되어야 할 것이, 비록 아직은 인식되고 있지 않고 오히려 어떤 방식으로는 오해되고 있기까지 하지만, 처음부터 또한 본질에 맞게 이미 알려져 있기 때문이다. 우리는 공간을, 즉 병립, 상하, 진후의 관계들[d]을 "이곳" "저곳" 그 어디에서도 마주치지 못한다. 공간은 다른 존재자 사이에 전재(前在)하는 사물[e]도, "경험적인 표상"[f]도, 즉 그러한 표상활동에서 표상된 것도 아니다. 전재자(前在者, Vorhandenes : 눈앞의 것)가 일정한 공간적 관계들내에서 자신을 연장체로서 반드시 내보일 수 있기 위해서는[g], 전재자를 수용하면서 파악하는 모든 활동에 앞서 공간이 이미 드러나 있어야 한다. 공간은 우리가 전재자를 비로소 만날 수 있는 바로 그 "장소"로서 표상되어야 한다. 공간은 유한한 인간의 인식활동에 의해 필연적으로 또한 선행적으로, 즉 순수하게[h] 표상된 것[i]이다.

---

d. 여기에선 명확히 장소의 상이성을 말함.

e. "밖에 있는 것"―나의 밖에 또한 다른 이들의 밖에.

f. 공간은 단순히 '떼어낼 수 있는 것'이 아님―여러 상이한 것으로부터 추상화된 것이 아님.

그런데 이렇게 표상된 것이 "모든" 개별적인 공간적 관계"에 타당하게 적용되는" 한, 이 표상은 마치 "다수에 타당하게 적용되는" 하나의 표상, 즉 개념처럼 보인다. 그러나 다른 한편, 공간으로 표상된 것에 대한 본질분석은 이처럼 표상된 것에 속하는 표상활동에 관한 해명을 제시한다. 칸트가 재차 부정적으로 말하고 있듯이, 공간은 결코 "추론된" 표상이 아니다. 하나의 공간의 통일성은 여러 개별적인 공간적 관계들과 관련해서 이것들을 모아들여 서로를 비교 고찰함으로써 조립된 것이 아니다.^{j} 공간의 통일성은 개념의 통일성이 아니라, 오히려 그 자체가 유일한 일자(一者)인 것의 통일성이다.

다수의 공간들^{k}은 단 하나뿐인 공간의 제한된 부분들에 불과하다. 단 하나뿐인 공간은 그때마다 제한된 부분들로 나뉘어질 수 있는 것인데, 이뿐 아니라 더욱이 각 부분을 제한하는 울타리들 자체도 그러한 공간의 본질을 지니고 있다. 즉 공간적이다. 합일(合一)적인 단 하나뿐인 공간은 그 나뉘어진 부분들 각각에서도 언제나 완전히 그러한 공간 자체다. 따라서 직관의 본질이 단일한 표상으로서 규정되어야 한다면, 공간을 표상하는 활동은 합일적인 개별자를 직접적으로 표상하는 활동 즉 직관이다. 더욱이 앞서의 언급에 따르면, 공간은 순수직관에 의해 직관된 것이다.

그러나 순수직관은 직관으로서 '직관된 것'을 단지 직접적으로뿐만 아니라,^{l} 또한 직접 전체적으로도 부여해야 한다. 좀더 정확하게 말하자면 이러한 순수직관 활동은 하나의 조각을 단순히 수

---

g. 이 문장 앞에는 '왜냐하면'이란 접속사가 붙을 수 있다.
h. 나타남(das Erscheinen)을 가능케 함.
i. 두번째 논증은 출현하지 않았다. 필연성 : 나타남에 의존하지 않는 규정, 오히려 그 역(逆)이다.
j. 1번에 관하여? 아니다! 거기에서는 표상의 경험적인 면을 부정한다.
k. 개별적인 [공간들]

용하는 활동이 아니라, 오히려 제한된 부분들에서조차 전체를 함
께 바라본다. "공간은 주어진 무한한 크기로서 표상된다."[37] [그런
데] 공간은 하나의 크기다라는 명제는 공간이 이러저러한 크기를
지닌 존재자라는 뜻이 아니다. 따라서 무한한 크기는 "끝없는" 크
기를 지닌 존재자를 뜻하지 않는다. 오히려 여기에서의 "크기"는
이러저러한 크기를 지니는 존재자(양 : 量)를 비로소 가능하도록
하는 '크기의 틀'(Großheit)을 의미한다. "모든 양들은 오직 양의
틀(Das Quantum)에서만 규정될 수 있다. 양의 틀은 부분들의 집
합을 고려해볼 때 무규정적이며 연속적이다. 공간과 시간이 그러
하다."[38]

이러한 크기의 틀이 "무한"하다라는 명제는 그렇다면 이런 의미
다. 공간은 특정한 개별적인 부분들과 비교해볼 때, 가령 합성의 정
도와 풍부성에 따라 상이한 것이 아니라 오히려 무한하게,ᵐ 즉 본
질적으로 상이하다. 공간은 제한된 부분들로 나뉘어질 수 있는 합
일적 전체로서 모든 부분들에 앞서 있다. 이러한 합일적 전체는 개
념의 일반성과는 달리 다수의 개별자를 "자기 아래" 포함하지 않고,
오히려 그것을 '그때마다 이미 함께 직관되어 있는 것'으로서 "자기
안에" 포함하며, 따라서 하나의 전체인 이러한 순수직관은 "부분들"
을 언제나 내줄 수 있다. 그러므로 그러한 "무한한" 크기의 틀을 주

---

37) A 25, (B 39).
38) 『칸트의 손으로 쓴 유고』, 같은 책, V권, 5846번. 에르드만(Erdmann),
　　『반성들』 II, 1038 참고.

l. [그러나 순수직관은 직관으로서 '직관된 것'을 단지] 개별자로서 표상할 뿐
　아니라 즉 부여할 뿐 아니라, 또한 이 개별자를 직접적으로 즉 전체적으로
　표상해야 즉 부여해야 한다. 이 개별자는 유일성의 개별성을 갖고 있다. 따
　라서 이 개별자는 본질적인 개별자다.——"이것"
m. 무한자라는 초월적 개념. 제1이율배반의 정립에 대한 주. 주5 참고.

어진 것으로서 표상하는 활동은 '부여하는 직관활동'이다. 합일적 전체가 동시에 주어지는 한, 이러한 표상활동은 자신에 의해 표상될 수 있는 것을 발원케 하며, 이러한 의미에서 "근원적"ⁿ 표상활동을 뜻한다.[39]

그러므로 순수직관은 자신에 의해 직관된 것을 너무도 확실히 지니고 있으며, 더욱이 직관활동 자체를 통해서만 그것을 부여한다. 직관된 것은 물론 눈앞의 존재자가 아니며, 또한 순수직관 활동 자체에서는 주제적으로 파악되지도 않는다. 사물들을 다루거나 지각할 때 그것들의 공간적 관계들은 "직관되기는"ᵒ 하지만, 그러나 대개 그 자체로서는 사념되지 않는다.ᵖ 순수직관에서 직관된 것은 비(非)대상적이며, 게다가 선견(先見 : Vorblick)할 때도 비주제적으로 있을 뿐이다. 이때 미리 보여지는 것은 병립, 상하, 전후에서의 배열을 가능케 하는 합일적 전체다. 이러한 "직관방식"에 따라 직관된 것은 결코 무(無)가 아니다.

지금까지의 논의로부터 이미 추측되는 바는, 순수직관이 어떤 의미에서 "근원적"인가를, 즉 순수직관이 자신에 의해 직관된 것을 어떻게 발원케 하는가를 더욱 철저히 밝혀내는 작업이 성공을 거둘 때만, 순수직관에서 "근원적으로 표상된 것"에 대한 좀더 상세한 해명은 가능해진다는 사실이다.ᑫᵘ

---

39) A 32, B 48. B 40 참고.

n. 216쪽 참고.
o. 순수하게 [직관된다].
p. 『진보에 관하여』, 92쪽 Z. 14, 103쪽 Z. 10.
qu. 제28절, 217쪽 이하.

제10절 보편적인 순수직관으로서의 시간[a]

순수직관은 존재자에 관한 경험이 근거하는 존재론적 인식의 한 본질적 요소로서 탐색된다. 그런데 순수직관으로서의 공간은 외감(外感)에서 만나는 것들이 정돈되는 그러한 관계들의 전체만을 오로지 앞서 부여한다. 그러나 동시에 우리는 "내감"(內感)에 주어지는 것들도 발견한다. 내감에 주어지는 것들은 어떠한 공간적 형태나 공간적 특성도 내보이지 않고, 오히려 우리 심성의 상태들(표상들, 열망들, 기분들)의 연속으로서 표명된다. 우리가 이러한 현상들을 경험할 때, 비록 비대상적이고 비주제적으로이긴 하나 여하튼 처음부터 얼핏 보는 것은 순수계기(純粹繼起)다. 그렇기 때문에 시간은 "내감의 형식, 즉 우리 자신과 우리의 내적 상태를 직관하는 형식"[40]이다. "시간은 우리의 내적 상태 안의 표상들의 관계를 규정한다."[41] "……시간은 결코 외적 현상들의 규정일 수 없다. 시간은 어떠한 형태나 위치 등에도 속하지 않는다."[42]

그러므로 공간과 시간이라는 두 가지의 순수직관들은 두 개의 경험구역들로 나누어진다. 그리고 이로써 경험가능한 존재자의 존재에 관한 모든 인식을 구성하는, 따라서 존재론적 인식의 문제를 보편적으로 제기하도록 허용해주는 그러한 하나의 순수직관을 발견하기란 우선은 불가능한 것처럼 보인다. 그런데 물론 칸트에게는 두

---

40) A 33, B 49.
41) A 33, B 49.
42) A 33, B 49 이하.

a. 시간과 시간양상에 관하여. S.S. 1930 [인간의 자유의 본질에 관하여. 철학으로의 입문. 전집 31권] 152쪽 이하, 특히 158쪽 이하 참고. W.S. 1935/36 [사물에 관한 물음. 초월적 원칙들에 관한 칸트의 이론에 대하여. 전집 41권] 231쪽 이하. 이 책의 175쪽 이하, 178쪽 이하 참고.

가지의 순수직관들을 현상의 두 구역들에 부속시키는 테제 외에도
그것과 밀접히 관련을 맺는 테제도 나란히 성립한다. "시간은 모든
현상들 일반의 선험적인 형식적 조건이다."[43] 따라서 시간은 공간에
대해 우위를 지닌다. 그러므로 보편적인 순수직관으로서의 시간은
초월을 형성하는 순수인식을 이끌며 떠받쳐주는 본질적 요소가 되
어야 한다.

　다음의 해석이 보여주고자 하는 바는 이렇다. 즉 어떻게 시간은
형이상학을 정초하는 개별적 단계들을 통해 점점 더 중심적 위치를
차지하며, 또한 이로써 자신의 고유한 본질을 초월론적 감성론에서
의 예비적인 특성묘사가 개현할 수 있는 것 이상으로 더 근원적으
로 개현하는가?

　그런데 칸트는 보편적인 순수직관으로서의 시간의 이러한 우위
를 어떻게 근거짓는가? 우선 눈에 띄는 점은, 칸트는 외적 현상들
로부터 시간규정을 추상하지만 일상경험은 외적 현상들에서, 즉 별
의 운행이나 (생장과 소멸 같은) 자연사건 일반에서 시간을 발견하
며, 그것도 시간이 "하늘"과 동일시될 정도로 그렇게 직접적으로
시간을 발견한다는 사실이다. 그러나 칸트는, 만약 시간이 모든 현
상들의 선험적인 형식적 조건이어야 한다면, 결코 외적 현상들로부
터 시간규정성을 부정하지 않는다. 첫번째 테제가 자연의 전재자
(前在者)로부터 시간내부성(die Innerzeitigkeit)을 빼앗고 있다면,
두번째 테제는 시간내부성을 자연의 존재자에게 부여하고 있다. 이
렇게 모순된 명제들은 어떻게 합치되는가? 칸트가 순수직관으로서
의 시간을 내감에 주어진 것들에, 즉 가장 넓은 의미의 표상들에 한
정할 때, 이러한 한정 안에는 시간이 선행적인 직관 방식으로서 기
능할 수 있는 그 가능적 영역을 확장하려는 의도가 숨어 있다. 표상

---

43) A 34, B 50.

들 가운데에는, 표상하는 자 자신이 아닌 그러한 존재자를 만나게
하는 그러한 표상들이 있다. 따라서 칸트의 숙고는 다음의 길을 취
한다.

모든 표상들은 표상활동의 상태들로서 직접 시간에 속하기 때문
에, 표상활동에서 표상된 것 그 자체도 시간에 귀속한다. 표상활동
의 직접적인 시간내부성을 우회하여, 표상된 것의, 즉 외감을 통해
규정된 "표상들"의 매개된 시간내부성이 발생한다. 따라서 외적 현
상들은 단지 간접적으로만 시간내부적이기에, 외적 현상들에게 시
간규정은 어떤 방식으로는 속하고 어떤 방식으로는 속하지 않는다.
심적인 사건으로서의 외적인 직관활동이 갖는 시간내부성으로부터
거기에서 직관된 것의 시간내부성으로 나아가는 논증은, 칸트가
"직관"이나 "표상"이란 표현들을 이중적 의미로 사용하기 때문에
본질적으로 용이해진다. 왜냐하면 이러한 표현들은 일단은 심성의
상태들을 의미하나, 동시에 그러한 심성의 상태들 자체가 대상으로
삼는 것도 의미하기 때문이다.

순수직관인 시간의 보편성과 시간의 중심적인 존재론적 기능을
이와 같이 근거짓는 작업이 과연 적합하며 결정적인 작업일 수 있
는가의 여부, 그리고 이로써 순수직관인 공간은 가능적인 중심적
존재론적 기능에서 배제되는가의 여부는 여기서 일단 보류되어야
한다.[44]

순수직관인 시간의 보편성을 근거짓는 작업이 여하튼 가능하다
면, 그 까닭은 오직, 비록 순수직관들인 공간과 시간이 모두 "주관
에" 속하긴 하지만 시간이 공간보다 주관에 더 근원적으로 내재하
기 때문이다. 동시에 내감에 주어진 것들에 직접 제한되어 있는 시
간은 주관의 주관성이 존재자에 대한 개방성 안에 존립할 때에만

44) 이 책의 제35절, 275쪽 이하 참고

존재론적으로 더 보편적이다. 시간이 더 주관적일수록, 주관의 울타리는 더 근원적으로 또한 더 폭넓게 철폐된다.

따라서 칸트가 정초작업을 시작할 무렵 시간에 할당한 보편적인 존재론적 기능은, 바로 시간 자체가, 좀더 정확히 말하자면 존재론적 기능을 수행하는 시간이, 즉 순수 존재론적 인식의 본질적인 구성요소로서의 시간이 주관성의 본질을 더 근원적으로 규정하는 역할을 확고히 수행할 경우에만 충분히 정당화될 수 있다.[45]

"초월론적 감성론"은 존재자의 존재의 "선험적 발견"을 가능하도록 하는 존재론적 감성(αἴσθησις)에 대한 논구를 과제로 지니고 있다. 모든 인식에서 직관이 주도적인 역할을 담당하는 한, "초월철학(존재론)의 일반적 과제를 해결하기 위해 요구되는 부분들 중 하나가" 이제 달성되었다.[46]

그렇지만 존재론적 인식의 본질적 요소인 순수직관을 조금이라도 소멸시키는 것이 결코 가능하지 않듯이, 어떤 요소를 따로 떼어내어 해석하는 작업은 그 요소를 그것의 기본 기능에서 결코 가시화할 수 없다. 칸트에 의해서 수행된 정초작업이 자신의 고유한 과제를 확신하고 있다면, 초월론적 감성론을 잠정적인 문제내용으로서 삭제할 것이 아니라, 오히려 그것의 논점을 보존하여 날카롭게 전개하는 것이 칸트의 정초작업의 가장 고유한 목표가 되어야 한다.

그러나 우선 필요한 것은, 순수 유한한 인식의 두번째의 본질적 요소인 순수사유를 앞서와 마찬가지로 따로 떼어내 고찰하는 가운데 논구하는 작업이다.

---

45) 이 책의 제34절, 266쪽 이하 참고.
46) B 73. [(존재론)이란 표현은 하이데거가 삽입한 것임.]

b) 유한한 인식활동에서의 순수사유

제11절 순수지성 개념

  인간 인식의 유한성에서 다른 하나의 요소는 규정하는 표상활동
으로서, 직관에서 직관된 것을 겨냥하는 따라서 직관에 오로지 봉
사할 뿐인 사유다. 직관의 대상은 그때마다 하나의 개별자이나, "일
반적 표상"인 개념을 통해 "이것 혹은 저것"으로서 규정된다. 따라
서 사유하는 직관의 유한성은 개념들을 통한 인식활동이다. 즉 순
수인식 활동은 순수개념들을 통한 순수직관이다. 여하튼 순수인식
의 완전한 본질적 실상이 확고히 되어야 한다면, 순수개념들을 제
시하는 작업이 필요하다. 그러나 이러한 순수개념들을 발견할 수
있기 위해서는, 이러한 명칭하에서 탐색되는 것에 관한 명확한 설
명이 우선 요구된다.
  예를 들어 보리수, 너도밤나무, 전나무를 나무로서 표상할 때, 우
리는 그때마다 개별적으로 직관된 것을 "다수에 타당한" 것을 고려
하여, 이것 혹은 저것으로 규정하게 된다. 다수에 대한 타당성은 개
념으로서의 표상을 특징짓고 있으나, 아직 개념의 근원적 본질을
적중하지는 못하고 있다. 왜냐하면 이러한 다수에 대한 타당성은
파생적 성격으로서, 여러 대상들이 일치하는 일자(一者)가 그때마
다 개념 안에서 표상된다라는 사실에 근거하기 때문이다. 개념적
표상활동이란 여럿[여러 대상들]을 이러한 일자 안에 일치하게끔
하는 활동이다. 따라서 이 일자의 통일성은 개념적 표상활동에서
미리 간파되어야 하며, 또한 여럿에 관한 모든 규정적 진술에 대해
그에 앞서 보유되어야 한다. 그 안에서 여럿이 일치할 수 있어야 하
는 그러한 일자에 대한 선행적 간파가 개념형성의 근본활동이다.
칸트는 그것을 "반성"이라 명명한다. 반성은, "어떻게 상이한 표상

들이 하나의 의식 안에서 개념적으로 파악될 수 있는가에 대한 숙고"[47]다.

그러한 숙고는 여럿을 포괄하는 통일성 그 자체를 산출하며, 이로써 이러한 통일성과 관련하여 여럿은 대조되며(비교), 동시에 앞서 보유된 일자에 부합하지 않는 것은 도외시되기도 한다(칸트적 의미에서의 추상). 개념적 표상활동에서 표상된 것은 "하나의 표상이 상이한 표상들에 포함될 수 있는 한 그 하나의 표상이다."[48] 개념에서 표상되는 것은, 단순히 여럿에 사실적으로 귀속하는 그 어떤 것이 아니라, 오히려 여럿에 귀속하는 한에서의, 즉 여럿을 통일하는 귀속자다. 그처럼 표상된 것은 이러한 포괄적 일자로서 개념이다. 따라서 칸트는 다음과 같이 정당하게 말한다. "일반적 혹은 공통적 개념이라 언급하는 것은 단순한 동어반복이다."[49] 다수에 타당한 일자를 선행적으로 간파하는 근본활동에 의해, 즉 칸트에 따르면 반성에 의해 표상은 개념으로 형성되기 때문에, 개념들은 반성된 즉 반성으로부터 발원하는 표상들이라 불리기도 한다. 표상의 개념적 성격은——거기에서 표상된 것이 다수에 타당한 일자의 형식을 취한다라는 사실은——언제나 반성으로부터 발원한다. 그렇지만 이때 규정하는 일자의 본질내용은 경험적으로 비교하며 추상하는 직관활동으로부터 대개 비롯된다. 따라서 그러한 경험적 개념들의 본질내용의 원천은 결코 문제가 아니다.

이에 비해 "순수개념"이란 명칭하에서는 그 본질내용이 현상들로부터는 본질적으로 읽혀질 수 없는 그러한 "반성된" 표상이 탐색된다. 따라서 순수개념은 그 내용까지도 선험적으로 획득될 수 있어야 한다. 그 내용까지도 선험적으로 주어지는 개념들을 칸트는

47) 『논리학 강의』, 같은 책,VIII, 6절, 402쪽.
48) 같은 책, 1절, 주 1, 399쪽.
49) 같은 책, 주 2.

순수지성 개념들(Notionen), 즉 '선험적으로 주어지는 개념들'이라 명명한다.[50]

그러한 개념들은 과연 존재하는가? 인간의 지성에는 그러한 개념들이 준비되어 있는가? 그러나 지성이 '부여하는 직관'에 직접 의존해 있으면서 [그 주어진 것을] 결합하는 공허한 기능에 불과하다면, 어떻게 지성이 본질내용을 부여할 수 있겠는가? 그리고 지성이 지금 당연히 그래야만 하는 것처럼 실로 모든 직관으로부터 고립되어 있다면, 주어진 것으로서 표상된 무엇이 [즉 순수개념의 본질내용이] 과연 지성 안에서 완전히 발견될 수 있는가? 지성이 본래 모든 개념 그 자체의 형식에 대해서뿐 아니라 특정한 개념들의 내용에 대해서도 그 원천이어야 한다면, 이러한 원천은 개념형성 그 자체의 근본작용[a] 안에서만 즉 반성 안에서만 존재할 수 있다.

어떤 것을 어떤 것으로 규정하는 모든 활동은 (즉 판단은) "상이한 표상들을 하나의 공통적 표상 아래 정돈하는 행위의 통일성"[51]을 포함한다. 그러나 반성하면서 합일하는 이러한 행위는, 그 자체가 이미 어떤 통일성을—즉 그 빛 안에서 합일 일반이 가능한 그러한 통일성을—선행적으로 주목함으로써 이끌려질 때만 가능하다. 그러므로 반성활동 자체는, 그 반성행위로 인해 그때마다 [경험적] 개념들에 생겨나는 몫을 전적으로 도외시한다면, 합일을 이끄는 통일성 그 자체를 선행적으로 표상하는 활동이다. 따라서 반성활동 자체에서 관건이 되는 바가 통일성을 표상하는 활동이라면, 이것의 의미는 이렇다. 즉 지성의 근본활동의 본질적 구조에는 통일성을 표상하는 활동이 속해 있다.

---

50) 같은 책, 4절, 401쪽. 또 A 320, B 377.
51) A 68, B 93.

a. 근본작용——통일성을 표상하는 활동——모음.

지성의 본질은 근원적인 개념파악 활동이다. 표상하면서 합일하는 활동인 지성의 행위구조에는, 그때마다 [합일을] 이끄는 통일성의 표상들이 준비되어 있다. 이 표상된 통일성들이 순수개념들의 내용이다. 이러한 개념들의 본질내용은 그때마다 합일을 가능케 하는 통일성이다. 이러한 통일성들을 표상하는 활동은, 그것의 특수한 내용을 근거로 하여, 그 자체가 선험적으로 이미 개념적이다. 순수개념은 개념형식의 조달을 더 이상 요구하지 않는다. 즉 순수개념은 근원적 의미에서 개념형식 자체다.

따라서 순수개념들은 반성활동에 의해 비로소 생겨나는 것이 아니다. 즉 반성된 개념들이 아니다. 오히려 반성의 본질적 구조에 처음부터 속해 있는, 즉 반성 안에서 반성과 더불어 반성을 위하여 행위하는 표상들, 즉 반성하는 개념들이다.

"모든 개념들 일반은, 그것들의 질료를 어디로부터 얻든지 간에 반성된 표상, 즉 다수에 대한 타당성이라는 논리적 관계를 갖게 된 표상이다. 그러나 그 전체적 의미가 이러저러한 반성과 다를 바 없는, 또한 현출하는 표상들이 거기에 종속될 수 있는 그러한 개념들도 있다. 그러한 개념들은 반성개념들이라고 불릴 수 있다. 그리고 모든 유형의 반성은 판단에서 나타나기 때문에, 그러한 개념들은 판단을 가능케 하는 근거들로서, 판단에서 [주어와 술어의] 관계에 적용되는 '순전한 지성의 행위'를 절대적으로 자기 안에 포함할 것이다."[52]

그러므로 순수개념들은 지성 그 자체 안에 존재한다. "지성의 능력 자체를 해체하는 작업"은 반성의 본질적 구조를 함께 구성하는 이러한 표상들을 밝혀내야 한다.

---

52) 에르드만(Erdmann), 『반성들』 II, 554쪽. 『칸트의 손으로 쓴 유고』, 같은 책 V권, 5051번.

제12절 존재론적 술어들(범주들)인 순수지성 개념들

순수지성은 다양한 것을, 즉 가능적 합일의 순수통일성들을 스스로 내준다. 더욱이 합일의 가능적 방식들(판단들)이 지성 자체의 완결된 연관을, 즉 완결된 본질을 형성하고 있다면, 순수지성 안에는 순수개념들의 다양성의 체계적 전체가 감춰져 있다. 그렇다면 이러한 전체는 순수인식에서 기능하는, 즉[a] 존재자의 존재에 관해 진술하는 그러한 술어들의 체계다. 순수개념들은 예로부터 "범주들"이라 명명된 존재론적 술어들의 성격을 갖고 있다. 따라서 판단표는 범주들과 범주표의 근원이다.

범주들의 이러한 근원은 여러가지 방식으로 의심받아 왔으며, 지금도 항상 의심받고 있다. 우리의 주요한 숙고는 근원적 원천 자체의 모호성에, 즉 판단표 그 자체와 그것에 대한 충분한 근거지음에 부닥친다. 사실 칸트는 판단 기능들의 다양성을 지성의 본질로부터 전개하지 않는다. 그는 오히려 양, 질, 관계, 양상[53]이라는 네 가지의 "주요 계기들"에 따라 나눠지는 이미 완성된 표를 앞서 제시한다. 바로 이 네 가지 계기들이 지성의 본질에 과연 근거하는지, 또한 근거한다면 얼마큼이나 근거하는지도 지적되지 않는다.[b] 이 네 가지 계기들이 도대체 순전히 형식논리적으로 근거지어질 수 있는지는 의심해볼 수 있다.

그렇다면 이 판단표가 어떤 성격을 지니는가는 여하튼 더 불확실해진다. 칸트 자신도 동요하면서 그것을 때로는 "초월적인 표"[54]로,

---

53) 『논리학 강의』, 20절, 408쪽.

a. 어째서 그런가?
b. 클라우스(Klaus), 『칸트의 판단표의 완전성』, 1932 ; 덧붙여 1929~32년에 걸친 나의 강의들과 연습들 참고.

또 때로는 "판단들의 논리적인 표"[55]로 명명한다. 그러므로 칸트가 아리스토텔레스의 범주표에 퍼부었던 질타가 자신의 판단표로 되돌아오는 것은 아닌가?

그러나 칸트의 판단표에 대한 여러가지 비난들이 과연 정당한지, 또한 얼마나 정당한지, 그리고 과연 그러한 비난들이 근본적 결함만을 정확하게 지적하는지는 여기에서 결정할 필요가 없다. 오히려 우리가 주목해야 하는 점은, 판단표에 대한 그러한 비판은 범주들의 근원적 원천에 대한 비판을 자칭할 뿐, 결정적 문제를 근본적으로 놓쳐 왔다라는 사실이다. 왜냐하면 범주들은 사실상 판단표로부터 파생되지 않을 뿐더러, 도저히 판단표로부터는 연역될 수 없기 때문이다. 순수인식의 고립된 요소들을 규명하는 현단계에서는 범주 일반의 본질과 이념이 아직 규정될 수 없을 뿐더러, 더욱이 전혀 문제화될 수 없기 때문에 그러하다.

지금은 범주들의 근원에 관한 물음이 원칙적으로 아직 등장할 수 없다면, 존재론적 인식의 가능성에 관한 물음을 준비하기 위해 판단표는 위에서 진술된 기능과는 다른 기능을 가져야 한다.

정초의 첫번째 단계가 제기하는 과제를 충족하는 작업은 쉬운 일처럼 보인다. 왜냐하면 순수인식의 요소들인 순수직관과 순수개념보다 더 손쉽게 나란히 세워놓을 수 있는 것이 무엇이겠는가? 그러나 바로 이처럼 요소들을 고립시켜 다룰 때에도, 유한한 순수인식이 문제가 되고 있다는 사실은 처음부터 간과되지 말아야 한다. 즉 앞서의 논의에 따르면, 두번째 요소인 순수사유는 직관에 본질적으로 봉사하는 역할을 맡고 있다. 그러므로 순수사유에는 순수직관에 대한 의존성이 본질적으로 속해 있는 것이지, 결코 부수적으로나 추가적으로 속해 있는 것이 아니다. 순수개념이 우선 순수지성 개

---

54) A 73, B 98.
55) 『모든 미래의 형이상학을 위한 서론』, 21절.

념으로만 파악될 때, 순수인식의 두번째 요소는 아직 그 기본 성격에 맞춰 전혀 획득된 바 없고, 오히려 그 반대로 결정적인 본질적 계기가, 즉 직관과의 내적인 연관성이 잘려나간 상태다. 따라서 순수지성 개념으로서의 순수개념은 순수인식의 두번째 요소의 한 파편에 불과하다.

순수지성이 그것의 본질에 따라, 즉 순수직관과의 연관성에 따라 주목되지 않는 한, 존재론적 술어들로서의 순수지성 개념들의 근원은 전혀 개현될 수 없다. 따라서 판단표는 "범주들의 근원"이 아니라, 오히려 단지 "모든 지성개념들을 발견하는 실마리"일 뿐이다. 순수개념들의 완결된 전체에 대한 지침이 판단표에 있어야 한다 할지라도, 판단표는 범주들로서의 순수개념들의 완전한 본질을 개현할 수 없다. 칸트가 판단표를 도입하고 서술하는 방식을 고려해볼 때, 과연 판단표가 순수지성 개념들의 체계적 통일을 예시하는 이러한 제한된 기능만이라도 떠맡을 수 있을런지의 여부도 여기서는 보류된다.

이제까지의 서술내용으로부터 다음의 점이 참으로 명확해진다. 우리가 유한한 인식의 순수요소들을 따로 떼어내 하나씩 고찰하려는 시도를 더욱 철저히 하면 할수록, 그러한 고립화의 불가능성은 더욱더 강렬해지며, 그로써 직관에 대한 순수사유의 의존성은 더욱더 끈질기게 우리를 파고든다. 따라서 순수인식의 특성을 묘사하는 첫 출발점의 인위성이 드러난다. 순수개념들은 유한한 순수인식의 본질적 통일성에 입각해 이해될 때, 비로소 존재론적 술어들로서 규정될 수 있다.

정초작업의 두번째 단계 : 순수인식의 본질적 통일성

순수인식으로부터 고립된 순수요소들은, 보편적인 순수직관으로

서의 시간과 순수사유에서 사유된 순수지성 개념들이다. 그러나 고
립적 고찰로는 결코 이 요소들 자체에 대한 완전한 파악을 얻어내
지 못한다면, 고립된 부분들에 덧칠된 결합을 통해서는 더욱더 이
요소들의 통일성을 획득할 수 없을 것이다. 따라서 이러한 통일성
이 요소들 사이에 추가로 죄여진 단순한 고리일 수 없다라는 부정
적인 특성 묘사 정도로 순수인식의 본질적인 통일성의 문제가 마무
리되어선 안 된다면, 이 문제는 한층 더 날카롭게 전개된다.

인식의 유한성은 실로 직관에 대한 사유의 독특한 내적 의존성뿐
아니라, 또한 그 역으로 사유에 의한 직관의 규정필요성도 표명한
다. 요소들 상호간의 견인관계가 시사하는 바는, 요소들의 통일성은
요소들 자체보다 "추후에" 존재할 수 없고, 오히려 "원래부터" 요소
들내에 갖추어져 요소들을 위해 그 근거에 놓여 있어야 한다라는
사실이다. 이러한 통일성은 근원적 통일성으로서 요소들을 합일하
며, 따라서 이러한 합일내에서야 비로소 요소들은 그 자체로서 발
원하며, 또한 이러한 합일을 통해 비로소 통일성을 지니게 된다. 칸
트는 고립된 요소들로부터의 출발에도 불구하고, 이러한 근원적 통
일성을 가시화하는 데 얼마큼이나 성공을 거두는가?

칸트는 특히 "순수지성 개념들 혹은 범주들에 관하여"라는 표제
가 붙은 "개념들의 분석론"[56] 제1편 제3절에서 순수요소들의 근원
적인 본질적 통일성을 처음 특징적으로 서술하는데, 이 서술은 그
이상의 모든 해명을 이미 준비하고 있다. 이 구절에 관한 이해는
『순수이성비판』을 형이상학의 정초작업으로 이해하기 위한 열쇠가
된다.

인식의 유한성에 속하는 순수지성 개념들은 본질적으로 순수직
관에 연관되어 있기 때문에, 또한 순수직관과 순수사유의 이러한

---

56) A 76~80, B 102~105. 이 부분이 B판에서는 제10절로 표기되어 있다.

연관성은 순수인식의 본질적 통일성을 더불어 형성하기 때문에, 범주 일반의 본질을 한정하는 작업은 동시에 존재론적 인식의 본질적 통일성의 내적 가능성을 해명하는 작업이다. 이제 필요한 것은, 순수인식의 본질적 통일성의 물음에 대한 칸트의 답변을 앞서 언급된 구절에 대한 해석을 통해 서술하는 작업이다. 이에 앞서 물론 이 물음 자체는 아직 명확한 설명을 요한다.

제13절 순수인식의 본질적 통일성에 관한 물음

유한한 순수인식의 요소들이 본질적으로 서로에게 의존해 있다면, 이를테면 그 요소들에게 그것들을 추가로 모아놓은 통일성을 덧붙이려는 시도는 이미 저지되고 만다. 통일성이 요소들의 근저에 놓여 있다는 사실과 그 방식을 앞서의 고립적 해석은 참으로 은폐하고 위장해버렸다. 설령 어떤 분석작업이 근원적 통일성을 개현하려는 경향을 관철한다 하더라도, 근원적 통일성에 관한 완전한 파악이 이루어졌다고는 결코 보증되지 않는다. 오히려 그와는 반대로 고립화를 실현했을 때의 그 날카로움에서, 그리고 점점 분명하게 나타나는 그 두번째 요소의 고유한 특성에서 우리가 예기할 수 있는 점은, 이러한 고립화가 이제 더 이상은 전혀 소급될 수 없으며, 따라서 결국 통일성은 그것의 가장 고유한 근원으로부터 명확하게 전개되지 않는다라는 사실이다.

통일성은 요소들이 서로 충돌하여 빚어진 결과물이 아니라, 오히려 그 자체는 [요소들을] '근원적으로 합일하는 것'이어야 한다라는 사실은, "종합"이라는 그것의 명칭에서 예고된다.

그런데 유한한 인식의 완전한 구조 안에는 다양한 종합들이 필연적으로 함께 작용한다.[57] 진리적 종합에는 술어적 종합이 속해 있고, 다른 한편으로 술어적 종합에는 명제적 종합이 들어 있다. [그러면]

순수인식의 본질적 통일성이 물어질 때, 이러한 종합들 중 어떤 종합이 사념되는가? 분명히 진리적 종합이다. 왜냐하면 진리적 종합은 언제나 직관과 사유의 통일에 관여하기 때문이다. 하지만 진리적 종합에는 나머지의 종합들도 필연적으로 함께 포함되어 있다.

순수인식의 본질적 통일성은 모든 구조적 종합들 전체를 함께 모은 통일성을 형성해야 한다. 따라서 진리적 종합이 순수인식의 본질적 통일성에 관한 물음에서 우위를 차지하는 것은 단지, 종합의 문제가 진리적 종합에 집중되는 한에서일 뿐이다. 그러나 이럴 때에도 종합의 문제는 종합의 나머지 형식들에 대해서도 똑같이 필연적으로 정위(定位)된다. 존재론적 인식의 본질적 통일성에 관한 물음에서는 더구나 순수 진리적 종합이 관건이다. [여기에서는] 순수 보편적 직관(시간)과 순수사유(순수지성 개념들)의 근원적 합일에 관해 묻게 된다. 그런데 순수직관 자신은 이미—하나의 합일적 전체를 표상하는 활동으로서—'직관하면서 합일하는 활동'과 같은 그러한 것이다. 따라서 칸트는 적법하게 직관에서의 "개관"(槪觀, Synopsis)에 관해 언급한다.[58] 동시에 순수지성 개념을 "반성하는 개념"으로 분석한 작업은, 순수사유는 순수한 통일성들을 표상하는 활동으로서 스스로의 힘에 따라 근원적으로 통일성을 부여하며, 이러한 의미에서 "종합적"이다라는 사실도 밝혀냈다.

따라서 순수 진리적, 즉 존재론적 종합의 문제는 다음의 물음으로 정식화된다. 순수개관과 순수 반성적(술어적) 종합의 근원적(진리적) 종합은 어떤 모습인가? 이미 이러한 물음의 형식으로부터 어림 잡아볼 수 있는 점은, [여기에서] 탐색되는 종합은 만약 그 스스로 이미 종합의 구조를 내보이는 것을 합일해야 한다면, 반드시 매우 탁월한 특성을 가져야 한다라는 사실이다. [여기에서] 탐색되는

---

57) 이 책의 제7절 106쪽, 그리고 제9절의 112~113쪽 참고.
58) A 94.

종합은 합일되어야 할 "종합"과 "개관"의 형식들에 비해 본래부터 전혀 손색이 없어야 하며, 또한 이것들을 합일하는 가운데 이것들 자체를 근원적으로 형성해야 한다.

제14절 존재론적 종합

순수직관과 순수사유의 본질적 통일성에 관한 물음은 앞서 이러한 요소들을 따로 떼어내 각각 논의했던 작업으로부터 비롯된다. 따라서 이 요소들에 속하는 통일성의 특성은 우선, 이 요소들 각각이 다른 요소를 어떻게 구조적으로 요구하는지가 제시되는 식으로 예시된다. 이 요소들은 접합점들을 가리키는데, 이 접합점들은 '서로 접합되어 있음'을 미리 암시한다. 그렇다면 진리적 종합은 단지 요소들을 함께 접합하면서 이러한 접합점들에 짜맞추어질 뿐 아니라 또한 이러한 접합점들을 비로소 "접합하는" 그것이다.

따라서 칸트는 순수인식의 본질적 통일성의 일반적 특성묘사를 다음과 같은 방식으로 시작한다. "그에 비해 초월론적 논리학은 초월론적 감성론이 제공한 선험적 감성의 다양을 자기 앞에 놓이게 한다. 이는 순수지성 개념들에게 질료를 부여하기 위해서인데, 만약 이러한 질료가 없다면 순수지성 개념들은 아무런 내용도 없을 것이며, 따라서 완전히 공허할 것이다. 그런데 공간과 시간은 선험적 순수직관의 다양을 포함하되, 그럼에도 불구하고 우리의 심성의 수용성의 조건들에 속한다. 이러한 조건들하에서만 우리의 심성은 대상들의 표상을 받아들일 수 있고, 따라서 이러한 조건들은 대상들의 개념까지도 언제나 촉발해야 한다. 그러나 우리의 사유의 자발성은 이러한 다양으로부터 하나의 인식을 만들어내기 위해, 이러한 다양이 우선은 어떤 방식으로 관통되고, 받아들여지며, 결합되기를 요구한다. 이러한 행위를 나는 종합이라 명명한다."[59]

순수직관과 순수사유 상호간의 의존성이 여기서는 우선 눈에 뜨일 정도로 피상적인 형식으로 소개된다. 그러나 엄격히 말해서, "초월론적 논리학"은 시간의 순수다양을 "자기 앞에 놓이게" 하지 못한다. 오히려 이렇게 앞에 놓는 일은 초월론적 논리학에 의하여 분석된 순수사유의 본질적 구조에 속한다. 이와 마찬가지로 초월론적 감성론도 순수다양을 거기에 "제공"하지 못한다. 오히려 순수직관이 원래부터 [순수다양을] 제공하고 있으며, 그것도 순수사유를 향해 제공하고 있다.

이러한 순수 제공은 더욱더 날카롭게는 "촉발작용"으로 소개되기조차한다. 그러나 이때 감관을 통한 촉발이 회상되어선 안 된다. 이러한 촉발이 "항상" 순수인식에 귀속하는 한, 이것의 의미는 이렇다. 우리의 순수사유는 그것에 관계하는 시간 앞으로 항상 세워진다. 이것이 어떻게 가능한지는 우선은 모호하게 남아 있다.

우리의 순수사유가 순수다양에 이처럼 본질적으로 의존해 있는 가운데, 우리의 사유의 유한성은 이러한 다양이 사유 자체에, 즉 개념적으로 규정하는 자인 사유에 접합되기를 "요구한다". 그러나 순수직관이 순수개념들에 의하여 규정될 수 있기 위해서는, 그것의 다양이 분산된 상태에서 벗어나 관통되고 집약되어야 한다. 서로를 위한—상호간의—이러한 준비는 칸트가 일반적으로 종합이라 명명하는 그러한 행위 안에서 일어난다. 이러한 종합을 통해 두 순수요소들은 그때마다 자발적으로 서로 마주쳐 서로를 지시하는 접합점들을 맞물리게 하며, 이로써 순수인식의 본질적 통일성을 형성한다.

이러한 종합은 직관의 사태도 사유의 사태도 아니다. 종합은 말하자면 이 두 요소들 "사이를" 매개하면서 이 둘과의 친화성을 갖는다. 그러므로 종합 일반은 이 요소들과 그 근본성격을 공유해야

---

59) A 76 이하, B 102.

한다. 즉 표상활동이어야 한다. "우리가 앞으로 보게 되듯이, 종합 일반은 상상력(Einbildungskraft)의 순전한 작용이다. 상상력은 마음의 없어서는 안 될 기능이긴 하지만 맹목적 기능이다. 이러한 기능이 없다면 우리는 결코 어떠한 인식도 갖지 못할 것인데, 그러나 이러한 기능을 우리는 단지 드물게만 의식하고 있다."[60]

이로써 우선 암시되는 것은, 인식의 본질구조에서 여하튼 종합의 구조들에 즉해 자신을 내보이는 모든 것은 분명히 상상력에 의해 성취된다라는 사실이다. 그러나 지금 특히 우선 관건이 되는 것은 순수인식의 본질적 통일성인 "순수종합"이다. "다양이······ 선험적으로 주어질 때"[61] 그러한 종합은 순수하다고 불리게 된다. 따라서 순수종합은 순수직관에서 합일하는 것, 즉 개관에 접합된다.

그러나 동시에 순수종합은 주도적 통일성에 대한 고려를 필요로 한다. 따라서 순수종합에는 다음과 같은 사실이 속한다. 즉 표상하면서 합일하는 활동인 순수종합은 자신에 귀속하는 통일성을 처음부터 그 자체로서, 즉 일반적으로 표상한다. 순수종합에 본질적으로 고유한 이러한 통일성을 일반적으로-표상하는 활동이 의미하는 바는 이렇다. 순수종합은 자신 안에서 표상된 통일성을 고려하는 가운데 자신을 개념으로 이끌어가며, 이 개념이 순수종합 자신에게 통일성을 부여한다. 그러므로 순수종합은 순수직관에서는 순전히 개관적으로, 그리고 동시에 순수사유에서는 순전히 반성적으로 행위한다. 이로써 다음의 사실이 밝혀진다. 순수인식의 완전한 본질의 통일성에는 세 부분들이 속해 있다.

"모든 대상들의 선험적 인식을 위해 주어져 있어야 할 첫번째 것은 순수직관의 다양이다. 상상력에 의한 이러한 다양의 **종합**은 두번째 것인데, 그러나 아직 어떠한 인식도 주지 못한다. 이러한 순수종합에 **통**

60) A 78, B 103(강조는 필자에 의한 것임).
61) A 77, B 103.

일성을 부여하는 것은 개념들이다. 개념들은 오로지 이러한 필연적 종합적 통일성의 표상에서만 존립한다. 개념들은 그 앞에 나타나는 대상을 인식하기 위한 세번째 역할을 하며, 지성에 기인한다."[62]

이러한 삼중성에서 상상력에 의한 순수종합은 중간위치를 차지한다. 그러나 이렇다고 해서 순수인식의 각 조건들을 열거할 때, 마치 상상력이 오로지 첫번째 조건과 세번째 조건 사이에서만 명명되는 것처럼 이러한 사실을 해석한다면, 그것은 피상적 의미에 불과하다. 이러한 중간은 오히려 구조적 중간이다. 이 구조적 중간에서 순수개관과 순수 반성적 종합은 함께 마주쳐 서로에게 접합된다. 이러한 하나로의 접합은, 칸트가 순수종합의 자기동일성을 직관과 지성의 종합적-성격에서 확인한다라는 사실에서 표현된다.

"하나의 판단내의 상이한 표상들에게 통일성을 부여하는 동일한 기능이 하나의 직관내의 상이한 표상들의 단순한 종합에게도 통일성을 부여한다. 일반적으로 표현해서 이러한 통일성은 순수지성 개념이라 불린다."[63] 종합적 기능의 이러한 자기동일성을 통해 칸트가 의미하는 바는, 도처에서 작용하는 형식적 결합의 공허한 동일성이 아니라 오히려 다지(多肢)적인, 즉 직관과 사유로서 함께 작용하는 합일활동과 통합활동의 근원적으로 풍요로운 전체성이다. 이것이 동시에 의미하는 바는 이렇다. 앞서 언급된 종합의 방식들, 즉 판단기능의 형식적 명제적 종합과 개념적 반성의 술어적 종합은 모두 직관과 사유의 진리적 종합인 유한한 인식의 본질적 구조의 통일성에 속한다. 여기에서 자기동일성은 본질적 구조적 공속을 의미한다.

"그러므로 동일한 지성이, [이제는] 즉 좀더 자세히 말하자면 분석적 통일을 매개로 개념들 안에서 판단의 논리적 형식을 산출하던 그 동일한 행위를 통해, 또한 직관 일반의 다양의 종합적 통일을 매개로

---

62) A 78 이하, B 104.
63) A 79, B 104 이하.

자신의 표상들 안에 초월적 내용을 가져온다……."[64] 지금 순수인식의 본질적 통일성으로 가시화된 것은 궁극적 원리의 공허한 단순성과는 전혀 거리가 멀다. 그것은 오히려 다양한 형태의 행위로서 표명되는데, 이러한 행위는 그 행위의 성격에서건 합일활동의 다지성에서건 여전히 모호하게 남아 있다. 존재론적 인식의 본질적 통일성에 관한 이러한 성격묘사는 존재론적 인식을 정초하는 작업의 종착역일 수 없고, 오히려 그것의 합당한 출발점이어야 한다. 이러한 정초작업에서 과제로 설정되는 것은 순수종합 그 자체를 밝혀내는 작업이다. 그런데 순수종합은 행위이기 때문에, 순수종합의 본질은 그것이 그 발원과정 자체에서 추적될 경우에만 드러날 수 있다. 정초작업의 주제로 떠오른 것에 의거하여 이제 비로소 밝혀지는 점은, 존재론적 인식을 정초하는 작업이 왜 순수종합의 근원을 개현하는 작업이 되어야 하는가 하는, 즉 순수종합을 그것을 발원-케 하는 과정 그 자체에서 개현하는 작업이 되어야 하는가 하는 까닭이다.

형이상학을 정초하는 작업이 이제 "사태 자체가 깊숙이 감춰져 있는"[65] 단계에 들어섰고, 따라서 그 모호함에 관해 불평을 늘어놓아선 안 된다면, 정초작업의 현재 위치와 그것에 정해진 그 이상의 길을 방법적으로 숙고하기 위해, 우리에게는 이 단계에 짧게나마 잠시 머무를 것이 더욱더 절실하게 요구된다.

제15절 범주들의 문제와 초월론적 논리학의 역할

존재론적 인식의 본질적 통일성의 문제는 범주의 본질을 규정하기 위한 지반을 비로소 부여한다. 범주가 그 이름이 암시하는 바와는 달리 단순히 그리고 우선 "진술"의 방식(σχῆμα τοῦ λόγου)이어

---

64) A 79, B 105.
65) A 88, B 121.

서는 안 되고, 오히려 존재자의 방식(σχῆμα τοῦ ὄντος)이라는 자
신의 가장 고유한 본질을 충족할 수 있어야 한다면, 범주는 순수인
식의 "요소"(순수지성 개념)로서 기능ᵃ해선 안 된다. 오히려 바로
존재자의 인식된 존재가 범주에 놓여 있어야 한다. 그러나 존재에
관한 인식은 순수직관과 순수사유의 통일이다. 따라서 범주의 본질
에서는 바로 순수지성 개념의 순수직관화가 결정적이게 된다.

그런데 순수직관에 관한 "형이상학적 해설"은 초월론적 감성론
의 과제였다. 순수인식의 또 다른 요소인 순수사유에 관한 해명은
초월론적 "논리학"에, 그중에서도 특히 개념들의 분석론에 해당했
다. 순수인식의 본질적 통일성의 문제는 요소들의 고립화를 넘어선
차원으로 연구를 이끌어나갔다. 따라서 순수종합은 순수직관에도
순수사유에도 속하지 않는다. 그러므로 지금 시작된 순수종합의 근
원에 대한 해명은 초월론적-감성적 해명도 초월론적-논리적 해명
도 될 수 없다. 이에 따라 범주는 초월론적 감성론의 문제도 초월론
적 논리학의 문제도 아니다.

그렇다면 존재론의 가능성의 중심문제에 대한 구명은 어떤 초월
론적 분과에 해당하는가? 칸트는 이러한 물음을 걸맞지 않게 남겨
놓는다. 칸트는 순수개념을 순수인식의 요소로서 해명하는 작업뿐
아니라, 순수인식의 본질적 통일성을 규정하여 근거짓는 작업까지
도 "개념들의 분석론"에 할당한다. 따라서 다른 한편으로는 실로
직관이 인식 전체에서 일차적 위치ᵇ를 현시함에도 불구하고, 논리
학이 감성론에 대해 비교할 수 없는 우위를 차지한다.

만약 형이상학의 정초작업의 후속 단계들의 논점이 계속 투명하
게 남아 있어야 한다면, 이러한 기묘한 사실은 명확한 설명을 필요
로 한다. 『순수이성비판』을 해석할 때면, 직관과 초월론적 감성론

a. 불명확하다.
b. 이 책의 87쪽 참고.

에 상대적 권리가 인정되는 경우에조차도, 이 작품을 "순수인식의 논리학"으로 파악하는 경향이 언제나 우세하기 때문에, 명확한 설명은 더욱더 절실해진다.

궁극적으로 볼 때, 일반형이상학을 정초하는 작업의 전체과정에서 초월론적 논리학이 차지하는 우위는 나름대로 정당하다.[c] 그러나 바로 이러한 이유 때문에 [나의] 해석은 칸트의 건축술로부터 벗어나 초월론적 논리학의 이념을 문제삼아야 한다.

우선은 칸트가 "개념들의 분석론"에서 순수인식의 두번째 요소에 관한 구명뿐 아니라, 두 요소들의 통일성 문제를 얼마큼이나 정당하게 다루고 있는가에 관한 양해가 필요하다.

사유의 본질이 그것이 봉사하는 직관과의 연관성 안에 존립한다면, 순수사유를 올바로 이해한 분석론은 바로 이러한 연관성 그 자체를 자신의 논점의 영역 안으로 함께 끌어들여 논의해야 한다. 그러므로 이러한 논의가 칸트에게서 이루어지고 있다라는 사실은, 사유의 유한성이 주제임을 밝히는 전거가 된다. 사람들이 초월론적 논리학의 우월성에 이러한 의미를 부여한다면, 초월론적 감성론의 기능을 축소하거나 완전히 배제하는 것 이외에 그 모든 것이 그러한 우월성으로부터 물론 귀결된다. 그러나 이와는 반대로 초월론적 논리학이 차지하는 우위의 근거[d]를 통찰함으로써 이러한 우위마저 지양된다. 물론 이것은 초월론적 감성론을 위해서가 아니라, 오히려 존재론적 인식의 본질적 통일성과 존재론적 인식을 근거짓는 작업의 중심문제를 더욱 근원적 기초로 소급하는 물음제기를 위해서다.

---

c. 고대(古代) 이래 존재물음의 모든 단초는 로고스(λόνος)에 입각해 있으므로(χατηνορίαι!) ; 존재물음──존재-론(Onto-logie)으로서, 이때 "론"은 학문분과적 성격을 의미할 뿐 아니라, 또한 존재론의-론(Ontologo-logie)을 의미하기도 한다!

d. 와 양식

칸트가 개념들의 분석론에 개념들의 "사용" 조건들과 원칙들에 대한 구명까지도 할당한다는 사실을 통해, 물론 순수개념들의 사용이라는 표제하에서는 필연적으로 순수사유와 직관의 연관성이 주제로 부각된다. 하지만 이때 순수인식의 본질적 통일성에 관한 물음은 언제나 사유의 요소를 출발점으로 하여 제기된다. 이러한 경향이 부단히 그 지지를 획득하는 까닭은, 근본적으로 본질적 통일성의 문제를 포함하는 범주가 순수지성 개념이라는 표제하에서 언제나 동시에 그러한 지성의 개념으로만 서술되기 때문이다.

그러나 이에 덧붙여 무엇보다 눈에 띄는 점이 있다. 즉 칸트가 이처럼 사유의 요소에 일차적으로 정위(定位)할 때, 사유 일반에 관한 일반적 지식을 전통적인 형식논리학의 의미에서 끌어들이고 있음이 틀림없다라는 사실이다. 이로써 범주로서의 순수개념의 문제로 전환되어 초월적인 것으로 나아가는 구명은, 비록 초월론적-논리적 구명이긴 하나 여하튼 논리적 구명이란 성격을 갖게 된다.

결국 서구 형이상학에서 로고스와 라치오(Ratio)가 차지하는 의미에 상응하여 로고스와 라치오에 논의의 방향을 설정하는 방법은 서구 형이상학을 정초하는 작업에서 처음부터 우위를 차지한다. 이러한 우위는 형이상학의 정초작업을 『순수이성비판』으로 규정할 때 표현된다.

이 모든 논의에 덧붙여 말하자면, 칸트는 자신의 분석론을 통해 비로소 드러났던 "인간 인식의 매우 혼합된 조직"[66]을 건축학적으로 지배하고 서술하기 위해 확고한 규율구조가 필요했는데, 새롭게 창조되어야 할 순수인식의 논리학은 이러한 구조를 형식논리학으로부터 가장 일찍이 얻어낼 수 있었다.

그러므로 『순수이성비판』에서 "논리학"의 이러한 갖가지 지배가

---

66) A 85, B 117.

아무리 자명하다 하더라도, 존재론을 정초하는 더욱 광범위하며 결정적인 단계들에 관한 다음의 해석은 표면적인 문제-계열과 문제-각인의 건축술을 철저히 관통해서, 칸트가 비로소 그렇게 서술하였던 논점의 내적인 특징을 선명히 밝혀내야 한다.

정초작업의 세번째 단계 : 존재론적 종합의 본질적 통일성의 내적 가능성

존재론적 인식의 본질적 통일성에 관한 물음에 대해 표면상 확고한 답변은, 이러한 통일성을 더욱 자세히 규정함에 따라 전진적으로 그러한 합일의 가능성의 문제로 해체된다. 순수종합 안에서 순수직관과 순수사유는 선험적으로 서로 마주칠 수 있어야 한다.

그러한 합일의 과제를 충족하기 위해 순수종합 자체는 무엇으로, 또 어떻게 존재해야 하는가? 지금 필요한 작업은, 이를테면 순수종합이 시간과 순수지성 개념을 합일할 수 있는 방식을 내보이고 있다라는 관점에서 순수종합을 제시하는 작업이다. 존재론적 인식의 본질적 통일성의 근원적 형성을 제시하는 것이, 칸트가 "범주들의 초월론적 연역"(Transzendentale Deduktion der Kategorien)이라 명명한 그것의 의미며 과제다.

그러므로 "연역"의 근본의도가 순수종합의 근본구조를 분석적으로 개시함에 있다면, 연역을 "권리의 문제"로 서술해서는 연역의 진정한 내용이 표현될 수 없다. 따라서 권리의 문제는 이 중요한 칸트의 학설을 해석하는 실마리로는 처음부터 채용되지 말아야 한다. 초월론적 연역의 법률적 정식의 동기와 영향력의 범위는 오히려 그 역으로 초월론적 연역의 본래적인 문제 경향으로부터 설명되어야 한다.

이후에 내세울 몇 가지 이유들로 말미암아[67], 여기서의 해석은 오

---

67) 이 책의 제31절, 236쪽 이하 참고.

로지 '초판'에서의 초월론적 연역만을 집중적으로 논의하기로 한다. 칸트는 초월론적 연역의 "난해함"을 거듭 강조하며 그것의 "모호함"을 "시정하려고" 노력한다. 그런데 그 문제의 내용 자체에서 점점 더 심각하게 드러나는 여러 관련들의 잡다함과 뒤얽힘은, 칸트가 연역의 유일한 단초에 만족하여 연역을 수행하는 유일한 길에 안주할 수 없도록 처음부터 방해한다. 그러나 칸트는 필사의 연구 끝에 스스로 연역을 수행하는 다중적인 모습을 언제나 보여준다. 초월론적 연역이 어떤 목표를 향해 노력하는가의 여부는 연역의 도상에서 이따금씩 갑자기 명확하게 보이기도 하며 언급되기도 한다. 그리고 분석적 개현작업을 통해 비로소 서술되어야 할 것이 단지 "잠정적인 회상 대목"에서 미리 발설된다. 연역 문제의 내적인 잡다함으로 인해 또한 야기되는 사태는, 명확한 설명이 특히나 어려운 여러 연관들이 때로는 너무 강조되어 다루어지며, 그로써 그것들의 실질적 유의의성을 그에 상응하여 극단화하도록 유혹한다는 점이다. 이러한 점은 순수인식의 본질적 통일성 전체에서 순수사유를 구명할 때 특히 적용된다.

　이후의 해석은 초월론적 연역의 뒤얽힌 좁다란 길들을 개별적으로 거닐지 말고, 오히려 그 논점의 근원적 특징을 파헤쳐 드러내야 한다. 덧붙여 이 해석의 첫번째 요구사항은 초월론적 연역의 본래적 목표를 형이상학의 정초작업의 주도적 문제를 고려하면서 충분히 부각하는 것이다.

제16절 초월론적 연역의 근본의도인
유한한 이성의 초월에 대한 해명

　유한한 인식자가 자기 자신이 아닌 또한 자신이 창조하지도 않은 존재자에 대해 태도를 취할 수 있는 경우는, 이미 눈앞에 있는 존재자가 자발적으로 유한자를 만날 수 있을 때뿐이다. 그렇지만 이러한 존재자를 존재하고 있는 바로 그 존재자로서 만날 수 있기 위해서는, 그 존재자가 처음부터 이미 여하튼 존재자로서, 즉 그것의 존재틀과 관련해서 "인식되어" 있어야 한다. 여기에 담긴 뜻은 이렇다. 존재론적—여기서는 언제나 전(前)존재론적—인식은 유한자 일반에 대해 존재자와 같은 어떤 것 자체가 마주 설 수 있는 가능조건이다. 유한자는 ……을 마주 서게 하면서 거기로 지향할 수 있는 이러한 근본능력을 필요로 한다. 이러한 근원적 지향을 통해 유한자 일반은 자신에게 어떤 것이 "대응"할 수 있는 하나의 놀이공간을 비로소 자기 앞에 보유한다. 이러한 놀이공간 안에 처음부터 체류하고 있음, 즉 이러한 놀이공간을 근원적으로 형성함, 이것이 바로 존재자에 대한 모든 유한한 태도를 특징짓는 초월이다. 그런데 존재론적 인식의 가능성은 순수종합에 근거하며, 게다가 존재론적 인식이 바로 ……을 마주 서게 함을 형성한다면, 순수종합은 초월의 내적인 본질구조의 합일적 전체를 접합하고 떠받쳐주는 것으로서 드러나야 한다. 순수종합의 이러한 접합구조에 대한 해명을 통해 이성의 유한성의 가장 내적인 본질은 개현된다.

유한한 인식은 수용적 직관이다. 수용적 직관으로서의 유한한 인식은 규정하는 사유를 필요로 한다. 따라서 순수사유는 직관이 모든 인식에서 차지하는 우위를 손상하지 않고서도, 또한 그뿐 아니라 바로 그런 우위 때문에, 존재론적 인식의 통일성의 문제에서 중심적 의의를 자기의 몫으로 요구한다.

순수사유는 그 직무상 어떤 본질적인 봉사의 역할을 맡는가? 초월의 본질적 구조를 가능케 하는 과정내에서 순수사유는 무엇에 기여하는가? 바로 이러한 물음이, 즉 표면상으로는 다시 고립되어 있는 순수사유의 본질에 관한 이러한 물음이, 본질적 통일성의 문제의 가장 내적인 핵심으로 나아가야 한다.

칸트는 "범주들의 초월론적 연역으로의 이행(移行)"[68]이란 절에
서, 앞서 명료하게 파악된 바 있는 우리의 표상활동의 유한성과 그
리고 특히 순수하게 인식하는 표상활동의 유한성을 지적하는데, 이
것은 결코 우연이 아니다. "왜냐하면 여기서는 의지를 매개로 한 표
상활동의 인과성이 결코 언급되지 않기 때문이다." 물음은 오히려
이것이다. 표상활동은 자신이 태도를 취하는 존재자에 관련해서 스
스로의 힘으로 어떤 작용을 미칠 수 있는가? 칸트는 "표상 그 자체
는" "자신의 대상을 현존적으로는 산출하지 못한다"라고 말한다. 우
리의 인식은 존재자를 창조하지 못한다. 즉 존재자를 자발적으로
자기 앞에 세워놓을 수 없다. 칸트는 초월론적 연역을 구명하는 한
복판에서 이렇게 강조한다. 즉 "우리는 우리의 인식 밖에서는, 이러
한 인식에 대응하는 것으로서 대립시킬 수 있는 아무런 것도 가지
고 있지 않다."[69]

따라서 우리의 인식이 유한한 인식으로서 수용적 직관이어야 한
다면, 이러한 사실을 단지 시인하는 것만으로는 충분하지 않고 오
히려 이제 다음의 문제가 새로이 제기된다. 존재자를 수용하는 활
동은 결코 자명하지 않은데, 존재자를 이처럼 수용하는 활동의 가
능성에는 도대체 무엇이 필연적으로 속해 있는가?

하지만 존재자가 자발적으로 우리를 만날 수 있다라는, 즉 대립
자로서 자신을 내보일 수 있다라는 사실은 명백하다. 그러나 우리
가 존재자의 전재성(前在性)을 장악하지 못하고 있다면, 실로 존재
자를 수용해야 하는 우리의 의존성은, 존재자에게 처음부터 언제나
마주 설 수 있는 가능성이 주어지기를 요구한다.

오직 ……을 맞세우는[대립화하는] 능력을 통해서만, 즉 순수
대응을 비로소 형성하는 ……으로의 지향을 통해서만 수용적 직관

<hr>

68) A 92 이하, B 124 이하.
69) A 104.

활동은 실현될 수 있다. 이때 우리가 우리의 힘으로 마주 서게 하는 그것은 무엇인가? 그것은 존재자일 수 없다. 존재자가 아니라면 바로 무(無)다. ……의 대립화가 무(無)로의 진입일 때만, 더욱이 [그 안에서] 존재자와 같은 것이 자신을 직접 경험적으로 내보인다면, 표상활동은 무(無) 대신에 그리고 무(無) 안에서 '무(無)가 아닌 것'을, 즉 존재자와 같은 어떤 것을 자신과 만나게 할 수 있다. 물론 이러한 무(無)는 절대적 무(無)가 아니다. 이러한 ……의 대립화가 과연 어떤 상황에 있는가를 구명하는 작업이 필요하다.

칸트에서처럼 그토록 분명히 유한성이 초월의 단초로 설정되어 있다면, 소위 "주관적 관념론"을 피하기 위해, 실로 오늘날 너무도 떠들썩하고 너무도 경박한 문제이해와 더불어 선전되는 그러한 "객관으로의 전환"은 애당초 필요하지도 않다. 아마도 유한성의 본질은 객관을 향한 선행적인 정향(定向)의 가능성을 위한 조건들에 관한 물음으로, 즉 대상 일반을 향한 필연적인 존재론적 지향의 본질에 관한 물음으로 불가피하게 육박한다. 그래서 칸트는 초월론적 연역에서, 즉 존재론적 인식의 내적 가능성을 해명하는 과제와의 연관에서 결정적인 물음을, 그것도 더욱이 첫번째 물음으로서 제기한다.

"그리고 여기에서는 표상들의 대상이란 표현이 어떤 의미인가에 관해 이해하는 것이 실로 필요하다."[70] 순수한 대립화 안에 마주 서 있는 바로 그것이 어떤 특성을 지니는가를 탐구하는 작업이 필요하다. "모든 인식과 그것의 대상의 연관에 관한 우리의 사유는 어떤 필연성을 수반한다. 그 까닭은, 즉 이러한 대상은 우리의 인식들이 닥치는 대로 혹은 임의에 따라 규정되지 않고, 오히려 어떤 방식에 따라 선험적으로 규정되도록 ……하는 저항적인 것으로 간주되기

---

70) A 104.

때문이다."[71] 대립화 그 자체에서 "저항적인 것"이 표명된다.

칸트는 이러한 저항성을 논구할 때는 직접적인 실상을 증거로 끌어들인다. 그는 이러한 저항성의 고유한 구조를 좀더 자세하게 특징지으려는 시도를 단념하지 않는다. 우리는 다음의 점을 충분히 고려했다. 여기에서 관건이 되는 것은 존재자에서의 저항성격이나 혹은 가령 감각들의 쇄도가 결코 아니라, 오히려 존재의 선행적 저항성이다. 대상들의 대상적 성격은 강요성("필연성")을 "수반한다". 이러한 강요성 때문에 우리와 만나는 것 모두는 처음부터 [대상들의 대상적 성격을 향해] 모두 일치하도록 강제되며, 또한 이러한 일치와 관련해서 그것들은 서로 일치하지 않는 것으로서도 비로소 판명될 수 있다. 따라서 통일성을 향한 이같은 선행적인 지속적 수렴에는 통일성이 이미 보유되어 있다. 그런데 표상하면서 합일하는 통일성을 표상하는 활동은, 칸트가 개념이라 명명하는 저 유형의 표상들의 본질이다. 개념은 통일성을 표상한다는 의미에서 "의식"이라 불리게 된다.[72] 그러므로 ……의 대립화는 "근원적 개념"이며, 개념적 표상활동이 지성에 귀속하는 한 지성의 근원적 행위이기도 하다.

지성은 완결된 전체로서, 다양한 합일의 방식들을 자기 안에 간직하고 있다. 따라서 순수지성은 ……을 대립화하는 능력으로서 드러난다. 전체로서의 지성은 마구잡이에 저항하는 요소를 처음부터 미리 부여한다. 통일성을 근원적으로 표상하고 있는, 더욱이 합일자로서의 지성은 모든 가능한 집약을 처음부터 규제하는 구속성을 스스로 자신에게 표상한다. "그런데 어떤 다양을 (따라서 하나의 유형에 따라) 정립할 수 있도록 하는 보편적 조건의 표상은 규칙이라 불린다."[73] 개념은 "제아무리 불완전하고 모호하더라도," "그 형식

---

71) A 104
72) A 103 이하.

상 언제나 보편적인 것이며 또한 규칙으로 쓰이는 것이다."[74]a

그런데 순수개념들(반성개념들)은 그러한 규제적 통일성들을 유일한 내용으로 갖는 개념들이다. 순수개념들은 단지 규칙으로 쓰일 뿐 아니라, 또한 순수한 표상활동으로서 규칙적인 것을 비로소 그리고 처음부터 부여한다. 그러므로 칸트는 대립화의 해명과 연관해서 지성의 좀더 근원적인 개념을 비로소 획득한다. "이제 우리는 지성을 규칙의 능력으로 특징지을 수 있다. 이러한 특징 서술은 더욱 유용한 것이며, 그리고 지성의 본질에 더욱 가까이 접근한다."[75]

이제 지성이 바로 대립화를 가능케 해야 한다면, 즉 "직관"이 그때마다 제시할 모든 것을 지성이 처음부터 규제할 수 있다면, 지성은 최상의 능력으로 설명되는 것이 아닌가? 이 경우에는 노예가 주인으로 변모한 것이 아닐까? 그렇다면 지금까지 부단히 지성의 본질로서, 그리고 그 유한성의 본래적 지표로서 진술되었던 지성의 봉사적 위치는 어떻게 되는가? 지성을 규칙들의 능력으로 해석하는 칸트의 설명이 지성의 본질에 더 가까이 접근해야 한다면, 칸트는 초월론적 연역의 중심적 논점의 한복판에서 지성의 유한성을 망각해버렸는가?

그러나 이성의 유한성이 형이상학 일반의 가능성 문제 전체를 환기하고 규정하며 떠받쳐주는 한, 이러한 요구 자체가 불가능하다면, 지금 드러난 지성의 지배적 위치는 그것의 봉사적 위치와 어떻게 일치할 수 있는가? 통일성의 규칙들을 대립케 하는 활동인 지성의

---

73) A 113.
74) A 106.
75) A 126.

a. 규칙에 관해서는 두이부르크(Duiburg)의 유고 $10.^{30}$을 참고할 것. [두이부르크의 유고와 1775년경의 칸트의 비판주의. Hg. Th. Haering. Tübingen 1910.]

지배와 발전적 전개는 근본적으로 봉사의 역할에 불과한가? 지성은 대립케 하는 활동을 통해 바로 유한자의 가장 근원적인 곤궁함을 폭로하기 때문에, 자신의 유한성을 가장 심오하게 누설하는 봉사의 직무를 다하는 것인가?

사실상 지성은 유한성에서의 최고 능력, 즉 가장 유한한 것이다. 상황이 이러하다면, 바로 순수지성의 근원적 행위인 대립화 속에서 직관에 대한 순수지성의 의존성은 가장 날카롭게 밝혀져야 한다. 물론 이러한 직관은 경험적 직관일 수 없고 오히려 순수직관이어야 한다.

순수지성이 지성으로서 순수직관의 노예인 한에서만, 순수지성은 경험적 직관의 주인으로 남을 수 있다.

그러나 순수직관 자체는 그리고 바로 순수직관은 거듭 말하거니와 유한한 본질을 지니고 있다. 순수직관과 순수사유의 본질적인 구조적 통일이 비로소 이 양자를 그것들의 완전한 유한성으로 이끌어간다. 이러한 완전한 유한성이 앞서 초월이라 표명되었다. 그렇지만 순수종합이 순수인식의 요소들을 근원적으로 합일한다면, 순수종합의 완전한 종합적 구조를 개현하는 작업은 오로지 초월론적 연역의 목표로만, 즉 초월의 해명으로만 나아가는 그러한 과제로서 이해되어야 한다.

제17절 초월론적 연역의 두 가지 길

존재론적 인식의 논점을 규정함으로써 초월론적 연역의 의미가 밝혀졌다. 초월론적 연역은 순수종합의 구조 전체를 해체하면서 개현하는 작업이다. 초월론적 연역에 관한 이러한 해석은 우선 그것의 낱말 개념과는 거의 일치하지 않는다. 더욱이 이러한 해석은 연역의 의미에 관한 칸트의 고유한 명백한 설명과도 모순되는 듯이 보인다. 그렇지만 이에 대해 어떤 결정을 내리기에 앞서, 초월론적 연역은 우선 그 수행과정에서 재실현되어야 하며, 그렇게 함으로써 구체적으로 명시되어야 한다. 이때 우리의 해석은 칸트가 연역을 "[전체와의] 연관에서" 표상하는[76] "순수지성 개념들의 연역" 중 "3절"[77]에 집중된다.

이 절의 제목은, 존재론적 인식의 내적 가능성의 문제가 바로 초월을 개현하는 작업임을 명백히 표현한다. 이 제목에 따르면, 연역은 "지성과 대상들 일반의 관계 및 대상들 일반의 선험적 인식가능성에 관해" 다루고 있다. 그리고 이런 칸트의 연역이 취하는 이중적인 행로를 이해하기 위해선 연역의 과제가 새롭게 회상되어야 한다.

선행적으로 자신을 지향하는 대립화를 근거로 해서만, 존재자는 유한자에게 도달될 수 있다. 이러한 대립화는 우리가 만나게 될 가능적 존재자를 처음부터 가능적 공속의 통일지평 안으로 받아들인다. 이러한 선험적 합일적 통일성은 우리가 만나게 될 존재자를 마주 향해 그것을 선취해야 한다. 그러나 우리가 만나게 될 존재자 자신은 순수직관 안에 앞서 보유된 시간의 지평을 통해 처음부터 이미 포괄되어 있다. 따라서 순수지성의 선취적이고 합일적인 통일성은 또한 순수직관과도 미리 합일되어야 한다.

순수직관과 순수지성의 이러한 선험적이며 합일적인 전체는 [……을] 대립케 하는 놀이공간을 "형성한다". 그리고 놀이공간 안에 들어서야 모든 존재자는 유한자를 만날 수 있다. 초월의 이러한 전체[지평]를 주시하면서, 순수지성과 순수직관이 선험적으로 서로에게 의존해 있는 방식과 동시에 그러한 사실을 제시하는 작업이 요망된다.

초월의 내적 가능성에 관한 이러한 증명은 명백히 두 가지 길을

---

76) A 115.
77) A 115~128.

따라 실현될 수 있다.

첫번째, [연역의] 서술은 순수지성에서 시작하여 그것의 본질을 해명함으로써 시간에 대한 가장 내적인 의존성을 밝혀낸다. 이 첫번째 길은 말하자면 "위에서부터", 즉 지성에서 출발해서 직관으로 내려간다(A 116~120).

두번째 길은 "아래로부터"[78], 즉 직관에서 출발해서 순수지성으로 올라간다(A 120~128).

"필연적으로 연관되어야"[79] 할 "두 극단을, 즉 감성과 지성을" 개현하는 작업은 두 가지 길을 따라 수행된다. 이때 본질적인 것은, 예를 들어 두 능력간의 단선적으로 사유된 결합이 아니라, 오히려 이 두 능력의 본질적 통일성에 대한 구조적 해명이다. 결정적으로 중요하게 부각되는 것은, 이 두 능력이 도대체 연관을 맺을 수 있는 그 장소다. 이러한 합일적 중앙은 두 가지의 길을 따라 그때마다 관통되어야 하며, 따라서 그 자체로서 밝혀져야 한다. 양극단간을 이처럼 오르내리는 가운데 순수종합이 개현된다. 연역의 이러한 이중적 행로는 지금은 물론 그 근본특징들에서만 서술되어야 한다.

a) 첫번째 길

순수직관과 순수지성의 매개적 통일성인 순수종합이 중간자로서 드러나기 위해서는, 순수직관에 대한 순수지성의 필연적 의존성이 개현되어야 한다. 이를 위해서는 순수종합과 순수직관에 대한 순수지성의 의존성이 순수지성의 구조에 입각해 가시화될 수 있도록 순수지성이 첫번째 길의 출발점으로서 폭넓게 해명돼야 한다.

따라서 "연역"은 앞서 언급된 지성과 순수종합 및 순수직관의 연관들을 연역 논리적으로 개시하는 작업과는 전혀 다르다. 연역은

---

78) A 119.
79) A 124.

오히려 그 단초에서부터 순수하고 유한한 인식 전체를 주시한다. 그렇게 간파된 것을 고수하는 가운데, 전체를 접합하는 각 구조관련들을 분명히 돈보이게 하려는 작업은 한 요소로부터 다른 요소로 전진한다. 초월의 유한성을 시종일관 앞서 주시하지 않는다면, 초월론적 연역의 각 명제는 이해불가능한 것으로 남게 된다.

대립을 가능케 하는 저항적 성격은 통일성을 앞서 보유하고 있다 라는 사실에서 표명된다. 통일성을 이처럼 표상하는 활동에서 표상활동은 통일성에 스스로를 구속하는 자로서, 또한 더욱이 통일성을 순수하게 표상하는 행위에서 스스로를 관철하는 자기동일자로서 드러난다.[80] 통일성을 표상하는 자가 그 자체로서 존재하고, 이러한 자에 대해 합일적 통일성이 규제적 통일성으로서 대비된다라는 사실이 드러날 경우에만, 이러한 표상활동에 어떤 것이 맞서 다가올 수 있다. 이러한 자기지향에서만 우리가 만나게 될 존재자는 "우리와 어떤 관계를 맺을"[81] 수 있다.

통일성을 표상하는 활동은 순수사유로서, 필연적으로 "나는 생각한다"라는 성격을 갖고 있다. 순수개념은 통일성 일반에 관한 의식으로서, 필연적으로 순수한 자기의식이다. 통일성에 관한 이러한 순수의식은 단지 때때로 또한 사실적으로 실현되는 것이 아니라, 오히려 항상 가능해야 한다. 그것은 본질적으로 "나는 능력이 있다"이다. "이러한 근원적이고 불변적인 순수의식을 나는 초월적 통각이라 명명하고자 한다."[82] 통일성을 마주 세우는 표상활동은 "하나의 능력인"[83] 이러한 통각에 근거한다. 왜냐하면 만약 [통일성으로의] 구속이 본질적으로 자유로운 태도와의 관련에서만 가능하다면, "나

---

80) A 108.
81) A 116.
82) A 107.
83) A 117의 주(칸트에 의해 강조되었음).

는 생각한다"는 단지 부단히 자유로운 "나는 할 수 있다"로서 존재
할 경우에만 통일성의 저항적 성격을 자신에게 대립시킬 수 있기
때문이다. 순수지성은 통일성을 근원적으로 자기 앞에 보유하고 있
는 가운데 초월적 통각으로서 행위한다.

그런데 초월적 통각에 의해 앞서 보유된 통일성에서는 무엇이 표
상되는가? 가령 원본적 직관이 직관하듯이 존재자 전체가 동시에
표상되는가? 그러나 이러한 순수사유는 실로 유한한 것이며, 또한
그러한 것이기에 여하튼 자발적으로 자신의 표상활동을 통해서는
존재자를 자신에게 대립시킬 수 없고, 하물며 존재자 전체를 동시
에 그것의 통일성 안에서 대립시킬 수도 없다. 표상된 통일성은 우
리가 만나게 될 존재자를 실로 비로소 기대한다. 즉 이처럼 존재자
를 기대하는 것으로서의 통일성은 서로 자신을 내보이는 대상들과
의 만남을 가능케 한다. 이러한 통일성은 비-존재적[존재론적] 통
일성으로서, 그때마다 아직 합일되지 않았던 것을 합일하려는 본질
적 경향을 자체 안에 담지한다. 따라서 칸트는 초월적 통각을 해명
한 이후, 그 안에서 표상된 통일성에 관해 이렇게 말한다. 그러한
통일성은 "종합을 전제하거나 혹은 종합을 포함한다."[84]

칸트는 여기에서, 즉 통일성과 합일적 종합의 구조관계의 일목요
연한 규정에서 분명히 동요한다. 어떤 경우에든 합일적 종합은 본
질적이고 필연적으로 통일성에 귀속한다. 통일성은 본래부터 합일
적이다. 여기에 담긴 뜻은 이렇다. 통일성을 표상하는 활동은 합일
활동으로 실현되며, 합일활동의 구조전체성이 가능하기 위해서는
통일성을 앞서 보유할 것이 요구된다. 칸트는, 초월적 통각은 종합
을 "전제한다"라고 결연히 말한다.

그런데 이미 정초작업의 두번째 단계에서 밝혀진 바와 같이, 모

---

84) A 118.

든 종합은 상상력에 의해 성취된다. 따라서 초월적 통각은 순수상 상력과 본질적으로 관련된다. 순수상상력은 순수한 것으로서, 경험 적으로 앞서 주어진 것을 표-상할 수는 없다. 그것에 대해 순수상 상력은 단지 재생적일 뿐일 것이다. 오히려 순수상상력은 순수상상 력으로서, 필연적으로 선험적인 차원에서 형성활동을 하고 있다. 즉 순수 생산적이다. 순수 생산적 상상력을 칸트는 "초월적" 상상력이 라고도 명명한다. "그러므로 통각에 앞서(vor) 상상력의 순수 (생 산적) 종합의 필연적인 통일의 원리는 모든 인식의, 특히 경험의 가능근거다."[85]

여기에서 "통각에 앞서"라는 표현은 무엇을 의미하는가? 순수인 식의 가능성을 근거짓는 순서에서 순수종합이 초월적 통각에 앞서 있다라는 사실을 칸트는 의미하고자 한 것인가? 이러한 해석은, 통 각이 순수종합을 "전제한다"라는 위의 진술과 합치할 것이다.

혹은 "앞서"라는 표현은 다른 어떤 것을 의미하는가? 칸트는 사 실상 "앞서"라는 표현을 그 문장 전체에 비로소 결정적인 구조적 의미를 부여하는 취지에서 사용한다. 이 결과 이 표현 안에는 처음 시도되었던 해석까지 동시에 몽땅 포괄된다. 칸트는 "전혀 다른 직 관 앞에 있는(vor) 대상에 관하여"[86]라는 표현을 언급한 바 있다. [그런데] 이 구절에서 "……앞에 있는"(vor)이란 표현을 "……을 위한"(für)이란 표현으로 대체하는 것은 불필요할 뿐 아니라 동시 에 그 뜻을 약화시키기도 한다. [칸트는 『순수이성비판』의 재판에 서 vor라는 표현을 für라는 표현으로 대체하는데, 하이데거는 이를 지적한 것이다.] 특히 이것은, 칸트가 마찬가지의 의미에서 사용한 바 있는 라틴어 표현인 coram intuitu intellectuali(지성적 직관 앞

---

85) 같은 곳.
86) A 287, B 343 이하. 『비판에 대한 부록』(칸트의 유고에서 에르드만이 원 고를 추려내어 발간하였음), 1881, 45쪽 참고.

에 있는)를 회상해보면⁸⁷⁾ 그렇다. 만약 우리가 인용된 문장에서
"vor"라는 표현을 "coram"으로 파악한다면, 초월적 통각과 순수상
상력의 구조적 통일성의 성격이 비로소 밝혀진다. 이러한 성격에
따르면, 통일성을 표상하는 활동은 본질적으로 자기 앞에서 합일적
통일성을 주목한다. 즉 그러한 표상활동은 그 자체가 합일적 표상
활동이다.

순수종합은 그러나 선험적으로 합일해야 한다. 순수종합이 합일
하는 것은, 그것을 위해 선험적으로 주어져 있어야 한다. 그런데 본
래부터 순수하게 수용하면서 부여하는 보편적 직관은 시간이다. 따
라서 순수상상력은 본질적으로 시간에 연관되어야 한다. 단지 그러
할 경우에만 순수상상력은 초월적 통각과 시간 사이의 매개자로서
개현된다.

따라서 칸트는 초월론적 연역의 모든 구명에 앞서, "이후의 논의
에 철저히 그 근거가 되어야 할" "일반적 주석"⁸⁸⁾을 덧붙인다. 이
주석에 따르면, "심성의" 모든 "변양들은 ……시간에 종속"하며,
"시간 안에서 남김없이 정돈되고 결합되어 관계를 맺을 수 있어야
한다."⁸⁹⁾ [그런데] 칸트가 연역의 첫번째 길과 두번째 길 어디에서
건 시간에 대한 순수상상력의 선험적이고 본질적인 연관성을 더욱
철저히, 또한 분명하게 구명하지 않는다는 사실이, 우선은 우리의
이목을 끌 수도 있다. 전체적인 분석은 오히려 상상력의 순수종합
에 대한 순수지성의 본질적 연관성을 가시화하는 작업에 집중된다.
왜냐하면 이러한 연관성을 통해 실로 순수지성의 가장 고유한 본질
이, 즉 그 유한성이 가장 명확하게 표현되기 때문이다. 순수지성은
순수상상력을 "전제하거나 혹은 포함하는" 한에서만 지성이다. "상

87) A 249.
88) A 99.
89) 같은 곳.

상력의 종합과 연관된 통각의 통일성이 지성이다. 그리고 상상력의 초월적 종합과 관련된 통각의 바로 동일한 통일성이 순수지성이다."[90]

b) 두번째 길

순수지성에 대한 순수직관의 필연적 의존성, 즉 양자의 매개적 통일성인 순수종합이 매개자로서 드러나야 한다. 따라서 두번째 길은 다음의 언명으로 시작된다. "이제 우리는 아래로부터, 즉 경험적인 것으로부터 출발함으로써, 범주들을 매개로 한 지성과 현상들 간의 필연적 연관을 주목하고자 한다."[91]

유한한 인식의 수용성의 순수조건을 분명하게 논구하는 작업이 임박한 듯 보이는 이곳에서조차도, 칸트는 순수직관(시간)에 대한 구명에 머무르지 않고, 오히려 "감관"은 물론 수용적이긴 하되 그러나 감관 자체에는 우리가 만나게 될 존재자의 결합성 따위는 "간직되어 있을 수 없다"라는 사실에 대한 증명으로 즉각 이행한다. 그렇지만 이러한 결합성은 유한한 인식활동에서 반드시 경험될 수 있어야 하는데, 그 까닭은 유한자는 존재자를 결코 동시적 전체로서 간직하지 못하고, 오히려 칸트가 여기에서 분명히 말하듯, 우리가 만나게 될 존재자가 "분산된 채 또한 개별적으로 [인간에게] 닥쳐 오기"[92] 때문이다. [인간에게] 도달하는 존재자가 결합성을 지닌 것으로서 [인간을] 만날 수 있기 위해서는, 처음부터 "결합"과 같은 것이 반드시 이해되어 있어야 한다. 처음부터 결합을 표-상한다는 것은 관계 일반과 같은 것을 비로소 표상하면서 형성한다는 것을 의미한다. 그런데 이러한——관계들을 비로소 "형성하는"——힘은 순수상상력이다.

---

90) A 119.
91) A 119.
92) A 120.

여하튼 결합이 이루어질 수 있고 동시에 결합이 형성될 수 있는 장소는, "일반적 주석"[93]에 따르면 순수 보편적 직관인 시간이다. 자신에게 대립된 결합성 안에서 자신을 내보일 수 있어야 하는 존재자와의 만남은, 본질적으로 시간에 연관된 순수상상력에 근거해야 한다. 일정한 관계들을 순수하게 형성하는 가운데 순수상상력은 규제적 합일성을, 즉 우리가 만나게 될 존재자가 닥치는 대로 수용되는 것에 처음부터 저항하는 그러한 규제적 합일성을 앞서 부여한다. 이 규제적 결속의 지평은 현상들의 순수 "친화성"을 포함한다. "따라서 상상력의 이러한 초월적 기능을 매개로 해서만 현상들의 친화성조차 …… 가능케 된다는 사실은, 물론 의아하기는 하지만 이제까지의 논의에 비춰볼 때 분명한 사실이다."[94]

그렇지만 모든 결합활동은, 더 더욱 합일 일반을 순수하게 형성하는 활동은, 통일성을 선행적으로 표상하는 활동을 구조적으로 자신 안에 포함한다. 통일성을 선행적으로 표상하는 활동은, 순수종합이 선험적으로 행위해야 한다면, 그 자체 역시 선험적이어야 한다. 즉 통일성을 이처럼 표상하는 활동은, 불변의 일자이자 동일자로서, 통일성들을 형성하는 모든 활동들에게 지속적으로 속해 있어야 한다. 이러한 "지속적이며 항존적인" 자기(自己)가 초월적 통각이란 자아(自我)다. 모든 경험적 직관에는 시간이 속해 있듯이, 그 동일한 경험적 직관에는, 즉 존재자의 독자적 질서를 지닌 존재자와의 만남에는 초월적 상상력에 의한 친화성의 선행적 형성까지도 속해 있다. 그러나 존재자를 수용하는 활동이 순수지향에 의해, 즉 …… 의 대립화에 의해 떠받쳐질 수 있어야 한다면, 초월적 상상력에는 "순수통각이 덧붙혀져야 한다."[95]

---

93) A 99.
94) A 123.
95) A 124.

그런데 첫번째 길에서 지적했듯이, 순수상상력의 본질적 매개를 통해 순수직관에 덧붙혀져야 할 초월적 통각은 그 자체가 독자적으로도 고립적으로도 존재하지 않는다. 그리고 단지 순수상상력이 그 것을 부수적으로 필요로 한다는 이유만으로 순수상상력에 첨가되지도 않는다. 오히려 실로 이 초월적 통각 그 자체는 통일성을 표상하는 활동으로서, 합일활동에서 형성되는 통일성을 이미 준비하고 있어야 한다. 그러므로 두번째 길에서도 모든 논의의 초점은, 초월적 상상력을 매개자로서 등장하게끔 하는 작업이다. "그러므로 우리는 모든 선험적 인식의 근저에 있는 인간 영혼의 근본능력으로서 순수상상력을 가지고 있다. 순수상상력을 매개로 하여 우리는 한편으로는 직관의 다양을 [결합하며], 그리고 다른 한편으로는 [이 결합된 다양을] 순수통각의 가장 필연적인 통일성의 조건과 결합한다."[96]

순수직관, 순수상상력, 순수통각의 삼중성은 이제는 결코 더 이상 능력들의 병립이 아니다. 초월론적 연역은 순수종합의 매개적 형성 활동을 개현함으로써 순수인식의 본질적 통일성의 내적 가능성을 밝혀놓았다. 순수인식은 ……의 순수대립화를 형성하며, 이로써 대상성 일반의 지평과 같은 어떤 것을 비로소 드러낸다. 그리고 순수인식은 이러한 방식으로서 유한자에게 필연적인 놀이공간을, 즉 "그 안에서 존재나 비존재의 모든 관계가 발생하는"[97] 그러한 놀이공간을 비로소 활짝 열어주기 때문에, 존재론적 인식이라고 불려야 한다.

그런데 유한성은 지성을 통해 탁월하게 드러나기 때문에, 지성은

96) A 124. 에르드만(Erdmann)과 릴(Riehl)은 이 인용문에서 "그리고"(und) 라는 표현을 삭제할 것을 제안한다. 그러나 이러한 삭제는 언어적으로 아 마도 엄격한 칸트의 서술로부터 실로 그 결정적 의미를 빼앗는 꼴이 된다. 그 결정적 의미에 따르면, 초월적 상상력은 일단 순수직관 그 자체를 스스 로 합일하며, 그리고 이 순수직관을 순수통각과 합일한다.

97) A 110.

연역에서 특별한 역할을 담당한다. 그러나 실로 지성으로부터 출발하는 혹은 지성을 향해 나아가는 두 가지의 길, 그 모두에서 지성은 자신의 우위를 포기한다. 그리고 시간에 연관된 초월적 상상력의 순수종합에 근거해야 한다는 자신의 본질에 맞게 이러한 과제를 통해 자신을 스스로 표명한다.

제18절 초월론적 연역의 외형

초월을 "명시하는 작업"인 초월론적 연역이 "권리의 문제"라는 형식을 취하게 된 동기는 무엇인가? 이런 "법률적" 물음제기는 물론 초월론적 연역의 첫 도입부에서만 출현할 뿐, 그 수행과정에서는 전면에 떠오르지 않는다. 그러나 여하튼 이러한 "법률적" 물음제기의 정당성은 어디에 존립하며, 또 그 한계들은 어디에 있는가?

칸트는 "연역"을 직관과 구분되는 철학적 어의(語意)[98]에서가 아니라, 오히려 마치 "법률학 교수"가 그 표현을 이해하듯 사용한다. 소송사건에서 "권한들"은 유효화되며, "월권들"은 각하된다. 이를 위해서는 이중적인 것이 필요하다. 일단은 사실내용과 논쟁대상의 확정이며(사실의 문제), 그리고 나서는 근거지어진 권한으로서 적법하게 존립하는 것의 제시다(권리의 문제). 권한의 적법한 가능성의 제시를 법률가들은 "연역"이라 명명한다.

그런데 왜 칸트는 형이상학의 가능성의 문제를 그러한 법률가적 연역의 과제로 형식화하는가? 존재론의 내적 가능성의 문제에는 "소송사건"이 근저에 놓여 있는가?

어떻게 일반형이상학(존재론)의 가능성에 관한 물음이 칸트에게

---

98) 데카르트, 『정신지도를 위한 제 규칙』(아담과 탄네리에 의해 간행됨), X 번, 368쪽 이하.

서는 전승된 특수형이상학의 가능성에 관한 물음으로부터 비롯되는
가는, 앞서 지적된 바 있다.[99] 전승된 특수형이상학은 초감성적 존
재자를 이성적으로 (순전한 개념들로부터) 인식하고자 한다. 순수
개념들(범주들)에는 선험적인 존재적 인식의 월권이 담겨 있다. 순
수개념들은 이러한 권한에 대해 적법성을 지니는가, 혹은 그렇지
않은가?

"그 궁극적 목표를 지닌" 전승된 형이상학과 그것의 고유한 가능
성에 관련해 벌이는 대결은 하나의 소송사건이 된다. 순수이성에
대해 "심리가 이루어져야" 하며, 또한 그 "증인들"이 반드시 심문되
어야 한다. 칸트는 "법정"[100]에 관해 언급한다. 존재론적 인식의 문
제 안에 놓여 있는 이 소송사건은 연역을 요구한다. 즉 순수개념들
이 대상들에 선험적으로 연관될 가능성을 제시하기를 요구한다. 경
험에서 유래하지 않은 이러한 개념들의 사용 권한은, 이러한 개념
들의 사실적 사용을 증거로 끌어들여서는 결코 입증될 수 없기에,
순수개념들은 "언제나 연역을"[101] 요구한다.

범주들의 권한은 그것들의 본질을 해명함으로써 결정되어야 한
다. 범주들은 유한한 표상활동에서 사용되는 통일성들의 순수한 표
상들로서 본질적으로 순수종합에, 또한 따라서 순수직관에 의존해
있다. 달리 말하자면, 오로지 권리의 문제로서 정식화된 이러한 과
제를 해결할 방법은 범주들의 본질을 개현하는 작업에 있다. 범주
들은 순수지성 개념들이 아니라, 오히려 순수상상력을 통해 본질적
으로 시간에 연관되어 있는 순수개념들이다. 범주들이 이러한 본질
을 지니는 한, 범주들은 진정으로 초월을 완성한다. 범주들은 더불
어 ……의 대립화를 형성한다. 따라서 범주들은 처음부터 대상들의

99) 이 책의 제2절, 74쪽 이하 참고.
100) A 669, B 697 ; A 703, B 731.
101) A 85, B 117.

규정들, 즉 유한자를 만나고 있는 한에서의 존재자의 규정들이다.

범주들의 본질을 초월의 본질적이고 필연적인 구성요소들로서 혹은 그 접합점들로서 분석적으로 해명하는 작업을 통해, 범주들의 "객관적 실재성"이 입증된다. 그렇지만 범주들의 객관적 실재성의 문제를 초월의 문제로서 이해하기 위해선, "실재성"(Realität)이란 칸트의 명칭을 오늘날의 "인식론"의 의미로는, 즉 "실재성"을 칸트가 "현존" 혹은 "실존"이라 표현한 "현실성"과 같은 것으로 이해하는 오늘날의 "인식론"의 의미로는 결코 받아들이지 말아야 한다. 오히려 "Realitas"는 칸트 자신이 딱 들어맞게 번역하듯, "사태성"(Sachheit)을 뜻하며, 따라서 존재자의 무엇내용(Wasgehalt)을, 달리 바꿔 써보자면 본질(essentia)을 의미한다. 범주들의 객관적 실재성이란 명칭하에서 다음의 물음이 성립한다. 순수개념들 안에서 표상된 사태내용(실재성)은, 얼마큼이나 유한한 인식에 마주 서 있는 그것의, 즉 대상(객관)으로서의 존재자의 규정일 수 있는가? 범주들은 유한자의 초월을, 즉 ……의 대립화를 "형성"하는 존재론적 인식에 속하는 한에서만 객관적으로 실재한다.

그런데 다음의 사실은 쉽게 파악될 수 있다. 만약 사람들이 "객관적 실재성"이란 표현을 존재론적 인식의 본질적 통일성을 형성하는 초월적 상상력의 순수종합의 본질로부터 해석하지 않고, 오히려 칸트가 법률적 물음제기의 형식을 갖춰 초월론적 연역을 소개하는 외적인 정식을 고려하여 사용한 바 있던 "객관적 타당성"이란 명칭에 집착한다면, 그것도 더욱이 그 명칭에만 일차적인 관심을 기울여 집착한다면, 또한 타당성이란 표현을 칸트적 문제의 의미와는 다르게 판단의 논리적 타당성으로 파악한다면, [연역의] 결정적 문제는 완전히 눈밖으로 벗어나고 만다.

범주들의 "근원과 진리"[102]의 문제는 존재론적 인식의 본질적 통일성 안에서 존재자의 존재의 가능적 드러남에 관한 물음이다. 그

렁지만 이러한 물음이 구체적으로 개념파악되어 문제로서 포착되어야 한다면, 권리의 문제는 타당성의 문제로서 파악되지 말아야 한다. 오히려 권리의 문제는 단지 초월의 분석론의 과제를 위한, 즉 주관의 좀더 자세히 말하자면 유한한 주관으로서의 주관의 주관성에 대한 순수현상학의 과제를 위한 정식일 뿐이다.

따라서 전래된 특수형이상학에 의해 야기되었던 원칙적 문제가 바로 초월론적 연역을 통해 해소된다면, 정초작업은 이제껏 구명된 단계 일반과 더불어서 이미 그 목표에 도달한 것이 아닌가? 또한 종래에 『순수이성비판』을 해석할 때면 초월론적 연역을 원리론의 적극적 부분내에서의 중심적 구명으로 간주하곤 하였는데, 그렇다면 지금까지 언급된 내용은 이러한 예전 관례의 적법성을 동시에 확증해주지 않는가? [그렇다면] 존재론적 인식을 정초하는 더 이상의 단계는 무엇을 위해서인가? 무엇이 존재론적 인식의 본질적 통일성의 근거를 향한 한층 더 근원적인 귀환을 요구하는가?

정초작업의 네번째 단계 : 존재론적 인식의 내적 가능성의 근거

존재론적 인식의 내적 가능성은 초월적 틀의 특정한 전체성으로부터 나타난다. 초월적 틀을 결집하는 중앙은 순수상상력이다. 칸트는 정초작업의 이러한 성과를 "의아스러운 것으로" 여길 뿐 아니라, 또한 초월론적 연역의 모든 구명들이 필경 부딪치게 되는 그 모호함을 누차 강조한다. 물론 동시에 존재론적 인식의 정초작업은—초월을 단순히 특징짓는 차원을 넘어서—초월을 해명하고자 노력하며, 이로써 초월을 현시하는 체계적인 전체로서 완성될 수 있다 (초월철학=존재론).

---

102) A 128.

그런데 초월론적 연역은 바로 존재론적 인식 전체를 그것의 통일
성에서 문제삼았다. 여기에서는 유한성의 중심적 의미와 논리적
(합리적) 물음제기가 형이상학에서 차지하는 지배적인 위치 때문에,
지성이, 즉 통일성을 형성하는 중앙과 지성이 맺는, 다시 말해 순수
상상력과 지성이 맺는 관계가 전면에 섰다.

그렇지만 모든 인식은 일차적으로 직관이며 유한한 직관은 수용
적 성격을 지닌다면, 초월을 충분히 타당하게 해명하기 위해선, 순
수직관에 대한 초월적 상상력의 관련 및 순수직관에 대한 순수지성
의 관련도 역시 명확히 구명되어야 한다. 이러한 과제를 통해 우리
는 초월적 상상력을 그것의 합일적인 기능에서 제시하며, 또한 이
로써 초월과 초월지평의 자기-형성을 그것의 가장 내적인 발생사
건에서 제시한다. 유한한 순수직관인 존재론적 인식의 본질적 근거
를 파헤쳐 드러내는 작업을, 칸트는 초월론적 연역에 연계된 "순수
지성 개념들의 도식화작용에 관하여"[103]라는 장에서 착수한다.

정초작업의 각 단계들의 순서내에서 도식장이 차지하는 체계적 위
치에 대한 이러한 지적만으로도, 『순수이성비판』의 이 11쪽들이 그
광대한 저서의 핵심부분을 형성함에 틀림없다라는 사실은 이미 간파
된다. 물론 칸트의 도식론의 이러한 중심적 의미는 내용적 해석을 근
거로 해서만 비로소 진정으로 선명하게 떠오를 수 있다. 이러한 내용
적 해석은 유한자의 초월에 관한 근본물음을 반드시 고수해야 한다.

그런데 칸트는 우선 이 문제를 또다시 아주 피상적인 형식으로,
즉 범주들 아래로의 현상들의 가능적 포섭에 관한 물음을 실마리로
소개한다. 이러한 물음제기의 정당화는 "권리의 문제"를 다룰 때와
마찬가지로, 도식화작용 문제의 내적인 동적 구조를 부각시킨 이후
비로소 추구되어야 한다.

---

103) A 137~147, B 176~187.

제19절 초월과 감성화

실로 존재자가 눈앞에 이미 있는 것으로 드러나기 위해서는, 유한자가 존재자를 반드시 수용할 수 있어야 한다. 그러나 수용이 가능하려면 지향과 같은 어떤 것이, 그것도 특히 결코 임의적 지향이 아닌, 오히려 존재자와의 만남을 선행적으로 가능케 하는 그러한 지향이 요구된다. 그러나 존재자가 자신을 그 자체로서 제시할 수 있기 위해서는, 그것과의 가능적 만남의 지평 자체도 제시의 성격을 지녀야 한다. 지향 그 자체는 자신을 제시하는 모습 일반을 앞서 형성하면서 앞서 보유하는 활동이어야 한다.

그러나 대립화의 지평이 그러한 지평으로서 기능할 수 있기 위해, 이 제시의 성격은 인지가능성을 필요로 한다. '인지될 수 있는' 이란 표현은 직관 안에서 직접적으로 받아들일 수 있음을 의미한다. 따라서 자신의 모습을 인지가능하게 제시하는 것으로서의 지평은, 자신을 선행적으로 또한 부단히 순수한 상(像)으로서 나타내 보여야 한다. 이로써 유한한 지성의 대립화는 대상성 그 자체를 직관적으로 제시해야 한다는 사실, 즉 순수지성은 그것을 이끌며 떠받쳐주고 있는 순수직관에 근거해야 한다는 사실이 밝혀진다.

그런데 선행적 지향의 지평을 이처럼 인지될 수 있게 만들어주는 것에는 무엇이 속하는가? 지향적 유한자는 자기 스스로 그 지평을 직관적이게 만들 수 있어야 한다. 즉 그 지평을 제시하는 상(像)을 스스로의 힘으로 "형성"할 수 있어야 한다. 그런데 초월론적 연역에서 지적되었듯이 순수직관(시간)이 순수종합과 본질적 관련을 맺고 있다면, 순수상상력이 지평의 상을 형성한다. 그렇다면 순수상상력은 자유로운 지향으로서의 지평을 "창조"하면서 단지 그 지평의 직관적 인지가능성을 "형성"할 뿐 아니라, 이러한 의미에서 형성활동을 하는 자로서, 이제 두번째 의미로도 "형성활동을 하고 있다."

즉 순수상상력은 여하튼 "형상"과 같은 것을 마련해주고 있다.

이 문맥에서 "형상"이란 표현은, 우리가 그 경치는 아름다운 "형상"(상)을 제공한다, 혹은 그 회합은 슬픈 "형상"(상)을 제공하였다라고 말하듯, 가장 근원적 의미로 받아들여져야 한다. 그리고 칸트는 시간과 순수상상력의 내적 연관으로부터 출발하는 연역의 두번째 길에서도 이미 "상상력"에 관해 이렇게 말한다. 즉 상상력은 "⋯⋯을 형상화해야 한다."[104]

이러한 이중적인 형성활동(상을 조달하는 활동)이 발생할 때 비로소 초월의 가능근거가 가시화되며, 그리고 선행적으로 대립해 있으면서 자신을 제시하는 초월의 본질의 필연적인 상의 성격이 이해된다. 그런데 초월은 말하자면 유한성 자체다. 초월은 [통일성들을] 대립케 하는 가운데 그 안에서 형성되는 지평을 직관적이도록 만들어야 하는데, 그러나 유한한 직관이 감성을 의미한다면, 상을 제공하는 활동은 단지 그 지평을 감성적이게 하는 활동일 수 있다. 초월지평은 단지 감성화에서만 형성될 수 있다.

대립화는 순수지성의 측면에서 보자면, 모든 합일을 규제하는 통일성들 그 자체(순수개념들)를 표상하는 활동이다. 따라서 초월은 순수개념들의 감성화를 통해 형성된다. 초월은 선행적 지향이므로, 이러한 감성화도 마찬가지로 순수한 것이어야 한다.

순수감성화는 "도식화작용"으로서 발생한다. 순수상상력은 도식을-형성하면서 미리 초월의 지평의 상("형상")을 부여한다. 그렇지만 순수감성화가 사실적으로는 전혀 제시될 수 없음을 도외시하더라도, 만약 감성화의 본질이 미리 숙지되지 않는다면, 이러한 감성화에 대한 어떤 지적도 충분하지 않을 것인데, 이 점은 이미 순수감성화의 이념으로부터 추측될 수 있다.

---

104) A 120.

칸트에게서 감성은 유한한 직관을 의미한다. 순수감성은 직관가능한 것을 미리—모든 경험적 수용에 앞서—받아들이는 그러한 직관활동이어야 한다. 그런데 유한한 직관은 그 직관활동을 통해서는 결코 직관가능한 존재자를 산출할 수 없다. 따라서 순수감성화는 물론 수용활동 자체 안에서 비로소 형성되는 그 어떤 것을, 따라서 그럼에도 불구하고 존재자를 결코 제공하지 않는 그러한 하나의 상을 수용하는 활동이어야 한다.

이에 따른다면 순수감성에 의해 직관될 수 있는 것은 어떤 성격을 갖는가? 그것은 "형상"의 성격을 가질 수 있는가? 형상은 무엇을 의미하는가? 순수상상력에 의해 "형성"되는 상, 즉 순수도식은 형상과 어떻게 구별되는가? 도식도 궁극적으로는 어떤 의미에서 "형상"이라 명명될 수 있는가? 감성화의 이러한 현상들을 앞서 해석하지 않는다면, 초월의 근거인 도식화작용은 완전한 어둠 속에 계속 파묻혀 있게 될 뿐이다.

제20절 형상과 도식[a]

일반적으로 감성화란 유한자가 어떤 것을 직관화할 수 있는 방식, 즉 어떤 것에 관해 스스로 상(형상)을 조달할 수 있는 방식을 의미한다. [그런데] 무엇이 어떻게 시야에 들어오느냐에 따라, 상 혹은 형상은 상이한 것을 의미한다.

형상은 우선, 어떤 특정한 존재자가 전재자(前在者)로서 드러나 있는 한 그 특정한 존재자의 상을 의미할 수 있다. 특정한 존재자는 그 상을 제공한다. 형상은 더욱이 이러한 어의로부터 파생된 의미를 지닐 수도 있다. 즉 전재자를 모사하는 상(모상), 혹은 더 이상

---

a. 「철학 신문」 I, 1925/6. 링케, "형상과 인식", 302쪽 이하 참고.

은 전재하지 않는 것을 복제하는 상, 혹은 앞으로 비로소 산출되어
야 할 존재자를 미리 형성하는 상을 의미할 수도 있다.

그러고 나서 "형상"은 상 일반이라는 매우 폭넓은 어의를 지닐
수도 있는데, 이 경우에는 이러한 상에서 존재자가 직관될 수 있는
지 혹은 비-존재자가 직관될 수 있는지의 여부는 언급되지 않는다.

그런데 칸트는 사실상 "형상"이란 표현을 세 가지의 어의에 따
라, 즉 존재자의 직접적인 상, 존재자를 모사하는 상, 그리고 어떤
것 일반의 상으로 사용한다. 이때 "형상"이란 표현의 이러한 어의
들은 특별히 서로 대조되지 않으며, 더욱이 형상존재에 관해 이처
럼 열거된 어의들과 방식들이 칸트가 "도식화작용"이라는 명칭하에
서 규명한 내용을 해명하기에 과연 충분한지도 의심스럽다.

상을 조달하는 활동(형상을-부여하는 활동)의 가장 친숙한 방식
은 '스스로를 내보이는 것'[존재자]에 대한 경험적 직관이다. 이때
스스로를 내보이는 것은 직접적으로 파악된 개별자("거기의-이것")
의 성격을 항상 지니는데, 그러나 이렇다고 해서 그러한 개별자들
의 다양성이, 즉 더욱 풍족한 "거기의-이것"으로서의 다양성이, 예
를 들어 이러한 경치의 이러한 개별적인 전체가 직관된다는 사실이
물론 배제되지는 않는다. 이러한 경치가 우리를 바라보자
(anblicken)마자, 이러한 경치는 하나의 상(Anblick, species : 형
상)으로 명명된다. 따라서 항상 형상은 '직관될 수 있는 거기의-이
것'이다. 그러므로 모든 모-상은, 예컨대 사진[b]은 자신을 직접 "형
상"으로 내보이는 것에 대한 복사물일 뿐이다.

그런데 "형상"이란 표현은 모상이라는 이러한 두번째 의미로도
종종 사용된다. 거기에 있는 이러한 사물은, 즉 이 눈앞에 있는 사
진은 하나의 상을 직접 제시한다. 이 사물은 일차적인 또한 폭넓은

---

b. 빛-형상[사진을 풀이한 말].

의미에서의 형상이다. 그러나 이 사물은 자신을 내보임으로써, 바로
자신에 의해 모사된 것을 [즉 본래의 존재자를] 내보이고자 한다.
이제 이 두번째 의미에서 "형상"을 조달하는 활동이 의미하는 바는,
존재자를 단지 직접적으로 직관하는 활동이 아니라, 오히려, 예를
들면 사진을 구입하거나 산출하는 활동이다.

이러한 모상으로부터, 예를 들어 데드마스크로부터 다시 하나의
복제상(사진)이 산출될 수 있다. 복제상은 모상을 직접 복제하여 그
로써 사자(死者) 자체의 "형상"(직접적인 상)을 내보일 수 있다. 데
드마스크의 사진은 모상에 대한 복제상으로서 그 자체도 형상인데,
그 까닭은 단지 그 사진이 사자의 "형상"을 알려주기 때문이다. 즉
그 사진이 사자를 사자의 모습 그대로, 혹은 사자의 모습이었던 바
그대로 내보이기 때문이다. "형상"이란 표현에 대해 이제까지 한정
되었던 어의들에 따르면, 감성화의 의미는 이렇다. 즉 첫째는 직접
적인 경험적 직관활동의 방식, 둘째는 모상을 직접 고찰할 때도 존
재자의 상이 제시되는데 그러한 직접적인 모상 고찰의 방식.

그런데 [데드마스크의] 사진은 데드마스크와 같은 것 일반이 어
떤 모습인지를 내보일 수도 있다. 다른 한편 데드마스크는 사자의
얼굴 같은 것이 도대체 어떤 모습인지를 내보일 수 있다. 그러나 이
것은 개인으로서의 사자 자체를 내보일 수도 있다. 그리고 이로써
마스크 자체는 데드마스크 일반이 어떤 모습인지를 내보일 수도 있
고, 이와 마찬가지로 사진은 사진에 찍혀진 것뿐 아니라 사진 일반
이 어떤 모습인지를 내보일 수 있다.

이러한 사자의 또는 이러한 마스크의 또는 이러한 사진 등등의
"상들"(가장 넓은 의미의 형상들)은 이제 무엇을 내보이는가? 이
상들은 이제 어떤 "모습"(εἶδος, ἰδέα)을 알려주는가? 이 상들은
이제 무엇을 감성화하는가? 이 상들은 어떤 것이 "일반적으로", 즉
다수에 타당한 일자에서 어떤 모습인지를 내보인다. 다수에 대한

이러한 통일성은 개념의 방식에 따른 표상이 표상하는 그것이다. 이러한 상들은 이제 개념들의 감성화에 봉사해야 한다.

[그러나] 이제 이러한 감성화는 어떤 개념에 관해 하나의 직접적인 상을, 즉 직관을 스스로 조달하는 활동을 의미할 순 없다. 왜냐하면 개념은 표상된 일반자로서 개별적 표상으로는, 즉 직관으로는 표상될 수 없기 때문이다. 바로 이 때문에 개념은 그 본질에 맞게 모사될 수도 없다

개념의 감성화는 도대체 무엇을 의미하는가? 거기에는 무엇이 속하는가? 그때마다 경험적으로 접근할 수 있는 전재자(前在者)의 상은, 또는 현재화된 존재자의 상은, 또는 그러한 상의 가능적인 모상들의 상은 이러한 직관화에 어떻게 관여하는가?

우리는 이렇게 말한다. 예를 들어 지각된 이 집은 집 일반이 어떤 모습인지를, 따라서 우리가 집이라는 개념에서 무엇을 표상하는지를 내보인다. 어떤 방식으로 이러한 집의 상은 집 일반의 모습이 어떠한지를[집 일반이 어떻게 보이는지를] 내보이는가? 집 자체는 물론 이러한 특정한 상을 제시한다. 그러나 우리는 바로 이 집이 어떻게 보이는지를 경험하기 위해 이 특정한 상에 몰두하지는 않는다. 오히려 이 집은, 하나의 집으로 존재하기 위해선 이 집처럼(wie)은 필연적으로 그렇게(so) 보이지 말아야 하는 그러한 집으로서 자신을 내보인다. 이 집은 하나의 집이 ……처럼 그렇게(So-wie) 보일 수 있다라는 그것"만"을 우리에게 내보인다.

경험적으로 어떻게 보일 수 있는가 하는 방식은, 우리가 이 특정한 집에 직면하여 표상하는 그것이다. 하나의 집은 그렇게 보일 수도 있을 것이다. 이 바로 눈앞의 집은 모습의 여러 가능성들의 권역 내에서 어떤 특정한 가능성에 대해 결단을 내려 특정한 모습을 갖추었다. 그러나 이러한 결단의 결과는, 마치 다른 집들의 사실적인 모습을 통해 내려졌던 동일한 결단들의 결과가 그렇듯, 우리의 관

심을 끝지 못한다. [오히려] 우리가 노려왔던 것은 가능적인 모습의
권역 그 자체다. 더 정확히, 이러한 권역을 이끌고 있는 것, 즉 어떤
것 일반이 하나의 집으로서 그에 해당하는 상을 제시할 수 있기 위
해서는 어떻게 보여야 하는지를 규제하며 예시하는 그것이다. 규칙
의 이러한 예시는 하나의 집에서 발견될 수 있는 "특징들"을 단순
히 열거한다는 의미의 목록화 작업이 아니라, 오히려 "집"과 같은
것과 더불어서 사념되는 것 전체를 "탁월하게 그려내는 작업"이다.
　　그러나 이러한 사념내용은, 이러한 연관[즉 집의 연관]을 하나의
경험적 상으로 현시하는 가능적 귀속작업을 규제하는 것으로서 표
상되는 식으로만, 여하튼 사념될 수 있다. 규칙은 [이러한 연관을]
하나의 가능적 상 안에 그려넣는 작업을 규제하는데, 규칙의 이러한
규제방식을 표상할 때만 개념의 통일성은 합일적인, 또한 다수에 타
당한 통일성으로 표상될 수 있다. 개념 일반이 규칙으로 쓰이는 것
이라면, 개념적 표상활동은 자신의 규제방식에 따라 가능적으로 상
을 조달하는 그러한 규칙을 미리 부여하는 활동을 의미한다. 그렇다
면 이러한 표상활동은 하나의 가능적인 상에 구조적이면서 필연적
으로 연관되어 있고, 따라서 그 자체가 감성화의 고유한 양식이다.
　　감성화는 결코 개념의 직접적인 직관적인 상을 부여하지 못한다.
개념을 감성화할 때 직접적인 상의 모습으로 필연적으로 함께 출현
하는 것은 고유하게 주제적으로 사념되지 못하고, 오히려 현시가능
한 것으로 사념될 뿐이며, 그러한 현시를 규제하는 방식만이 표상
된다. 그러므로 경험적인 상에서 나타나는 것은 바로 자신의 규제
방식에 따라 작용하는 규칙이다.
　　그러나 이러한 감성화는 통일성인 개념의 직접적인 상을 부여하
지 못할 뿐더러, 통일성 자신도 더욱이 자유로이 떠도는 표상내용
으로서 주제적으로 사념되지 못한다. 개념적 통일성은 합일적 통일
성으로서 존재할 수 있고 또 존재해야 하지만, 단지 규제적 통일성

으로만 존재한다. 통일성은 포착되지 않는다. 오히려 거기로부터 눈을 돌려 규칙을 규정하는 통일성의 활동을 주목할 때만, 통일성은 바로 규제활동을 본질적으로 규정하는 것으로서 시야에 들어온다. 이처럼 통일성으로-부터-눈을-돌린다고 해서 통일성이 무작정 시야에서 사라지는 것이 아니라, 오히려 실로 통일성은 규제적 통일성으로서 예견된다.

규제의 절차 그 자체를 표상하는 활동이 본래적인 개념적 표상활동이다. 이제까지 그렇게 명명되었던 것, 즉 다수에 타당한 통일성을 표상하는 활동은, 이제 밝혀진 특정한 감성화의 규칙인 자신의 기능과 관련해서는 실로 언제나 은닉되어 있던, 개념의 분리된 요소일 뿐이었다.

그러나 감성화를 통해 주제적으로 표상되는 것이 경험적인 상이나 혹은 고립적 개념이 아니라 오히려 형상을 조달하는 규칙의 "목록"이라 하더라도, 이러한 목록 또한 아직은 좀더 상세한 성격규정을 필요로 한다. 규칙은 그 규제활동의 방식에서, 즉 [개념의] 현시를 규제하면서 [개념을] 현시하는 상 안으로 자신을 명령해넣는 방식에서 표상된다. 규제의 방식을 표상하는 활동은, 앞서 특징지은 의미에서 형상을 조달하는 활동으로서, 감성화의 자유로운, 즉 특정한 전재자에 얽매이지 않은 "형성활동"이다.

이러한 감성화는 본래 상상력 안에서 발생한다. "어떤 개념에게 그것의 형상을 마련하는 상상력의 일반적인 절차에 관한 이러한 표상을 나는 이 개념에 대한 도식이라 명명한다."[105] 이행(履行) 중에 있는 도식의 형성활동은 개념들의 감성화 방식으로서 도식화작용이라 불린다. 도식은 물론 형상과 구별되나, 그럼에도 불구하고 형상과 같은 것에 연관된다. 즉 형상적 성격이 필연적으로 도식에 속한

---

105) A 140, B 179 이하.

다. 도식의 형상적 성격은 자신의 고유한 본질을 지닌다. 도식의 형상적 성격은 단지 소박한 상(일차적 의미에서의 "형상")도 또한 모상(이차적 의미에서의 "형상")도 아니다. 따라서 도식의 형상적 성격은 도식-형상이라 명명되면 좋을 것이다.

제21절 도식과 도식-형상

도식-형상에 대한 좀더 상세한 성격묘사는 그것과 도식의 관계뿐 아니라, 또한 동시에 개념과 형상 간의 연관 양식도 명료하게 밝혀낼 것이다. 도식의 형성은 개념의 감성화다. 직접적으로 표상된 존재자의 상은 그 존재자의 개념에서 표상된 것과 어떻게 관계맺는가? 이러한 상은 어떤 의미에서 그 개념의 "형상"인가? 이러한 물음은 두 가지 양식의 개념들에 입각하여, 즉 경험적-감성적 개념(개의 개념)과 순수감성적-수학적 개념(삼각형이나 혹은 수의 개념)에 입각하여 구명되어야 한다.

칸트는 이렇게 강조한다. "경험의 대상"은 즉 눈앞에 있는 사물의 접근가능한 상은, "혹은 그러한 대상의 형상은" 즉 그 존재자의 눈앞의 모상이나 복제상은 그 존재자의 경험적 개념에 결코 "도달하지"[106] 못한다. 이처럼 도달하지 못한다는 것이 우선 의미하는 바는, "적절치 않게" 현시한다는 것이다. 그렇지만 이러한 사실이 마치 그 개념의 적절한 모상은 존재할 수 없다는 의미로 해석되지는 말아야 한다. 존재자의 경험적인 상은 그 존재자의 개념과 관련해 볼 때 결단코 어떠한 모사 기능도 가질 수 없다. 오히려 이러한 부적절함은 진정한 의미에서 그 개념의 형상이라 할 수 있는 바로 도식-형상에 속해 있다.

---

106) A 141, B 180.

그런데 도리어 사람들은, 경험적인 상은 개념이 포함하고 있는 것 이상을 포함하진 못하나 그 전체는 포함한다라고 말할 수도 있을 것이다. 그러나 경험적인 상은 마치 다수에 타당한 일자로서의 개념이 전체를 표상하듯 그렇게는 그 전체를 포함하지 않는다. 경험적인 상의 내용은 오히려 그때마다 임의적인 다수의 내용들 중 하나로서, 즉 그때마다—그 자체로서 주제적으로 표상된—이러한 개별적인 내용을 향해 개별화된 것으로서 드러난다. 개별자는 이미 임의성에서는 벗어났으나 그로써 일자에 대한, 즉 다수에 타당한 임의성 그 자체를 규제하는 일자에 대한 가능적 예[a]이다. 이러한 규제활동에서 일반자는 자신의 특정하게 분절된 규정성을 지닌다. 결코 그때마다 개별화된 것에 비해 규정되지 않은 채 희미해져가는 "전체와 그 모든 것"은 아니다.

규칙을 표상하는 활동이 도식이다. 이러한 것으로서의 도식은, 그 중 어떤 것도 유일성을 주장할 수 없는 가능적인 도식-형상들에 필연적으로 연관되어 있다. "개의 개념은 하나의 규칙을 의미한다. 이 규칙에 따라 나의 상상력은, 경험이 나에게 제시하는 어떤 유일의 특수한 형태나 혹은 내가 구체적으로 현시할 수 있는 개개의 가능적 형상에 제한되지 않은 채, 네발 달린 짐승의 형태를 일반적으로 그려낼 수 있다."[107]

경험적인 상이 자신의 경험적인 개념에 도달하지 못한다라는 사실은 도식에 대한 도식-형상의 긍정적인 구조관계를 표현한다. 이 구조관계에 따르면, 도식-형상은 도식에서 표상된 현시의 규칙을 가능적으로 현시한 것이다. 이러한 사실이 동시에 의미하는 바는 이렇다. 개념은 규칙의 이러한 규제적 통일성의 표상을 넘어서서는

---

107) 같은 곳.

a. 『판단력 비판』, 59절 254쪽 참고.

아무것도 아니다. 논리학이 개념이라 명명하는 것은 도식에 근거한다.[b] 개념은 "항상 도식에 직접 연관되어 있다."[108]

칸트는 경험적 대상에 관해 이렇게 말한다. 즉 경험적 대상은 순수감성적 개념의 "형상"이 자신의 개념에 도달하지 못하는 정도보다 "훨씬 더" 자신의 개념에 도달하지 "못한다". 그렇다면 수학적 개념들의 도식-형상들은 자신의 개념들에 오히려 적합한가? 여기에서도 모상이란 의미의 동화(同化)는 결코 생각될 수 없다. 수학적 구성에 의한 도식-형상은, 그것이 경험적으로 정밀하게 그려졌건 혹은 조잡하게 그려졌건 간에 어쨌든 매한가지다.[109]

수학적인 도식-형상은, 예를 들어 작도된 삼각형은 필연적으로 예각삼각형이나 직각삼각형, 혹은 둔각삼각형이어야 한다고 칸트는 분명히 생각한다. 따라서 임의성은 이미 소진되며, 반면에 집을 현시할 때 임의성은 이보다 크다. 다른 한편 그때마다 예각삼각형이나 직각삼각형을 현시할 가능성의 권역은 더 큰 폭을 지닌다. 따라서 이러한 도식-형상은 그 임의성의 제한으로 인해 개념의 통일성에 좀더 가까이 접근하며, 또한 이렇듯 좀더 큰 폭으로 인해 이러한 통일성의 일반성에 더욱 가까이 접근한다. 그러나 항상 그렇듯이 형상은 개별자의 면모를 지니나, 반면 도식은 여러 가능적 현시들의 일반적 규칙의 통일성을 "의도"한다.

이로써 도식-형상의 본질적인 점이 비로소 뚜렷해진다. 도식-형상이 상의 성격을 갖는 까닭은 그것에서 바로 간파될 수 있는 형상적 내용 때문만도 아니고 더욱이 우선 그것 때문도 아니다. 오히려 도식-형상이 규칙의 규제활동에서 표상된 가능적인 현시에 입각하

---

108) 같은 곳.
109) 『하나의 발견에 관하여』, 같은 책, 8쪽의 주.

b. "저" 논리학이 어떤 상태에 있는가는 여기에서 이미 나타난다!!

여 발생하며, 그로써 말하자면 규칙을 가능적 직관성의 영역으로
가져와 보유하고 있다라는 그 사실과 그 방식 때문이다. "형상"이
란 표현이 도식-형상이라는 의미에서 이해될 때만, 잇달아 찍혀진
다섯 개의 점들(·····)은 "다섯이란 수의 형상"[110]으로 명명된다.
그 수 자체는 다섯 개의 점들처럼 보이지 않을 뿐만 아니라, 가령 5
나 혹은 V라는 기호처럼도 보이지 않는다. 이러한 기호들도 각기
나름의 방식으로는 해당하는 그 수의 상들이긴 하다. [그러나] 공간
안에 그려진 5의 모양은 도저히 그 수와는 아무것도 공유하지 않은
반면, 다섯 개의 점들의 상(·····)은 다섯이란 수를 통해 세어질
수 있다. 물론 이러한 점의 계열이 그 수를 내보이는 까닭은, 이 계
열이 조망될 수 있고 우리가 그것으로부터 외관상 그 수를 추측할
수 있기 때문이 아니다. 오히려 이 계열이 그 수를 가능적으로 현시
할 수 있는 규칙의 표상과 합치하기 때문이다.

　그러나 다른 한편으로 보자면 우리는 이러한 합치에 근거하여 비
로소 수를 파악하는 것이 아니다. 오히려 "어떤 개념에 맞게 집합량
을 (예를 들어 천(千)을) 하나의 형상으로 표상하는 방법의 표상"[111]
안에 이미 모든 수를 가지고 있다. 현시의 규칙을 표상할 때 이미
형상의 가능성은 형성된다. 다양한 점들로 이루어진 고립된 상 이
전에 이미 이러한 형상의 가능성은 도식에 구조적으로 속하는 진정
한 상, 즉 도식-형상이다. 현실적으로 그려져 있는 혹은 단지 표상
되어 있을 뿐인 점의 계열이 직관적으로 조망될 수 있다거나 혹은
조망될 수 없다거나 하는 것은, 도식-형상을 "보는 데"는 전혀 중
요하지 않다. 따라서 수학적 개념들도 소박하게 간파될 수 있는 형
상들에 근거하지 않고 오히려 도식들에 근거한다. "사실상 우리의
순수감성적 개념들의 근저에 있는 것은 대상들의 형상들[직접적인

---

110) A 140, B 179.
111) A 140, B 179.

상들]이 아니라 오히려 도식들이다."[112]

경험적 개념과 순수감성적 개념의 도식-형상이 지닌 형상적 성격에 관한 분석은 이미 다음의 사실을 밝혀주었다. 개념들의 감성화는 독특한 형상들을 아주 고유하게 조달하는 활동이다. 도식화작용에 따라 도식을 형성하는 감성화는 통상적인 "형상적 현시"[형상적으로 현시된 모습]를 유추해서는 파악될 수 없고, 또한 더욱이 그러한 것으로 소급될 수도 없다. 이러한 소급은 거의 불가능하다. 오히려 그 역으로 일차적으로 기술되었던 의미의 감성화는——즉 사물들을 직접 경험적으로 바라본다거나 혹은 사물들의 눈앞의 모상들을 산출하는 작업은——도식화작용의 방식에 따른 개념들의 가능적 감성화를 근거로 해서만 가능하다.

모든 개념적 표상활동은 그것의 본질상 도식화작용이다. 모든 유한한 인식은 사유하는 직관으로서 필연적으로 개념적이다.[c] 그러므로 눈앞에 있는 존재자에 대한, 즉 예를 들어 이 집에 대한 직접적 지각에는 이미 집 일반에 대한 도식적 예견이 필연적으로 포함되어 있다. 즉 이러한 표-상에 의거해서만 우리가 만나게 될 존재자는 자신을 집으로서 내보일 수 있고 "눈앞의 집"의 상을 제시할 수 있다. 그러므로 도식화작용은 필연적으로 우리의 유한한 인식활동을 근거로 하여 발생한다. 따라서 칸트는 이렇게 말해야 한다. "이러한 도식화작용은……인간 영혼의 깊숙한 곳에 은닉되어 있는 기술이다."[113]

그런데 도식화작용이 유한한 인식의 본질에 속하고 유한성이 초

---

112) A 140 이하, B 180.
113) A 141, B 180.

c. 여기에서 다시 [셋으로] 나누어진다. 즉 개념들 안에서 사유하는가, 혹은 개념들에게로 가져오는가, 또는 개념들에 입각해 증명하는가. 『판단력 비판』 참고.

월의 중심이라면, 초월사건은 그것의 가장 내적인 면에서 반드시 도식화작용이 되어야 할 것이다. 따라서 칸트는 초월의 내적 가능성의 근거를 밝히고자 할 때 필연적으로 "초월적 도식화작용"에 부딪친다.

제22절 초월적 도식화작용[a]

도식화작용을 감성화의 고유한 양식으로 규정하는 일반적인 성격묘사를 통해 다음의 사실이 밝혀졌다. 도식화작용은 필연적으로 초월에 속한다. 다른 한편——필연적으로 직관이라 할 수 있는——존재론적 인식의 완전한 구조에 대한 성격묘사는 다음의 통찰에 이르렀다. 초월에는 필연적으로 감성화가, 그것도 더욱이 순수감성화가 속한다. 이 순수감성화는 도식화작용으로서 발생한다고 주장되었다. 순수지성과 그 개념들의 필연적인 순수감성화는 초월적 도식화작용에서 실현된다는 사실을 증명함으로써 이제 이러한 주장을 근거지을 필요가 있다. 초월적 도식화작용 자체가 무엇인가의 여부는 이 사건을 개현함으로써 해명된다.

도식을-형성하는 감성화는 개념에게 형상을 조달하고자 한다. 개념에서 사념된 것은 그로써 가시성(可視性)과의 규칙적 관련을 갖는다. 개념적으로 사념된 것은 그러한 직관성으로 인해 비로소 인지될 수 있다. 도식은 스스로를, 즉 개념을 형상화한다. 순수대립화에서 마주 서 있는 것이 저항적인 것으로서 반드시 인지될 수 있어야 한다면, 순수한 "나는 사유한다"에서 사유된 순수지성 개념들은 본질적으로 순수한 가시성을 필요로 한다. 순수개념들은 그것들에

---

a. 두이스부르크의 유고 10.[18] 이하 참고. 판단의 초월적 "주관"과의 연관 ; 판단과 도식 ; 구성 ; 직관! 헤링은 물론 이 문제를 철저히 꿰뚫어보지 못하고 있다. 66쪽 이하!

형상을 조달하는 순수도식들에 근거해야 한다.

그런데 칸트는 분명히 이렇게 말한다. "이에 비해 순수지성 개념의 도식은 결코 형상화될 수 없는 어떤 것이다……."[114] 그러나 스스로를 형상화하는 활동이 도식의 본질에 속한다면, 인용된 문장에서 "형상"이란 표현은 단지 특정한 양식의 형상들만을 의미하며 배제할 수 있다. 처음부터 오직 도식-형상만이 관건일 수 있다. 그렇다면 순수지성 개념의 도식의 가능적 형상화를 부인하는 것이 우선 오로지 의미하는 바는 이렇다. 순수지성 개념의 도식에서 표상된 현시의 규칙에 따라 현시될 수 있는 상은 경험적으로 직관되는 것의 권역으로부터는 결코 얻어낼 수 없다. 형상이 가장 폭넓은 의미에서의 경험적인 상을 뜻한다면, 순수지성 개념의 도식은 명백히 "결코 형상화"될 수 "없다". 그러나 개념의 수학적 구성이 그려내는 상들 또한 "양"의 형상들로서, 대상적인 것의 특정한 구역에 제한된다. [그런데] 순수지성 개념들은 근원적 개념들로서 그러한 형상으로도 형상화될 수 없다. 모든 대상들과의 가능적 만남의 선행적 지평인 대상성 일반의 형성을 규제하는 규칙들을 순수지성 개념들이 표상하는 한 그렇다. 따라서 앞서 명명된 문장에서의 "형상"은 경험적 개념과 수학적 개념의 도식들에 속하는 도식-형상들의 양식을 의미한다. 순수지성 개념들의 도식은 이러한 형상들 중 결코 그 어느 것으로도 형상화될 수 없다.

그런데 초월론적 연역에서 존재론적 인식의 내적 가능성을 해명하는 작업이 밝혀놓은 바는 이렇다. 순수개념들은 초월적 상상력의 순수종합을 매개로 순수직관(시간)에 본질적으로 관련되며, 또한 그 역도 가능하다는 것이다. 그러나 이제까지는 단지 순수지성 개념과 시간의 연관의 본질적 필연성만이 구명되었다. 반면에 이러한

---

114) A 142, B 181.

연관의, 즉 초월의 가장 내적인 얼개의 가장 내적인 구조는 아직 해
명되지 않고 있다.

　시간은 순수직관으로서, 모든 경험에 앞서 하나의 상을 조달하는
것이다. 따라서 그러한 순수직관에서 부여되는 순수한 상은 (칸트
입장에서 말하자면 '지금의 연속'인 순수계기(純粹繼起)는) 순수형
상이라 명명되어야 한다. 그리고 칸트 자신도 도식장에서 이렇게
말한다. "감관의 모든 대상들 일반의[b] …… 순수형상은 시간[이
다]."[115] 동일한 내용이 이 인용문보다 뒤쪽에 있는, 그리고 그 중요
성이 덜하지 않는 구절에서도 표현된다. 이 구절에서 칸트는 순수
지성 개념의 본질을 이렇게 규정한다. 순수지성 개념은 "자신의 원
천을 오로지 (감성의 순수형상이 아닌) 지성에 두고 있는 한, 순수
개념이다."[116]

　따라서 순수지성 개념의 도식도, "형상"이 이제 "순수형상"으로
간주되기만 하면, 얼마든지 충분히 형상화될 수 있다.

　시간은 가령 단지 순수지성 개념들에 대립하는 직관의 형식일 뿐
아니라, "순수형상"으로서 도식-형상이다. 따라서 순수지성 개념의
도식은 고유한 성격을 지닌다. 순수지성 개념의 도식도 도식 일반
으로서 통일성들을, 그것도 더욱이 가능적 상 안으로 스스로를 나
르는 규칙들로서의 통일성들을 표상한다. 그런데 순수지성 개념에
서 표상된 통일성들은, 초월론적 연역에 따르면, 본질적이며 필연적
으로 시간에 관련된다. 따라서 순수지성 개념들의 도식화작용은 이
순수지성 개념들을 필연적으로 시간 안으로 집어넣어 규칙화해야
한다. 그러나 시간은, 초월론적 감성론이 밝혀놓았듯이 "유일한 대

상"[117]의 표상이다. "상이한 시간들은 단지 바로 동일한 시간의 부분들에 불과할 뿐이다. 오로지 유일한 대상을 통해서만 주어질 수 있는 표상은 직관이다."[118] 따라서 시간은 순수지성 개념들의 도식들의 필연적인 순수형상일 뿐 아니라, 또한 순수지성 개념들의 유일한 순수한 상의 가능성이다. 이 유일한 상의 가능성은 언제나 오직 시간과 시간적인 것으로서만 자신을 스스로 내보인다.

그런데 순수지성 개념들의 완결된 다양성이 이 유일한 상의 가능성 안에서 자신의 형상을 가져야 한다면, 이 하나의 순수형상은 다양한 방식으로 형상화될 수 있어야 한다. 순수지성 개념들의 도식들은 순수한 상인 시간 안으로 자신을 집어넣어 규칙화함으로써 시간에 입각해 자신의 형상을 스스로 부여하며, 이로써 유일한 순수한 상의 가능성을 순수한 형상들의 다양성으로 분절한다. 이러한 방식으로 순수지성 개념들의 도식들은 시간을 "규정한다". "따라서 도식들은 바로 규칙에 따른 선험적 시간규정,"[119] 혹은 간략히 "초월적 시간규정"[120]이다. 이러한 것으로서 도식들은 "상상력의 초월적 산물"[121]이다. 이러한 도식화작용이 초월을 선험적으로 형성하며, 따라서 "초월적 도식화작용"이라 불린다.

존재론적 인식, 즉 [순수지성 개념을] 도식화하는 직관은 규칙적 통일성의 초월적 친화성을 시간의 형상 안에서 선험적으로 간파될 수 있게 하며, 이로써 수용될 수 있게 한다. 이 결과 초월에서는 자신을 제시하는 대립적인 것의, 즉 저항적인 것의 대립화가 발생한다. 초월적 도식은 자신의 순수한 도식-형상을 통해 [순수지성 개념에] 선험적으로 대응하는 성격을 필연적으로 지닌다. 따라서 개

---

117) A 31 이하, B 47.
118) 같은 곳.
119) A 145, B 184.
120) A 138, B 177.
121) A 142, B 181.

별적인 순수도식들을, 즉 초월적 시간규정들을 상세히 해석하는 작
업은 이러한 대응 성격을 반드시 밝혀내야 한다.

그런데 칸트는 순수지성 개념들의 완결된 통일성을 판단표로부
터 끄집어내며, 그 순수지성 개념의 표에 따라 개별적인 순수지성
개념들의 도식들을 정의한다. 범주들의 네 가지 분류계기들(양, 질,
관계, 양상)에 맞게, 순수한 시간의 상은 형상화될 수 있는 네 가지
가능성들을 "시간계열, 시간내용, 시간순서, 시간총괄"[122]로서 내보
여야 한다. 이러한 시간의 성격들은 결코 시간 자체에 대한 체계적
분석을 통해 시간으로부터 체계적으로 전개되지 않고, 오히려 "범
주들의 순서에 따라"[123] 시간 안에서 확정된다. 개별적인 도식들에
대한 해석은, 우선 양과 실재성, 실체의 순수도식들에 대한 비교적
상세한 분석으로부터 시작해서 점점 더 옹골차게 진행되다가 몇 가
지의 순수한 정의들로 끝을 맺는다.[124]

어떤 관점에서 본다면, 칸트가 이처럼 도식장을 간결하면서도 힘
차게 서술한 것은 합당하다. 왜냐하면 초월적 도식화작용이 존재론
적 인식을 그것의 본질적 근거에서 규정한다면, 존재론적 인식을
체계적으로 완성하는 작업은 선험적인 종합 원칙들의 체계를 서술
함에 있어 필연적으로 도식화작용의 성격에 부딪쳐 그에 상응하는
초월적인 시간규정을 산출해야 하기 때문이다. 이러한 과정은, 비록
단지 어떤 한계 안에서일지라도,[125] 여하튼 발생한다.

다음과 같은 사실이 쉽게 통찰된다. 초월적 도식화작용의 본질구
조와, 그리고 여하튼 초월 전체에 속하는 것 일체가 더욱 투명하게
밝혀질수록, "우리 심성의 깊은 곳에 있는" 이 가장 근원적인 구조

---

122) A 145, B 184 이하.
123) 같은 곳.
124) A 142 이하, B 182 이하.
125) A 158 이하, B 197 이하.

들의 어둠 속에서 우리의 좌표를 올바르게 정할 길들이 더욱 명확
히 자신을 내보인다. 더욱이 도식화작용 일반의, 그리고 특히 초월
적 도식화작용의 일반적인 본질이 더 말할 나위 없이 명료하게 규
정된다. 그러나 더 이상의 전진도 가능하다라는 사실을 칸트 스스
로가 다음의 진술을 통해 누설한다. "순수지성 개념들 일반의 초월
적 도식들을 위해 요구되는 바를 무미건조하고 지루하게 분석하는
작업에 머무르지 않은 채, 오히려 우리는 초월적 도식들을 범주들
의 순서에 따라, 또 범주들과의 결합 속에서 서술하고자 한다."[126]

더욱 광범위한 분석작업으로부터 칸트를 저지한 것은 그 업무의
무미건조함과 지루함뿐인가? 이에 대한 답변은 아직 주어질 수 없
다.[127] 또한 이 답변은, 왜 앞서의 해석에서는 순수도식들에 대한 칸
트의 정의를 구체적으로 펼쳐놓는 시도가 도외시되었는가도 설명할
것이다. 그러나 칸트의 초월적 도식론이 결코 기이한 이론이 아니
라, 오히려 현상 자체로부터 얻어진 것이라는 사실을 드러내기 위
해, 물론 짧막하며 조잡한 해석이긴 하나, 한 범주의 즉 실체의 초
월적 도식에 관한 해석이 제시되어도 좋을 것이다.

"실체의 도식은 실재적인 것의 시간내에서의 지속성이다……."[128]
이러한 도식의 도식화작용에 대한 완전한 해명을 위해선, "제1유
추" 즉 "지속성의 원칙"을 끌어들여야 한다.

지성개념으로서의 실체가 우선 단순히 의미하는 바는 '근저에 놓
여 있음'(지속)[129]이다. 실체의 도식은 시간의 순수형상 안에서 현시
되는 한, '근저에 놓여 있음'에 대한 표상이어야 한다. 그런데 시간
은 순수한 '지금의 연속'으로서 항상 '지금'이다. 각 '지금'에서 '지금'

126) A 142, B 181.
127) 이 책의 35절 참고.
128) A 143, B 183.
129) A 182 이하, B 224 이하.

은 '지금'이다. 그러므로 시간은 자기 자신의 불변성을 내보인다. 시간은 그러한 것으로서 "변역(變易) 불가능하며 항존적"이다. 시간은 "흘러가 버리지 않는다."[130]c 좀더 날카롭게 파악해보면, 시간은 다른 것들 사이에서 항존하는 것이 아니라 오히려——각 '지금'에서 '지금'으로 존재한다는——앞서 언급된 본질적 성격을 근거로 항존 일반과 같은 것에 관한 순수한 상을 부여한다. 이러한 순수형상(직접적인 순수한 "상")으로서 시간은 '근저에 놓여 있음'을 순수직관 안에서 현시한다.

그러나 이러한 현시기능은, 칸트가 여기에서 단념했던 것, 즉 "실체" 개념의 완전한 내용이 주목될 때에야 비로소 명료해진다. 실체는 (지속과 부속 간의) "관계"의 범주다. 실체는 "부속된 것"에 대해 '근저에 놓여 있음'을 의미한다. 그러므로 시간은 바로 이러한 관계를 순수형상 안에서 현시할 때만 실체 개념의 순수형상이다.

그런데 '지금의 연속'으로서의 시간은 그때마다 또 다른 '지금'이기도 하다. 왜냐하면 시간은 각 '지금' 안에서 흘러가는 가운데 하나의 '지금'이기 때문이다. 항존의 상으로서의 시간은 항존내에서의 순수한 변역의 형상도 동시에 제시한다.

따라서 실체의 초월적 도식에 관한 이 조잡한 해석은, 애초부터 더욱 근원적인 구조를 향해 돌진해갈 수는 없지만, 이미 다음의 사실을 분명히 내보인다. 실체 개념에서 사념된 것은 선험적으로 시간 안에서 순수형상을 조달받을 수 있다. 이로써 [……을] 대립화할 때 대상성은, 자신에게 실체가 구성요소로서 속해 있는 한, 선험적으로 간파될 수 있고 인지될 수 있다. 이러한 도식화작용을 통해

---

130) A 143, B 183.

c. A 41, B 58 참고. "시간 자체는 변화하지 않는다. 변화하는 것은 오히려 시간 안에 있는 어떤 것이다."

순수지성 개념은 처음부터 도식화된 것으로서 시야에 들어오며, 이 결과 경험을 위해 지속성의 순수형상을 선행적으로 주시하는 가운데, 변역 중에서도 [현상의 변역에도 불구하고] 불변적인 존재자가 그 자체로서 자신을 내보일 수 있다. "그러므로 그 자체가 불변적이며 항존적인 시간에 대해 현상 속에서 대응하는 것은 현존(즉 전재)하는 불변자다."[131]

그러므로 초월적 도식화작용은 존재론적 인식의 내적 가능성의 근거다. 순수사유에서 표상된 것이 필연적으로 시간의 순수형상 안에서 직관화되는 방식으로, 초월적 도식화작용은 [……을] 순수하게 대립화함으로써 대립자를 형성한다. 그러므로 시간은 선험적으로 부여하는 역할을 하는 것으로서, 처음부터 초월지평에게 그것이 인지가능하게 제시될 수 있는 성격을 수여한다. 그러나 이것만이 아니다. 단 하나뿐인 순수한 보편적 형상으로서의 시간은 초월지평에게 선행적인 울타리를 부여한다. 이 하나의 순수한 존재론적 지평은 그 지평 안에 주어져 있는 존재자가 그때마다 이러저러하게 특수한 개방적이고 존재적인 지평을 가질 수 있는 가능조건이다. 그러나 시간은 초월을 선행적이고 합일적으로 결집할 뿐 아니라, 순수하게 자신을 부여하는 것 자체로서, 어쨌든 초월을 한정하기도 한다. 시간은 초월적 지향의 유한성에 속하는 대상성의 "저항"을 유한자에게 인지될 수 있게 한다.

제23절 도식화작용과 포섭

앞서 칸트의 순수지성 개념의 도식론은 의도적으로 초월의 가장 내적인 발생 사건만을 겨냥한 채 해석되었다. 그런데 칸트는 형이

---

131) 같은 곳.

상학을 정초하는 자신의 작업에서 매단계마다 새롭게 떠오르는 논점의 특징을 뒤쫓을 뿐 아니라, 또한 결정적인 학설을 처음 도입할 때는 가능한 한 가장 친숙하게 알려져 있는 정식들을 우선은 논의의 실마리로서 고수한다. 이러한 정식들이 잠정적으로 문제시되어야 한다. 그래서 초월론적 연역은 전승된 형이상학에서의 법률적 소송사건으로부터 출발했다. 경험적으로 도달 가능한 존재자를 선험적으로 규정할 수 있으려면 순수지성 개념은 반드시 범주여야 한다는, 즉 그것의 본질상 반드시 초월 자체에 속해야 한다는 사실을 입증함으로써, 이 소송사건에 대한 판결이 내려진다. 이로써 이러한 개념들의 "사용" 조건도 동시에 확정된다.

개념들을 사용한다는 것이 일반적으로 의미하는 바는, 개념들을 대상들에 적용한다는 것, 즉 대상들 쪽에서 보자면, 대상들을 개념들 "아래로" 가져온다는 것[a]이다. 전승된 논리학의 언어로 말하자면, 개념들의 이러한 사용은 포섭(Subsumtion)[b]을 의미한다. 순수 개념들을 시간의 초월적 규정들로서 선험적으로 사용한다는 것, 즉 순수인식을 실현한다는 것은 도식화작용의 발생을 의미한다. 이로부터 파악해보자면, 사실상 도식화작용의 문제는 우선은 포섭을 실마리로 해서 매우 잘 규명된다. 단지 주목해야 할 점은, 여기에서는——즉 존재론적 인식에서는——처음부터 존재론적 개념이 따라서 독특한 "포섭"인 존재론적 "포섭"이 관건이라는 사실이다.

존재론적 인식의 본질적 통일성을 처음 특징지을 때,[132] 이미 칸트는 "개념들 아래로 가져옴"(이것은 대상들에 관계하는 것이다)과 "개념화"(이것은 초월적 상상력의 순수종합에 관계하는 것이다) 간

---

132) A 78 이하, B 104 이하 참고.

a. (판단력)
b. 그것[개념] 하에 붙잡아두는 것.

의 근본적인 차이를 또한 잊지 않고 지적한다. 순수종합의 "개념화"
는 초월적 도식화작용에서 발생한다. 초월적 도식화작용은 순수지
성 개념에서 표상된 통일성을 순수하게 간파될 수 있는 대상성의
본질적 요소로 "형성한다".c 초월적 도식화작용에서 비로소 범주들
은 범주들로서 형성된다. 범주들이 진정한 "근원적 개념들"이라면,
초월적 도식화작용은 근원적이며 본래적으로 개념을 형성하는 작용
일반이다.

따라서 칸트는 포섭을 지적하며 도식장을 소개할 때, 순수인식의
본질구조에서 근원적인 개념성 일반의 내적 가능성에 관한 물음이
발현함을 내보이기 위해, 우리를 중심문제인 초월적 포섭으로 이끌
어가고자 한다.

경험적 개념들은 경험으로부터 얻어지며, 따라서 그것들이 규정
하는 존재자의 사태내용과 "동질적"이다. 대상들에 대한 그러한 개
념들의 적용, 즉 그러한 개념들의 사용은 결코 문제가 아니다.

"그런데 순수지성 개념들은 경험적 (물론 여하튼 감성적인) 직관
들과 비교해보았을 때 완전히 이질적이며 결코 어떠한 직관에서도
발견될 수 없다. 순수지성 개념 아래로의 경험적 직관의 포섭, 즉
따라서 현상에 대한 범주의 적용은 어떻게 가능한가? 왜냐하면 어
느 누구도 범주가, 즉 예를 들어 인과성이 감관을 통해 직관될 수
있다거나, 혹은 현상 안에 포함되어 있다고는 말하지 못할 것이기
때문이다."[133]

범주들의 가능적 사용에 관한 물음에서 범주들의 고유한 본질
자체가 비로소 문제시된다. 이 개념들은 그것들을 "[근원적으로]
형성하는 활동" 일반의 가능성에 관한 물음 앞에 직면한다. 따라서

---

133) A 137 이하, B 176 이하.

c. 얼마큼이나 "반성"?

현상들을 "범주들 아래로" 포섭한다는 언급은 그 문제의 해결을 위한 정식이 아니다. 오히려 바로 '여기에선 도대체 어떤 의미에서 아직 "개념들 아래로의" 포섭이 발언되어야 하는가'라는 물음을 포함한다.

도식화작용의 문제를 포섭의 문제로서 해석하는 칸트의 정식을 우리가 단지 그 문제를 소개하는 의미로만 받아들인다 하더라도, 이 정식화는 도식장의 가장 중심적인 의도와 또한 이와 더불어 그 핵심적인 내용도 암시한다.

개념적으로 표상한다는 것은 어떤 것을 "보편적으로" 표상한다는 것을 의미한다. 개념형성 일반과 더불어서 표상활동의 "보편성"[d]이 문제로 각성되어야 한다. 그런데 존재론적 개념들인 범주들이 경험적 대상들 및 그것들의 개념들과 동질적이지 않다면, 범주들의 "보편성"은 최고 최상의 존재적 "류"가 지닌 단지 등급상으로만 더 높은 단계의 보편성일 수도 없다. 존재론적인 즉 형이상학적인 개념들의 보편성은 어떤 성격의 "일반성"을 지니는가? 그러나 이것은 다음과 같은 물음에 불과할 뿐이다. 존재론을 일반형이상학으로 특징지을 때 "일반"은 무엇을 의미하는가? 순수지성 개념들의 도식화작용의 문제는 존재론적 인식의 가장 내적인 본질에 관한 물음이다.

그러므로 다음과 같은 사실이 선명히 부각된다. 칸트가 도식장에서 근원적 개념들의 개념성 문제를 제기한 뒤, 이 문제를 이 개념들의 본질규정인 초월적 도식들의 도움을 빌어 해소할 때, 순수지성 개념들의 도식론은 일반형이상학을 정초하는 작업의 결정적 단계이다.

포섭의 이념으로의 정위는 초월적 도식화작용의 문제에 대한 일

---

d. 보편성의 근거로서의 "자기동일성" : 자기동일성과 "반성"

차적인 규명작업으로서 자신의 확고한 권리를 갖는다. 그리고 나서 칸트는 그러한 정위로부터 그 문제의 가능적 해결을 위한 밑그림도 끄집어내며, 또한 초월적 도식화작용의 이념을 포섭에 의거하여 잠정적으로 특징지을 수도 있게 된다. 순수지성 개념이 현상과 완전히 이질적이면서도 현상을 규정해야 한다면, 이질성을 중재할 매개자가 하나는 반드시 있어야 한다. "이러한 매개적 표상은 (아무런 경험적 요소도 없이) 순수해야 하는데, 그러나 한편으로는 지성적이고 다른 한편으로는 감성적이어야 한다. 이러한 매개적 표상이 초월적 도식이다."[134] "따라서 현상에 대한 범주의 적용은 초월적 시간규정을 매개로 가능케 된다. 초월적 시간규정은 지성개념의 도식으로서, 범주 아래로의 현상의 포섭을 매개한다."[135]

그러므로 도식화작용 문제의 가장 친근하며 외적인 형태에서, 즉 포섭에 관한 물음에서 초월적 도식화작용의 가장 내적인 의미가 드러난다. 도식장의 비통일성과 혼란성에 관해 항상 불평을 늘어놓을 이유는 전혀 없다. 만약 『순수이성비판』에서 어떤 부분이 매우 날카롭게 세분되어 있고, 용어 한마디 한마디가 신중하게 고려되어 있다면, 그것은 전체 작품 중에서 이 핵심부에 해당한다. 이 핵심부는 그것의 의미로 인해 다음과 같이 명백히 분류될 수도 있다.

1. 포섭의 전승된 이념을 실마리로 한 도식화작용 문제의 소개(A 137, B 176—A 140, B 179 : "도식 그 자체는……").

2. 도식구조 일반에 관한 예비적 분석 그리고 경험적 개념들과 수학적 개념들의 도식화작용(A 142, B 181까지 : "이에 비해 순수지성 개념의 도식은……").

3. 초월적 도식 일반에 관한 분석(A 142, B 182까지 : "모든 양들의 순수형상은……").

---

134) A 138, B 177.
135) A 139, B 178.

4. 범주표를 실마리로 한 개별적인 초월적 도식들에 관한 해석
(A 145, B 184까지 : "사람들은 이 모든 것에 의거해서 ……을 본
다").

5. 범주의 네 부류들을 그에 맞게 시간이 순수하게 형상화될 수
있는 네 가지의 가능성을 고려하여 특징지음(A 154, B 186까지 :
"이로부터 ……이 해명된다").

6. 초월적 도식화작용을 초월의 "참된 유일한 조건"으로 규정함
(A 146, B 185까지 : "……이 또한 시야에 들어온다").

7. 도식화작용을 통해 근거지어진 '범주들의 본질규정'을 비판적
으로 적용함(이 절의 마지막까지).

도식장은 "혼란스럽지" 않고 오히려 비교할 수 없으리만큼 투명하
게 구성되었다. 도식장은 우리를 "혼란스럽게 만들지" 않고, 오히려
『순수이성비판』의 전체적인 논점의 핵심을 향해 전대미문의 확실성
을 가지고 나아간다. 물론 이 모든 것은 초월의 유한성이 형이상학의
내적인 가능성의, 즉 필연성의 근거로서 파악되고, 그로써 이를 근거
로 한 해석이 지반을 차지할 수 있을 때만 분명하게 드러난다.

그러나 물론 칸트 역시 자신의 생애 마지막 해에는 이렇게 기술
한다(1797). "여하튼 도식화작용은 가장 어려운 논점들 중 하나다.
벡(Beck) 씨 자신도 그것을 감수할 수 없다.—나는 이 장을 가장
중요한 장들 중 하나로 간주한다."[136]

정초작업의 다섯번째 단계 : 존재론적 인식의 완전한 본질규정

앞의 단계에서는 초월적 도식화작용을 논의함으로써, 존재론적
종합의 내적 가능성의 근거 및 또한 이와 더불어 정초작업의 목표

---

136)『칸트의 손으로 쓴 유고』, 같은 책 V권, 6359번.

에 도달하였다. 이제 다섯번째 단계가 정초작업의 단계로서 병합될 때, 이 단계는 정초작업을 더 이상은 진척할 수 없고 오히려 이미 얻어졌던 근거를 그 자체로서, 즉 가능적 구조를 고려하여 분명하게 소유해야 한다.

이로써 이제까지 거쳐왔던 단계들은 추가로 합산한다는 의미에서가 아니라, 오히려 존재론적 인식의 본질을 독자적으로 완전하게 규정하는 방식에 따라 통일적으로 획득되어야 한다. 칸트는 이러한 결정적인 본질규정을 "모든 종합판단들의 최상의 원칙"[137] 안에 수록한다. 그런데 존재론적 인식이 바로 초월을 근원적으로 형성하는 것이라면, 최상의 원칙은 초월의 가장 중심적인 본질규정을 포함해야 한다. 그러한 상황이 이제 지적되어야 한다. 이렇게 해서 도달된 근거와 지반을 바탕으로, 칸트의 일반형이상학의 정초작업이 지닌 더 이상의 과제들과 결과들이 조망된다.

제24절 초월의 완전한 본질규정인 최상의 종합적 원칙

이러한 중심적 학설까지도 칸트는 전승된 형이상학에 대한 비판적 태도를 견지하며 소개한다. 전승된 형이상학은 존재자를 "순전한 개념으로부터", 즉 단지 사유를 통해서만 인식하고자 한다. 순전한 사유의 독특한 본질이 일반논리학을 한정한다. 순전한 사유는 주어와 술어의 결합(판단)[a]이다. 이러한 결합은 결합된 표상들 안에

---

137) A 154~158, B 193~197.

a. 주-객-관계 일반과 형식적 분석적 판단을 구분하라. 양자는 동일한 것이 아니다. 분석판단의 최상의 원칙 그리고 모든 판단 일반의 부정적 조건—1935/36년의 겨울학기 강의 [사물에 관한 물음. 초월적 원칙들에 관한 칸트의 이론에 대하여] 173쪽 이하 참고.

서 표상된 것 그 자체만을 규명한다. 이러한 결합은 오로지 규명작
업만을 하는 가운데 "분석적"이어야 한다. 왜냐하면 이러한 결합은
"순전히 표상들과 함께 유희를 벌여왔을 뿐"이기 때문이다.[138]

순전한 사유가 순전한 사유로서 존재하고자 한다면, 순전한 사유
는 표상된 것 그 자체에 "머물러"야 한다. 물론 순전한 사유도 이러
한 구획 안에서 자신의 고유한 규칙들을, 즉 원칙들을 가지고 있는
데, "모순율"이 이러한 원칙들 중 최고의 원칙으로 간주된다.[139] 여
하튼 순전한 사유는 아무런 인식활동도 아니며, 오히려 단지 유한
한 인식의 한 요소, 즉 좀더 자세히 말하자면 필연적인 요소일 뿐이
다. 순전한 사유가 처음부터 유한한 인식의 요소로서 간주된다는
사실이 전제된다면, 완전한 인식을 비로소 근본적으로 규정하는 어
떤 것과 순전한 사유가 맺는 필연적인 관련은 순전한 사유에 입각
하여 충분히 가시화될 수 있다.

술어가 인식의 요소여야 한다면, 관건이 되는 것은 결코 술어와
주어의 관계(명제적-술어적 종합)가 아니다. 오히려 술어가 (좀더
적절히 말하자면, 주어와 술어의 전체적인 연관 중에서) "전혀 다른
어떤 것"과 맺는 "관계"다.[140] 이러한 타자는 존재자 자체인데, 인식
활동은——따라서 또한 거기에 속하는 판단관계는——그 존재자와
반드시 "일치"해야 한다. 그러므로 인식활동은, 앞서 구획지어진 바
있던 순전한 사유 그 자체가 필연적으로 "머물러" 있는 그것을 "넘
어서야" 한다. 칸트는 "전혀 다른 것"과 맺는 이러한 "관계"를 종합
(진리적 종합)이라 명명한다. 인식이 그때마다 전혀 다른 것을 인식
하고 있는 한, 인식 그 자체는 종합적이다. 그런데 순전한 사유에서
의 술어적-명제적 결합도 종합이라고 불려질 수 있기 때문에, 인식

---

138) A 155, B 195.
139) A 150 이하, B 189 이하.
140) A 154, B 193 이하.

의 특정한 종합은 앞서 이미 [존재자를] 제시하는 종합(즉 전혀 다른 종합)으로서 구별된 바 있었다.

그러나 "전혀 다른 것"으로의 이러한 넘어섬은 "매개체"[141] 안에 있을 것을 요구한다. 이 매개체 안에서, 인식자는 자기 자신이 아닌, 또한 자신이 장악할 수도 없는 그러한 "전혀 다른 것"과 만날 수 있다. 존재자를 지향하면서 그것과의 만남을 이루는 이러한 넘어섬을 과연 무엇이 가능케 하며, 형성하는가를 칸트는 이제 다음의 말로 해석한다. "그것은 그 안에 우리의 모든 표상들이 포함되어 있는 총괄자 즉 내감일 뿐이며, 내감의 선험적 형식은 시간이다. 표상들의 종합은 상상력에 의거하나, (판단을 위해 필요한) 표상들의 종합적 통일은 통각의 통일에 의거한다.[b][142]

그러므로 정초작업의 두번째 단계에서 존재론적 인식의 본질적 통일성을 처음 특징지을 때 도입된 바 있던 요소들의 삼중성이 여기에서도 명백히 되풀이된다. 그러나 세번째와 네번째 단계는, 이 세 요소들이 구조적 통일성을 형성하는 방식과 이러한 구조적 통일성을 형성하는 중앙은 초월적 상상력이라는 사실을 보여주었다. 이 때 형성되는 것이 초월이다. 이제 칸트가 초월을 결정적으로 해명하려는 목적에서 이러한 삼중성을 회상할 때, 삼중성은 두번째 단계에서 소개된 바처럼 아직도 모호하게 꿰어진 채로 받아들여져서는 안 된다. 오히려 초월적 도식화작용에서 궁극적으로 드러났던 그 구조의 투명성에 맞게 완전히 현재화되어야 한다. 그리고 이제 이 다섯번째 단계가 지금까지의 단계들을 단적으로 총괄할 때, 두

141) A 155, B 194.
142) 같은 곳.

b. A 216, B 263 참고. 지표(指標)로서의 유추 ; 지표화의 본질! 1930년 여름학기 강의 [인간 자유의 본질에 관하여. 철학으로의 입문. 전집 31권] 152쪽 이하 참고.

번째 단계에서는 단지 문제로서만 비로소 암시되었던 초월의 본질
적 통일성이 [이제는] 철저히 규명되고, 또한 그 가능성의 근거에
입각해 해명된 것으로서 분명히 소유되어야 한다.

따라서 이제 칸트는 인식에서의 유한성의 본질에 관한 모든 문제
를 "경험의 가능성"(Möglichkeit der Erfahrung)[143]이라고 짤막하게
정식화한다. 경험은 존재자를 직관하면서 수용하는 유한한 인식을
의미한다. 존재자가 인식에 대해 대립자로서 주어져야 한다. 그런데
"경험의 가능성"이란 표현에서 "가능성"이란 용어는 독특한 이중성
을 지닌다.

"가능적" 경험은 현실적 경험과 구별되어 사념될 수 있다. 그러
나 "경험의 가능성"에서는 "가능적" 경험˚도 현실적 경험과 마찬가
지로 전혀 문제가 되지 않는다. 오히려 이 양자는 그것들을 처음부
터 가능케 하는 것과 관련해서만 문제가 된다. 따라서 "경험의 가능
성"은 유한한 경험을, 즉 필연적으로 현실적인 경험이 아니라 오히
려 가능적 방식에 따라 현실적인 경험을 가능케 하는 것을 의미한
다. "가능적 방식에 따른" [경험을] 비로소 가능케 하는 이러한 "가
능성"은 전승된 형이상학에서 논의되던 가능성(possibilitas)이며,
따라서 본질(essentia)이나 혹은 실재적인 것(realitas)과 동일한
의미다. "실재적-정의들은 사태의 본질로부터, 즉 가능성의 제1근
거로부터" 얻어진다. 실재적-정의들은 "사태의 내적인 가능성에 따
라 사태를 인식하는 데"[144] 기여한다.

따라서 "경험의 가능성"이 일차적으로 의미하는 바는, 유한한 인

---

143) A 156 이하, B 195 이하.
144) 『논리학강의』, 106절, 주 2, 같은 책 VIII, 447쪽 ; B 302의 주, A 596, B
    624의 주 참고.

c. 어떤 것—가능적 경험의 대상으로서

식을 본질적으로 가능케 하는 것의 합일적 전체성이다. "그러므로 경험의 가능성은 우리의 모든 선험적 인식들에 대해 객관적 실재성을 부여하는 그것이다."[145] 따라서 경험의 가능성은 초월과 동일한 의미다. 초월을 그것의 완전한 본질전체성에 따라 한정한다는 것은 "경험의 가능성의 조건들"을 규정한다는 것을 의미한다.

경험된 것과 구별해서 경험활동으로 이해된 "경험"은 존재자를 자신에게 주어지게끔 해야 하는 수용적 직관활동[d]이다. "하나의 대상을 부여한다"가 의미하는 바는, 그 대상을 "직접 직관 안에 현시한다"[146]는 것이다. 그러나 이것은 무엇을 의미하는가? 칸트는 "(대상의) 표상을 (현실적 경험이든 가능적 경험이든 여하튼) 경험에 관련시키는 것"[147]이라고 답한다. 그러나 이러한 관련이 의미하고자 하는 바는 이렇다. 하나의 대상이 반드시 주어질 수 있기 위해서는, 그에 앞서 이미 "불려들여질" 수 있는 그것을 향한 지향이 발생해야 한다. ⋯⋯을 향한 이러한 선행적인 자기 지향은, 초월론적 연역이 지적했고 초월적 도식화작용이 설명했듯이 존재론적 종합에서 발생한다. ⋯⋯을 향한 이러한 자기-지향이 경험활동의 가능조건이다.

그러나 유한한 인식의 가능성은 두번째 조건을 필요로 한다. 단지 참된 인식만이 인식이다. 그런데 진리는 "객관과의 일치"[148]를 의미한다. 따라서 유한자는 가능적 일치의 기준인 그 무엇과, 즉 [일치의] 척도를 부여하면서 규제하는 그 어떤 것과 미리 만날 수 있어야 한다. 처음부터 대립자의 지평이 열려 있고, 그 자체로서 인지

---

145) A 156, B 195.
146) 같은 곳.
147) 같은 곳.
148) A 157, B 196 이하.

d. 불완전한 [규정]——그러나 여기에서는 중요한 [규정]

될 수 있어야 한다. 이러한 지평이 대상의 대립 가능성과 관련된 대
상의 가능조건이다.^{e}

따라서 유한한 인식의 가능성은, 즉 경험되는 것 그 자체를 경험
할 가능성은 두 가지 조건들하에 있다. 이 두 가지 조건들이 함께
초월의 완전한 본질을 한정해야 한다. 이러한 한정은 하나의 문장
안에서 실현될 수 있다. 이 문장은 종합판단의—즉 유한하게 인식
하는 판단의—가능근거를 진술하며, 또한 그 자체로서 처음부터
"모든 것"에 타당한 문장이다.

칸트는 이러한 "모든 종합판단들의 최상의 원칙"을 궁극적으로
는 어떻게 정식화하는가? 최상의 원칙은 이렇다. "경험 일반의 가능
조건들은 동시에 경험의 대상들의 가능 조건들이다."[149]

이 문장의 결정적 내용은 결코 칸트가 강조했던 용어에 있지 않
고, 오히려 "동시에 ……이다"라는 용어에 있다. 도대체 "동시에
……이다"라는 이 용어는 무엇을 의미하는가? 이것은 완전한 초월
구조의 본질적 통일성을 표현한다. 이러한 본질적 통일성은 지향적
대립화 그 자체가 대상성 일반의 지평을 형성하기에 가능하다. 따
라서 유한한 인식활동에서 ……을 향해 선행적으로 또한 항상 필
연적으로 나아감이란, ……을 향해 부단히 나아가 섬(탈자)을 의미
한다. 그러나 이처럼 ……을 향해 본질적으로 나아가 섬은 바로 그
렇게 서 있는 가운데 하나의 지평을 형성하여 미리 보유한다. 초월
그 자체는 탈자적-지평적이다. 그 자신 합일적인 초월의 이러한 짜
임새를 최상의 원칙은 표현하고 있다.

따라서 최상의 원칙은 간략히 이렇게도 파악된다. 경험활동을 가
능케 하는 것은 동시에 경험될 수 있는 것, 혹은 경험되는 것 그 자

---

149) A 158, B 197.

e. A 237 모든 진리의 원천인 순수지성의 원칙들 참고.

체를 가능케 한다. 즉 초월은 유한자에게 존재자 그 자체를 접근 가
능케 한다. 최상의 종합적 원칙의 정식에서 "동시에 ……이다"라는
표현은, 두 조건들이 항상 동시에 출현한다거나, 혹은 사람들이 이
중 한 조건을 사유할 때 다른 조건도 반드시 사유되어야 한다거나,
혹은 더욱이 두 조건들이 동일하다라는 사실만을 의미하진 않는다.
이 원칙은 결코 사람들이 타당한 경험을 전제할 때 반드시 타당한
것으로서 단초에 놓아야 할 원리, 즉 역추론을 통해 얻은 원리가 아
니다. 오히려 초월의 가장 내적인 통일적 구조에 대한 가장 근원적
인 현상학적 인식의 표현이다. 존재론적 종합을 본질적으로 기투한,
앞서 서술된 단계들에서 그러한 인식이 이미 획득되었다.[150]

제25절 초월과 일반형이상학의 정초작업

　존재론적 종합의 본질의 내적 가능성의 근거를 개현하는 작업은
일반형이상학을 정초하는 작업의 과제로서 규정되었다. 그리고 존
재론적 인식은 초월을 형성하는 것으로서 입증되었다. 따라서 초월
의 완전한 구조에 대한 통찰은, 존재론적 인식의 전체적인 고유한
성격에 대한, 즉 존재론적 인식의 인식활동 및 존재론적 인식에 의
해 인식된 것에 대한 조망을 이제야 비로소 가능케 한다.
　인식활동은 유한한 것으로서, 스스로를 부여하는 것[존재자]을
수용하면서 사유하는 직관활동이어야 하며, 더욱이 순수한 직관활

---

150) 최상의 종합적 원칙에 대한 앞서의 해석은, 그러한 원칙이 과연 얼마큼이
　　나 선험적 종합판단의 본질을 규정하는 동시에 또한 올바르게 이해된 형
　　이상학적 근거율로서 요청될 수 있는가를 밝혀준다. 하이데거, '근거의
　　본질에 관하여', 『후설을 위한 축하 기념 논문집』(철학적 현상학적 연구
　　를 위한 연보의 증보판), 1929, 71쪽 이하, 특히 79쪽 이하(또한 별쇄본으
　　로도 출간되었음, 6판, 1973, 16쪽 이하) 참고

동이어야 한다. 순수 직관활동은 순수 도식화작용이다. 순수인식의
3요소들의 순수통일성은 "초월적 시간규정"인 초월적 도식의 개념
에서 표현된다.

존재론적 인식활동은 도식을-형성할 때, 이와 함께 스스로 순수
한 상(형상)을 창조한다(형성한다). 그렇다면 초월적 상상력에서 발
생하는 바로 이 존재론적 인식은 "창조적"이지 않은가? 그리고 존
재론적 인식활동이 초월을 형성하는 반면에 초월은 유한성의 본질
을 완성한다면, 존재론적 인식의 "창조" 성격으로 인해 초월의
유한성은 파괴되지 않는가? 유한자는 이러한 "창조적" 태도로 인해
실로 무한자로 변모하지 않는가?

그러나 원본적 직관의 경우에는 직관되는 존재자가 생성된 상태
에 있고 생성된 것으로서 존재할 뿐 결코 대상은 될 수 없다. 그런
데 도대체 존재론적 인식도 원본적 직관처럼 그렇게 "창조적"인가?
도대체 이러한 "창조적인" 존재론적 인식에서 존재자가 "인식되는
가", 즉 그 자체로서 창조되는가? 전혀 그렇지 않다. 존재론적 인식
은 존재자를 창조하지 못할 뿐더러, 여하튼 존재자와는 주제적으로
든 직접적으로든 아무런 관련도 맺지 않는다.

그렇다면 무엇과 관련을 맺고 있는가? 이러한 인식활동에 의해
인식된 것은 무엇인가? 무(無)다. 칸트는 이것을 X라고 명명하며
"대상"에 관해 언급한다. 이 X는 얼마큼이나 무(無)이며 또한 그러
나 얼마큼이나 "어떤 것"인가? 존재론적 인식에서 인식된 것에 관
한 이 물음에 대한 답변은, 칸트가 이 X에 관해 언급하는 두 주요
구절들에 관한 간략한 해석을 통해 얻어질 수 있을 것이다. 첫구절
은 초월론적 연역의 도입부에 특징적인 모습으로 있다.[151] 둘째 구
절은 "모든 대상들 일반을 현상체와 가상체로 구별하는 근거에 관

---

151) A 108 이하.

하여"[152]라는 제목의 절(節)에서 발견된다. 이 절은 『순수이성비판』
의 구조내에서 일반형이상학에 대한 적극적인 정초작업을 완결하는
절이다.

첫구절의 내용은 이렇다. "이제 우리는 또한 대상 일반에 관한 우
리의 개념들을 좀더 올바르게 규정할 수 있을 것이다. 모든 표상들
은 표상들로서 자신들의 대상을 가지며, 그 자체는 다시 다른 표상
들의 대상들일 수 있다. 현상들은 우리에게 직접 주어질 수 있는 유
일한 대상들이며, 이러한 현상들에서 직접 대상과 관련을 맺는 것
은 직관이라 불린다. 그런데 이러한 현상들은 물자체들이 아니라,
오히려 그 자체는 단지 다시 자신의 대상을 갖는 표상들일 뿐이다.
그러므로 이러한 대상은 우리에 의해서는 더 이상 직관될 수 없으
며, 따라서 비경험적인, 즉 초월적인 대상 = X라고도 명명될 수 있
을 것이다."

현상에서 [우리에게] 직접 마주 서 있는 것은 직관이 [우리에게]
부여하는 것이다. 그런데 현상들 자체는 "단지 표상들일 뿐"이지
물자체들은 아니다. 현상들 속에서 표상된 것은 ……을 향한 수용
적인 자기-지향에서만, 또한 그것에 대해서만 자신을 내보인다. 그
러나 표상된 것 자체는 "다시 자신의 대상을 지녀야"만 한다. 이뿐
아니라 ……을 향한 수용적인 자기-지향은, 자립적인 존재자와의
만남이 가능한 지평을 형성하기 위해 대립자 일반의 성격을 지닌
어떤 것을 여하튼 미리 부여해야 한다. 그러므로 선행적 지향이 '향
하는 그곳'은 경험적 직관의 의미로는 우리에 의해 더 이상 직관될
수 없다. 하지만 이러한 '그곳'은 순수직관 안에서 직접적으로 인지
될 수 있는 필연성을 배제하지 않고 오히려 포함한다. 따라서 선행
적 지향이 '향하는 그곳'은 "비경험적 ……대상 = X라고 명명될"

---

152) A 235 이하, B 294 이하.

수 있다.

"우리의 모든 표상들은 사실상 지성을 통해 여하튼 어떤 객관과 관련된다. 그리고 현상들은 표상들 이외의 다른 것이 아니기에, 지성은 그것들을 어떤 것에, 즉 감성적 직관의 대상에 관련시킨다. 그러나 직관 일반의 대상인 이 어떤 것은, 이러한 한에서, 단지 초월적 객관일 뿐이다. 초월적 객관은 어떤 것 = X를 의미하는데, 이것에 관해 우리는 아무것도 알지 못하며, 더욱이 (우리 지성의 현구조에 의해서는) 여하튼 아무것도 알 수 없다. 오히려 초월적 객관은 단지 통각의 통일의 상관자로서, 감성적 직관에서의 다양을 통일하는 데 기여할 수 있을 뿐이며, 이러한 통일을 매개로 지성은 그 다양을 대상의 개념으로 합일한다."[153]

X는 우리가 그것에 관해서는 도무지 아무것도 알 수 없는 "어떤 것"이다. 그러나 X가 파악될 수 없는 까닭은, 이 X가 존재자로서 현상들의 층 "배후에" 숨어 있기 때문이 아니라, 오히려 단적으로 결코 지식의 가능적 대상이 즉 존재자에 관한 인식을 소유하는 가능적 대상이 될 수 없기 때문이다. X는 무(無)이기 때문에 결코 그러한 대상이 될 수 없다.

무(無)는 존재자를 의미하진 않지만, 그럼에도 불구하고 "어떤 것"을 의미한다. 그것은 "단지 상관자로서만 기여한다." 즉 그것은 그 본질상 순수지평이다. 칸트는 이 X를 "초월적 대상"으로, 즉 초월 안에서 초월을 통해 초월지평으로서 간파될 수 있는 저항자로 명명한다. 그런데 존재론적 인식에서 인식된 X가 그 본질상 지평이라면, 이러한 인식활동은 또한 이 지평을 그것의 지평성격에 맞게 열어두어야 한다. 그렇다면 이 어떤 것은 직접 오로지 사념된 것일 뿐 파악의 주제가 되어선 안 된다. 지평은 비주제적이긴 하나, 그럼

---

153) A 250 ; 이곳은 칸트 자신에 의해 수정된 텍스트다. 부록들, CXXXIV
     참고.

에도 불구하고 시야에 들어와 있어야 한다. 오직 이러할 때만 지평은 거기에서 만나게 되는 것 그 자체를 주제로 내세울 수 있다.

X는 "대상 일반"이다. 그것은 일반적인 무규정적인 대립자를 의미하지 않는다. 오히려 이러한 표현은 대립해 있는 모든 가능적 대상들을 처음부터 덮어씌우고 있는 것, 즉 대립의 지평을 의미한다. 만약 대상이 주제적으로 파악된 존재자와 같은 것을 뜻한다면, 이러한 지평은 물론 대상이 아니라 무(無)다. 그리고 인식이 존재자에 관한 파악을 뜻한다면, 존재론적 인식은 결코 인식이 아니다.

그러나 존재론적 인식에 진리가 귀속한다면, 존재론적 인식도 당연히 인식이라 명명된다. 하지만 존재론적 인식은 단지 진리를 "지닐" 뿐 아니라, 또한 근원적 진리다. 그렇기 때문에 칸트는 이러한 진리를 "초월적 진리"라 명명하는데, 그것의 본질은 초월적 도식화 작용을 통해 해명된다. "모든 가능적 경험의 전체 안에 우리의 모든 인식들이 놓여 있다. 그리고 모든 경험적 진리에 선행하면서 그것을 가능케 하는 초월적 진리는 가능적 경험과의 보편적 연관 안에 존립한다."[154]

존재론적 인식은 초월을 "형성한다". 그리고 초월을 형성한다는 것은 바로 존재자의 존재가 선행적으로 간파될 수 있는 지평을 열어 보유한다는 의미다. 진리가 ……의 비은폐성을 의미한다면, 초월은 근원적 진리다. 진리 자체는 존재의 개현성과 존재자의 개방성으로 나누어져야 한다.[155] 존재론적 인식이 지평을 개현할 때, 존재론적 인식의 진리는 바로 그 지평 안에서 존재자와의 만남을 이루게 한다는 점에 있다. 칸트는 이렇게 말한다. 존재론적 인식은 단지 "경험적으로만 사용"된다. 즉 존재론적 인식은 자신을 내보이는 존재자를 경험하는 유한한 인식을 가능케 하는 데 기여한다.

---

154) A 146, B 185.
155) 『근거의 본질에 관하여』, 같은 책, 75쪽 이하, 7판, 1983, 11쪽 이하 참고.

따라서 언제나 단지 존재론적일 뿐 결코 존재적이지는 않은 "창조적" 인식이 초월의 유한성을 파괴하느냐, 혹은 이러한 인식이 유한한 "주관"을 그것의 본래적인 유한성으로 함몰시키는 것은 아니냐 하는 물음은 적어도 아직은 유보되어야 한다.

존재론적 인식에 관한 이러한 본질규정에 따르면, 존재론은 바로 순수인식의 체계적 전체를, 그것이 초월을 형성하는 한에서 명백하게 개현하는 작업이다.

그런데도 칸트는 "존재론이라는 거만한 이름"[156]을 "초월론적 철학"이란 이름으로, 즉 초월을 본질적으로 개현하는 작업이란 이름으로 대체하고자 한다. "존재론"이라는 칭호가 전승된 형이상학의 의미에서 받아들여지는 한, 칸트의 이러한 칭호 변경은 정당하다. 이러한 전승된 존재론은 "감히 사물들 일반에 관한 선험적 종합인식을 준다고 우쭐대고 있다." 이러한 전승된 존재론은 단지 무한자에게만 귀속될 수 있는 선험적인 존재적 인식으로 자신을 끌어올리고 있다. 그러나 이러한 존재론이 자신의 "월권"과 함께 그 "거만함"을 벗어버린다면, 즉 자신을 자신의 유한성에서 파악한다면, 혹은 자신을 유한성의 필연적인 본질구조로서 파악한다면, "존재론"이라는 표현에 비로소 그것의 진정한 본질이 부여되며, 그로써 그 표현의 사용도 정당화된다. 형이상학의 정초작업을 통해 비로소 안전하게 확보된 이러한 의미에 따라 칸트 자신도 "존재론"이란 표현을 사용한다. 그것도 더욱이 형이상학 전체의 윤곽을 제시하는『순수이성비판』의 결정적인 장소에서 그런 표현을 사용한다.[157]

그렇지만 일반형이상학의 변화와 함께 전승된 형이상학의 건축지반은 흔들리며, 이로써 특수형이상학의 본래적인 건축구조는 동

---

156) A 247, B 303.
157) A 845, B 873 참고. "존재론"이란 칭호는『진보에 관하여』에서도 사용됨.

요한다. 하지만 이 광범위한 논점을 여기에서 논의하지는 말자. 왜 냐하면, 이를 위해서는, 칸트가 초월론적 감성론과 초월론적 논리학 의 통일에서, 즉 일반형이상학의 정초작업에서 도달하였던 바를 좀 더 근원적으로 획득함으로써만 얻게 되는 그런 준비가 필요하기 때 문이다.

제3장
형이상학의 정초작업의 근원성

　이제까지 도달한 정초작업은 도대체 훨씬 더 근원적으로 파악될
수 있는가? 근원성을 향한 이 끊임없는 쇄도는 공허한 호기심이 아
닌가? 이러한 쇄도는 더욱 잘 알고자 하는 모든 욕구가 운명적으로
그렇듯 비참하게 꾸지람을 받진 않는가? 그러나 무엇보다 이러한
쇄도는 칸트의 철학 행위를 그에게 낯설기만한 척도 쪽으로 몰아붙
여, 이로써 모든 것은 항상 부당한 "밖으로부터의" 비판에서 종결
되지 않는가?

　칸트의 정초작업의 근원성에 관한 물음은 처음부터 이러한 험준
한 길을 따르려 하지 않을 것이다. 근원성에 관한 구명이 결코 논쟁
이란 의미의 비판이 되지 않고 오히려 항상 해석으로 남아야 한다
면, 근원성에 관한 여기에서의 주도적 이념은 칸트의 정초작업 자
체로부터 끄집어내어져야 한다. 근원의 차원을 향해 들어서서, 이로
써 "인식의 근본적 원천들"의 원천척 근거를 찾아나서는 칸트의 노
력을 주도적으로 앞서 바라보며, 거기에 대해 물음을 던지는 작업이
필요하다. 이러한 작업이 이루어질 수 있도록 하기 위해 미리 명확히
한정되어야 할 것은, 도대체 이제까지의 정초작업에서 '놓여진 근거'

자체가 일차적으로, 또한 궁극적으로 무엇을 의미하는가의 여부다.

A. 정초작업에서 '놓여진 근거'에 대한 명확한 성격묘사

제26절 존재론적 인식을 형성하는 중간자인 초월적 상상력

일반형이상학의 정초작업은 존재론적 인식의 본질적 통일성 및 통일성의 가능근거에 관한 물음에 답변한다. 존재론적 인식은 초월을 "형성한다". 즉 순수도식들을 통해 미리 간파될 수 있는 지평을 열어 보유한다. 이 순수도식들은 초월적 상상력의 "초월적 산물"로서 "발원한다".[1] 초월적 상상력은 근원적인 순수종합으로서, 순수직관(시간)과 순수사유(통각)의 본질적 통일성을 형성한다.

그러나 초월적 상상력이 처음으로 중심 테마가 되었던 곳은 초월적 도식론이 아니라, 오히려 이미 그에 앞선 정초작업의 단계인 초월론적 연역이었다. 초월적 상상력은 근원적인 합일활동을 떠맡아야 하기에, 이미 존재론적 인식의 본질적 통일성을 처음 특징짓는 단계에서, 즉 정초작업의 두번째 단계에서 반드시 명명되어야 한다. 따라서 초월적 상상력은 존재론적 인식의 내적 가능성 및 이와 더불어 일반형이상학의 내적 가능성이 의존해 있는 근거다.

칸트는 순수상상력을 "영혼의 불가결한 기능"[2]으로 소개한다. 따라서 형이상학에 '놓여진 근거'를 명확히 파헤쳐 드러내는 과제는 인간 영혼의 능력을 좀더 상세히 규정한다는 것을 의미한다. 만약 칸트의 고유한 발언처럼 형이상학이 "인간의 본성"에 속한다면, 형

---

1) A 142, B 181.
2) A 78, B 103.

이상학의 정초작업이 마침내 그러한 과제에 이르게 된다는 사실은 "자명"하다. 그러므로 칸트가 수년에 걸쳐 자신의 강의들에서 다루어 왔던 『인간학』은 형이상학에 '놓여진 근거'에 대해 해명해야 한다.[3]

"상상력은 대상이 현존하지 않아도 [대상을] 직관하는 능력이다."[4] 따라서 상상력은 직관능력에 속한다. 인용된 정의(定義)에서는 우선 존재자에 대한 경험적 직관이 직관으로 이해된다. "감성적 능력"인 상상력은 인식능력에 속하는데, 인식능력은 감성과 지성으로 나누어지며 이 가운데 감성이 "하위의" 인식능력을 명시한다. 상상력은 "대상이 현존하지 않아도" 감성적으로 직관하는 방식이다. [상상력에 의해] 직관된 존재자는 스스로 현전(現前)해 있을 필요가 없고, 더 더욱 상상활동은 '자신에 의해 직관으로 수용된 것'을 현실적인 전재자(前在者)로서, 혹은 단지 그러한 것으로도 직관하지 않는다. 이것은 객관이 "현재해 있는 것으로 반드시 표상되어야 하는"[5] 지각과는 다른 경우다. 상상력은 그에 해당하는 직관된 것이 자신을 스스로 존재자로서 내보이거나 혹은 오직 자신의 힘만으로 상(像)을 조달하지도 않아도, 하나의 상을 직관하면서 수용"할 수 있다".

그러므로 우선 상상력에는 존재자에 대한 어떤 독특한 비(非)구

---

3) 칸트가 자신의 『인간학』,『순수이성비판』,『판단력비판』, 그리고 다른 여타의 논문들과 강의들에서 상상력에 관해 강의한 내용을 집중적으로 서술하고 해석하는 과제를 뫼르헨(H. Mörchen)은 자신의 마르부르크 대학 학위논문인 「칸트에서의 상상력」(1928)에서 다루었다. 이 논문은 『철학과 현상학적 연구를 위한 연보』 XI권에 발표되었다. 이 논문은 오로지 형이상학의 정초작업의 주도적 문제에만 방향을 맞춰 가장 필요한 사항만을 서술하고 있다.
4) 칸트,『실용적인 관점에서 본 인간학』, WW(Cass.) VIII, 28절, 54쪽.
5) 라이케,『칸트의 유고에서 나온 흐트러진 종이조각들』, 1889, 102쪽.

속성이 있다. 상상력은 상들을 수용할 때 자유로이 활약한다. 즉 상
상력은 상들을 스스로 일정한 방식에 따라 자신에게 부여하는 능력
이다. 따라서 상상력은 독특한 이중적 의미에서 형성활동을 하는
능력으로 명명될 수 있다. 직관능력으로서의 상상력은 형상을-(상
을-)제공한다라는 의미에서 형성활동을 수행한다. 직관가능한 존재
자의 현전성에 의존하지 않는 능력으로서의 상상력은 스스로의 힘
으로 형상을 실현한다. 즉 형상을 창조하며 형성한다. 이러한 "형성
력"은 [형상을] 받아들이는 (수용적인) 동시에 창조도 하는 (자발적
인) "형성활동"이다. 이 "동시에"라는 성격에 상상력 구조의 본래적
인 본질이 놓여 있다. 수용성이 감성을 그리고 자발성이 지성을 의
미한다면, 상상력은 이 양자 사이에 독특한 방식으로 소속된다.[6] 이
로 인해 상상력은 아주 애매한 성격을 지니는데, 이러한 성격은 이
능력에 대한 칸트의 각종 규정들에서도 명백히 드러난다. 인식능력
들을 두 가지의 근본 부류로 나눌 때, 칸트는 상상력을 그것의 자발
성에도 불구하고 감성에 집어넣는다. 이로써 칸트에게서는 형상을
제공한다라는 의미의 형성활동(직관활동)이 결정적으로 중요하며,
이러한 점은 상상력의 정의에서도 표명된다.

그러나 칸트에게서 상상력은 자유로운 활동력을 근거로 [각종 표
상들을] 비교하며, 형태를 만들고, 조합하며, 구별하고, 여하튼 결합
(종합)하는 능력이다. 그러므로 "상상활동"은 가장 넓은 의미에서
의 모든 비(非)지각적인 표상활동, 즉 생각, 고안, 안출(案出), 꾸며
냄, 착상 등을 의미한다. 따라서 "형성력"은 재치와 분별력의 능력
즉 비교능력 일반과 하나가 된다. "감관은 우리의 모든 표상들에 대
한 재료를 부여한다. 이런 재료를 가지고서 첫째로는 형성능력이
대상들의 현존과는 무관하게 표상들을 만든다. 이런 형성능력이 형

---

6) 이미 아리스토텔레스에게서 아이스테시스($a\check{\iota}\sigma\vartheta\eta\sigma\iota\varsigma$)와 노에시스($\nu\acute{o}\eta\sigma\iota\varsigma$)
   "사이에는" 판타시아($\varphi\alpha\nu\tau\alpha\sigma\acute{\iota}a$)가 성립한다. 『영혼론』, Γ3.

성력, 즉 상상력이다. 그리고 두번째로는 비교능력 즉 재치와 분별력[이], 그리고 셋째로는 표상들을 그것들의 대상과 직접적으로가 아니라 오히려 대표적 표상을 매개로 결합하는, 즉 표현하는 능력[이 대상들의 현존과는 무관하게 표상들을 만들어낸다]."[7]

그러나 이처럼 상상력은 자발성의 능력에 부속함에도 불구하고 여전히 직관적 성격을 보유한다. 상상력은 직관적인 현시의, 즉 부여의 능력이다. 그런데 현전하지 않는 대상을 직관적으로 표상하는 활동은 이중적일 수 있다.

직관적 표상활동이 앞서 지각된 것을 오로지 현재화를 통해 되불러오는 데 한정된다면, 이러한 상 자체는 이전의 지각이 제시해준 앞서의 상에 의존한다. 따라서 앞서의 것을 다시 포착하는 이러한 현시는 그 앞서의 것으로부터 자신의 내용을 이끌어내는 현시(파생적 현시)다.

그렇지만 상상력을 통해 대상의 모습이 자유롭게 그려진다면, 대상의 상에 대한 이러한 현시는 "근원적" 현시(원본적 현시)다. 이 경우 상상력은 "생산적"[8] 상상력이라 불린다. 그러나 이러한 근원적 현시는 직관활동을 통해 존재자 자체를 창조하는 원본적 직관처럼 "창조적"이진 않다. 생산적 상상력은 일정한 조건하에서는 아마 산출될 수도 있는 가능적인 대상의 상만을, 즉 현전케 될 수도 있는 대상의 상만을 형성한다. 그러나 상상활동 자체만으로는 이러한 산출이 실행되지 않는다. 더욱이 상상력의 생산적 형성활동은, 그것이 또한 그 형상적 내용을 단지 무(無)로부터만, 즉 결코 어디에서건 경험되지 않은 것으로부터만 형성할 수 있을 것이라는 의

---

7) 에르드만, 『반성들 I』, 118. 『칸트의 손으로 쓴 유고』, 같은 책 II, 1권, 339번. 푀리츠, 『형이상학에 관한 칸트의 강연들』, 1821년판 이후 슈미트(K. H. Schmidt)에 의해 새롭게 출판된 2판, 1924, 141쪽 참고.
8) 『인간학』, 같은 책 VIII, 28절.

미로는 결코 "창조적"이지 않다. 왜냐하면 상상력은 "그 이전에 우리의 감관능력에 결코 주어진 바 없던 감각적 표상을 산출할 수 없고, 더욱이 사람들은 감각적 표상에 대한 질료를 항상 입증할 수 있기 때문이다."[9]

이것이 상상력 일반과 또한 특히 생산적 상상력에 관해『인간학』이 우리에게 알려준 정보의 본질이다.『인간학』은『순수이성비판』에서의 정초작업이 이미 논구했던 것 이상을 포함하진 않는다. 오히려 그 반대다. 상상력이 감성과 지성 사이의 중간능력이라는 사실을 초월론적 연역과 도식화작용의 구명들은『인간학』과는 비교도 안 될 만큼 더 근원적으로 밝혀놓았다.

그러나 상상력은 대상이 현전하지 않아도 대상을 직관적으로 표상할 수 있는 능력이다라는 상상력의 정의가『순수이성비판』의 정초작업을 고찰하는 과정에서는 적어도 발견되지 않았다. 하지만 이러한 정의가 분명히 초월론적 연역에서, 특히 '재판'에서[10] 맨처음 등장한다라는 사실을 도외시하더라도, 초월적 도식화작용에 대한 강조는 실로 상상력의 정의에서 명명된 이러한 성격을 도대체 이미 지적해주지 않았는가?

상상력은 존재자에 대한 경험에 앞서 대상성 그 자체의 지평의 상을 미리 형성한다. 시간의 순수형상 안에서 이처럼 상을 형성하는 활동은 존재자에 관한 이러저러한 경험에 앞서 있을 뿐 아니라, 또한 처음부터 항상 모든 가능적 경험에 앞서 있다. 따라서 이처럼 상을 제시할 때 상상력은 존재자의 현전성에 처음부터 결코 의존하지 않는다. 이러기는커녕 오히려 예컨대 실체의 순수도식을, 즉 지속성을 앞서 형성하는 상상력의 활동은 지속적 현전성과 같은 것을 여하튼 미리 주목하는데, 지속적 현전성의 지평 안에서야 비로소

9) 같은 곳.
10) B 151.

"한 대상의" 이러저러한 "현존" 그 자체는 자신을 내보일 수 있다. 따라서 [대상이] 현존하지 않아도 [대상을] 직관할 수 있는 상상력의 본질은 초월적 도식화작용에서 원칙상 더욱 근원적으로 파악된다.

끝으로 실로 도식화작용은 상상력의 "창조적" 본질을 훨씬 더 폭넓은 의미에서 내보이기도 한다. 상상력은 물론 존재적으로는 결코 "창조적"이지 않다. 그러나 형상들을 자유로이 형성한다는 점에서는 "창조적"이다. 『인간학』이 지적한 사항은, 생산적 상상력까지도 감각적 표상들에 의존해 있다라는 사실이다. 이에 비해 초월적 도식화작용을 통해 상상력은 시간의 순수형상 안에다 [상을] 근원적으로 현시한다. 상상력은 결코 경험적 직관을 필요로 하지 않는다. 따라서 『순수이성비판』은 [상상력의] 직관적 성격뿐 아니라 자발성까지도 더욱 근원적인 의미에서 내보인다.

따라서 존재론에 '놓여진 근거'인 상상력에 관해 더욱 근원적인 것을 『인간학』으로부터 경험해보려는 시도는 어떤 방식으로든 무위에 그치고 만다. 이뿐 아니라, 그러한 시도는 여하튼 하나의 실책이다. 왜냐하면 그러한 시도는 칸트의 『인간학』의 경험적 성격을 오인하였고, 또한 다른 한편으로는 『순수이성비판』에서의 정초작업의 고찰과 근원을 개현하는 작업의 독특함을 고려하지 못하였기 때문이다.

칸트의 『인간학』은 이중적 의미에서 경험적이다. 우선은, 영혼의 능력들에 관한 성격묘사가 인간에 관한 일반적 경험이 제시하는 지식의 테두리 안에서 이루어진다. 둘째로는, 영혼의 능력들 자체, 예를 들어 상상력은 처음부터 오로지 그것들이 경험가능한 존재자와 관련되어 있다라는 그 사실 및 그 방식을 근거로 해서만 고찰된다. 『인간학』이 다루는 생산적 상상력은 경험적으로 가능한 혹은 불가능한 대상들의 상들을 형성하는 활동에만 항상 관계한다.

이에 비해 『순수이성비판』의 생산적 상상력은 대상들의 형성에

는 결코 관계하지 않고, 오히려 대상성 일반의 순수한 상에 관계한
다. 그것은 몰(沒)경험적인 상상력, 즉 경험을 비로소 가능케 하는
순수한 생산적 상상력이다. 모든 생산적 상상력이 순수한 것은 아
니다. 그러나 지금 성격묘사된 의미의 순수상상력은 필연적으로 생
산적이다. 이러한 생산적 상상력은 초월을 형성하는 한, 당연히 초
월적 상상력이라 불리게 된다.

『인간학』은 초월에 관한 물음을 결코 제기하지 않는다. 그럼에도
불구하고『인간학』의 도움을 빌어 상상력을 더욱 근원적으로 해석
하고자 했던 그 좌절된 시도는, 근본적으로 그 자체가 결코 순전히
경험적일 수 없는 영혼의 능력에 대한 경험적 해석에는 언제나 이
미 초월적 구조들에 대한 지시가 들어 있다라는 사실을 밝혀주었
다. 그러나 초월적 구조들은『인간학』에서는 근거지어질 수 없을
뿐더러, 또한 도저히『인간학』을 단순히 수용한 채로『인간학』으로
부터는 얻어질 수도 없다.

그런데 초월을 개현하는 작업을, 즉 순수종합을 파헤쳐 드러내는
작업을, 그리고 이와 함께 상상력을 해석하는 작업을 이행하는 인
식활동은 도대체 어떤 유형인가? 칸트가 이러한 인식유형을 "초월
론적" 인식유형이라 명명할 때, 이로부터 추론될 수 있는 점은, 이
러한 인식유형이 초월을 주제로 삼고 있다는 사실뿐이다. 그러나
이러한 인식활동의 방법적 성격은 무엇인가? 근원으로의 귀환은 어
떻게 발생하는가? 이에 대해 만족할 만한 명확성이 결여되어 있는
한, 그 어떤 근원적인 일보(一步)도 정초작업에서는 내딛을 수 없다.

"초월론적 방법"에 관한 명확한 구명은 표면상 이러한 고찰의 시
점에서는 더 이상 우회할 수 없는 듯 보인다. 그러나 이러한 방법이
설명되었다고 가정하더라도, 근원적 차원 자체가 요구하는 귀환의
방향을 '이제까지 놓여진 근거' 자체로부터 읽어내야 한다는 과제는
항상 여전히 남아 있다. 사태들 자체에 의해 미리 그려진 방향으로

의, 즉 사태들 자체를 가능한 더욱 근원적으로 해석하는 방향으로
의 이러한 선회가 물론 성공하느냐의 여부는, 오로지 칸트의 이제
까지의 정초작업이 혹은 정초작업에 대한 해석이 과연 이러한 선회
를 안내하기에 근원적이며 충분했던가의 여부에 달려 있다. 그렇지
만 단지 현실적으로 수행되었던 시도만이 그 여부를 결정할 수 있
다. 우선은 자명한 듯 보였던 칸트의 『인간학』으로의 길은 잘못된
길임이 입증되었다. 그러나 존재론적 종합의 내적 가능성의 근거로
서 드러났던 현상에, 즉 초월적 상상력에 확고히 머물면서 더욱 확
장된 해석을 견지해야 한다라는 필연성은 더욱더 명확해진다.

제27절 제3의 근본능력인 초월적 상상력

"우리의 심성의" 능력들을 "초월적 능력들"로서 이해함이 우선
의미하는 바는, 이 능력들이 초월의 본질을 가능케 하는 방식을 근
거로 이 능력들을 개현한다는 것이다. 여기에서의 능력은 영혼 안
에 전재(前在)하는 "근본적인 힘"을 의미하지 않는다. 오히려 이제
"능력"은 그러한 현상을 "가능케 할 수 있는" 능력을 의미한다. 즉
존재론적 초월의 본질구조를 가능케 하는 것을 의미한다. 이제 능
력은 앞서[11] 설명한 의미대로 "가능성"과 같은 것을 뜻한다. 따라서
이처럼 이해된 초월적 상상력은 겨우 순수직관과 순수사유 사이에
서 출현하는 능력일 뿐 아니라, 더욱이 이 양자의 근원적 통일 및
초월 전체의 본질적 통일도 가능케 하는 "근본능력"이다. "그러므
로 우리는 모든 선험적 인식의 근저에 있는 인간 영혼의 근본능력
인 순수상상력을 지니고 있다."[12]
"근본능력"이 동시에 의미하는 바는, 순수상상력은 그것과 함께

11) 이 책의 제24절, 189쪽 이하 참고.
12) A 124.

초월의 본질적 통일성을 형성하는 여타의 순수요소들로 환원될 수
없다는 사실이다. 따라서 칸트 역시 존재론적 인식의 본질적 통일
성을 결정적으로 특징지을 때 다음의 세 요소들을, 즉 순수직관(시
간), 상상력에 의한 순수종합, 그리고 순수통각의 순수개념들[13]을
명확히 열거한다. 동일한 연관에서 칸트는 "앞으로 우리는" 상상력
이, 즉 "그것 없이는 우리가 도무지 아무런 인식도 갖지 못할 영혼
의 불가피한 기능"이 어떤 방식으로 작용하는지를 "보게 될 것이
다"라고 강조한다.

언급된 요소들의 삼중성은 초월론적 연역에서 그것들의 가능적
통일성과 관련하여 구명되며, 또한 도식화작용을 통해 근거지어진
다. 도식화작용은 이 밖에도 순수 도식화작용의 이념을 소개할 때,
다시 존재론적 인식의 세 가지 순수요소들을 동일하게 열거한다.
그리고 끝으로 모든 종합판단들의 최상의 원칙에 대한 구명, 즉 초
월의 완전한 본질에 대한 궁극적인 규정은 언급된 세 요소들을 "선
험적 순수종합판단들을 가능"케 하는 "세 원천들로서" 열거하며 시
작된다.

그런데 『순수이성비판』의 첫부분과 끝부분에서 칸트에 의해 분
명히 제시된 설명은, 이 작품 자체의 내적인 논점에 입각해 초월적
상상력을 순수감성 및 순수지성과 나란한 제3의 근본능력으로 해석
한 이 일목요연한 특성묘사에 어긋난다.

"심성의 두 근본원천들, 즉 감성과 지성"만이 존재한다. 이러한
"우리의 인식력의 두 줄기들"만이 존재한다. "이 두 인식원천들 외
에 우리는 다른 인식원천은" 갖지 "않는다."[14] 초월론적 연구 전체
를 초월론적 감성론과 초월론적 논리학으로 양분하는 것도 이러한
테제에 상응한다. 초월적 상상력은 고향이 없다. "직관능력"인 초월

---

13) A 78 이하, B 104.
14) 이 책의 제6절, 103쪽 이하 참고.

적 상상력이 본래적으로 속해 있을 법한 초월론적 감성론에서도 초
월적 상상력은 논의되지 않는다. 초월적 상상력은 오히려 초월론적
논리학의 주제인데, 그러나 논리학이 사유 그 자체에 [대한 논의에]
머물러 있는 한, 엄격히 말해 초월론적 논리학에 존재해선 안 될 것
이다. 그러나 이러한 감성론과 논리학은 순수직관과 순수사유의 총
합일 뿐 아니라 이 양자의 고유한 근원적 통일성이기도 한—이러
한 통일성 안에서 순수사유와 순수직관은 단지 요소들로서만 기능
한다—초월에 처음부터 정위되어 있으므로, 이 양쪽의 성과는 양
자 자체를 넘어섬에 틀림없다.

　과연 이러한 성과를 칸트가 회피할 수 있었을까? 혹은 그가 줄기
들의 이중성의 이론을 위해 앞서 언급된 근본능력의 삼중성을 이를
테면 은닉해버렸을 것이라는 사실이 과연 그의 사유방식과 조금이
라도 일치할 수 있는가? 그러기는커녕 오히려 칸트는 형이상학을
정초하는 진행과정의 한복판에서, 즉 초월론적 연역의 도입부의 결
론과 초월론적 연역의 본래적인 수행의 출발점에서, 마치 자신은
줄기들의 이중성을 결코 확정한 바 없었던 듯이 "영혼의 세 근원적
인 원천들"에 관해 분명히 언급한다.

　"그러나 세 가지 근원적인 원천들(영혼의 세 가지 기능들 혹은
능력들)이 있다. 이 원천들은 모든 경험의 가능조건들을 포함하며,
그것들 자체는 심성의 어떤 다른 능력으로부터도 파생될 수 없다.
즉 그것들은 감관, 상상력, 그리고 통각이다. ……이 모든 능력들은
경험적으로 사용될 뿐만 아니라 초월적으로도 사용되는데, 초월적
사용은 오직 형식에만 관여하며 선험적으로 가능하다."[15]

　"경험 일반의 가능성 및 경험적 대상들의 인식 가능성이 의존하
는 세 가지 주관적인 인식원천들이 있다. 즉 감관, 상상력 그리고 통

---

15) A 94.

각이다. 이것들 각각은 경험적인 것으로서, 즉 주어진 현상들에 대
한 적용과 관련하여 고찰될 수 있다. 그러나 이 모두는 또한 그 스
스로가 이러한 경험적 사용을 가능케 하는 선험적 요소들 혹은 토
대들이다."[16] 두 인용문에서는 이 능력들의 경험적 사용 외에 초월
적 사용도 분명히 강조되는데, 이로써 앞서 지적되었던 『인간학』과
의 연관이 새롭게 표명된다.

그러므로 근본능력들의 이러한 삼중성과 인식의 근본원천들 혹
은 줄기들의 이중성은 심각히 대립한다. 그러나 두 줄기들은 어떤
상태인가? 칸트는 감성과 지성을 특징짓기 위해 이러한 형상을 우
연히 사용하는가? 아니면 바로 그것들이 하나의 "공통적인 뿌리"로
부터 자라나왔음을 암시하기 위해 이러한 형상을 사용하는가?

그런데 정초작업에 관한 해석은 이미 다음의 사실을 밝혀놓았다.
초월적 상상력은 단지 두 극단들을 연결하는 외곽끈에 불과한 것이
아니다. 초월적 상상력은 양극단들을 근원적으로 합일하고 있다. 즉
초월적 상상력은 고유한 능력으로서 다른 두 능력들의 통일성을 형
성하며, 이 다른 두 능력들 자체는 초월적 상상력과 본질적인 구조
적 관계를 맺는다.

과연 이 근원적으로 형성하는 중앙이 두 줄기들의 저 "미지의 공
통적인 뿌리"일까? 칸트가 상상력을 처음 소개할 때, 상상력에 관
해 "그러나 우리는 [그것을] 단지 드물게만 의식한다"[17]라고 말한

---

16) A 115.
17) A 78, B 103. 칸트가 상상력을 근본능력으로 명백히 특징지음으로써 칸트
의 동시대인들은 이 능력의 의미에 분명히 친숙해졌다. 그러므로 피히테
와 셸링 그리고 자기 나름의 방식으로는 야코비도 상상력에게 본질적인
역할을 배당했다. 그런데 칸트에 의해 파악된 상상력의 본질이 이들에게
서 과연 인식되었는지, 혹은 고수되었는지, 혹은 이뿐 아니라 더욱 근원적
으로 해석되었는지의 여부는 여기에서 구명될 수 없다. 초월적 상상력에
관한 다음의 해석은 이들과는 다른 물음제기의 방향으로부터 발원했고,

사실은 우연일까?

B. 두 줄기들의 뿌리인 초월적 상상력

'놓여진 근거'가 눈앞에 있는 지반과 같지 않고 오히려 뿌리의 성
격을 지닌다면, 그 근거는 줄기들을 스스로 자라게끔 하며, 또한 그
줄기들에게 [성장의] 발판과 존립내용을 주는 근거여야 한다. 따라
서 칸트의 정초작업의 근원성이 그것의 고유한 논점내에서 구명될
수 있도록 앞서 탐색됐던 방향은 이미 획득되었다. 만약 정초작업
이 '놓여진 근거'를 단순히 수용하지 않고 오히려 두 줄기들에 대해
이 뿌리가 어떻게 뿌리로서 존재하는가를 개현한다면, 정초작업은
더욱 근원적이게 된다. 이러한 시도는 바로 순수직관과 순수사유를
초월적 상상력으로 환원하는 시도를 의미한다.

하지만 이러한 시도의 모호성은 그것의 성공 여부에 대해 완전히
침묵할 만큼 금방 눈에 띄지 않는가? 이처럼 유한자의 인식능력을
상상력으로 환원한다면, 모든 인식은 단순한 상상으로 하락되지 않
는가? 그렇다면 인간의 본질은 하나의 가상으로 해체되지 않는가?

그러나 초월적 능력들인 순수직관과 순수사유의 근원이 [마찬가
지의] 능력인 초월적 상상력으로부터 제시되어야 한다 하더라도,
이는 순수직관과 순수사유가 상상력의 산물이며 그 자체는 단지 상
상된 것에 불과하다는 사실을 입증하고자 함이 아니다. 앞서 특징
지어졌던 근원을 개현하는 작업이 의미하는 바는 오히려 이렇다.
이 능력들의 구조는 초월적 상상력의 구조에 뿌리를 박고 있으며,

이를테면 독일관념론의 그것과는 대립적인 방향에서 움직인다. 이 책의
제35절, 274쪽 참고.

더욱이 초월적 상상력은 저 두 능력들과 구조적으로 통일되어 있어야 비로소 어떤 것을 "상상"할 수 있다.

그러나 초월적 상상력에서 형성된 것이 과연 "단순한 상상물"이란 의미의 단순한 가상인가의 여부는 적어도 유보되어야 한다. "단순히 상상된 것"으로서 우선 간주되는 것은, 현실적으로 전재(前在)하지 않는 그러한 것이다. 그러나 초월적 상상력이 결코 존재적으로는 창조적일 수 없다면, 초월적 상상력에서 형성된 것은 그 본질상 결코 전재자(前在者)가 아니다. 때문에 초월적 상상력에서 형성된 것은 또한 본질적으로 앞서 명명된 의미의 "단순한 상상물"일 수 없게 된다. 오히려 초월적 상상력에서 형성된 대상들의 지평이 ──즉 존재이해가── 여하튼 존재적 진리와 존재적 가상("단순한 상상물") 간의 구별과 같은 것을 비로소 가능케 한다.

그러나 초월적 상상력에 그 본질근거를 두어야 하는 존재론적 인식은 본질적으로 유한한 인식으로서, 그것의 진리와 더불어 동시에 그에 상응하는 비진리도 지니지 않는가? 사실상 초월적 비진리의 이념은 유한성의 가장 중심적인 문제 하나를 간직하는데, 이 문제는 아직 해결되지 않았을 뿐더러 한번도 제기된 바 없다. 그 까닭은 이러한 문제제기를 위한 토대가 이제 비로소 마련되어야 하기 때문이다. 여하튼 유한한 초월과 초월적 상상력의 본질이 충분히 개현되어 있을 때만, 이러한 과제는 실현될 수 있다. 그렇지만 순수직관과 순수사유는, 그것들의 본질적 가능성이 초월적 상상력의 본질구조로의 귀환을 경험한다 하더라도, 결코 상상된 것으로는 설명되지 않는다. 초월적 상상력은 순수직관과 같은 것을 상상하지 못하며, 오히려 바로 순수직관이 "현실적으로" 그 무엇일 수 있도록 순수직관을 가능케 한다.

그러나 초월적 상상력은 뿌리로서 "형성활동"을 하기에 그 자체가 단지 상상된 것이 아니듯이, 마찬가지로 영혼내의 "근본적인 힘"

으로도 사유될 수 없다. 초월의 본질적 원천으로의 이러한 귀환에
서 여타의 영혼능력들을 상상력에 의거해 일원적-경험적으로 설명
해내려는 의도보다 더 동떨어진 것은 없다. 이러한 의도는 자연스
럽게 봉쇄되는데, 그 까닭은, 어떤 의미에서 "영혼"과 "심성"이 언
급되어도 좋은지, 또한 얼마큼이나 이러한 개념들이 인간의 존재론
적-형이상학적 본질에 근원적으로 적중하는지를 비로소 결정하는
것은, 궁극적으로는 초월의 본질을 개현하는 작업이기 때문이다.

오히려 감성과 지성의 뿌리인 초월적 상상력으로의 귀환은, 정초
작업의 논점내에서 획득된 초월적 상상력의 본질구조를 주시하는
가운데, 초월의 틀을 그 틀의 가능근거를 향해 새롭게 기투한다는
것만을 의미한다. 근거를-놓는 귀환은 "가능성들"의 차원으로, 즉
가능적 가능화들의 차원으로 움직여간다. 여기에서 무엇보다 주목
되는 점은, 이제껏 초월적 상상력으로서 알려진 바의 것이 궁극적
으로는 더욱 근원적인 "가능성들"로 용해되며, 그로써 "상상력"이
란 명칭이 저절로 부적절해진다는 점이다.

따라서 정초의 근원성을 더욱 폭넓게 개현하는 작업은, 칸트가
근거를 파헤쳐 드러내기 위해 밟아왔던 앞서 서술된 단계들보다,
오히려 절대적인 설명의 토대를 향해 훨씬 덜 나아가려 할 것이다.
유한자인 인간에게서 그의 형이상학적 본질은 가장 알려지지 않은
것인 동시에 가장 현실적인 것이라면, 칸트가 육박해 들어가야 했
던 그 '놓여진 근거'의 낯설음은 소멸될 수 없고, 오히려 근원성의
도가 증대함에 따라 증가될 것이다.

초월적 상상력이 초월의 뿌리로서 입증될 때, 초월론적 연역과
도식화작용의 논점은 비로소 그 투명성을 확보한다. 거기에서 제기
된 순수종합에 관한 물음은, 합일하는 자가 합일되어야 할 요소들
에 대해 처음부터 손색이 없어야 하는 그러한 근원적 합일을 목표
로 한다. 그러나 근원적 통일성의 이러한 형성은, 합일하는 자가 그

본질상 합일되어야 할 자를 발원하게끔 하는 방식으로만 가능하다. 따라서 '놓여진 근거'의 뿌리의 성격은 순수종합의 근원성을, 즉 순수종합이 발원된 것임을 비로소 이해될 수 있게 한다.

　다음의 해석에서도 관심사는 정초작업이 이제껏 거쳐왔던 길에 여전히 정위되어 있으나, 그 개별 단계들은 더 이상 기술되지 않는다. 또한 순수상상력, 순수직관, 그리고 순수사유의 특정한 연관은, 칸트의 정초작업 자체가 그에 대한 제시내용을 포함하고 있는 한에서만 근원적으로 개현되어야 한다.

제28절 초월적 상상력과 순수직관[a]

　칸트는 순수직관들인 공간과 시간을 "근원적 표상들"이라 명명한다. 여기에서 "근원적"이란 표현은 존재적 심리학적으로 이해되지 않고, 또한 이러한 직관들이 영혼 안에 전재(前在)한다거나 혹은 가령 본유적으로 존재한다는 것과도 아무런 관련이 없다. 이 표현은 오히려 이러한 표상들이 표상활동을 하는 그 방식의 성격을 묘사한다. "근원적"이란 표현은 원본적 직관이란 명칭에서의 "원본적"이란 표현에 상응하며, 따라서 '발원케 한다'[b]라는 의미다. 그런데 물론 순수직관들은 인간의 유한성에 속하는 것으로서 그 표상활동을 통해 어떠한 존재자도 발원케 할 수 없다.

　그러나 순수직관들은 처음부터 공간과 시간의 상을 그 자체 다양한 전체성들로서 표-상하는 그러한 독특한 방식에 따라 형성활동을 이행한다. 순수직관들은 이러한 상을 수용하되, 이러한 수용 그 자체는 실로 주어지는 것을 스스로 형성하면서 자신에게 주는 활동

---

a. 물론 공간의 발원을 사태와 관련지어 내용적으로 서술한 것은 아니다. 오히려 [공간의] 근원의 본질만이 암시되어 있다.

b. 이 책의 116쪽 참고.

이다. 순수직관들은 그 본질상 직관가능한 것을 "근원적으로", 즉
발원케 하면서 현시하는 활동이다(원본적 현시). 그러나 이러한 현
시활동에는 순수상상력의 본질이 놓여 있다. 순수직관이 "근원적"
일 수 있는 유일한 까닭은, 그 자체가 그 본질상 자발적인 힘에 의
해 상들(형상들)을 형성하면서 부여하는 순수상상력이기 때문이다.
　우리가 순수직관에서 직관된 것의 성격을 캐어물을 때, 순수직관
이 순수상상력에 뿌리 박고 있음은 더 말할 나위 없이 분명해진다.
물론 해석가들은 순수직관에서 여하튼 어떤 것이 직관된다라는 사
실을 대개는 너무 조잡하고 성급하게 부인하는데, 그들이 내세우는
이유는, 순수직관은 단지 "직관형식"에 불과하다는 것이다. 순수직
관에서 보여진 것은, 비록 공허하진 않으나 그 자체로는 합일적인
전체다. 이러한 전체의 각 부분들은 그 전체 자체의 울타리 안에 한
정된 부분들일 뿐이다. 그런데 이 합일된 전체는 그것의 대개는 돋
보이지 않는 다양성과의 이러한 공존과 관련하여 바로 처음부터 보
여져야 한다. 순수직관은 근원적으로 합일하면서, 즉 통일성을 부여
하면서 통일성을 꿰뚫어보아야 한다. 따라서 칸트는 이곳에서는 당
연히 종합에 관해서가 아니라 오히려 "개관"(槪觀, Synopsis)[18]에
관해 언급한다.
　순수직관에서 직관된 것의 전체성은 개념의 보편적 통일성을 갖
지 않는다. 따라서 또한 직관의 전체성의 통일성은 "지성의 종합"
으로부터 발원할 수 없다. 그러한 통일성은 상을-부여하는 상상활
동 안에서 미리 보여진 통일성이다. 공간과 시간의 전체성이 지니
는 "개"(槪)[의 성격 즉 Synopsis에서의 Syn의 성격]는 [형상을]
형성하는 직관능력에 속한다. 순수개관이 순수직관의 본질을 결정
한다면, 순수개관은 단지 초월적 상상력 안에서만 가능하다. 초월적

18) A 94쪽 이하. 이곳에서 칸트는 자신이 초월론적 감성론에서 초월적 개관
　　을 다루었음을 분명히 말한다.

상상력이 여하튼 모든 "종합적인 것"의 근원인 한에서는 더욱 그렇다.[19] 여기에서 "종합"은 직관의 개관과 지성의 "종합"을 포괄할 정도로 그렇게 철저히 폭넓게 파악되어야 한다.

칸트는 한번은 하나의 반성을 통해 입체적이고도 직접적으로 이렇게 말한다. "공간과 시간은 직관 중에 [순수한 상을] 앞서 형성하는 활동의 형식들이다."[20] 공간과 시간은 경험적으로 직관 가능한 것의 지평으로서 기여하는 순수한 상을 미리 형성한다. 그런데 순수직관이 그 직관활동의 방식을 통해 초월적 상상력의 특정한 본질을 표명한다면, 순수직관에서 미리 형성된 상은 상상활동을 통해 형성된 것으로서 그 자체가 이미 상상적이지 않은가? 순수직관에서 직관된 것 그 자체에 관한 이러한 성격묘사는 이제까지의 분석에서 얻어낸 형식적 결론이 아니다. 오히려 순수직관에서 우리가 알 수 있는 것 자체의 본질 내용 안에 포함되어 있다. 순수직관과 순수상상이 관건임을 고수한다면, 공간과 시간의 이러한 상상적 성격은 이제껏 들어보지 못한 것도 낯설은 것도 아니다. 상상활동을 통해 형성된 것은, 이미 지적된 바와 같이, 물론 존재적 가상도 분명히 아니다.

그런데 만약 순수직관에서 직관된 것의 상상적 성격이 칸트에게서 가시화되지 않았더라면, 그는 틀림없이 순수직관의 본질구조에 관해 거의 아무것도 보지 못했을 것이며, 더욱이 그러한 본질구조를 전혀 파악할 수도 없었을 것이다. 칸트는 분명한 어조로 이렇게 말한다. "실체가 결여된 직관의 단순한 형식은 그 자신 어떠한 대상

---

19) A 78, B 103.
20) 에르드만, 『반성들』 II권, 408쪽. 『칸트의 손으로 쓴 유고』, 같은 책 V권, 5934번. 아딕케스는 에르드만식 읽기법을 지적하면서 "앞서 형성하는 활동"을 "결합활동"으로 바꿔 읽는데, 나는 이러한 것은 부당하다고 생각한다. 이 책의 제32절 252쪽 참고.

도 아니며, 오히려 (현상으로서의) 대상의 단순한 형식적 조건이다. 예를 들어 순수공간, 순수시간과 같은 것이다. 이것들은 직관형식들로서는 그 어떤 것이나 그 자체는 직관된 대상들이 아니다(즉 상상된 존재다)."[21] 순수직관 그 자체에서 직관된 것은 상상된 존재다. 그러므로 순수직관 활동은 그 본질적 근거에서 순수한 상상 활동이다.

상상된 존재는 전재자(前在者)란 의미의 존재자가 아닌 것, 즉 "무"의 가능적 형식들에 속한다. 순수공간과 순수시간은 "어떤 것"이긴 하지만 물론 "대상들"은 아니다. [그러나] 순수직관에서는 "무"가 직관되며, 따라서 대상들이 결여되어 있다라고 사람들이 손쉽게 말해버릴 때, 이러한 해석은 우선 단지 부정적일 뿐 아니라 게다가 모호하기까지 하다. 칸트가 앞서의 인용문에서 "대상"이란 표현을 현상 중에서 자신을 내보이는 존재자 자체를 뜻하는, 특정하게 한정된 의미로만 사용한다라는 사실이 명시되지 않는 한 그렇다. 따라서 이러한 의미에 따른다면, 임의의 "어떤 것" 모두가 대상인 것은 아니다.

순수직관들은 "직관형식들"로서 비록 "사물이 없는 직관들"[22]이긴 하나, 그럼에도 불구하고 자신에 의해 직관된 것을 갖고 있다. 공간은 현실적인 것 즉 지각을 통해 도달될 수 있는 존재자가 아니라, 오히려 "단순히 병존을 가능케 하는 표상"[23]이다.

물론, 순수직관 일반으로부터 직관된 것이란 의미의 대상을 부인하려는 경향은, 사람들이 순수직관의 진정한 현상적 성격을 충분히 규정하지 않은 채 증거로 끌어들일 수 있음으로 인해, 특히 강화된

---

21) A 291, B 347. A판에서는 "(상상된 존재)"라는 표현이 "시간"이란 표현보다 3줄 위에 있다라고 슈미트는 진술한다.
22) 『반성들』 II, 402쪽. 『칸트의 손으로 쓴 유고』, 같은 책 V권, 5315번.
23) A 374.

다. 눈앞에 "공간적-시간적으로" 정돈된 사물들에 대해 인식적 태도를 취할 때, 우리는 단지 이 사물들만을 올바르게 향한다. 그러나 이때 공간과 시간이 부정되진 않는다. 그렇지만 긍정적 물음은 이런 내용이어야 한다. 도대체 이때 공간과 시간은 어떻게 존재하는가? 칸트가 그것들은 직관들이라고 말할 때, 사람들은, 그러나 솔직히 그것들은 직관되지 않는다라고 반박하고 싶어한다. 그렇지만 그것들은 확실히 직관된다. 주제적으로 포착한다라는 의미에서는 직관되지 않으나, 근원적으로 형성하면서 부여하는 활동의 방식으로는 직관된다. 실로 순수하게 직관된 것은 그것이 무엇으로 어떻게 존재하는가라는 관점에서는—창조되어야 할 순수한 상에 관해 앞서 특징지은 바 있던 이중적인 의미에서처럼—본질적으로 형성되어야 할 것으로서 존재하기 때문에, 순수직관 활동은 자신에 의해 "직관된 것"을 전재자(前在者)를 주제적으로 포착하면서 수용하는 활동의 방식으로는 직관할 수 없다.

그러므로 순수직관을 순수상상력으로서 근원적으로 해석해야 비로소, 순수직관에서 직관된 것이 무엇인가를 긍정적으로 해명할 가능성이 생긴다. 순수직관은 순수한 비주제적인 또한 칸트적인 의미로는 비대상적인 상을 [경험적 직관에] 선행하여 형성한다. 따라서 순수직관을 지평으로 한 공간적-시간적 사물에 대한 경험적 직관 활동은, 공간과 시간의 다양성을 비로소^c 확정하여 포착한다는 의미에서 공간과 시간을 비로소 직관할 필요가 없다.

초월의 가장 내적인 본질이 순수상상력에 근거한다면, 순수직관에 관한 이러한 해석을 통해, 초월적 직관의 초월적 성격도 비로소 명확해진다. 초월론적 감성론이 『순수이성비판』의 출발점에 있듯이, 초월론적 감성론은 근본적으로 불명료하다. 그것은 단지 예비적

---

c. 미리.

성격을 지닐 뿐, 초월적 도식화작용의 관점에 입각해야 비로소 본
래적으로 읽혀질 수 있다.

그러므로 공간과 시간을 논리적 의미에서 "범주들"로서 파악하
여, 초월론적 감성론을 논리학으로 해체하는 마르부르크 학파의 칸
트에 대한 해석의 시도는 유지될 수 없다. 하지만 이러한 시도를 암
시했던 동기만큼은, 즉 초월론적 감성론은 그 자체로만 보자면 가
능적으로 포함되어 있는 그러한 전체 내용을 모두 포괄하진 못하고
있다라는 통찰만큼은, 비록 명료히 해명되지는 않았지만 진정한 것
이다. 그러나 순수직관의 독특한 "개"(概, Syn)의 성격으로부터 지
성의 종합에 대한 순수직관의 귀속성이 추론되지는 않는다. 오히려
이러한 "개"(概)의 성격을 해석하는 작업은 초월적 상상력으로부터
발원하는 순수직관의 근원으로 나아간다. 초월론적 논리학의 특수
한 대상인 순수사유까지도 초월적 상상력에 뿌리 박고 있다라는 사
실이 밝혀진다면, 초월론적 감성론을 논리학으로 해체하려는 시도
는 더욱더 모호해진다.[24]

제29절 초월적 상상력과 이론이성

순수사유와 함께 이론이성 일반까지 그 근원을 초월적 상상력으
로부터 입증해내려는 시도는, 이러한 계획 자체가 모순으로 간주되
기 십상이기에, 우선은 아무런 가망도 없는 것처럼 보인다. 칸트는
여하튼 분명히 상상력은 "언제나 감성적이다"[25]라고 말한다. 본질적
으로 감성적인, 즉 하위의 열등한 능력인 상상력이 어떻게 고차적

---

24) 순수직관의 개관과 지성의 종합을 명료하게 분리할 때만, 칸트가 B판의
26절 160쪽의 주(注)에서 소개하는 "직관형식"과 "형식적 직관" 간의 구
별이 해명될 수 있다.
25) A 124.

인 "상위의" 능력을 위해 근원을 형성할 수 있겠는가? 유한한 인식
활동에서 지성이 감성과 상상력을 "토대"로서 전제한다라는 사실은
분명하다. 그러나 지성 자신이 본질적으로 감성으로부터 발원해야
한다라는 의견은 명백한 모순을 숨길 수 없다.

   그러나 모든 형식화된 논증에 앞서 반드시 먼저 짚고 넘어가야
할 점은, 여기에서는 고차적인 영혼의 능력을 열등한 능력으로부터
경험적으로 설명하면서 파생해내는 작업은 관건이 아니라는 사실이
다. 정초작업을 고찰할 때 여하튼 영혼의 능력들이 구명되지 않는
한, 영혼의 능력들에 대한 그러한 태도에 따라 매겨지는 "하위" 능
력과 "상위" 능력 간의 서열은 주도적일 수 없고─또한 [우리의
계획에 대한] 반박자료도 될 수 없다. 무엇보다 중요한 것은 이것이
다. 즉 "감성적"이란 무엇을 의미하는가?

   정초작업의 단초를 특징지을 때 감성의 본질은 칸트가 처음 규정
했던 바와 같이 이미 의도적으로 한정되었다.[26] 이에 따르면 감성은
유한한 직관만큼만 의미한다. 자신을 부여하는 것을 수용할 때 유
한성이 존립한다. [그러나] 이때 무엇이 자신을 부여하며 또한 어떻
게 부여하는지는 유보되어 있다. 모든 감성적인, 즉 수용적 직관이
반드시 감각적, 즉 경험적 직관일 필요는 없다. 육체적으로 제약된
감각적 촉발의 "열등함"이 감성의 본질에 속하진 않는다. 그러므로
순수한 유한한 직관으로서뿐 아니라, 더욱이 유한한 초월의 근본규
정으로서의 초월적 상상력도 "감성적"이어야 한다.

   그렇지만 초월적 상상력의 이러한 감성적 성격이, 결코 초월적
상상력을 영혼의 열등한 능력의 부류로 지정해넣기 위해 요구될 수
는 없다. 특히 초월적 상상력이 모든 능력들의 가능조건이어야 한
다면 더욱 그렇다. 따라서 초월적 상상력으로부터 순수사유가 어떻

---

26) 이 책의 제5절, 92쪽 이하 참고.

게 가능적으로 유래하는가에 대한 숙고는, 우선은 "가장 소박한" 것이기에 가장 어려운 숙고가 된다.

이성은 이제 더 이상은 "고차의" 능력으로서 요구될 수 없다. 그러나 즉각 다른 어려움이 고지된다. 순수직관이 직관능력인 초월적 상상력으로부터 발원한다라는 사실은 이해할 만하다. 그러나 모든 직관으로부터 첨예하게 구별되는 사유가 초월적 상상력에 그 근원을 두고 있어야 한다라는 사실은, 비록 감성과 지성의 서열에 이제 어떠한 비중도 더 이상은 두지 말아야 한다 하더라도, 불가능하게 보인다.

그러나 사유와 직관은, 비록 구별되기는 하나, 마치 두 개의 전혀 다른 사물들처럼 서로 나뉘어 있지는 않다. 오히려 양자는 표상활동의 양식들로서 표-상활동 일반의 동일한 유(類)에 속한다. 양자는 ……을 표상하는 방식들이다. 사유의 일차적인 표상적 성격에 대한 통찰은, 상상력의 감성적 성격에 대한 적합한 이해에 못지않게 다음의 해석에 대해 결정적으로 중요하다.

지성의 본질을 근원적으로 개현하는 작업에서는 지성의 가장 내적인 본질, 즉 직관에 대한 의존성이 주목되어야 한다. 지성의 이러한 의존적 존재가 지성의 지성으로서의 존재다. 그리고 이러한 "존재"는 그 내용과 방식에서 순수상상력의 순수종합에 달려 있다. 이에 대해 사람들은, 확실히 지성은 순수상상력을 "통해" 순수직관에 관여한다라고 응답하고 싶어한다. 그러나 이렇다고 해서 도대체 순수지성 자신이 초월적 상상력인 것도 아니며, 또한 독자적이지 않은 것도 아니다.

상상력을 다룰 필요가 없는 논리학은 지성을 최종 능력으로 입증한다. 그리고 정말 칸트는 표면상 "절대적으로" 눈앞에 있는 논리학이 규정했던 형태로만 항상 지성을 소개한다. 그러나 사유의 근원을 상상력으로부터 제시하고자 한다면, 사유의 이러한 자립성에서부터 분석은 출발해야 한다.

전승된 논리학이 순수상상력을 다루고 있지 않음은 이론의 여지가 없다. 그러나 논리학이 자신을 스스로 이해할 때, 과연 순수상상력을 도대체 다룰 필요가 없는지는 적어도 유보되어야 한다. 칸트가 물음제기의 출발점을 언제나 거듭 논리학으로부터 구한다는 사실도 마찬가지로 부인될 수 없다. 그러나 논리학이 특정한 의미의 사유만을 자신의 유일한 주제로 삼을 때, 과연 이러한 논리학이 사유의 완전한 본질을 한정하거나 다만 적중이라도 할 수 있을지는 역시 마찬가지로 의심스럽다.

실로 초월론적 연역과 도식론에서 순수사유를 해석한 칸트의 시도가 밝힌 바에 따르면, 판단의 기능들뿐 아니라 순수지성 개념들도 단지 인위적으로 고립된 '순수종합의 요소들'을 현시하고 있으며, 오히려 순수종합이야말로 "통각의 종합적 통일"을 위한 본질적이면서도 필연적인 "전제"이지 않은가? 실로 칸트는 자신이 마치 "절대자"를 대하듯 그토록 부단히 관심을 쏟는 형식논리학을, 소위 초월론적 논리학[a]으로, 즉 초월적 상상력을 주요 테마로 삼는 초월론적 논리학으로 해체하지 않는가? 전승된 논리학에 대한 기피는 칸트가—특징적인 방식으로는 비록 '재판'에서 처음이긴 하나—다음처럼 발언해야 할 정도로 진척되지 않았는가? "그러므로 통각의 종합적 통일은 모든 지성의 사용과, 뿐만 아니라 전(全)논리학과 그리고 논리학에 따른 초월론적-철학이 반드시 결부되어야 하는 정점이다. 아니 이 통각의 능력은 지성 자신이다."[27]

그러므로 사유의 독자성에 관한 각종 선입견들은, 표면상 최고인듯 또한 파생될 수 없는 듯 보이는 형식논리학 분과의 사실적 실존

---

27) B 133의 주.

a. 판단의 개념에 관한 후기의 파악! 참고.

을 통해 암시될 뿐, 순수사유의 근원이 초월적 상상력으로부터 비
롯되었을 가능성에 대한 결정에서는 척도의 역할을 하지 말아야 한
다. 오히려 이미 정초작업 자체가 이에 대해 밝혀놓았던 바에 입각
해 순수사유의 본질을 탐색하는 노력이 필요하다. 오로지 지성의
근원적 본질에 입각해서만, 즉 이러한 본질을 등한시한 "논리학"에
는 전혀 의존하지 않고서만, 지성의 가능적 근원에 관한 결정이 내
려질 수 있다.

사유를 판단활동으로 해석하는 성격묘사는 사유의 본질을 적중하
긴 하나, 그것의 본질로부터는 동떨어진 규정일 뿐이다. 사유를 "규
칙들의 능력"으로 특징짓는 시도가 이에 "더 가까이 다가선다".[28]
"순수통각"으로서의 지성의 근본규정에 이르는 길도 이로부터 나아
가기 때문에 더욱 그렇다.

"규칙들의 능력"이란, 모든 가능적인 표상적 합일을 이끄는 통일
성들을 앞서 표상하여 보유하는 활동을 의미한다. 규제활동을 하는
것으로서 표상된 이러한 통일성들(순수지성 개념들 혹은 범주들)은
자신들의 고유한 친화성에 따라 함께 작용해야 할 뿐 아니라, 이 고
유한 친화성 자체는 항존적 통일성을 선취하여 표-상하는 활동을
통해 항존적 통일성 안에 이미 포괄되어 있어야 한다.

이러한 항존적 통일성을, 즉 친화적인 규칙 전체의 자기동일성을
표상하는 활동이 ……을 대립화하는 활동의 근본특징이다. 이처럼
[항존적 통일성을] 표상하면서 ……을 향해-자신을-지향하는 가운
데 "자신"은 이를테면 ……을 향한 지향으로 이끌려진다. ……을
향한 이러한 지향 안에는, 혹은 이러한 지향과 더불어 "외화된" "자
신" 안에는, 필연적으로 이 "자신"의 "자아"가 드러나 있다. 이런
방식에 따라 "나는 표상한다"는 모든 표상활동에 "수반된다." 그러

28) A 126.

나 사유 자체를 올바르게 향한 지(知)적 활동의 부수적 작용은 관건이 아니다. "자아"는 [……을 향해] 순수하게 자신을-지향할 때 "동행한다." 자아 자체가 이러한 "나는 사유한다"에서만 그 무엇으로 존재하는 한, 순수사유의 본질과 또한 자아의 본질은 "순수한 자기의식"에 있다. 그러나 자기에 대한 이러한 "의식"은 자기의 존재에 입각해서만 해명될 수 있다. 그 역으로 후자가 전자에 입각해 해명될 수 있다거나, 혹은 전자로 인해 더욱이 불필요하게 될 수는 없다.

"나는 사유한다"는 이러한 순수한 통일성들(범주들)에 "따라" 그 때마다 언제나 "나는 실체를 사유한다", "나는 인과성을 사유한다", "즉"[29] 언제나 이미 "나는 실체를 사유한다", "나는 인과성을 사유한다" 등등이다. 자아가 선행적으로 ……을 향해-자신을-지향하는 가운데 범주들을 그것들이 표상된 규제적 통일성들로서 합일활동을 할 수 있는 그곳으로 가져오는 한, 자아는 범주들의 "운반구"다.

따라서 순수지성은 통일성의 지평을 "자발적으로" 표상하면서 앞서 형성하는 활동, 즉 [통일성의 지평을] 표상하면서 형성하는 자발성인데, 이 자발성은 "초월적 도식화작용"에서 발생한다. 초월적 도식화작용을 칸트는 "이 도식들에 따른 지성의 행동절차"[30]라고 분명히 명명하며 "우리 지성의 도식화작용"[31]에 관해 언급한다. 그런데 순수도식들은 "상상력의 초월적 산물"[32]이다. 상상력의 초월적 산물이 어떻게 [지성과] 합일되는가? 지성은 도식들을 산출하지 못하며 오히려 "도식들과 더불어 행동한다". 이러한 지성의 행동절차는 지성이 이따금씩 수행하기도 하는 활동방식이 아니다. 오히려 초

---

29) A 343, B 401.
30) A 140, B 179.
31) A 141, B 180.
32) A 142, B 181.

월적 상상력에 근거한 이 순수 도식화작용이 근원적인 지성의 존재를, 즉 "나는 실체를 사유한다"는 것 등을 실로 결정한다. 통일성들을 사유할 때 순수지성의 행위는 자발적으로 형성하면서 표상하는 활동으로서, 겉으로는 고유한 행위처럼 보이나 실은 초월적 상상력의 순수한 근본작용이다. 이뿐 아니라 실로 [통일성의 지평을] 표상하면서 ……을 향해-자신을-지향하는 이러한 활동은 통일성을 주제적으로 사념하는 활동이 아니라, 오히려 이미 다양하게 제시되었듯 표상된 것을 비주제적으로 스스로-앞서 보유하는 활동이기에 더욱 그렇다. 그러나 이러한 활동은 [지평의 상을] 형성하면서 (산출하면서) 표상하는 활동에 따라 발생한다.

그런데 칸트가 ……을 향해-순수하게 자신을 지향하면서 자신을-관련맺게 하는 이러한 활동을 "우리의 사고(思考)"라고 명명할 때, 이제 이러한 사고의 의미를 지닌 "사유"는 판단활동을 뜻하지 않는다. 오히려 이러한 사유는 어떤 것을 비록 자의적으로는 아니나 여하튼 자유롭게 형성하면서 기투하는 "자기사유"를 의미한다. 이러한 근원적 "사유"는 순수한 상상활동이다.

우리가 지성을 이성으로 파악하기 위해 지성에 관해 이제껏 얻어낸 본질규정에 입각해 순수한 자기의식에, 즉 지성의 본질에 좀더 가까이 다가서려 노력할 때, 순수사유의 상상적 성격은 훨씬 더 명확해진다. 여기서도 물론 형식논리학으로부터 전용된 판단하는 지성과 추론하는 이성 간의 구별은 척도의 역할을 하지 말아야 하며, 오히려 지성에 관한 초월론적 해석에서 밝혀진 바가 그 역할을 대신한다.

칸트는 순수지성을 "완결된 통일체"라고 명명한다. 그러나 기투된 친화적 전체는 자신의 전체성을 어디로부터 얻는가? 표상활동 그 자체의 전체성이 관건인 한, 전체성을 부여하는 자 자체도 표상활동이어야 한다. 이러한 표상활동은 이념을 형성하는 가운데 발생한다. 순수지성은 "나는 사유한다"이기 때문에, 그 본질적 근거에서 "이념들의 능력" 즉 이성의 성격을 지녀야 한다. 왜냐하면 이성이 없다면 우리는 "그 어떤 서로 연관된 지성의 사용도"[33] 갖지 못하기 때문이다. 이념들은 "어떤 완전성을 포함하며"[34], "전체의 형식"[35]을 표상한다. 따라서 더욱 근원적인 의미에서 규칙을 부여하고 있다.

그런데 사람들은 칸트가 "규칙과 원형들로……기여해야 할"[36] 초월적 이상(理想)을 설명할 때, 그것은 "화가나 관상쟁이가 자신들의 머리 안에 갖고 있다고 자칭하는 상상력의 산물과는 전혀 사정이 다르다"[37]라고 못박은 사실을 반론으로 제시할 수 있을 것이다. 이 인용문에서는 여하튼 순수이성의 이념들과 상상력 간의 연관이 명백히 부인된다. 그러나 이 인용문이 오로지 언급하는 바는, 초월적 이상은 "언제나 특정한 개념들에 바탕을 두어야지", 결코 경험적인 생산적 상상력의 자의적인 "떠도는 기호"일 수는 없다라는 사실이다. 따라서 바로 저 "특정한 개념들이" 초월적 상상력에서만 가능하다라는 사실이 배제되진 않는다.

그런데 사람들은 이론이성의 초월적 상상력으로의 귀속성을 고려한 이 해석에 대해, 이 해석이 '표상하면서 자유롭게 형성하는 활동'을 순수사유에서 강조하는 한 이 해석에 동조할 수 있을 것이다. 그러나 이 해석이 이로써 순수사유의 근원을 초월적 상상력으로부터 추론코자 한다면, 이 해석에 대해, 자발성은 여하튼 단지 상상력의 하나의 계기일 뿐, 따라서 사유는 상상력과 유사하긴 하나 결코 그 본질이 완전히 일치하진 않는다라는 반론이, 반드시 퍼부어질 것이다. 왜냐하면 상상력은 이뿐 아니라 또한 바로 직관능력 즉 수

---

33) A 651, B 679.
34) A 567 이하, B 595 이하.
35) A 832, B 860. 『근거의 본질에 관하여』, 6판, 1973, 31쪽 이하 참고.
36) A 570, B 598.
37) 같은 곳.

용성이기 때문이다. 그리고 상상력은 자발성인 외에도 수용성일 뿐
아니라, 또한 수용성과 자발성의 통일, 그것도 비로소 합성된 통일
이 아닌 근원적 통일이다.

그런데 순수직관이 자신의 순수성을 근거로 자발성의 성격을 소
유하고 있음은 앞서 지적된 바 있다. 순수한 자발적 수용성으로서
순수직관은 초월적 상상력에 자신의 본질을 두고 있다.

그런데 순수사유가 동일한 본질을 지녀야 한다면, 자발성으로서
의 순수사유는 순수한 수용성의 성격도 동시에 표명해야 할 것이
다. 그러나 칸트는 일관되게 지성과 이성을 단지 자발성과만 동일
시하지 않는가?

그렇지만 칸트가 지성을 자발성과 동일시한다 하더라도, 마치 감
성을—즉 유한한 직관을—수용성과 동일시할 때 그에 속한 자발
성이 배제되지 않았듯이, 지성의 수용성이 배제되진 않는다. 결국
경험적 직관을 주목하면 단지 감성의 수용성 성격만이 강조되고 유
일한 것이 된다. 또한 마찬가지로 경험적 인식내에서의 지성의 "논
리적" 기능을 주목하면, 오로지 지성의 자발성과 "기능"만이 강조
된다.

반면 순수인식의 영역에서는, 즉 초월의 가능성의 문제내에서는
주어지는 것을 순수하게 수용하는 활동, 즉 스스로 자신에게 (자발
적으로) 주면서 수용하는 활동이 계속 은폐될 순 없었다. 이제 순수
사유에 관한 초월론적 해석에서도 [순수사유의] 그 모든 자발성에
도 불구하고 실로 순수한 수용성이 아무런 거리낌없이 논구되어야
만 하지 않을까? 명백히 그렇다. 그것은 초월론적 연역과 도식화작
용에 관한 앞서의 해석을 통해 오래전에 이미 논구되었다.

순수사유의 본질적인 직관적 성격을 파악하기 위해선, 주어지는
것을 수용하는 활동인 유한한 직관활동의 참된 본질만이 개념적으
로 파악되고 고수되어야 한다. 그런데 초월적 통각의 "통일성"의

근본성격으로서 밝혀진 바에 따르면, 초월적 통각은 모든 잡동사니를 처음부터 부단히 합일하면서 그것에 저항한다. 따라서 [통일성들을] 표상하면서 ……을 향해-자신을-지향할 때 다른 것은 받아들여지지 않아도 이러한 저항성만은 받아들여진다. 친화성을 자유롭게 형성하면서 기투하는 활동은, 내부 구조적으로 보자면, 친화성을 표상하여 수용하면서 거기에 자신을-종속케 하는 활동이다. 규칙들의 능력인 지성에서 표상된 규칙들은 "의식 안에" 전재(前在)하는 것으로서 포착되지 않는다. 오히려 결합(종합)의 규칙들은 바로 구속성을 지닌 구속자로서 표상된다. 규칙들을 수용하여 스스로가-규칙을-지킬 때만 규제활동을 하는 규칙이 존재한다면, 규칙들의 표상인 "이념"은 수용활동의 방식으로만 [규칙들을] 표상할 수 있다.

이러한 의미에서 순수사유는, 추가적으로가 아니라, [이미] 그 자신이 [규칙들을] 수용하는 활동 즉 순수직관이다. 따라서 구조적으로 통일적인 수용적 자발성은 초월적 상상력으로부터 발원해야 그 본질에 맞게 존재할 수 있다. 순수통각으로서의 지성은 "스스로 만들어낸 표상들과 개념들의 무한성을 내다보는"[38] "능력"에 "그 가능근거"를 두고 있다. 초월적 상상력은 자신이 "내다본" 가능성들 전체를 앞서 형성하면서 기투하며, 이로써 인식하는 자기와 이뿐 아니라 그 외의 자기도 행위하는 지평을 미리 보유한다. 단지 이런 이유에서 칸트는 이렇게 말할 수 있다. "인간의 이성은 그 본성상 건축술적이다. 즉 인간의 이성은 모든 인식들을 하나의 가능한 체계에 귀속하는 것으로 간주한다……."[39]

"직관적"이란 성격이 오직 감관을 통해서만 지각될 수 있음을 의미하는 한, 순수직관들인 시간과 공간도 올바르게 이해된 범주들처

38) 『진보에 관하여』, 같은 책 VIII, 249쪽.
39) A 474, B 502.

럼, 즉 범주들의 순수도식처럼 "비직관적"이다라는 사실이 주목된다면, 순수사유 그 자체에 속한 직관적 성격은 훨씬 덜 낯설을 수 있다.

대상적 지평이 마주 서 있을 때 표명되는 필연성은, 그것이 처음부터 그것을 향한 자유로운 존재에 맞닥뜨리는 한에서만, 만남의 "강제적 조건"으로서 가능하다. 자기가 부여한 필연성에 복종함이 자유를 의미하는 한, 순수지성 즉 순수이론적 이성의 본질에는 이미 자유가 놓여 있다. 그러므로 지성과 이성이 자유로운 까닭은 그것들이 자발성이란 성격을 가졌기 때문이 아니라, 오히려 이러한 자발성이 수용적 자발성 즉 초월적 상상력이기 때문이다.

순수직관과 순수사유를 초월적 상상력으로 귀환시킴과 동시에 통찰되어야 할 점은, 이때 초월적 상상력은 더욱더 유한한 자기의 본질인 초월의 구조적 가능성으로서, 즉 초월을 가능케 하는 것으로서 드러난다라는 사실이다. 그러므로 초월적 상상력은 경험적으로 긁어모은 영혼의 능력이란 성격을 여하튼 상실하며, 이뿐 아니라 초월적 상상력의 본질을 이론적 능력 그 자체에 대한 뿌리의 존재로만 제한했던 이제까지의 규정도 붕괴하고 만다. 그러므로 '놓여진 근거'의 "근원성"을 개현하는 작업에서 마지막 일보를 과감하게 내딛어야 한다.

제30절 초월적 상상력과 실천이성

칸트는 이미 『순수이성비판』에서 이렇게 말한다. "자유를 통해 가능한 것 모두는 실천적이다."[40] 이론이성의 가능성에 자유가 속하는 한, 이론이성 그 자체는 이론적인 것으로서 실천적이다. 그런데

---

40) A 800, B 828.

자발성으로서의 유한한 이성은 수용적 성격을 지니므로 초월적 상상력으로부터 발원한다면, 실천이성 또한 필연적으로 초월적 상상력에 근거한다. 그러나 실천이성의 근원은 비록 그 논증이 설령 정당한 논증이라 하더라도 하나의 논증을 통해 "개시"되어선 안 된다. 오히려 "실천적 자기"의 본질에 관한 해명을 통해 명확히 개현될 것을 요구한다.

순수통각의 "자아"에 관해 언급된 바에 따르면 자기의 본질은 "자기의식"에 있다. 그러나 이러한 "의식" 안에서 자기가 무엇으로 어떻게 있는가는 이미 드러나 있는 자기의 존재로부터 규정된다. '자기의 드러나 있음'은, 그것이 자기의 존재를 더불어 규정하는 한에서만, 그 본연의 무엇이다. 이제 실천적 자기가 그것의 가능근거에 관련하여 물어질 때, 우선은 이 자기를 자기로서 가능케 하는 그러한 자기의식을 한정하는 작업이 필요하다. 이 실천적 즉 도덕적 자기의식을 주목함과 더불어, 우리는 이 자기의식의 본질적 구조가 그것의 근원인 초월적 상상력을 얼마나 지시하고 있는가를 반드시 캐어물어야 한다.

도덕적 자아 즉 인간의 본래적 자기와 본질을 칸트는 인격이라고도 명명한다. 인격의 인격성의 본질은 어디에 존립하는가? 인격성 자체는 "도덕법칙에 관한 불가분적 존경심을 지닌" "도덕법칙의 이념이다."[41] 존경심은 도덕법칙에 대한 "감수성", 즉 이 법칙을 하나의 도덕법칙으로 받아들임을 가능케 하는 것이다. 그러나 존경심이 도덕적 자기인 인격의 본질을 구성한다면, 앞서 언급된 바에 따라 존경심은 자기의식의 존재방식을 현시해야 한다. 존경심은 얼마큼이나 그러한 것인가?

존경심이 칸트의 고유한 표현대로 "감정"이라면, 과연 존경심은

---

41) 『단순한 이성의 한계내의 종교』, WW(Cass.) VI, 166쪽.

자기의식의 존재방식으로 기능할 수 있는가? 유쾌함이 강조된 상태
들이건 불쾌함이 강조된 상태들이건 여하튼 감정들은 감성에 속한
다. 그러나 감성이 필연적으로 육체적 상태들만을 통해 규정되지는
않으므로, 촉발에 의해 규정되지 않고 오히려 "스스로에 의해 야기
된"[42] 순수한 감정의 가능성은 여전히 열려 있다. 따라서 먼저 감정
일반의 보편적 본질에 관해 물어야 한다. 이러한 본질이 해명되어
야, "감정" 일반 및 순수한 감정으로서의 존경심이 자기의식의 존
재방식과 같은 것을 얼마나 현시할 수 있는지가 비로소 결정될 수
있다.

이미 유쾌함과 같은 "열등한" 감정들에서 하나의 독특한 근본구
조가 나타난다. 유쾌함은 어떤 것에 따른, 또한 어떤 것에 관한 유
쾌함이다. 그뿐 아니라 언제나 동시에 즐거워하는 상태, 즉 인간이
자신을 즐거워하는 것으로서 경험하는, 즉 인간이 유쾌한 상태에
있는 그 존재방식이다. 그러므로 (좁은 의미에서의) 모든 감성적 감
정과 비-감성적 감정에는 여하튼 이러한 분절된 구조가 들어 있다.
감정은 ……에 대해 감정을 갖는 것이며, 또한 이러한 것으로서 동
시에 감정을 느끼는 자신에 대해 스스로-감정을 느끼는 것이다. 자
신에 대한-감정이 그때마다 자기를 드러내주는, 즉 존재케 하는 그
양식과 방식은, 감정의 주체가 감정을 느끼는 그 대상의 성격을 통
해 본질적으로 언제나 더불어 규정된다. 그런데 존경심은 감정의
이러한 본질구조에 얼마나 대응하며 또한 왜 순수한 감정인가?

칸트는 『실천이성비판』에서 존경심을 분석한다.[43] 다음의 해석은
단지 본질적인 점만을 강조한다.

존경심 그 자체는 도덕법칙에 대한 존경심이다. 존경심은 행위들
에 대한 평가에 기여하지 않으며, 또한 어떤 인륜적 행동에 뒤따라

---

42) 『인륜의 형이상학을 위한 정초』, 2판, WW(Cass.) IV, 257쪽.
43) 『실천이성비판』 I부, 1권, 3절. WW(Cass.) V, 79쪽 이하.

비로소 생기지도 않는다. 즉 가령 우리가 이미 실행된 행위에 대해 태도를 취할 때 갖는 그런 양식과 방식이 아니다. 법칙에 대한 존경심은 오히려 행위의 가능성을 비로소 구성한다. ……에 대한 존경심은 법칙이 우리에게 비로소 도달하게 되는 그런 양식과 방식이다. 여기에는 다음의 사실이 동시에 깃들어 있다. 법칙에 대한 존경심의 감정은, 칸트 스스로 표현하듯, 법칙의 "근거정립"에도 기여하지 않는다. 법칙은 우리가 그것에 대해 존경심을 갖기 때문에 본연의 그 무엇인 것이 아니다. 오히려 그 반대다. 법칙에 대해 이처럼 존경하는 감정을 갖는다는 것, 그리고 이와 더불어 법칙을 드러내는 이 특정한 양식은 우리에게 법칙 그 자체가 여하튼 다가올 수 있는 그 방식이다.

감정은 ……에 대해 감정을 갖는 것이므로, 이로써 여기에서는 감정을 느끼는 자아가 자신에 대해서도 동시에 스스로 감정을 느낀다. 따라서 법칙에 대한 존경심에서는 존경심을 갖는 자아 자신도 동시에 어떤 특정한 방식에 따라 스스로 드러나야 한다. 그리고 이것은 추가로 또한 때때로 일어나는 일이 아니다. 오히려 법칙에 대한 존경심은──법칙을 행위의 규정 근거로서 드러내는 이 특정한 양식은──그 자체가 나 자신을 행위하는 자기로서 드러내는 양식이다. 존경심의 대상 즉 도덕법칙을 자유로운 이성은 자신에게 스스로 부여한다. 법칙에 대한 존경심은 자만심이나 이기심에 의해 물들지 않은 그러한 자기 자신에 대한 존경심이다. 그러므로 존경심은 인격을 특정하게 드러내는 가운데 인격과 관련된다. "존경심은 언제나 인격들에만 관계하며, 결코 물건들에는 관계하지 않는다."[44]

법칙에 대한 존경심에서 나는 법칙에 복종한다. ……에 대해 특

---

44) 같은 책, 84쪽.

정하게 감정을 갖는다는 것은 존경심의 구조인데, 이는 복종을 의미한다. 법칙에 대한 존경심에서 나는 스스로 나 자신에게 복종한다. 이처럼 스스로-나에게-복종하는 가운데 나는 나 자신으로서 존재한다. 존경심의 감정 안에서 나는 스스로 무엇으로서, 혹은 좀더 정확히 말해 누구로서 드러나는가?

법칙에 복종하면서 나는 스스로 순수이성인 나 자신에게 복종한다. 이처럼 스스로-나-자신에게-복종하는 가운데 나는 나 자신으로, 즉 자신을 스스로 규정하는 자유로운 자로서 고양된다. 이처럼 독특하게 자신에게 복종하면서-자기 자신을 자기 자신으로 고양하는 활동은 자아를 그것의 "존엄성" 안에서 드러낸다. 부정적인 어법으로 말하면 이렇다. 자유로운 자인 내가 나에게 스스로 부여한 법칙에 대한 존경심에서 나는 나를 스스로 경멸할 수 없다. 따라서 존경심은 자아의 자기존재 방식이며, 이를 근거로 자아는 "자신의 영혼 안의 영웅을 외면하지 않는다". 존경심은 자기가 스스로 자기에 대해 책임을 지는 방식, 즉 본래적인 자기존재다.

법칙을 부여하는 본래적 실존의 근본가능성 전체를 향해 복종하면서 자신을-기투하는 활동이 행위하는 자기존재의, 즉 실천이성의 본질이다.

존경심의 감정에 관한 앞서의 해석은 존경심이 실천이성을 얼마큼 구성하는지를 지적하고 있다. 그뿐 아니라 경험적으로 사념된 영혼의 능력이란 의미의 감정개념은 소멸되고, 그 대신 도덕적 자기의 초월의 초월적 근본구조가 등장한다라는 사실까지도 함께 명확히 밝혀준다. 칸트가 존경심을 "도덕적 감정"으로 혹은 "나의 실존 감정"으로 특징지음으로써 의도한 바가 몽땅 길러내어져야 한다면, "감정"이란 표현은 반드시 이러한 존재론적-형이상학적 의미에서 이해되어야 한다. 존경심의 이러한 본질구조 자체가 초월적 상상력의 근원적 틀을 돋보이게 한다라는 사실을 파악하기

위해서, 이제는 그 어떤 더 폭넓은 발걸음도 더 이상 전혀 필요치
않다.

······에 복종하면서 직접 자신을 내어줌은 순수한 수용성이다.
그러나 법칙을 자유로이 스스로에게-미리 부여하는 활동은 순수한
자발성이다. 그런데 이 양자 그 자체는 근원적으로 합일한다. 그리
고 거듭 말하거니와, 어느 정도까지 존경심에서는 법칙과 행위하는
자기가 대상적으로 파악되지 않는지, 그러나 더욱 근원적인-비대상
적인-비주제적인 방식에 따라서는 당위와 행위로서 드러나는지, 그
리고 반성되지 않은 또한 행위하는 자기-존재를 형성하는지는 초
월적 상상력에서 비롯된 실천이성의 이러한 근원에 입각해서만 이
해될 수 있다.

제31절 놓여진 근거의 근원성 그리고 초월적 상상력
앞에서의 칸트의 후퇴

"모든 종합판단들의 최상의 원칙"은 순수인식의 초월의 완전한
본질을 한정했다. 초월적 상상력은 이러한 본질의 본질근거로서 드
러났다. 그러나 이 본질근거의 본질에 관한 앞서의 좀더 근원적인
해석이 비로소 최상의 원칙의 유효범위를 나타낸다. 최상의 원칙은
인간존재 일반이 유한한 순수이성으로 규정되는 한, 인간존재 일반
의 본질틀에 관해 언급한다.

인간의 이 근원적인, 즉 초월적 상상력에 "뿌리 박고 있는" 본질
틀은 "미지의 것"이다. 칸트가 "우리에게 알려지지 않은 뿌리"에 관
해 언급했을 때, 그는 이 미지의 것을 간파해야 했다. 왜냐하면 미
지의 것은 우리가 그것에 관해 전혀 모르는 그런 것이 아니라, 오히
려 인식된 것 중에서 우리를 번민케 하는 것으로서 우리에게 육박
해오는 그러한 것이기 때문이다. 그러나 칸트는 초월적 상상력에

관해 좀더 근원적으로 해석을 수행하지도 않았고, 더욱이 그러한 분석론에 관해 자기 자신이 처음 인식한 그 명백한 밑그림들에도 불구하고 그러한 해석을 시도조차 하지 않았다. 오히려 그 반대다. 칸트는 이 미지의 뿌리 앞에서 후퇴해버렸다.[a]

『순수이성비판』의 '재판'에서 초월적 상상력은, 첫번째 기획[45]의 열정적인 진행과정에서 흰히 밝혀진 바와는 달리, [이제는] 옆으로 제쳐져 새롭게 해석된다——지성을 위해. 그러나 이때 정초작업 전체가 그 자체로서 붕괴되지 말아야 했다면, '초판'에 따라 상상력을 초월론적으로 근거지을 때 얻은 성과 모두는 확실히 계속 보존되어야만 했다.

어떤 의미에서 순수상상력은 『판단력비판』에서 되풀이되는지, 또한 과연 무엇보다 아직도 앞서 제시된 바 있던 형이상학의 정초작업 그 자체와의 명백한 관련에서 되풀이되는지는 여기에서 구명될 수 없다.

우선 칸트는 예전에 상상력을 감성과 지성 이외의 제3의 근본능력으로 명백히 제시한 바 있던 두 주요구절들을 '재판'에서는 삭제했다. 마치 칸트가 '초판'에서의 자신의 고유한 진행절차를 아직 경험론과 가까운 것으로 파악하기나 한 듯——그러나 칸트의 이러한 파악은 너무나 부당하다——처음 구절[46]은 지성에 관한 로크(Locke)와 흄(Hume)의 분석에 대한 비판적 구명으로 대체된다.

그러나 둘째 구절[47]은 초월론적 연역 전체의 개작(改作)으로 인

---

45) 앞의 제24절과 제25절 참고.
46) A 94.

a. 이 점은 물론, 칸트가 어떤 방식으로든 초월적 상상력을 향해 나갔었다는 사실을 인정하는 사람에게만 타당하다. 왜냐하면 단지 그럴 때만 돌아섬도 가능하기 때문이다. 『판단력비판』, 59절, 258/59 참고. 여기서도 [나의] 해석은 완벽히 입증된다. 그리고 여기서 다시 [칸트는] 후퇴! 그러나 어떤 의미에서.

해 생략된다.

이뿐 아니라 칸트는 자신이 『순수이성비판』에서 여하튼 처음 상상력을 "영혼의 불가결한 기능"[48]으로 소개한 그 구절마저도, 물론 단지 자신의 보존용 책에서이기는 하나[49] 의미심장하게 추가로 변형하였다. "영혼의 기능"이란 표현 대신, 그는 이제 "지성의 기능"이란 표현을 쓰고자 한다. 이로써 순수종합은 순수지성[b]의 몫이 된다. 고유한 능력으로서의 순수상상력은 무용지물이 되며, 이로써 바로 순수상상력이 존재론적 인식의 본질근거일 수 있다라는 그 가능성은 표면상 차단된다. 그러나 '재판'에서도 아무런 변화 없이 남아 있는 도식장은 그 가능성을 너무도 명백히 내보인다.

그런데 초월적 상상력이 순수인식을 형성하는 중앙으로 처음 드러났던 곳은 도식장(네번째 단계)이 아니라, 오히려 바로 초월론적 연역(세번째 단계)이었다. 따라서 '재판'에서 초월적 상상력이 근본 능력으로서의 그 중심 기능과 관련하여 제거[c]되어야만 했을 때, 무엇보다 초월론적 연역이 완전히 개작되어야 했다. 초월적 상상력은 우리를 번민케 하는 미지의 것, 즉 초월론적 연역을 새로이 파악하는 동기가 되었던 것이다. 이러한 동기로부터 초월론적 연역의 개정(改訂) 목표도 비로소 가시화된다.[50] 이 목표는 이러한 개작의 좀

---

47) A 115.
48) A 78, B 103.
49) 『부록들』 XLI 참고.
50) 이 책의 243쪽 이하 참고.

b. 그러나 "초월적으로" 개념파악된 지성.
c. 상상력을 배제함으로써 감성과 지성의 구별은 한층 더 명료해지며, 한층 더 날카롭게 부각된다. 초월적 로고스 즉 직관과 동시에 항상 관련된 로고스로서의 로고스(λόγος)는 한층 더 자신의 권리에 도달한다. 대상의 대상성은 한층 더 결정적으로 "나는 결합한다"와 관련되며, 또한 확실성은 한층 더 최종적으로 형이상학의 근본특징(존재와 사유)이 된다.

더 철저한 해석을 위한 올바른 실마리를 비로소 제공한다. 물론 그러한 해석이 여기에서 제시될 수는 없다. 초월적 상상력에 대한 변화된 태도를 알아채는 것만으로 만족해야 한다.

앞서 인용된 바 있던 "영혼의 기능"으로부터 "지성의 기능"으로의 변화는 초월적 상상력에 대한 칸트의 새로운 태도를 특징짓는다. 초월적 상상력은 더 이상 고유한 능력으로서의 "기능"이 아니라 오히려 이제는 단지 지성의 능력을 실행^{d}하는 "기능"일 뿐이다. '초판'에서는 모든 종합이, 즉 종합 그 자체가 감성이나 혹은 지성으로 환원될 수 없는 능력인 상상력으로부터 발원했다. 그러나 이제 '재판'에서는 오로지 지성만이 모든 종합에 대한 근원의 역할을 떠맡는다.^{e}

이미 '재판'의 초월론적 연역의 출발점에서 즉각 이렇게 언급된다. 종합^{f}은 "사람들이 감성과 구별해서 지성이라 명명해야 하는"[51] "표상력의 자발성의 작용이다". 사람들은 여기에서 이미 "표상력"

---

51) B 130.

이제 (감성[직관]과 사유의 첨예한 분리에도 불구하고) 양자의 필연적 통일성을──양자의 공존과 상호성 일반을 어떤 방식으로든 이해할 수 있는 가능성도 확보된다.

두 개의 블록들처럼 감성과 사유는 놓여 있다. 그러나 이러한 점은 실로, "인식"-론이기를 지향하는 연구의 의미와 의도는 아니다.

실로 사정이 이러하다면 두 능력의 통일성(통일성의 가능성)이 개념파악되어야 하며, 적어도 문제로 제기되어야 한다.

분리는 일차적으로 근본적인 과제다──그러나 단지 일차적 과제에 불과하다.

d. 의존적인

e. 그러나 지성은 형식논리학의 사유가 아니다. 오히려 제19절을 참고하라!

f. "결합"(conjunctio) ; "나는 결합한다", 나는 판단한다! 참고.

이라는 무차별적 표현을 주목했다.

"종합" 일반은 "지성의 행위"[52]에 대한 명칭이다. "선험적으로 결합하는 능력"이 "지성"[53]이다. 따라서 이제 "지성의 순수종합"[54]이 언급된다. 그러나 종합의 기능을 암묵적으로 지성의 몫으로 돌리는 데 그치지 않고, 오히려 칸트는 분명히 이렇게 말한다. "상상력의 초월적 종합은…… 지성이 감성에 대해 끼치는 작용(이다)."[55] "상상력의 초월적 행위는" "지성이 내감에 대해", 즉 시간에 대해 "끼치는 종합적인 영향"[56]으로서 파악된다.

그러나 이 구절들은 초월적 상상력이 아직도 여전히 보존되어 있음을 동시에 내보이지 않는가? 확실히, 만약 '재판'에서 초월적 상상력이 완전히 삭제된다면, 그러한 삭제는 너무도 낯설게 보일 것이다. 그러나 특히 상상력의 "기능"은 [비판의] 논점을 위해 불가결한 것으로 남아 있었으며, 그리고 초월론적 연역의 앞과 뒤에 있는 『순수이성비판』의 개정되지 않은 부분들에서는 아직도 상상력이 명명된다.

그러나—'재판'에서 초월적 상상력은 단지 명목상으로만 있다. "하나의 동일한 자발성이 있다. 이 자발성이 거기에서는 [포착의 종합에서는] 상상력이란 이름하에서, 그리고 여기에서는 [통각의 종합에서는] 지성이란 이름하에서 결합을 직관의 다양에 집어넣는다."[57] 상상력은 이제 단지 경험적인, 즉 직관에 관련된 종합의 이름일 뿐이다. 이러한 종합은 앞서 인용된 구절들이 너무도 명백히 밝히듯이 그 사태상, 즉 종합으로서 지성에 속한다. 직관에 관련되는

---

52) 같은 곳.
53) B 135.
54) B 140, 153.
55) B 152.
56) B 154.
57) B 162 주.

한에서만 "종합"은 "상상력"이라 "불리는데", 그러나 근본적으로는 지성이다.[58]

초월적 상상력은 감성과 지성을 그것들의 가능적 통일성에서 근원적으로 매개하는 독자적인 근본능력으로는 더 이상 기능하지 않는다. 오히려 이 중간능력은, 이제 말하자면, 심성의 오직 고수된 두 근본원천들 사이에서 빠져나가 버린다. 그것의 직무는 지성에게 양도된다. 그리고 이뿐 아니라 칸트가 '재판'에서 처음 초월적 상상력을 위해 그것을 표면상 특징짓는 고유한 이름을 "형상적 종합(Synthesis speciosa)[h][59]"이란 명칭하에서 소개할 때, 실로 이 표현은 초월적 상상력이 자신의 예전의 독자성을 상실하였다라는 사실을 입증한다. 초월적 상상력이 그렇게 불리는 유일한 까닭은, 지성은 초월적 상상력 안에서 감성과 관련을 맺는데, 이러한 관련이 없다면 지성적 종합(synthesis intellectualis)이기 때문이다.[i]

도대체 칸트는 왜 초월적 상상력 앞에서 물러섰는가? 그는 아마도 좀더 근원적인 정초작업의 가능성을 보지 못했던 것인가? 그 반대다. '초판'의 서문은 그러한 작업의 과제를 너무도 명료하게 한정한다. 칸트는 초월론적 연역에서 "두 측면들"을, 즉 "객관적" 연역과 "주관적" 연역을 구별한다.[60]

초월론적 연역에 관한 앞서의 해석에 입각해 말한다면, 초월론적 연역은 초월의 내적 가능성에 관한 물음을 제기한다. 그리고 이 물음의 답변을 통해 대상성의 지평을 개현한다. 가능적 객관의 객관

---

58) B 151.
59) 같은 곳.
60) A XVI 이하.

g. 지성 자체로서!
h. 전통 참고.
i. ……으로 남기 때문이다.

성에 관한 분석은 연역의 "객관적" 측면이다.

그러나 대상성은 순수한 주관 그 자체에서 발생하는 바로 [……을 향해] 자신을 지향하면서 대립화하는 활동을 통해 형성된다. 이러한 지향에 본질적으로 관여된 능력들과 그것들의 가능성에 관한 물음은 초월하는 주관 그 자체의 주관성에 관한 물음이다. 이것이 연역의 "주관적" 측면이다.

그런데 칸트에게서 우선 무엇보다 중요했던 문제는, 여하튼 일단 초월을 가시화하여 초월로부터 초월적(존재론적) 인식의 본질을 해명하는 작업이었기에, 객관적 연역이 "또한 본질적으로 나의 목적에 속해 있다. 다른 연역은 순수지성 자체를 그것의 가능성과 또한 그 자신이 바탕을 두고 있는 인식능력들에 좇아서 고찰할 것을, 그러므로 순수지성을 주관적인 연관 안에서 고찰할 것을 노리고 있다. 그런데 비록 이 구명은 나의 주요 목적을 고려할 때 엄청난 중요성을 갖긴 하나, 나의 주요 목적에 본질적으로 속하진 않는다. 왜냐하면 주요한 물음은 언제나 '지성과 이성이 모든 경험으로부터 벗어나 무엇을 얼마큼 인식할 수 있는가?'이지, '사유하는 능력 자체가 어떻게 가능한가?'는 아니기 때문이다"[61]

초월론적 연역은 그 자신 필연적으로 객관적인 동시에 주관적이다. 왜냐하면 그것은 유한한 주관성에서 객관성 일반을 향한 본질적인 지향을 비로소 형성하는 초월을 개현하는 작업이기 때문이다. 따라서 초월론적 연역의 주관석 측면은 결코 결여될 수 없다. 그러나 아마도 주관적 측면의 명백한 완성은 유예된다. 만약 칸트가 그러한 완성을 위해 결단을 내렸다면, 그는 단지 형이상학의 정초작업의 주관적 측면의 그러한 완성의 본질에 대한 명확한 통찰에 의거해서만 그러한 결단을 내릴 수 있었을 것이다.

---

61) 같은 곳.

주관적 연역의 특징을 서술한 앞서의 인용문에서 또 하나 분명히
언급된 점은, 주관적 연역은 "지성 자신이 바탕을 두고 있는 인식능
력들로" 귀환해야 한다라는 사실이다. 더욱이 칸트는, 근원으로의
이러한 귀환은 단지 "가설적으로"만 하나의 근거를 단초에 놓는 경
험적-설명적 차원의 심리학적 고찰일 수 없다라는 사실을 매우 명
료하게 파악한다. 주관의 주관성의 본질을 초월론적으로 개현하는
이 과제("주관적 연역")는, 그렇지만 [초판의] 서문에서 비로소 추
가로 제기된 것이 아니다. 오히려 칸트는 이미 연역을 준비하는 과
정에서, 필연적으로 "모호함"을 수반하는 이 "전인미답의 길"에 관
해 언급한다. [그러나] 칸트는, 비록 "범주들의 연역"이 "우리의 인
식 일반을 가능케 하는 제1근거들을 향해 깊이 침투해 들어갈 것"
을 "강요"하기는 하나, 주관성에 관한 "상세한"[62] 이론은 제시하지
않으려 한다.

따라서 칸트는 좀더 근원적인 정초작업의 가능성과 필연성에 관
해 알고는 있었으나, 이것들이 그에게 가장 절실한 관심사는 아니
었다. 그렇지만 초월적 상상력이 초월과 초월적 대상성의 통일을
형성하는 한, 이러한 사실이 초월적 상상력을 삭제하는 근거일 수
는 없었다. 칸트가 고유한 초월적 근본능력인 초월적 상상력으로부
터 등을 돌린 동기는, 초월적 상상력 자체 때문임이 틀림없다.

칸트가 주관적 연역을 완성하지 않았기에, 그에게서 주관의 주관
성은 여전히 전승된 인간학과 심리학을 통해 자신에게 제시되었던
그 틀과 그 성격규정 안에서 주도적 역할을 했다. 전승된 인간학과
심리학에서 상상력은 그저 감성내의 열등한 능력에 불과했다. 사실
상 초월론적 연역과 도식화작용의 성과는, 즉 순수상상력의 초월적
본질에 대한 통찰은, 주관의 주관성을 전체 안에서 새롭게 조명하

---

62) A 98.

기에는 그 자체로 보아 아주 충분한 것은 아니었다.

또한 감성의 열등한 능력이 어떻게 이성의 본질을 형성할 수 있겠는가? 가장 저급한 능력이 최상의 능력으로 부각될 때, 모든 것은 혼란에 빠지지 않는가? 라치오(Ratio)와 로고스(Logos)가 형이상학의 역사에서 중심적 기능을 요구한다라고 하는 저 존경스런 전통은 어떻게 되겠는가? 논리학의 우월성이 무너질 수 있겠는가? 초월론적 감성론과 논리학의 테마가 근본적으로 초월적 상상력이어야 한다면, 형이상학을 정초하는 작업의 건축술은, 즉 초월론적 감성론과 논리학으로의 분류는 도대체 왜 아직도 유지되는가?

순수이성이 초월적 상상력으로 뒤바뀌어버린다면, 초월적 상상력 그 자신으로 인해 『순수이성비판』으로부터 그 테마가 박탈되지 않는가? 이 정초작업은 심연으로 나아가지 않는가?

칸트는 자신의 물음에 철저하게 형이상학의 "가능성"을 이 심연 앞으로 가져왔다. 그는 미지의 것을 보았다. [그러나] 그는 물러서야만 했다. 왜냐하면 그것은 단지 초월적 상상력이 그의 간담을 서늘케 했기 때문이 아니라, 그러는 사이 이성으로서의 순수이성이 그를 더욱 강력하게 자신의 궤도 쪽으로 이끌어갔기 때문이다.

형이상학 일반을 정초하는 작업을 통해 칸트는 존재론적-형이상학적 인식의 "보편성"이란 성격을 처음 명확히 통찰하였다. 이제 비로소 그는 "도덕철학"의 영역을 비판적으로 편력할 또한 도덕에 관한 대중철학적 속설의 무규정적 경험적 보편성을—오직 그것만이 "인류의 형이상학"과 그것의 정초작업을 준비할 수 있는 그러한—존재론적 분석의 본질근원성으로 대체할 그 "척도와 지팡이"를 손에 쥐었다. 모든 경험적인 것에 대해 순수 선험적인 것을 결정적으로 한정한 작업은, 당시 지배적이던 도덕철학의 천박한 위장된 경험주의와의 투쟁에서 증대된 의미를 획득했다. 주관의 주관성의 본질이 주관의 인격성에 있고, 이 인격성이 도덕적 이성과 동일한 의미인 한, 순수한 인식과 행위의 이성적 성격은 강화되어야 했다. 자발성으로서의 모든 순수종합과 종합 일반은 본래적 의미에서 자유롭게 존재하는 능력, 즉 행위하는 이성의 몫이 되어야 한다.

여하튼 인륜성과 당위를 통해 규정된 존재자는 본질적으로 결코 "무한하게" 될 수 없고 또 그렇게 존재할 수 없다면, 점점 더 분명하게 개현되는 인격성의 순수이성적 성격은, 물론 칸트에게서도 인간의 유한성을 침해할 수 없었다. 아마도 이에 반해 칸트에게서는, 유한성을 '순수한 이성적 존재자가 "감성"을 통해 규정된다'라는 사실에서 비로소 탐색하지 않고, 오히려 바로 순수한 이성적 존재자 자체에서 탐색해야 한다는 문제가 제기되었다. 왜냐하면 단지 그럴 때만 인륜성은 순수한 인륜성으로서, 즉 사실적으로 경험적인 인간을 통해서는 제약되지도 결코 창조되지도 않는 인륜성으로서 파악되기 때문이었다.

유한한 순수이성 일반의 이 인격적-존재론적 문제는, 유한한 이성적 존재자 일반을 현실화하는 특정한 양식의 특수한 틀을 회상케 했던 그 어떠한 것도 물론 친밀하게 감내할 수 없었다. 그런데 그 특수한 틀은 특수한 인간적 능력으로서만 아니라, 게다가 감성적 능력으로서도 간주되었던 상상력이었다.

순수이성의 이처럼 강화된 논점은 상상력 일반을 옆으로 제쳐두고, 이로써 상상력의 초월적 본질을 진정 은폐해야 했다.

유한한 이성적 존재자 일반과 그것의 특정한 현실화인 인간 사이의 이러한 구별의 문제가, '재판'의 초월론적 연역에서 등장한다는 사실은 오인의 여지가 없다. 이뿐 아니라, 칸트가 '재판'의 본문 1쪽에 덧붙인 최초의 "수정된 문장"은 이미 이 점을 분명히 한다. 유한한 인식에 대한, 좀더 정확히 말해 유한한 직관에 대한 성격묘사에는 "적어도 우리 인간에게는"[63]이라는 문구가 삽입된다. 이 문구가 당연히 밝히고자 하는 바는, 물론 모든 유한한 직관이 수용적 직관이긴 하나 모든 수용활동이 필연적으로 우리 인간에서처럼 감관을 통해 매개될 필요는 없다라는 사실이다.

첫번째 정초작업에서 드러난 근거인 초월적 상상력의 모호함과 "낯설음", 그리고 순수이성의 빛나는 힘은 서로에게 작용을 미쳐, 초월적 상상력의 좀더 근원적 본질에 대해 그나마 일순간 피어오른 전망을 다시 가려버린다.

이 점은 칸트 해석에서 이미 오래전 확고히 자리잡은 조사연구가 『순수이성비판』의 근본문제로부터 파악해낸 핵심내용이다. 그리고 이 조사연구는 대개 이렇게 표현된다. 칸트는 '초판'의 "심리학적인" 해석으로부터 '재판'의 훨씬 "논리적인" 해석으로 변화하였다.

반드시 주목되어야 할 점은, '초판'에서의 정초작업은 결코 "심리학적"이지 않았다는 것이다. 또한 '재판'에서의 정초작업도 "논리적인" 것으로 변모하지 않았다는 사실이다. 이 두 번의 정초작업은 오히려 초월론적이다. 즉 필연적으로 "객관적"이며 또한 "주관적"이다. 단지 초월론적인 주관적 정초작업에서 '재판'은 이성의 지배력을 구원하기 위해 순수지성에는 유리한, 그러나 순수상상력에는 불리한 결정을 내렸던 것이다. '재판'에서 주관적 "심리학적" 연역은 결코 후퇴하지 않고, 오히려 바로 종합의 능력인 순수지성을 향해 첨예화된다. 지성을 좀더 근원적인 "인식능력들"로 귀환하는 작업은 이제 불필요해진다.[j]

앞서 『순수이성비판』의 '초판'에만 오로지 논의의 방향을 맞춰 형이상학의 정초작업의 각 단계들을 해석한 작업은 끊임없이 인간의 초월의 유한성을 논점의 중심으로 끌어왔다. 그런데 '재판'에서

---

63) B 33.

j. 왜냐하면 지성과 판단은 (제19절 참고) 처음부터 초월적으로 개념파악되고 있기 때문에, 즉 직관에 관련되어 있기 때문에.

칸트가 인간의 개념에 더 이상 합치하지 않는 유한한 이성적 존재자의 개념을 확장함으로써, 유한성의 문제를 좀더 포괄적으로 제기했을 때, 이것은 바로 이 작품의 중심적 해석을 의중에 둔 채 '재판'을 고집하겠다는 충분한 근거가 아닌가? 앞서 말한 바에 따르면, '재판'이 "좀더 논리적으로" 진행된다고 해서 "더욱 나아진" 것도 없다. 반대로, '재판'은 적합하게 이해된 의미에서 볼 때 훨씬 "더 심리학적"이며, 더욱이 오로지 순수이성 그 자체에만 논의의 방향을 맞추고 있다.

이로써 앞서의 해석작업과 이 해석작업으로부터 자라나온 초월적 상상력에 관한 좀더 근원적인 해석에 대해 이미 판결이 내려진 것은 아닌가?

그러나 도대체 왜 순수인식의 유한성은 단초에서부터 문제로 부각되었는가? 그 까닭은 그 정초작업의 필요성이 제기되는 형이상학이 "인간의 본성"에 속하기 때문이다. 그러므로 형이상학을 정초하는 작업에서 인간 본성의 특수한 유한성은 결정적 의미를 갖는다. '과연 『순수이성비판』의 해석에서 원칙적으로 '재판'이 '초판'에 대해 우위를 지닐 만한가 혹은 그 반대인가'라는 피상적인 물음은, 칸트의 형이상학의 정초작업과 이에 대한 해석을 위해 결정적인 다음 물음에 대한 창백한 반영에 불과하다. 놓여진 근거인 초월적 상상력은 실로 인간적 주관의 주관성의 유한한 본질을 근원적으로, 즉 통일적인 동시에 전체적으로 규정할 만큼 충분히 풍요로운가, 혹은 인간의 순수이성의 문제는 초월적 상상력을 배제함으로써 좀더 파악가능한 문제로서 형성되며, 그로써 가능한 해결책에 더욱 가까이 접근하는가? 이 물음이 결정되어 있지 않는 한, 초월적 상상력에 관해 시도된 좀더 근원적 해석도 필연적으로 불완전하게 남을 뿐이다.

C. 초월적 상상력과 인간의 순수이성의 문제

형이상학을 정초하는 작업인 『순수이성비판』에서는 처음부터 오로지 인간의 순수이성만이 관건이다. 이러한 점이 특징적 전거를 통해 미리 분명히 밝혀져야 한다. 일반형이상학의 가능성의 문제에 대한 정식은, "선험적 종합판단들은 어떻게 가능한가?"다. 칸트는 이 과제의 해결책에 대해 이렇게 말한다.

"앞의 과제는 오로지 다음의 방식으로만 해결된다. 우리는 이 과제를 인간이 자신의 선험적 인식의 확장을 도모할 때 그 통로가 되는 인간의 능력들과 관련하여 고찰한다. 이 능력들은 인간이 특수하게 그의 순수이성이라 명명할 수 있는 것을 그에게 형성해주는 능력들이다. 왜냐하면 경험으로부터 즉 감관의 표상들로부터 독립해 사물들을 인식하는 능력을 존재자 일반의 순수이성으로 이해한다면, 그로써는, 도대체 어떤 방식으로 그와 같은 선험적 인식이 존재자 일반에게서 (예를 들어 신(神)이나 다른 고차적인 정신에게서) 가능한지는 전혀 규정되지 않으며, 또한 그렇다면 앞의 과제는 무규정적이기 때문이다. 이에 반해 인간에 관해 말하자면, 인간의 모든 인식은 개념과 직관을 구성요소로 존립한다."[64]

이 인용문의 출처는 『형이상학의 진보에 관하여』라는 논문인데, 이 논문을 완성할 때 칸트는 확실히 형이상학 그 자체의 논점을 직접적으로 또한 전체적으로 주목했다. 따라서 형이상학을 정초하는 작업에서는 인간적 주관성의 "특수한" 유한성이 문제다. 이러한 유한성은 단지 유한한 이성적 존재자 일반의 가능적 "경우"로서만 부수적으로 함께 고찰될 수 없다.

인간의 유한성에는 수용적 직관이란 의미의 감성이 속한다. 순수

---

64) 『진보에 관하여』, 같은 책 VIII, 312쪽.

직관, 즉 순수감성으로서의 감성은 유한성의 탁월한 특징인 초월구조의 필연적 요소다. 인간의 순수이성은 필연적으로 순수감성적 이성이다. 이러한 순수이성은 그 자신 감성적이어야 하는데, 그 까닭은 그것이 육체에 결합되어 있기 때문에 비로소 그런 것이 아니다. 오히려 그 반대로 유한한 이성적 존재자로서의 인간은 단지 초월 그 자체가 선험적으로 감성적이기 때문에만 초월적인, 즉 형이상학적인 의미에서 자신의 육체를 "소유"할 수 있다.

그런데 초월적 상상력이 인간적 주관성을 가능케 하는 근원적 근거이며, 더욱이 그것도 바로 인간적 주관성의 통일성과 전체성에서 그러한 근원적 근거여야 한다면, 초월적 상상력은 순수감성적 이성과 같은 것을 가능케 해야 한다. 그러나 순수감성은 시간이다. 즉 좀더 정확히 말하자면, 형이상학의 정초작업이 분명히 파악한 순수감성의 보편적 의미는 시간이다.

순수감성으로서의 시간이 순수통각인 "나는 생각한다"와 정말 근원적 통일을 이루어야 하는가? 일반적으로 지배적이던 해석에 따라 칸트가 모든 시간성으로부터 끄집어내 모든 시간에 대립시킨 순수자아가 정말 "시간적"이어야 하는가? 그리고 이 모든 것은 초월적 상상력에 근거하는가? 초월적 상상력은 도대체 어떻게 시간에 관계하는가?

제32절 초월적 상상력 그리고 그것과 시간의 관련

초월적 상상력은 순수감성적 직관의 근원으로 명시되었다.[65] 이로써 순수직관으로서의 시간이 초월적 상상력으로부터 발원함은 원칙적으로 입증된다. 그렇지만 실로 시간이 초월적 상상력에 근거하

---

65) 제28절, 216쪽 이하 참고.

는 그 양식과 방식에 대한 고유한 분석적 해명이 필요하다.

시간은 '지금의 연속'이라는 순수계기(純粹繼起)로서 "부단히 흘러간다".[66] 이러한 계기를 순수직관은 비대상적으로 직관한다. 직관활동은 주어지는 것을 수용하는 활동을 의미한다. 순수직관은 수용가능한 것을 수용하는 가운데 그것을 자신에게 스스로 부여한다.

……을 수용하는 활동을 사람들은 우선 전재자(前在者), 즉 현전자(現前者, Anwesendes)를 받아들이는 활동으로 이해한다. 그러나 경험적 직관에 초점을 맞춘 이 좁은 의미의 수용활동의 개념은 순수직관 및 그것의 수용성격과는 반드시 구분되어야 한다. '지금'의 순수계기에 대한 순수직관은 현전자를 수용하는 활동일 수 없다라는 사실이 쉽게 통찰된다. 만약 순수직관이 현전자를 수용하는 활동이라면, 순수직관은 기껏해야 그때마다 단지 지금의 '지금'만을 "직관"할 수 있을 뿐, 결코 '지금의 연속' 그 자체와 그 안에서 형성된 지평은 직관할 수 없을 것이다. 이뿐 아니라 '지금'이 자신의 '직전'과 '직후' 안에서 본질적으로는 아무런 단절도 없는 팽창성을 갖고 있는 한, "현재자"(現在者, Gegenwärtiges)를 단순히 수용하는 활동에서는, 엄밀히 말해, 결코 어떠한 '지금'도 직관되지 않는다. 순수직관의 수용활동은 스스로 '지금'의 상을 부여해야 한다. 그것도 '지금'의 '직후'를 앞서 보며 '지금'의 '직전'을 되돌아보는 방식으로다.

이제 비로소 좀더 구체적으로 밝혀지는 섬은, 초월론적 감성론의 논의주제인 순수직관은 본래부터 "현재자"를 수용하는 활동일 수 없다라는 사실과 얼마나 그러하냐라는 점이다. 순수직관에서의 수용하면서 스스로-부여하는 활동은 원칙적으로 단순한 현전자에게 관련되지 않으며, 또한 눈앞의 존재자에게도 전혀 관련되지 않는다.

---

66) B 291.

따라서 순수직관 활동이 이처럼 자유로이 활약하는 성격을 지닌
다면, 이로부터 순수직관 활동은 "근본적으로" 순수상상력이다라는
사실이 이미 귀결되는 것인가? 이러한 귀결은 기껏해야, 순수직관
이 자신 안에서 수용가능한 것을 그때마다 스스로 형성하는 한에서
만 가능하다. 그러나 이 근원적인 형성활동 자신이 ['지금'을] 직접
보는 동시에 ['직후'를] 앞서 보며, 또한 ['직전'을] 뒤돌아보기도 해
야 한다라는 사실은 초월적 상상력과 아무런 관련도 없단 말인가!
  칸트 자신이 형성활동의 이 삼중적 합일적인 성격을 상상력의 상
상활동 중에서 명백히 강조하지만 않았더라도 그랬을텐데!
  자신의 형이상학 강연에서, 또한 더욱이 이성적 심리학에서도 칸
트는 "형성력"을 다음의 방식으로 구분한다. 이 능력은 "현재시간
의 표상들, 혹은 과거시간의 표상들, 혹은 장래시간의 표상들도 산
출한다. 따라서 형성능력은 다음의 요소들로 구성된다.
  1. 현재시간의 표상들인 모상(模像)을 산출하는 능력,
  2. 과거시간의 표상들인 재상(再像)을 산출하는 능력,
  3. 장래시간의 표상들인 예상(豫像)을 산출하는 능력."[67]
  "모상"이란 표현에 대해서는 간략한 규명이 필요하다. 이 표현은
복제(複製)라는 의미의 모상을 산출하는 활동을 뜻하지 않고, 오히
려 현전한 (현재한) 대상 자체에서 직접 떼어낼 수 있는 모습을 뜻
한다. 모-상활동은 재-상활동을 뜻하지 않는다. 오히려 그것은 대
상 자체의 모습을 직접 받아들인다라는 의미에서 형상을-부여하는
활동을 뜻한다.
  칸트가 이 구절에서 초월적 상상력에 관해 언급하지는 않으나,
"상상하는" 형성활동 그 자체가 시간에 관련되어 있다라는 하나의
사실만큼은 분명해진다. 자신의 심상들을 자발적으로 형성하기 때

67) 푀리츠, 『형이상학에 관한 칸트의 강연들』, 같은 책, 88쪽. 83쪽 참고.

문에 순수한 것이라 불리는 순수한 상상활동은, 그 자체가 시간에 관련된 것으로서 실로 시간을 비로소 형성해야 한다. 순수직관으로서의 시간은 단지 순수한 직관활동에 의해 직관된 것만도 아니고, 또한 "대상"이 결여되어 있는 직관활동만도 아니다. 순수직관으로서의 시간은 한마디로 말해 자신에 의해 직관된 것을 형성하면서 직관하는 활동이다. 이러한 점이 시간의 완전한 개념을 비로소 부여한다.

순수직관은 그 자신이 모상을 형성하고, 예상을 형성하며, 또 재상을 형성하는 상상력일 때만, '지금의 연속'인 순수계기 그 자체를 형성할 수 있다. 따라서 시간은 어느 모로 보나, 또한 바로 칸트적인 의미에서도, 상상력이 한번쯤은 자신의 활동목적을 위해 이를테면 우연히 끼어드는 임의의 장(場)으로는 사유되지 말아야 한다. 그러므로 그것 안에서 우리가 "시간을 계산하는" 그 지평 안의 시간은 순수한 '지금의 연속'으로서 간주되어야 한다. 그러나 이 '지금의 연속'이 결코 근원적 의미의 시간은 아니다. 오히려 초월적 상상력이 '지금의 연속'으로서의 시간을 발원케 하며, 따라서——이 발원케 하는 자로서——근원적 시간이다.

그러나 초월적 상상력을 근원적 시간으로 해석하는 이토록 진보적인 작업이 과연 칸트의 얼마 안 되는 암시들로부터 뚜렷이 선별되는가? 이 해석작업으로부터 궁극적으로 밝혀진 이 전망하기 어려운 결과에 임해, 초월적 상상력은 더욱 구체적으로 더욱 확실하게 근거지어져야 한다.

제33절 초월적 상상력의 내적인 시간성격

'초판'에서 상상력은 "종합 일반"의 능력으로 명명된다. 이제 상상력의 내적인 시간성격이 논구되어야 한다면, 우리는 칸트가 어느

253절 초월적 상상력의 내적인 시간성격 253
곳에서 종합을 명확히 논의하는지를 탐색해야 한다. 그곳은 앞서 서술된 두 가지 길을 따라 초월론적 연역의 수행을 준비하는 절이다. 이 절의 제목은 "경험을 가능케 하는 선험적 근거들에 관하여"[68]다. 따라서 종합 그 자체를 주제적으로 분석하는 장소는 임의적 장소가 아니다. 그리고 칸트가 특히 종합에 대한 구명을 "예비적 주의"[69]라고 표기할 때, 이로써 사유되는 것은 어떤 부수적인 또한 근본적으로는 없어도 될 그런 진술이 아니다. 오히려 이곳에서의 논의내용은 초월론적 연역과 초월적 도식화작용을 위해 처음부터 주목되어야 한다. 그런데 초월론적 연역은 정초작업의 세번째 단계로서, 존재론적 종합의 본질적 통일의 내적 가능성에 대한 설명을 과제로 삼는다.

순수인식의 세 요소들은 순수직관, 순수상상력, 그리고 순수지성이다. 여기서는 이들의 가능적 통일, 즉 이들의 근원적 합일(종합)의 본질이 문제다. 따라서 순수인식의 이 세 순수요소들을 고려한 가운데 종합을 해명하는 작업이 필요하다.

따라서 칸트는 자신의 "예비적 주의"를 세 단락으로 분류한다.

"1. 직관에서의 포착의 종합에 관하여.

2. 상상활동에서의 재생의 종합에 관하여.

3. 개념에서의 인지의 종합에 관하여."

그런데 종합의 이러한 양태들이 수적으로 셋인 까닭은, 가령 순수인식의 본질적 통일성에 세 요소들이 속하기 때문인가? 혹은 종합의 양태들의 이러한 삼중성은 좀더 근원적인 근거를 갖고 있는가? 즉 '왜 종합의 양태들은 특히 순수종합의 방식들로서 하나로 일치하며, 그럼으로써 그것들의 좀더 근원적 통일성을 근거로 순수인식의 세 요소들의 본질적 통일성을 "형성"하는가'를 동시에 해명

---

68) A 95쪽 이하.
69) A 98.

하는, 그런 좀더 근원적인 근거를 갖고 있는가?

 종합의 세 양태들이 존재하는 까닭은, 이러한 종합의 양태들 안에서 시간이 출현하며, 그리고 그것들이 현재와 기존성(旣存性, Gewesenheit)과 장래(狀來, Zukunft)로서의 시간의 삼중적 통일성을 표현하기 때문인가? 그리고 이처럼 존재론적 인식의 본질적 통일성의 근원적 합일이 시간을 통해 발생하고 순수인식의 가능근거가 초월적 상상력이라면, 초월적 상상력은 근원적 시간으로 드러나지 않는가?

 그러나 칸트는 이미 종합의 세 양태들을 열거할 때 두번째의 것을 "상상활동에서의 재생의 종합"으로 명명함으로써, 상상력은 단지 다른 것들 사이의 하나의 요소일 뿐, 결코 직관과 개념의 뿌리는 아니다라고 말한다. 이것은 맞는 말이다.

 그러나 삼중종합에 대한 이러한 분석을 통해 그 기초를 확보해야 할 초월론적 연역은, 상상력이 다른 능력들 사이의 한 능력일 뿐 아니라, 또한 그러한 능력들의 매개적 중앙을 현시한다라는 사실을 마찬가지로 아무런 이론(異論)의 여지없이 내보인다. 초월적 상상력이 감성과 지성의 뿌리라는 사실은 물론 [종래의 해석과는 다른] 좀더 근원적 해석이 처음 입증하였다. [그러나] 이러한 성과가 여기에서 사용되어선 안 된다. 오히려 우리는 종합의 세 양태들의 내적인 시간성격을 강조함으로써, 초월적 상상력을 두 줄기들의 뿌리로서 해석하는 작업이 난지 가능할 뿐 아니라 필연적이기도 하다라는 사실을 마지막으로 결정적으로 증명해야 한다. 종합의 세 양태들에 대한 칸트의 분석을 일반적으로 이해하기 위해선, 여러 겹으로 쌓여 있던 사항이 미리 명료하게 밝혀져 주도적인 것으로서 확보되어야 한다.

 먼저 칸트의 표현방식은 좀더 상세한 규정을 필요로 한다. 포착 "의" 종합, 재생"의" 종합, 인지"의" 종합은 무엇을 의미하는가? 이

러한 표현이 의미하는 바는 포착, 재생, 인지 등이 종합에 종속된다
거나 종합을 수행한다는 사실이 아니다. 오히려 종합 그 자체가 포
착, 재생 혹은 인지의 성격을 지닌다는 사실이다. 따라서 이 표현들
이 의미하는 바는 이렇다. 포착의 양태를 지닌 종합, 재생의 양태를
지닌 종합, 인지의 양태를 지닌 종합, 포착하는 종합으로서의 종합,
재생하는 종합으로서의 종합, 인지하는 종합으로서의 종합 등이다.
그러므로 칸트는 각 종합에 특수한 방식에 따라 고유하게 속한 이
세 양태들을 고려하면서 종합에 관해, 즉 종합의 능력에 관해 논의
한다.

　다른 한편 다음의 사실도 주목될 필요가 있다. 각 개별적인 절에
서 종합의 각 양태들은, 우선은 그것들이 경험적 직관과 경험적 상
상, 그리고 경험적 사유에서 기능하는 그 양식과 방식에 대한 기술
을 통해 명료히 밝혀진다. 그런데 이러한 예비적 특징서술이 지적
하고자 하는 바는 순수직관, 순수상상, 순수사유에서도 그때마다 이
미 그에 해당하는 순수포착의 종합, 순수재생의 종합, 순수인지의
종합이 그 구성요소라는 사실이다. 이로써 동시에 밝혀지는 바는,
순수종합의 이러한 양태들은 존재자와 맺는 인식적 태도에서 경험
적 종합을 위한 가능조건을 형성한다라는 사실이다.

　더 나아가 눈여겨볼 필요가 있는 또 하나의 사실은, 종합의 세
양태들을 해석하는 본래 목적은──비록 항상 아주 명료하게 또한
앞서 공식화되지는 않았지만──그것들의 내적이고 본질적인 상호
귀속성을 순수종합 그 자체의 본질 안에서 입증하는 것이라는 사실
이다.

　그리고 끝으로 다음의 점은 망각되지 말아야 한다. 즉 왜 칸트
자신은 "우리의 모든 표상들이 …… 시간에 종속한다"라는 사실이
"다음의 논의에서 철저히 근저에" 놓여 있어야 한다라고 명백히 요
구하는가? 모든 직관적-상상적-사유적 표상활동이 삼중종합에 의

해 철저히 지배된다면, 이 모든 표상활동을 처음부터 통일적으로 자신에게 종속케 하는 바로 그것은 이러한 종합의 시간성격이 아니겠는가?

a) 순수포착으로서의 순수종합[70]

"거기의-이것"을 직접 수용하는 활동인 경험적 직관에서는 항상 다양이 자신을 내보인다. 그러므로 이러한 직관이 획득하는 상이 현시하는 바는 다양을 "포함한다." 이 다양은 "심성이 시간을 인상들의 계기 안에서 차례차례 구별하지 않는다면" 결코 "그 자체로서 표상될" 수 없을 것이다. "지금 이것" 그리고 "지금 이것" 그리고 "동시에 이 모든 지금"을 만날 수 있기 위해, 우리의 심성은 시간을 구별해가면서 처음부터 이미 부단히 "지금 그리고 지금 그리고 지금"을 말해야 한다. '지금'을 이처럼 구별할 때 비로소 인상들을 "훑어가며" 총괄하는 활동은 가능케 된다.

수용적 직관이 다양하게 제공되는 것을 "바로 직접" 하나로 [즉 하나의 상으로] 거머잡고-움켜잡을 때에만, 직관은 그때마다 다양에 관한 하나의 표상, 즉 단일적 표상이 된다. 직관은 그 자체가 "종합적"이다. 이러한 종합은 '지금의 연속'인 계기(繼起)의 지평에서, 제공된 인상들로부터 그때마다 하나의 상(형상)을 "바로 직접" 떼어내어-취한다는 독특성을 지니고 있다. 이러한 종합은 그 명료한 의미에서 보자면, 직접적으로 떼어내-형싱하는 활동[보사활동]이다.

그러나 우리는 순수포착의 종합도 필연적으로 가지고 있다. 왜냐하면 그러한 종합이 없다면 우리는 시간의 표상을, 즉 이러한 순수 직관을 결코 가질 수 없을 것이기 때문이다. 순수포착의 종합은 시

---

70) A 98~100.

간의 지평에서 비로소 실현되지 않는다. 오히려 순수포착의 종합이 '지금'과 '지금의 연속'과 같은 것을 실로 비로소 형성한다. 순수직관은 "근원적 수용성"이다. 즉 수용활동을 하는 자신이 자발적으로 자신으로부터 내준 것을 수용하는 활동이다. 순수직관의 "내놓는 활동"은 "생산활동"이다. 순수하게 직관하면서 내놓는 활동(상을 부여하는 활동, 즉 형성하는 활동)이 생산(창조, 즉 형성)하는 것은 '지금' 그 자체의 직접적인 상, 즉 그때마다 지금의 현재 일반의 직접적인 상이다.

경험적 직관은 '지금' 안에 현재해 있는 존재자에 바로 직접 관여한다. 그러나 순수포착의 종합은 '지금' 즉 현재 그 자체에 관여한다. 더욱이 이처럼 ……을 직관하면서 거기에 관여하는 활동은 자신이 관여하는 바로 그것을 스스로 형성한다. 포착으로서의 순수종합은 "현재 일반"을 내놓는 것으로서 시간형성적이다. 따라서 포착의 순수종합은 그 자체가 시간성격을 지니고 있다.

그런데 칸트는 분명히 이렇게 말한다. "그러므로 우리의 내면에는 이러한 다양을 종합하는 활동적 능력이 있다. 이러한 능력을 우리는 상상력이라 명명한다. 그리고 이러한 상상력이 지각들에 직접적으로 미치는 행위를 나는 포착이라 명명한다."[71]

포착의 양태로 이루어지는 종합은 상상력으로부터 비롯된다. 따라서 순수포착의 종합은 초월적 상상력의 양태로서 간주되어야 한다. 그런데 이러한 종합이 시간을 형성한다면, 초월적 상상력 그 자체는 순수한 시간성격을 갖는다. 순수상상력이 순수직관의 한 "요소"이며, 따라서 이미 직관 안에 상상의 종합이 들어 있는 한, 칸트가 다음의 논의에서 우선 "상상"이라 명명하는 그것은 결코 초월적 상상력과 동일할 수 없다.

---

71) A 120. 칸트의 주 참고.

b) 순수재생으로서의 순수종합[72]

칸트는 이곳에서도 경험적 표상활동내의 재생적 종합을 지적하면서 분석을 시작한다. "심성"은 존재자를, 즉 예를 들어 이전에 지각된 것을 "대상이 현존하지 않아도" 표상할 수 있다. 그러나 이러한 현재화는, 혹은 칸트가 말하듯이, "상상"은 다음과 같은 사실을 전제한다. 즉 심성은 이전에 표상된 존재자를 표상하면서 다시 곁으로 가져옴으로써, 그때마다 바로 지각된 존재자와 더불어 이 존재자를 그것의 통일성에 맞게 표상할 가능성을 지니고 있어야 한다. 다시-곁으로-가져옴, 즉 재생은 그러므로 합일활동의 방식이다.

심성이 재생의 종합에 다시 불러들일 존재자를 "잊지"[73] 않을 경우에만, 재생의 종합은 [다양을] 합일할 수 있다. 따라서 이러한 종합의 근저에는 비-망실, 즉 보유할 수 있음이 필연적으로 있어야 한다. 그러나 이전에 경험된 존재자는, 심성이 "시간을 구별하여" "이전"과 "당시"와 같은 것을 주목하고 있을 때만 보유될 수 있다. 이전에 경험된 존재자는, 모든 '지금'이 여하튼 보유될 수 없다면, 그 모든 '지금'과 더불어 완전히 계속해서 사라질 것이다. 그러므로 재생의 양태로 경험적 종합이 가능하기 위해서는, '이미-지금이-아님'이 그 자체로서 모든 경험에 앞서 다시 복원되어 그때마다의 '지금'과 합일될 수 있어야 한다. 이러한 작용은 순수종합의 한 양태인 순수재생에서 발생한다. 그렇지만 재생의 경험적 종합이 본래 경험적 상상에 속한다면, 순수재생은 순수상상력의 순수종합이다.

그러나 순수상상력은 본질적으로는 생산적인 것으로 간주되지 않는가? 재생적 종합이 어떻게 순수상상력에 속한다는 말인가? [그렇

72) A 100~102.
73) A 102.

다면] 순수재생은 비생산적 재생을 의미하는가?——따라서 나무로
된 쇠란 말인가?

그러나 도대체 순수재생이 생산적 재생활동인가? 사실상 순수재
생은 재생 일반의 가능성을 형성하는데, 좀더 정확히 말하자면 '이
전'의 지평을 주목하여 그러한 지평 자체를 미리 열어보임으로써
재생 일반의 가능성을 형성한다.[74] 재생의 양태로 이루어지는 순수
종합은 기존성 그 자체를 형성한다. 이것은 순수상상력이 종합의
이러한 양태와 관련하여 시간을 형성하고 있다는 사실을 의미한다.
순수상상력은 순수한 "재상(再像) 형성활동"이라 명명될 수 있는
데, 그 까닭은 순수상상력이 이미 지나간 존재자나 혹은 이전에 경
험된 존재자를 뒤쫓기 때문이 아니다. 오히려 순수상상력이 이러한
뒤쫓아감이 가능적으로 이루어질 수 있도록 지평을, 즉 기존성을
개시함으로써 이러한 "재"(再) 그 자체를 "형성하는" 한에서, 순수

---

74) 칸트는 A 102에서 이렇게 말한다. 즉 "상상력의 재생적 종합은 심성의 초
월적 행위에 속한다." 그런데 칸트는 비초월적인 상상력을, 즉 경험적 상
상력을 습관적으로 재생적 상상이라고 명명한다. 사람들이 재생적이란 표
현을 "경험적"이란 의미에서 받아들인다면, 앞서 인용된 문장은 무의미해
진다. 따라서 릴(Riehl)은 "재생적"이란 표현 대신 "생산적"이란 표현을
쓸 것을 제안한다(『칸트에 대한 교정』, 칸트 학술잡지, V권, 1901년, 268
쪽). 이렇게 되면 소위 의미의 모순성은 제거되지만, 칸트가 이러한 문장
으로 표현하고자 했던 그 의미마저 동시에 삭제될 것이다. 왜냐하면 그렇
다면 즉각 다음과 같은 사실이 우리에게 밝혀져야 할 것이기 때문이다. 즉
생산적 상상력이, 다시 말하자면 순수상상력이 순수재생적인 성격을 가진
까닭은 생산적 상상력이 재생 일반을 가능케 하기 때문이라는 사실이 즉
각 우리에게 밝혀져야 하기 때문이다. "생산적"이란 표현을 삽입하는 일
이 유의미하게 되는 유일한 경우는, 그러한 표현이 "재생적"이란 표현을
대체할 때가 아니라 오히려 그 표현을 한층 더 상세히 규정해줄 때다. 그
러나 그와 같이 삽입하는 일은 전체 연관을 따라서 보면 불필요하다. 재생
적 종합이란 표현을 굳이 개선해야 한다면, "순수재생적 종합"이란 표현
을 사용해야 한다.

상상력은 그렇게 명명될 수 있다.

그러나 "당시"라는 양태의 시간을 이처럼 형성할 때 순수종합의 성격은 어디에 머물러 있는가? "당시"를 근원적으로 형성하면서 보유하고 있음 그 자체는 '이미-지금이-아님'을 보유하면서 형성하고 있음을 의미한다. 이러한 형성 그 자체는 그때마다 '지금'과 합일한다. 순수재생은 현재를 형성하는 직관의 순수종합과 본질적으로 합일한다. "그러므로 포착의 종합은 재생의 종합과 불가분적으로 결합되어 있다."[75] 왜냐하면 모든 '지금'은 이미 방금 전의 '지금'이기 때문이다. 포착의 종합이 '지금'의 상을 바로 직접 형상화해야 한다면, 그것은 처음부터 훑어보았던 현전해 있는 다양을 그때마다 그 자체로서 보유할 수 있어야 한다. 즉 포착의 종합은 동시에 재생의 순수종합이어야 한다.

재생의 종합과 마찬가지로 포착의 종합도 초월적 상상력의 행위라면, 초월적 상상력은 "종합 일반"의 능력으로서 그 자신 "불가분적으로" 이 두 양태들에 따라 종합적으로 기능하는 것으로서 개념 파악되어야 한다. 두 양태들을 이처럼 근원적으로 통일하는 가운데 초월적 상상력은 또한 (현재와 기존성의 통일성인) 시간의 근원일 수 있다. 만약 종합의 두 양태들의 이러한 근원적 통일성이 존립하지 않는다면, "공간과 시간에 관한 가장 순수한 가장 일차적인 근본 표상들조차 결코 발원할 수 없을 것이다."[76]

그런데 시간은 현재, 기존성, 장래의 삼중석-합일적 전체이고, 또한 칸트는 시간을 형성하는 것으로서 이제까지 입증된 종합의 이 두 양태들에 세번째 양태를 덧붙인다면, 게다가 모든 표상활동들 및 사유활동조차 시간에 종속되어야 한다면, 종합의 이 세번째 양태는 장래를 "형성"해야 할 것이다.

---

75) A 102.
76) A 102.

c) 순수인지로서의 순수종합[77]

이 세번째 종합에 대한 분석은 물론 앞의 두 분석들보다 훨씬 더 포괄적이다. 그러나 사람들은 바로 "강제적" 논증에서 개시되었던 바를 우선은 헛되이 탐색할 것이다. 순수인지의 종합은 순수인식의 셋째 요소, 즉 순수사유를 구성해야 한다. 그러나 인지는 장래와 어떤 관계를 맺고 있는가? 여하튼 칸트가 실로 "나는 생각한다"와 이성 일반을 모든 시간관계들에 대해 가장 첨예하게 대립시킨다면, 도대체 순수사유 즉 순수통각의 자아는 어떻게 시간성격을 가져야 하는가?

"순전히 예지적 능력인 순수이성은 그 어떤 시간형식에도, 따라서 시간연속의 그 어떤 조건들에도 종속하지 않는다."[78] 그리고 칸트는 도식장에 연이어 모든 종합판단들의 최상의 원칙 규정을 소개하기 위한 자리에서, "모든 분석판단들의 최상의 원칙으로부터" 즉 순전한 사유의 본질을 한정하는 모순율로부터 반드시 시간성격이 배제되어야 한다라는 사실을 직접 밝히지 않았는가? "동시에"($\ddot{\alpha}\mu\alpha$)라는 표현은 이 원칙의 정식에서 어떤 자리도 차지할 수 없다. 만약 그렇지 않다면, "그 명제는 시간의 조건을 통해 영향을 받을"[79] 것이다. "그런데 모순율은 순전한 논리적 원칙으로서 자신의 요구주장들을 어떠한 시간관계들에도 결코 한정하지 말아야 한다. 따라서 [모순율을 시간에 관계시키는] 그러한 정식은 모순율의 의도에 완전히 어긋나는 것이다."[80]

종합의 이 세번째 양태의 시간성격에 관해 아무런 것도 칸트에게서 발견되지 않는다는 사실은 우리를 놀라게 하는가? 그러나 여기

---

77) A 103~110.
78) A 551, B 579.
79) A 152, B 191.
80) A 152 이하, B 192.

에서 공허한 추측이나 결론은 아무런 소용도 없다. 또한 사람들이
이 세번째 종합에 관한 구명을 읽어나갈 때 처음 발견하는 사항도
결코 결정적인 의미를 지녀서는 안 된다.

칸트는 종합의 세번째 양태에 대한 서술도 경험적 인지를 특징지
음으로써 시작한다. 좀더 정확히 말해 재생으로서의 종합에서 출발
한다. "우리가 지금 사유하는 것이 우리가 일순간 전에 사유했던 것
과 정말 동일한 것이라는 의식이 없다면, 표상들의 계열에서 모든
재생은 헛된 일이 될 것이다."[81] 재생의 종합은 자신에 의해 복원된
것을 그때마다 바로 지각에서 드러나는 존재자와 통일시켜 보유해
야 한다.

그러나, 심성이 '과거의 것'을 '바로 현전해 있는 존재자'와 통일
하기 위해 전자(前者)로 귀환했다가 다시 후자(後者)로 되돌아올
때, 그렇다면 그때, '이 지금 현전해 있는 존재자'가 '현재화를 수행
하기에 앞서, 이를테면 이미 사라져버린 것'과 동일한 것이라는 사
실을 누가 심성에게 말해주는가? 재생의 종합은, 재생의 종합이 수
행되기 이전이나 수행되는 동안 혹은 수행된 이후에나, 현재적 지
각에서 경험되는 동일한 존재자로서, 자신이 요구하는 그 어떤 것
에 자신의 본질상 마주친다. 그러나 현재적 지각 자신은 언제나 단
지 바로 현전자 그 자체에만 관여한다.

표상활동의 모든 연속과정이 개별적인 표상들로 분열되지 않아
야, 그럼으로써 재생의 회귀적 종합은 자신이 불러온 것을 그때마
다 다른 눈앞의 존재자와 통일적으로 정립할 수 있지 않은가? 만약
포착하는 직관과 재생하는 상상이 합일적이며 자기동일적인 것으로
부여하고자 하는 그것이, 이를테면 아무런 자리도 차지하지 못한다
면, 이 양자의 통일성은 무엇을 의미하겠는가?

---

81) A 103.

도대체 이러한 자리는 지각 및 또한 그것에 연계된 기억이—즉 기억된 것을 "지금의 상태 안에 있는" 현전하는 것과 일치시키고자 하는 기억이—수행된 이후에야 비로소 만들어지는가? 혹은 종합의 이 두 방식들은 처음부터 이미 자기동일적인 현전자인 존재자를 향해 정위되어 있는가?

분명히 그렇다. 왜냐하면 존재자의 자기동일성을 주목하면서 존재자를 합일하는 활동(종합)이 이 두 종합들의 근저에 있으면서 이것들을 이미 이끌고 있기 때문이다. 자기동일자를 향한 이러한 종합, 즉 존재자를 자기동일자로서 앞서 보유하는 활동을 칸트는 정당하게 "개념에서의 종합"이라 명명한다. 왜냐하면 개념은, 자기동일자로서 "모든 것에 타당한" 통일성을 표상하는 활동이기 때문이다. "왜냐하면 이러한 하나의 의식(이러한 통일성들을 표상하는 활동, 즉 개념적 표상활동)은 다양한 것, 순차적으로 직관된 것, 또한 재생된 것을 하나의 표상으로 합일하는 그것이다."[82]

그러므로 다음의 사실이 밝혀진다. 개념형성의 경험적 발생과정을 성격묘사[a]할 때 세번째의 종합으로 등장하는 것이 실은 첫번째의 종합, 즉 앞서 특징지은 두 가지의 종합들을 처음부터 이끌고 있는 종합이다. 이 종합은, 이를테면 이 두 종합들에 앞서 발원한다. 칸트는 동일화(同一化)를 확보하는 이 종합에 꼭 들어맞는 이름을 붙인다. 이 종합의 합일활동은 [동일한 존재자임을] 인증하는 활동이다. 이 종합은 '자기동일적인 것으로서 처음부터 미리 보유되어야 할 것'을 앞서 탐색하며 "철저히 찾아내고"[83] 있다. 이로써 포착의

---

82) A 103.
83) A 126.

a. 사람들이 개념형성의 경험적 발생과정을 성격묘사할 때는 그러한 순서를 갖는다. 그러나 이러한 성격묘사는 칸트의 목표가 아니다.

264 제3장 형이상학의 정초작업의 근원성

종합과 재생의 종합은 자신들이 내주고 만나는 그러한 존재자를, 이를테면 끄집어내고 수용할 수 있는 존재자의 한 완결된 권역을 여하튼 미리 발견할 수 있다.

그러나 [자기동일적인 존재자를] 탐색하면서 앞으로 밀고 나아가는 동일화의 종합은 경험적 종합으로서 필연적으로 순수동일화를 전제한다. 즉 순수재생이 다시-곁으로-가져옴의 가능성을 형성하듯이, 그에 상응하게 순수인지는 동일화와 같은 것을 위한 가능성을 제시해야 한다. 이러한 순수종합이 [이와 같은 의미에서] 인증활동을 할 때, 이것이 동시에 의미하는 바는 이렇다. 이러한 순수종합은 자신이 동일한 것으로서 미리 보유할 수 있는 존재자를 탐색하지 않고, 오히려 [존재자를] '앞서 맞아들여 보유할 가능성 일반의 지평'[선보유가능성 일반의 지평]을 탐색한다. 이러한 순수종합의 탐색활동은 순수한 것으로서, 이러한 예비지평을 즉 장래를 근원적으로 형성하는 활동이다. 그러므로 종합의 세번째 양태도 본질적으로 시간을 형성하는 양태로서 입증된다. 칸트가 모상형성, 재상형성, 예상형성의 양태들을 경험적 상상의 몫으로 돌리는 한, 예비지평 그 자체의 형성은, 즉 순수한 선(先)형성은 순수상상력의 작용이다.

순수개념의 내적인 형성활동을 본질적으로 시간에 의해 규정된 활동으로 해명하는 작업이, 처음에는 아무런 가망도 없을 뿐더러 모순적인 듯도 보였다. 그렇지만 이제는 순수종합의 세번째 양태의 시간성격이 명백히 드러났을 뿐 아니라, 또한 순수한 예상-형성활동의 이 양태는 심지어 그 내적인 구조상, 그것과 본질적으로 관련된 다른 두 양태들에 대한 우위까지 내보인다. '개념에서의 순수종합'에 대해 표면상으로는 시간으로부터 완전히 등을 돌린 듯한 칸트의 이러한 분석에서 시간의 가장 근원적인 본질이, 즉 시간은 근본적으로 장래로부터 시간화된다는 사실이 과연 출현하는 것인가?

어쨌든 초월적 상상력의 내적인 시간성격을 입증하는 그 미해결의 과제는 해소되었다. 초월적 상상력이 순수한 형성능력으로서 스스로 시간을 형성한다면, 즉 시간을 발원케 한다면, '초월적 상상력은 근원적 시간이다'라는 앞서 진술된 테제 앞에서 더 이상 머뭇거릴 필요가 없다.

순수감성의 즉 시간의 보편적인 성격도 마찬가지로 밝혀졌다. 따라서 초월적 상상력은 앞서 주장된 바 있던, 즉 순수감성적 이성으로서의 인간 주관의 특수한 유한성의 근원적 통일성과 전체성을 떠받치며 형성할 수 있다.

그러나 여하튼 순수감성(시간)과 순수이성은 그야말로 이질적이며, 따라서 순수감성적 이성이란 개념은 이해하기 힘든 개념으로 남지 않는가? 경험적인 주관의 경험적인 파악활동을 시간에 의해 규정된 것으로 특징지을 뿐 아니라, 자기(自己)의 자기성(自己性)을 내부구조상 시간적인 것으로 파악하려는 시도에 대한 의심은 떨쳐내기 어려운 듯 보인다.

그러나 자기를 시간적인 것으로 설명하려는 시도가 성공을 거두지 못한다면, 아마도 그 반대의 길이 성공에 대한 가망성을 지니는 것인가? 시간 그 자체가 자기성의 성격을 지닌다라는 사실에 대한 증명은 어떤 상태에 있는가? 시간이 지닌 자기성의 성격은, 시간은 "주관을 벗어나서는 아무런 것도 아니며"[84] 따라서 즉 주관 안에서만 그 모든 것이다라는 사실이 이론(異論)의 여지없는 것 이상으로, 훨씬 더 성공적으로 입증될 수 있다.

그러나 여기에서 "주관 안에서"란 표현은 무엇을 의미하는가? 시간은 여하튼 뇌수의 세포와는 달리 "주관 안에" 전재(前在)하지 않는다. 시간의 주관성을 부단히 원용해도, 이에 대해 도움이 되는 바

---

84) A 35, B 51.

는 거의 없다. 칸트 자신은, 시간은 "주관을 벗어나서는 아무것도 아니다"라는 이 부정적인 사실만을 눈여겨보았던가? 시간이 초월의 가장 내적인 본질구조에 본질적으로 관여되어 있다라는 사실을 칸트는 초월론적 연역과 도식장에서 밝히지 않았던가? 그리고 초월은 유한한 자기의 자기존재를 규정하지 않는가? 다양하게 논의된 시간의 "주관적" 성격에 관해서만 적합하게 묻고자 할 때도, 주관성의 이러한 본질이 반드시 주목되어야만 하지 않는가? 칸트가 초월의 본질근거의 "깊은 곳"에서 시간에 맞부딪쳤다면, 초월론적 감성론이 시간에 관해 소개조로 언급한 내용이 과연 최종적인 것이 될 것인가? 아니면 거기에서 구명된 내용은 시간의 좀더 근원적인 본질에 대한 하나의 시사에 불과한가? 올바르게 개념파악된 시간의 주관적 성격에 입각해서만 비로소 주관의 시간적 성격은 궁극적으로 해명되는가?

제34절 순수한 자기촉발로서의 시간 그리고 자기의 시간성격

칸트는 순수인식의 본질적 통일성을 처음 한정하는 곳(정초작업의 두번째 단계)에서 공간과 시간이 대상들의 표상들의 개념을 "항상 촉발해야 한다"[85]라고 진술한다. 우선은 모호한 이 테제 즉 '시간이 개념을, 좀더 정확히 말해서 대상들의 표상들의 개념을 촉발한다'라는 이 테제는 여기에서 무엇을 의미하는가?

"대상들의 표상들의 개념"이란 표현을 명확히 설명하면서 해석을 시작해보자. 이 표현은 우선, 대상들에 관한 모든 표상활동 그 자체를 특징짓는 "일반자"를 의미한다. 그리고 이 일반자는 ……을

---

85) A 77, B 102.

대립화하는 활동[즉 ……의 대립화]이다. [따라서] 이 테제에 따
르면, 대립화는 필연적으로 시간을 통해 촉발된다. 그러나 이제까지
단순히 언급되어왔던 바는, 시간과 공간은 그때마다 감각적 촉발들
이 우리에게 마주쳐 다가오는 지평을 형성한다라는 사실뿐이었다.
그런데 [이제는] 시간 자신이 촉발해야 한다. 그러나 모든 촉발은
이미 눈앞에 있는 존재자가 자신을-알리는 활동이다. 하지만 시간
은 전재(前在)하지도, 여하튼 [의식의] "외부에" 있지도 않다. 시간
이 촉발해야 한다면, 시간은 도대체 어디로부터 유래하는가?

시간은 단지 순수직관이기에, 스스로 계기(繼起)의 상을 미리 형
성하여 이 상 그 자체를 [그것을] 형성하면서 수용하는 활동인 자신
쪽으로 향-하게 한다. 이 순수직관은 자신 안에서 형성되어 직관된
것에 자기 스스로, 좀더 정확히 말하자면 경험의 아무런 보조 없이
관계한다. 시간은 본질상 자기 자신에 의한 순수촉발이다. 이뿐 아
니라 더 더욱 시간은 실로 '자신-으로-부터- ……을 향해-[그]쪽-
으로'와 같은 것을 여하튼 형성하는 것이다. 즉 그렇게 형성된 방향
성은 앞서 언급된 '……쪽-으로'를 되돌아보며 꿰뚫어본다.

순수한 자기촉발로서의 시간은 눈앞에 있는 자기에 맞부딪쳐 그
것에 작용을 미치는 촉발이 아니라, 오히려 자신에게-스스로-관계
함과 같은 그러한 어떤 것의 본질을 형성한다. 예컨대 자기에게 관
계될 수 있음이 유한한 주관의 본질에 속하는 한, 순수한 자기촉발
로서의 시간은 주관성의 본질구조를 형성한다.

이러한 자기성을 근거로 해서만 유한자는 자기 본래의 모습으로,
즉 수용에 의존해 있는 모습으로 존재할 수 있다.

그런데 이제 비로소 명확히 밝혀져야 할 점은 '시간이 대상들의
표상들의 개념을 필연적으로 촉발한다'라는 [앞서 언급했던] 그 모
호한 명제의 의미다. 대립화 그 자체를, 즉 ……을 향한 순수한 자
기-지향을 순수하게 촉발한다는 것이 의미하는 바는, 그것을 위해,

즉 ……을 순수하게 대립화하는 활동인 순수통각을 위해, 즉 자아 자체를 위해, [감각적 다양에] "대립하는-자"를 즉 저항자와 같은 것을 여하튼 가져온다라는 것이다. 시간은 ……을 대립화하는 이러 한 활동의 내적인 가능성에 속한다. 순수한 자기촉발로서의 시간은 자기가 자기의식과 같은 어떤 것이 될 수 있도록 유한한 자기성을 근원적으로 형성한다.

『순수이성비판』의 내적인 논점을 위해 결정적인 전제들을[86] 논구 할 때 인식의 유한성은 이미 중심점으로 부각되었다. 인식의 유한 성은 직관활동의 유한성에, 즉 수용활동에 기인한다. 따라서 순수인 식 즉 대립자 일반에 관한 인식활동, 즉 순수개념은 수용적 직관에 근거한다. 그러나 순수한 수용활동은 몰경험적으로 촉발됨을, 즉 자 신을 스스로 촉발함을 의미한다.

순수한 자기촉발로서의 시간은, 직관에 본질적으로 봉사하는 위 치에 서 있는 순수개념(지성)을 여하튼 떠받쳐주고 가능케 하는 그 러한 유한한 순수직관이다.

순수한 자기촉발의 이념은, 이제 명확히 밝혀진 바와 같이, 초월 의 가장 내적인 본질을 규정한다. 따라서 순수한 자기촉발의 이념 을 칸트가 '재판'에서 처음 소개한 것은 아니었다. 여기에서 그 이 념은 단지 좀더 명확하게 정식화된 것일 뿐, 정확히 말하자면 이미 초월론적 감성론에서[87] 특징적인 방식으로 정식화된다. 물론 이 구 절은 정초작업의 각 단계들과 각 단계들의 좀더 근원적인 표현방식 에 대한 앞서의 서술을 통해 확보되어야만 했던 그러한 관점이 해 석에서 결여되어 있는 한은, 틀림없이 모호하게 남을 뿐이다. [그러 나] 이러한 관점내에서만큼은 이 구절은 물론 거의 "자명하다".

"그런데 여하튼 어떤 것을 사유하는 모든 행위에 앞서 표상으로

---

86) 이 책의 제4절과 제5절, 87쪽 이하 참고.
87) B 67 이하.

서 선행할 수 있는 것은 직관이다. 그리고 직관이 [시간]관계 이외에 아무것도 포함하지 않을 때, 그것은 직관형식이다. 직관형식은 그 무엇이 심성 안에 정립되는 경우 외에는 아무것도 표상하지 않기 때문에, 심성이 고유한 활동을 통해서, 즉 그것의[직관의] 표상의 이러한 정립을 통해서, 따라서 자기 자신을 통해 촉발되는 방식 이외에 다른 것일 수 없다. 즉 직관형식은 심성의 형식상 바로 내감이다."[88]

감관은 유한한 직관을 의미한다. 감관의 형식은 순수한 수용활동이다. 내감은 "밖으로부터"가 아니라 자기로부터 받아들인다. 내적인 촉발은 순수한 수용활동을 통해 순수한 자기로부터 유래해야 한다. 즉 자기성 그 자체의 본질에서 형성되어, 이로써 자기성 자체를 비로소 완성해야 한다. 순수한 자기촉발은 유한한 자기 그 자체의 초월적인 근원적 구조를 부여한다. 그러므로 심성이 [먼저] 존재하고 [그러고 나서] 특히 자신을 위해 어떤 것을 자신에게로 관계시켜 자기정립을 실현하는 것은 결단코 아니다. 오히려 이러한 '자신-으로-부터-……쪽-으로 그리고 다시-자신을-향해'라는 이러한 구조가 유한한 자기로서의 심성의 심성적 성격을 실로 비로소 구성하게 된다.

이로써 순수한 자기촉발로서의 시간은 순수통각과 "나란히" "심성 안에서" 출현하는 것이 아니라, 오히려 자기성의 가능근거로서 순수통각 안에 이미 놓여 있으며, 그로써 심성을 비로소 심성이게

88) 같은 곳—"그것의[직관의] 표상"이란 표현을 "자신의[심성의] 표상"이란 표현으로 바꾸고자 하는 [케어바흐(Kehrbach)에 의해—B 67의 주 2 참고] 제안된 변화는 이 텍스트로부터 본질적인 것을 실로 빼앗아간다. "직관의 표상"이란 용어가 표현하는 바는, 그 표상이 심성의 표상이라는 사실이 아니다. 오히려 심성에서 정립된 표상활동은 '지금의 연속'이란 계기(繼起)의 "순수관계들" 그 자체를 표-상하여 [그것을] 수용활동에 도래하게끔 한다라는 사실이다.

끔 한다라는 사실이 일거에 드러난다.

순수한 유한한 자기는 그 자신 시간성격을 가지고 있다. 자아 즉 순수이성이 그 본질상 시간적이라면, 칸트가 초월적 통각에 관해 부여한 그 결정적인 규정도 실로 이러한 시간성격에 입각해 비로소 이해되어야 한다.

시간과 "나는 생각한다"는 더 이상은 서로 분리될 수도 이질적일 수도 없다. [오히려] 양자는 동일한 것이다. 칸트는 자신의 형이상학의 정초작업에서 처음에 시간을 그때마다 그 자체로서, 또한 "나는 생각한다"도 그때마다 그 자체로서 초월론적으로 해석했듯이, 그렇게 철저하게 이제는 이 양자를 그것들의 근원적인 자기동일성으로 통합했다.──물론 이 근원적인 자기동일성을 그 자체로서 명확히 파악하지는 못하면서.

칸트가 이 양자에 관해 즉 시간과 "나는 생각한다"에 관해 동일한 본질적 술어들을 진술한다는 사실을, 도대체 사람들이 예전처럼 그토록 무관심하게 건성으로 읽어 넘겨도 되는가?

초월론적 연역에서 자아의 초월적 (초월을 가능케 하는) 본질은 따라서 다음과 같이 특징지어진다. "왜냐하면 항존적 지속적 자아 (순수통각)는 우리의 모든 표상들의 상관자를 형성하기 때문이다……."[89] 그리고 시간의 초월적 본질이 밝혀지는 도식장에서 칸트는 시간에 관해 이렇게 말한다. "시간은 흘러가버리지 않는다……." "시간 자체는 불변적이며 지속적이다……."[90] 그리고 이 구절보다 뒤쪽에서는 이렇게 말한다. "시간은…… 지속하며 그리고 변역(變易)하지 않는다."[91]

물론 사람들은 시간과 자아에 대한 본질적 술어들의 이러한 합치

---

89) A 123.
90) A 143, B 183.
91) A 182, B 224 이하.

는 놀랍지 않다고 반박할 것이다. 왜냐하면 칸트가 이를 통해 오로
지 말하고자 하는 바는, 자아와 시간 모두 "시간 안에" 있지 않다라
는 사실뿐이기 때문이다. 물론이다. 그러나 이로부터 자아는 시간적
이지 않다라는 사실이 추론되는가? 아니면 자아는 정말 그토록 "시
간적"이다라는 사실, 즉 자아는 시간 자체이며 자신의 가장 고유한
본질상 시간 자체로서만 가능케 된다라는 사실이 밝혀지는가?

　"항존적 지속적인" 자아가 우리의 모든 표상들의 "상관자"를 형
성한다라는 사실은 도대체 무엇을 의미하는가? 우선은 이것이다.
항존적 지속적 자아는 그러한 상관자의 대립화를 실현한다. 즉 이
러한 자아는, '……을 향해-[그]쪽-으로'의 관계일 뿐 아니라 '다시
-……쪽-으로'의 상관관계이기도 한 상관자를 또한 이로써 저항자
를 형성하는 그러한 상관자를 대립화한다. "항존적 지속적인" 자아
가 이러한 대립화를 형성한다라고 칸트가 말한 까닭은 무엇일까?
칸트는 이러한 형성적 자아가 인제나 모든 영혼의 사건들의 근저에
있으며, 영혼의 사건들의 모든 변역(變易)을 벗어난 것으로서 "지
속하고 있다"라는 사실을 우리에게 엄하게 가르쳐주고자 한 것인
가? 존재론의 고유한 정초작업에 의존해서 실체성의 오류추리론을
완성한 바 있던 칸트가,[92] "항존적 지속적" 자아를 말하면서 영혼의
실체와 같은 것을 염두에 두어야만 했을까? 아니면, 이러한 자아는
시간적이 아니라는 것, 그리고 비록 실체는 아니지만 어떤 의미에
서는 무한하며 영원하다라는 사실만을 그는 단지 뒷받침하고자 한
것인가? 그가 자아의 유한성을 즉 자아의 대립화활동을 한정하는
바로 이곳에, 이러한 소위 뒷받침은 왜 있는가? 그것은 단순한 이
유 때문이다. 즉 이같은 대립화활동에 자아의 이러한 "항존성과 지
속성"이 본질적으로 속해 있기 때문이다.

---

92) A 348 이하, B 406 이하.

이 "항존성"과 "지속성"은 자아의 불변성에 관한 존재적 진술들이 아니라 오히려 초월론적 규정들이다. 이러한 초월론적 규정들은 다음의 사항을 의미한다. 자아 그 자체가 처음부터 항존성과 지속성 일반과 같은 것을 앞서 보유하는 한에서만, 자아는 대상적인 것이 변역 중에서도 동일한 것으로 경험될 수 있는 자기동일성의 지평을 형성한다. "항존적" 자아가 그런 의미를 갖는 까닭은, 항존적 자아는 "나는 생각한다" 즉 "나는 표상한다"로서 항존과 영속과 같은 것을 앞서-보유하기 때문이다. 항존적 자아는 자아로서, 영속성 일반의 상관자를 형성한다.

그러나 현재 일반에 관한 순수한 상을 순수하게 조달하는 이러한 활동은 순수직관인 시간 자체의 본질이다. "항존적이고 지속적인" 자아는 다음의 사실만큼을 의미한다. 시간을 근원적으로 형성하는, 즉 근원적 시간으로서의 자아는 ……의 대립화 및 그것의 지평을 형성한다.

자아의 무시간성과 영원성에 관해서는 아무것도 결정된 바 없을 뿐 아니라, 따라서 초월론적 논점 일반내에서는 물어지지도 않는다. 그러나 자아는, 시간적인 한에서만, 즉 유한한 자기로서 존재하는 한에서만, 이러한 초월적 의미에서 "항존적이며 지속적"이다.

그런데 동일한 술어들이 시간에 관해 진술될 때, 이것은 단지 시간이 "시간 안에" 존재하지 않는다라는 사실만을 뜻하지 않고, 다음의 사실까지 뜻한다. 만약 순수촉발로서의 시간이 '지금의 연속'인 순수계기를 비로소 발원케 한다면, 순수계기는, 즉 [순수촉발로서의] 시간에서 발원하며 또한 오직 통속적인 "시간계산"에서만 이를테면 그 자체로서 보여지는 이러한 순수계기는 본질적으로, 시간의 완전한 본질을 규정하기에는 충분한 것일 수 없다.

따라서 자아의 "시간성" 내지 무시간성에 관해 어떤 결정을 내려야 한다면, 순수한 자기촉발로서의 시간의 근원적 본질이 실마리로

채용되어야 한다. 그리고 칸트는, 자신이 너무도 정당하게 순수이성과 순수통각의 자아로부터 시간적 성격을 부인하는 곳 도처에서, 이성은 "시간형식에" 종속되지 "않는다"라는 사실만을 오로지 말하고 있다.

"모순율"의 정식에서의 "동시에"라는 표현의 삭제도 오직 이러한 의미에서만 정당하게 존립한다.[93] 그러므로 칸트는 이에 대해 이렇게 논증한다. "모순율"에서 "동시에"라는 표현과 또한 이와 함께

---

93) 이 책의 제33절의 c, 261쪽 이하 참고. 칸트 자신도 "동시에"라는 표현을 판단하는 데 동요하고 있다. 이 사실은 1770년의 학위논문의 한 구절에서 입증된다. "그러나 누군가가 시간의 개념을 일찍이 이성의 도움을 받아 다른 어느 곳으로부터 파생시켜 전개할 수 있다라는 사실은 너무도 동떨어진 이야기다. 오히려 모순율조차 시간의 개념을 전제하며, 그것을 스스로 조건으로서 근저에 놓고 있다. 왜냐하면 A와 비(非)A는 사람들이 그것들을 동일한 것에 관해 동시에 (즉 동일한 시간에서) 사유할 때만 서로 충돌하기 때문이다……." 『감각적 세계와 지성의 세계 그리고 그것들의 근거들』, 14절, 5. WW(Cass.)II, 417쪽.[a]

이 인용문에서 칸트는 모든 "라치오"(ratio)와 또한 이뿐 아니라 사유 일반의 원칙은 "시간"을 전제한다라는 사실을 지적함으로써, 시간의 "이성적" 파생의 불가능성을 즉 시간의 직관적 성격을 증명한다. 이때 "동일한 시간에서"라는 표현이 어떤 "시간적" 의미를 갖는지는 물론 모호하게 남는다. 그것이 "동일한 지금 안에서"와 같은 것을 의미한다면, 모제스 멘델존(Moses Mendelssohn)이 칸트에게 보낸 한 편지에서(25, XII. 1770) 앞서 인용된 구절과 관련하여 내세운 다음의 입장은 정당하다.

"나는 '동일한 시간에서'라는 조건이 모순율에는 그토록 필연적이지 않다라고 믿는다. 그것이 동일한 주어인 한, 상이한 시간에서도 그 동일한 주어에 관해 A와 비A가 진술될 수 없으며, 그리고 불가능한 것의 개념을 위해 A와 비A라는 두 가지 술어를 가진 동일한 주어 이상의 것이 요구되지도 않는다. 사람들은 이렇게도 말할 수 있다. 주어 A의 비A라는 술어는 불가능하다." 칸트 WW(Cass.)IX, 93쪽.

a. 이에 대해선 헤링(Haering), 두이스부르크의 유고, 10.[6](60쪽) 참고.

"시간"이 성립한다면, 모순율은 경험에 맞게 도달가능한 "시간내부적" 존재자에 한정될 것이다. 그런데 이 원칙은 임의의 어떤 것 각각에 관한 모든 사유를 규제한다. 따라서 시간규정은 이 원칙에서 어떤 자리도 차지하지 못한다.[b]

그러나——"동시에"라는 표현이 비록 그토록 확실히 하나의 시간규정이라 하더라도, 그것이 존재자에 관한 "시간내부성"을 의미할 필요는 없다. 오히려 "동시에"라는 표현은, 선행적 "인지"(예-상 형성)로서 근원적으로 모든 동일화 그 자체에 속하는 그러한 시간성격을 표현한다. 동일화는 모순의 가능성과 불가능성을 근거지으면서 그것들의 근저에 있다.

칸트는 시간의 비근원적 본질에 자신의 논의방향을 맞추었기에 "모순율"로부터 그 시간성격을 부인해야만 한다. 왜냐하면 근원적으로 시간 자체인 것을, 시간으로부터 파생된 산물의 도움을 받아 본질에 맞게 규정하고자 하는 시도는 배리적(背理的)이기 때문이다. 실로 자기는 그것의 가장 내적인 본질상 근원적으로 시간 자체이기 때문에, 자아는 "시간적인 것"으로서 즉 여기에서는 시간내부적인 것으로서 개념파악될 수 없다. 순수감성(시간)과 순수이성은 동질적일 뿐 아니라, 인간적 주관성의 유한성을 그 전체성에서 가능케 하는 그러한 본질의 통일성에서 공속한다.

제35절 놓여진 근거의 근원성과 형이상학의 문제

칸트의 형이상학의 정초작업은 존재론적 인식의 본질적 통일성의 내적인 가능성의 근거에 관해 묻는다. 그 작업이 마주친 근거는

---

b. 1935/36년 겨울학기 강의 [사물에 관한 물음. 초월적 원칙들에 관한 칸트의 이론에 대하여. 전집 41권], 175쪽 이하 참고.

초월적 상상력이다. 심성의 두 근본원천들(감성과 지성)의 단초를 향해 초월적 상상력이 중간능력으로서 다가온다. 그러나 이 '놓여진 근거'에 대한 좀더 근원적인 해석작업은 이 중간능력을 단지 근원적으로 합일하는 중앙으로서뿐 아니라, 또한 이 중앙을 두 줄기들의 뿌리로서도 개현하였다.

이로써 두 근본원천들의 근원적인 원천적 근거를 향한 길이 열렸다. 초월적 상상력을 뿌리로 해석하는 작업, 즉 어떻게 순수종합이 두 줄기들을 자신으로부터 자라나게끔 하며 그것들을 지탱하는가에 관한 해명작업은, 이 뿌리의 뿌리적 성격 즉 근원적 시간으로 스스로 귀환했다. 근원적 시간은 장래, 기존성, 그리고 현재 일반을 근원적으로 또한 삼중적-합일적으로 형성하는 작용으로서 순수종합의 "능력"을, 다시 말해 순수종합을 수행할 수 있는 그 능력을, 즉 서로 통일되어 초월을 형성하는 존재론적 인식의 그 세 요소들의 합일을 비로소 가능케 한다.

순수종합의 양태들 ──순수포착, 순수재생, 순수인지 ──이 수적으로 셋인 까닭은, 그것들이 순수인식의 세 요소들에 관계하기 때문이 아니다. 오히려 그것들 자체가 근원적으로 합일하여 시간을 형성하면서 시간의 시간화를 스스로 완성하기 때문이다. 순수종합의 이 양태들이 삼중적-합일적인 시간에서 근원적으로 합일하는 한에서만, 이 양태들 안에는 순수인식의 세 요소들의 근원적 합일의 가능성도 놓여 있다. 따라서 초월적 상상력은 표면상으로는 단지 매개적인 중간능력이나 [실상은] 근원적으로 합일하는 자로서 바로 근원적 시간이기도 하다. 단지 시간에 이처럼 뿌리를 내리고 있다는 이유 때문에만, 초월적 상상력은 여하튼 초월의 뿌리일 수 있다.

근원적 시간은, 그 자신 본질적으로 자발적 수용성인 동시에 수용적 자발성이기도 한 초월적 상상력을 가능케 한다. 오직 이러한 통일성에서만 자발적 수용성으로서의 순수감성과 수용적 자발성으로서의 순수통각은 공속하여, 유한한 순수감성적 이성의 통일적 본질을 형성할 수 있다.

그렇지만 고유한 근본능력으로서의 초월적 상상력이 '재판'에서처럼 삭제되고, 그것의 기능이 단순한 자발성인 지성으로 옮겨가게 된다면, 순수감성과 순수사유를 유한한 인간 이성 안에서의 그것들의 통일성을 고려하여 개념파악하려는 가능성뿐 아니라, 그것들을 단지 문제로 제기하려는 그 어떤 가능성도 소멸한다. 초월적 상상력은 자신의 분열 불가능한 근원적 구조를 근거로 존재론적 인식 및 형이상학을 정초하는 작업의 가능성을 열어주기 때문에, '초판'이 형이상학의 정초작업의 논점의 가장 내적인 특징에 더욱 가까이 남아 있다. 따라서 작품 전체의 가장 중심적인 물음을 고려해볼 때, '초판'은 원칙적으로 '재판'보다 우위를 확보할 자격이 있다. 순수상상력을 순수사유의 기능으로 취급하는 모든 새로운 해석은—"독일 관념론"이 『순수이성비판』의 '재판'과 관련하여 극단화했던 새로운 해석은—이 작품의 특수한 본질을 오인하고 있다.

근원적 시간은 초월의 순수한 형성을 발생하게끔 한다. 놓여진 근거에 대해 앞서 제시된 좀더 근원적인 개현작업에 입각해, 우리는 정초작업의 다섯 단계들의 가장 내적인 특징 및 그 단계들의 핵심부분인 초월적 도식화작용에 귀속했던 그 의미를 비로소 회고해가며 이해한다.

초월은 근원적 시간에서 시간화하기 때문에, 존재론적 인식들은 "초월적 시간규정들"이다.

시간의 필연적으로 중요한 이 기능이, 물론 칸트에게서는 우선은 언제나 단지 시간을 모든 표상활동의 보편적 형식으로 도입하는 식으로만 표명된다. 그러나 이러한 도입이 어떤 연관에서 발생하느냐의 물음은 여전히 결정적인 것으로 남아 있다. 초월론적 연역에 관한 "예비적 주의"는 순수종합의 세 양태들 자신이 얼마큼이나 근원적으로 합일하는가를 보여주어야 한다. 물론 순수종합의 세 양태들을 시간을 형성하는 것으로서, 따라서 근원적 시간에서 합일하는 것으로서 명확히 밝혀내는 작업이 칸트에게서는 실패한다. 그럼에도 불구하고 시간의 기초적인 기능이 바로 여기에서 강조된다. 좀더 정확히 말하자면 두번째의 종합에 대한, 즉 상상활동에서의 재생에 대한 분석에서 그렇다.

존재자를 '그때마다 바로 현전해 있는 것'에게로 가능적으로 다시 불러오는, 즉 좀더 정확히 말해 표상하면서 다시 불러오는 작용의 "필연적인 종합적 통일의 선험적 근거"를 형성하는 것은 무엇인가? "현상들은 물자체들이 아니라, 오히려 결국은 내감의 규정들로 귀착하는 우리의 표상들의 단순한 놀이임을 숙고하자마자 우리는 ……에 도달한다."[94]

즉 존재자는 그것 자체로는 무(無)이며 표상활동의 놀이로 해체되는가? 결코 그렇지 않다. 칸트가 말하고자 하는 바는 이렇다. 유한자에게서 존재자와의 만남 자체는, 대상성 그 자체의 순수표상들이 서로 연계되어 있는 표상활동 안에서 발생한다. 이러한 연계가 궁극적인 것으로 귀착된다. 즉 이러한 연계는 여하튼 '하나의 놀이-공간' 안에서 진행될 수 있다라는 식으로 처음부터 규정된다. 이 놀이-공간은 내감의 순수규정들을 통해 형성된다. 순수한 내감은 순수한 자기촉발, 즉 근원적 시간이다. 초월지평을 형성하는 것은 순수도식들, 즉 초월적 시간규정들이다.

칸트는 존재론적 인식의 본질적 통일성의 내적 가능성 문제를 처음부터 이러한 관점에서 파악하였고, 시간의 중심적 기능을 고수하였기 때문에, 초월의 통일성을 초월론적 연역의 두 가지 길을 따라

---

94) A 101.

서술할 때 시간에 관한 명확한 구명작업을 도외시할 수 있었다.

물론 칸트는 '재판'에서는 초월 그 자체를 형성할 때 시간이 갖는 이러한 초월적인 우위를 초월적 상상력과 더불어 동시에 철회하는 듯, 즉 형이상학의 정초작업의 핵심부분인 초월적 도식화작용을 부정하는 듯 보인다.

'재판'에서는 "원칙들의 체계에 대한 일반적 주석", 즉 존재론적 인식 전체에 대한 일반적 주석이 삽입된다.[95] 이 주석은 다음의 문장들로 시작된다. "우리는 단순한 범주에 따라서는 어떠한 사물의 가능성도 통찰할 수 없고, 오히려 언제나 직관을 손에 쥐고 있어야 그로써 직관에 즉해 순수지성 개념의 객관적 실재성을 현시할 수 있다. 이것은 자못 주목할 만한 사실이다." 여기에서는 순수지성 개념의 순수감성화에 대한, 즉 순수지성 개념들을 "순수형상" 안에서 현시하는 것에 대한 본질적 필연성이 간결한 낱말들로 진술된다. 그러나 이 순수형상이 시간으로서의 순수직관이라는 사실은 언급되지 않는다.

도리어 바로 그 다음의 단락은 인용된 첫 문장과의 명백한 관련하에서 이렇게 시작된다. "그러나 훨씬 더 주목할 사실이 있다. 즉 사물들의 가능성을 범주들에 따라 이해하기 위해, 또한 따라서 범주들의 객관적 실재성을 증명해보이기 위해 우리는 단순히 직관들뿐 아니라 더욱이 외적인 직관들을 언제나 필요로 한다."[96] 여기서는 공간의 초월적 기능이 전면에 부각된다. 칸트 자신이 이로써 새로운 통찰 앞에 서 있음은 부인될 수 없다. 공간이 순수 도식화작용에 더불어 관여한다. 그럼에도 불구하고 '재판'에서의 도식장이 이러한 의미에서 결코 변화된 것은 아니다. 하지만 이럼에도 불구하고, 시간의 우위가 몰락해버렸음이 추론되어야 하지 않는가? 그러나 만약

---

95) B 288 이하.
96) B 291.

사람들이 이러한 인용구절로부터 '시간만이 오로지 초월을 근원적으로 형성하는 것은 아니다'라는 사실을 끄집어내고자 한다 하더라도, 앞서의 추론은 경솔할 뿐더러 또한 이제껏 수행된 해석 전체에 대한 전적인 오해일 것이다.

그러나 초월이 오직 시간에만 근거해야 할 필요가 없다면, 이러한 사실은 칸트가 시간의 우위를 국한함으로써 순수상상력을 삭제해버릴 때만 논리적으로 일관된다라고 사람들은 반박할 수 있을 것이다. 하지만 이러한 숙고에서는 다음과 같은 사실이 망각되었다. 즉 "시간"이 오로지 순수직관 중에서 순수하게 직관된 것으로만, 즉 '지금의 연속'이라는 순수계기로만 이해되는 한 순수직관으로서의 순수공간도 "시간" 못지않게 초월적 상상력에 초월적으로 뿌리박고 있다. 공간은 그렇게 이해된 시간과 어떤 의미에서는 사실상 언제나 필연적으로 동등하다.

그러나 이러한 형성물로서의 시간이 아닌 순수한 자기촉발로서의 시간이 초월의 근원적 근거다. 순수한 자기촉발로서의 시간은 또한 순수공간을 표상하면서 형성하는, 즉 드러내는 가능조건이다. 순수공간의 초월적 기능을 통찰함으로 인해 결코 시간의 우위가 부인되진 않는다. 오히려 어떤 방식으로는 시간과 마찬가지로 공간도 유한자인 자기에 속한다는 사실, 그리고 이러한 자기는 물론 근원적 시간을 근거로 해서만 자신의 본질상 "공간적으로" 존재한다는 사실을 지적하는 긍정적인 과제만이 각성된다.

공간도 어떤 방식으로는 초월적 도식화작용에 속한다는 '재판'의 인식이 단지 명확히 밝혀주는 점은, 시간을 오로지 '지금의 연속'인 순수계기로만 개념파악하는 한은 초월적 도식화작용이 그것의 가장 내적인 본질에서 파악되지 않는다라는 사실이다. 시간은 순수한 자기촉발로서 이해되어야 한다. 왜냐하면 그렇지 않으면 도식을 형성할 때의 시간의 기능이 철저하게 통찰되지 못하기 때문이다.

이로써 우리는 형이상학을 정초하는 칸트의 작업 전체가 지니
는, 비록 우연한 것은 아니지만 어떤 독특한 성격에 부딪친다. 실
로, 원천적 근거로 귀환하는 과정에서 개현된 것이 초월을 형성하
는 자신의 본질 안에서 드러나긴 한다. 그렇지만 여기에 관여된
심성의 능력들 및 따라서 순수직관인 시간은 이러한 초월적 기능
에 입각하여 명확히 또한 근본적으로 규정되지 못한다. 오히려 그
것들은 정초작업의 진행과정에서건, 더욱이 그 결말부분에서건 완
전히 첫 단초의 잠정적인 파악틀 안에서만 나타난다. 칸트는 초월
적 도식화작용을 서술할 때 아직 시간의 근원적 본질에 관한 완성
된 해석을 준비하지 못하였기에, 순수도식들을 초월적 시간규정들
로 해명하는 작업은 그토록 빠듯하고 불투명한 상태로 남아야만
했다. 왜냐하면 순수한 '지금의 연속'으로 파악된 시간은 순수지성
개념들에 대한 "시간적" 해석에 이르는 가능적인 길을 전혀 열어
주지 못하기 때문이다.[97]

하나의 해석작업이 칸트가 명확히 말했던 내용만을 오로지 다시
제시하는 데 불과하다면, 그 해석작업은 처음부터 어떠한 해석도
아니다. 칸트가 자신의 정초작업에서 명확히 정식화된 것을 넘어서
밝혀놓은 바를 고유하게 드러내는 것이 그러한 해석작업의 과제로
남아 있다. 그러나 이 이상의 것을 칸트 자신은 더 이상 말할 수 없
었다. 여하튼 모든 철학적 인식에서 결정적 의미를 지녀야 하는 것
은, 철학적 인식이 발언된 명제들을 통해 말한 내용이 아니라 오히
려 철학적 인식이 기존의 언급된 바를 통해 '아직 말해지지 않은
것'으로 염두에 두는 내용이다.

그러므로 『순수이성비판』에 관한 앞선 해석작업의 근본의도는,
칸트가 "말하고자 했던" 바를 명확히 논구하기 위해 행해졌던 시도

---

97) 이 책의 제22절, 179쪽 이하 참고.

를 통해 이 작품의 결정적 내용을 드러내는 것이었다. 이러한 진행 과정에서 이 해석은 칸트 자신이 각종 철학적 연구들에 관한 해석에 적용되었으면 했던 하나의 준칙을 숙달한다. 이 준칙을 그는 라이프니츠주의자인 에버하르트(Eberhart)의 비판에 대한 반론의 결론에서 다음과 같은 말로 확정지었다.

"그러므로 참으로 『순수이성비판』은 라이프니츠를 존경스럽지도 않은 찬사의 말로 존경했던 그의 추종자들과는 달리 라이프니츠에 대한 진정한 변명이고자 한다. 도대체가 여러 옛 철학자들에 대해서도 그러한 [진정하지 못한] 변명이 존재할 수 있듯, 많은 철학사가들의 변명은 그들에게 쏟아진 찬사에도 불구하고, 라이프니츠가 그 의도도 추측하지 못하는 말짱 무의미한 내용을 언급하게끔 된다. 왜냐하면 라이프니츠는 순전한 개념들로부터 비롯된 순수한 이성의 산물을 해석하는 모든 작업의 실마리를, 즉 (모든 것에 대한 공통적 원천인) 이성비판 자체를 등한시하며, 이성비판이 말했던 것에 대한 어원탐구를 넘어서서 이성비판이 말하고자 했던 바를 볼 수 없기 때문이다."[98]

물론 낱말들이 말한 내용으로부터 그 낱말들이 말하고자 하는 내용을 쟁취하기 위해 각종 해석작업은 필연적으로 강제력을 사용해야 한다. 그러나 이러한 강제력이 방황하는 자의(恣意)일 수는 없다. [가야할 길을] 앞서 밝혀주는 이념의 힘이 해석을 추진하고 주도해야 한다. 이 이념의 힘에 의해서만 하나의 해석작업은 한 작품의 감추어진 내적인 열정에 자신의 속마음을 털어놓게 된다. 그리고 이로써 이 열정을 통해 '말해지지 않은 것'에 진입하여 바로 그것을 말하도록 강요하는 그런 언제 보아도 대담한 일을 감행할 수 있다. 그것은 주도적인 이념 자신이 [모든 것을] 백일하에 두루 비

---

98) 『발견에 관하여』, 같은 책 Ⅵ, 71쪽.

추고자 하는 자신의 힘을 통해 도달하는 길이다.

칸트의 형이상학의 정초작업은 초월적 상상력으로 나아간다. 초월적 상상력은 감성과 지성이라는 두 줄기들의 뿌리다. 그러한 것으로서의 초월적 상상력은 존재론적 종합의 근원적 통일을 가능케 한다. 그러나 이 뿌리는 근원적 시간에 뿌리 박고 있다. 정초작업에서 명백히 드러난 근원적 근거는 시간이다.

칸트의 형이상학의 정초작업은 일반형이상학에서 출발함으로써 존재론 일반의 가능성에 관한 물음이 된다.[a] 이 물음은 존재자의 존재틀의 본질에 관한, 즉 존재 일반에 관한 물음을 제기한다.

시간을 근거로 하여 형이상학의 정초작업은 자라나온다. 존재에 관한 물음, 즉 형이상학을 정초하는 작업의 근본물음은 "존재와 시간"의 문제다.

이 표제는 『순수이성비판』을 형이상학의 정초작업으로 해석하는 앞선 작업의 주도적 이념을 포함한다. 이 해석작업을 통해 입증된 이념은 기초존재론의 문제의 밑그림을 그려준다. 기초존재론은 소위 '헌것'에 대한 자칭 '새것'으로는 파악되지 않는다. 오히려 기초존재론은 형이상학의 정초작업의 본질적인 면을 근원적으로 획득하려는, 즉 [정초작업의] 회복을 통해 정초작업이 그것의 고유한 좀더 근원적인 가능성을 얻도록 도와주려는 시도의 표현이다.

---

a. 그러나 이때 추진력은 특수형이상학, 즉 신학이다. 이 책의 285쪽 참고.

제4장

형이상학의 정초작업의 회복

근본문제의 회복을 우리는 그 문제의 이제껏 감추어졌던 근원적인 가능성들을 개시하는 작업으로 이해한다. 이 작업의 완성을 통해 근본문제는 변모하며, 이제 비로소 그 문제내용에 맞게 보존된다. 하나의 문제를 보존한다는 것은 그 문제를 그것의 본질적 근거에서 가능케 하는 그러한 내적인 힘들 안에서 그 문제를 자유롭고도 깨어 있게 견지함을 의미한다.

가능적인 것의 회복이란 실로 "관행적인" 것을 움켜잡는다는 뜻이 아니다. 관행적인 것에 대해선 그것을 구성요소로 하여 "어떤 것이 만들어진다"라는 "근거지어진 전망이 존립한다." 이러한 의미의 가능적인 것은, 그때마다의 일상적인 분주한 생활에서 누구나 손에 넣는 너무도 현실적인 것에 늘상 불과하다. 이러한 의미의 가능적인 것은 실로 진정한 회복 및 또한 이와 함께 여하튼 역사와의 관계를 가로막는다.

형이상학의 정초작업에 대한 올바른 의미의 회복은 이전의 정초작업이 거둔, 따라서 여기서는 칸트의 정초작업이 거둔 본래적인 성과가 무엇인가를 미리 확인해야 한다. 동시에 『순수이성비판』에서 형이상학의 정초작업의 "결과"로서 탐색된 것에 즉해, 그리고 [그렇게 해서] 발견된 것이 규정되는 방식에 입각해, 과연 모든 회복을 이끄는 가능적인 것에 대한 이해가 얼마나 효력을 미치는지, 또한 과연 그러한 이해가 회복 가능한 것에 비해 손색이 없는지도 추정되어야 한다.

A. 인간학에서의 형이상학의 정초작업

제36절 칸트의 형이상학의 정초작업에 놓여진 근거와 그 작업의 성과

칸트의 정초작업의 각 단계들을 훑어오는 과정에서 밝혀진 바는, 어떻게 이 정초작업이 마침내 존재론적 종합(초월)의 내적 가능성의 근거인 초월적 상상력에 부딪치는가의 여부였다. 그런데 근거의 이러한 확정이 혹은 그 근거를 좀더 근원적으로 시간성으로 해석하는 것이 과연 칸트의 정초작업이 낳은 성과인가? 아니면 그의 정초작업은 다른 어떤 성과를 낳는가? 이미 명명된 결과를 확정짓기 위해서라면, 정초작업을 그것의 내적인 발생사건과 그 발전단계들에 따라 고유하게 주목할 노력도 물론 필요 없었을 것이다. 초월론적 연역과 초월적 도식화작용에서의 초월적 상상력의 중심적 기능에 관한 몇몇 문구들의 인용만으로도 충분했을 것이다. 그러나 [정초작업의] 성과가 초월적 상상력이 [초월의] 근거를 형성한다라는 사실을 파악하는 정도가 아니라면, 정초작업은 달리 어떤 성과를 낳아야 하는가?

정초작업의 성과가 그 작업의 "결과"에 있지 않다면, 반드시 물어져야 할 것은, 과연 정초작업이 그 발생사건 그 자체 안에서 형이상학을 근거짓는 문제를 위해 무엇을 드러내는가의 여부다. 칸트의 정초작업에서 어떤 사건이 발생하는가? 다름 아니라 바로 이것이다. 존재론의 내적 가능성을 근거짓는 작업은 초월을, 즉 인간 주관의 주관성을 개현하는 작업으로서 성취된다.

형이상학의 본질에 관한 물음은 인간 "심성"의 근본능력들의 통일에 관한 물음이다. 칸트의 정초작업은 다음과 같은 성과를 낳는다. 형이상학을 근거짓는 작업은 인간에 관한 물음, 즉 인간학이다.

그러나 칸트의 정초작업을 좀더 근원적으로 파악하려는 첫번째 시도에서[1] 그의 『인간학』으로의 귀환은 이미 부인되지 않았던가? 『인간학』이 인식과 인식의 두 원천들에 관한 해석에서 제시한 내용이, 실로 『순수이성비판』을 통해 좀더 근원적인 형태로 밝혀진다라는 사실이 지적된 한에서는 확실히 그렇다. 그러나 이로부터 이제 귀결되는 바는 단지, 칸트에 의해 완성된 저 『인간학』은 경험적 인간학이지 초월적 논점을 만족시키는, 즉 순수한 인간학은 아니라는 사실뿐이다. 이로써 이제 형이상학의 정초작업을 목적으로 하는 '충분한 인간학', 즉 "철학적 인간학"에 대한 요구가 실로 절실해진다.

칸트의 정초작업의 성과가 인간학과 형이상학의 필연적 연관에 대한 통찰에 있음은, 더욱이 칸트의 고유한 진술들을 통해서도 확실히 입증된다. 칸트의 형이상학의 정초작업은 "궁극적 목적이 되는 형이상학[a]"을, 즉 우주론과 심리학, 신학 등 세 분과가 귀속된 특수형이상학을 근거지을 것을 목표로 한다. 그렇지만, "인간의 자연적 소질"로서의 형이상학이 그것의 가능성과 한계에 맞게 개념파악되어야 한다면, [형이상학을] 근거짓는 작업은 순수이성비판으로

[1] 이 책의 제26절, 202쪽 이하 참고.

a. 인간의 이성적 신학으로서의 철학, 『순수이성비판』.

서 이 순수이성을 그것의 가장 내적인 본질에서 이해해야 한다. 그
런데 인간 이성의 가장 내적인 본질은 인간 이성을 항시 움직이는
그러한 관심들 안에서 표명된다. "나의 이성의 모든 관심들(사변적
관심과 실천적 관심)은 다음의 세 물음들 안에서 하나로 된다.

  1. 나는 무엇을 알 수 있는가?
  2. 나는 무엇을 해야 하는가?
  3. 나는 무엇을 희망해도 좋은가?"[2]

이 세 물음들은 특수형이상학인 본래적 형이상학의 세 분과들이
각각 배속된 물음들이다.[b] 인간의 지식은 전재자(前在者)라는 가장
폭넓은 의미의 자연에 관계하고(우주론), 행동은 인간의 행위이며
인간의 인격성과 자유에 관계하고(심리학), 희망은 지복(至福)인
불멸성을 즉 신과의 합일을 목표로 한다(신학).

이 세 근원적 관심들은 인간을 자연의 존재자로서가 아니라 "세
계시민"으로서 규정한다. 이 관심들이 "세계시민적 의도에서의" 철
학의 대상을, 즉 본래적인 철학의 분야를 형성한다. 따라서 칸트는
철학 일반의 개념을 전개하는 자신의 『논리학 강의』 서론에서 이렇
게 말한다. "이러한 세계시민적 의미에서의 철학의 장(場)은 다음
의 물음들로 구성된다.

  1. 나는 무엇을 알 수 있는가?
  2. 나는 무엇을 해야 하는가?
  3. 니는 무엇을 희망해도 좋은가?
  4. 인간이란 무엇인가?"[3]

---

2) A 804 이하, B 832 이하.
3) WW(Cass.) VIII, 343쪽.

b. 잘못됐다! 자유는 우주론에 속한다. 왜냐하면 "원인"에 입각해 사유되므로
　　—1930년 여름학기 강의 [서구 철학의 시원. 전집 35권] 참고.

여기서는 앞서 인용된 세 물음들에 덧붙여 네번째 물음이 등장한다. 그러나 특수형이상학의 한 분과인 이성적 심리학이 이미 인간에 관해 다루고 있다는 현실이 감안된다면, 인간에 관한 이 네번째 물음은 앞의 세 물음들에 피상적으로 덧붙여진 것이며, 게다가 불필요한 것은 아닌가?

그러나 칸트는 이 네번째 물음을 앞의 세 물음들에 단순히 헝겊 조각을 대듯 이어놓은 것이 아니다. 오히려 그는 이렇게 말한다. "근본적으로 사람들은 이 모든 것을 인간학에 삽입할 수 있을 것이다. 왜냐하면 앞의 세 물음들은 마지막 물음과 관련되기 때문이다."[4]

이로써 칸트 자신은 자신의 형이상학의 정초작업의 본래적 성과를 의심의 여지없이 진술하였다. 정초작업을 회복하려는 시도는 이로써 자신의 과제에 대한 명확한 지침을 확보하였다. 물론 칸트는 인간학에 관해 단지 일반적으로만 언급한다. 그러나 위에서 구명된 바에 따르면, 단지 철학적 인간학만이 본래적 철학의, 즉 특수형이상학의 정초작업을 떠맡을 수 있다라는 사실은 의심의 여지가 없다. 그러므로 칸트의 정초작업에 대한 회복은 "철학적 인간학"의 체계적 완성을 그것의 본래적인 과제로서 촉진해야 하며, 따라서 철학적 인간학의 이념을 미리 규정해야만 하지 않는가?

제37절 철학적 인간학의 이념

철학적 인간학에는 무엇이 속하는가? 인간학 일반은 무엇이며, 그리고 무엇을 통해 인간학은 철학적 인간학이 되는가? 인간학은 인간에 관한 지식학을 의미한다. 그것은 육체-영혼-정신을 지닌 존재자인 인간의 본성과 관련하여 탐색될 수 있는 것 모두를 포괄한

---

4) 같은 책, 344쪽.

다. 인간학의 영역에는, 동물 및 식물과 구별되는 이 특정한 종(種)으로서의 인간에게 전재(前在)하는 확정가능한 속성들뿐 아니라 인간의 감추어진 소질들 및 성격, 인종, 성(性)에 따른 차이성들도 속한다. 그리고 인간이 자연의 존재자로서 현출할 뿐 아니라 무엇인가를 다루고 창조하는 한, 인간학은 무엇인가를 다루는 인간이 "스스로 만들어내고" 만들어낼 수 있고 또한 만들어내야 하는 것도 파악하고자 노력해야 한다. 끝으로 인간의 가능(可能)과 당위(當爲)는 인간 그 자체가 취할 수 있는 근본태도들에 그때마다 기인하는데, 이 근본태도들을 우리는 "세계관"이라 명명한다. 그리고 이 근본태도들에 관한 "심리학"은 인간에 관한 지식학 전체를 포괄한다.

인간에 대한 신체적·생물학적·심리학적 고찰 및 성격학, 심리분석학·민속학·교육심리학·문화형태학, 그리고 세계관의 유형학 등이 인간학에 합류한다. 그런데 이것들은 내용상 조망이 불가능할 뿐더러 또한 무엇보다도 물음제기의 방식, 근거짓기 작업의 요구, 서술의도, 전달형식, 그리고 끝으로 주도적인 전제들이 근본적으로 상이하다. 이 모든 것과 그리고 궁극적으로는 여하튼 존재자 전체가 어떤 방식으로건 언제나 인간에게 관련맺으며, 이에 맞게 인간학 안에 삽입될 수 있는 한, 인간학은 너무도 포괄적이게 됨으로써 인간학의 이념은 완전한 무규정성으로 전락한다.

인간학은 오늘날은 물론이거니와 예전에도 이미 한 분과학문의 표제는 아니다. 오히려 이 용어는 인간이 자기 자신에 대해 그리고 존재자 전체 안에서 취하는 오늘날 태도의 근본경향을 표현한다. 이러한 근본태도에 따라 어떤 것이 인식되고 이해되는 것은, 그것이 인간학적 설명을 확보했을 때일 뿐이다. 인간학은 인간에 관한 진리를 탐색할 뿐 아니라, 이제는 진리 일반이 무엇을 의미할 수 있는가에 관한 결단도 요구한다.

어떤 시대도 오늘날만큼 인간에 관해 그토록 다양하고 많은 것을

파악한 바 없었다. 어떤 시대도 오늘날만큼 인간에 관한 당대의 지
식을 그토록 인상적이고도 매력적인 방식으로 서술한 바 없었다.
이제까지 어떤 시대도 오늘날만큼 이러한 지식을 그토록 신속하고
용이하게 제시할 수 없었다. 그러나 어떤 시대도 인간이란 무엇인
가를 오늘날보다 덜 파악한 바 없었다. 어떤 시대에도 인간은 우리
의 시대에서만큼 그토록 의심스럽게 된 바 없었다.[5]

그러나 바로 인간학적 물음의 이러한 광범함과 불안정성은 [오히
려] 철학적 인간학을 생성하게끔 하고, 철학적 인간학에 관한 각종
노력들에 특별한 힘을 실어주기에 합당하지 않은가? 철학 전체가
집중되어야 할 그 분과는 철학적 인간학의 이념과 더불어 획득되지
않는가?

막스 셸러(Max Scheler)는 이미 수년 전 이러한 철학적 인간학
에 관해 언급한 바 있다. "어떤 점에서 보자면 철학의 모든 중심문제
들은 인간이란 무엇인가, 그리고 인간은 존재, 세계, 신 전체 안에서
어떤 형이상학적 위치와 지위를 차지하는가라는 물음으로 환원된
다."[6] 그러나 셸러는, 인간의 본질에 관한 다양한 규정들이 단순히
하나의 공통적인 정의 안에 귀착되지 않는다는 것도 각별히 날카롭
게 파악했다. "인간은 너무나도 광범위하고 다채롭고 다양한 자이기
에 [그에 관한] 정의들은 모두 다소간 너무도 협소한 것이 되고 만
다. 인간은 너무나 많은 목적들을 가지고 있다."[7] 그러므로 최근 몇
년간 더욱 강화되고 새로운 열매를 맺기 시작했던 셸러의 노력은 인
간에 관한 통일적 이념을 획득하는 데뿐 아니라, 이 과제의 본질적인

5) 막스 셸러(Max Scheler), 『우주에서의 인간의 위치』, 1928, 13쪽 이하 참고.
6) 『인간의 이념에 관하여. 논문들과 논설들』 I권, 1915, 319쪽 참고.——이 책
   들은 『가치의 전도』라는 표제로 2판과 3판(1927)으로 출간되었다(WWIII,
   173쪽).
7) 같은 책, 324쪽(WWIII, 175쪽).

어려움들 및 각종 혼란들을 부각하는 데도 똑같이 일조했다.[8]

그러나 아마도 철학적 인간학의 근본적 어려움은 이 다면적(多
面的)인 자에 관한 본질규정들의 체계적 통일성을 획득하려는 과제
에 비로소 있는 것이 아니라, 오히려 철학적 인간학의 개념 자체에
있다. 이 어려움에 대해서는 가장 풍요롭고 가장 순수한 인간학적
지식도 더 이상은 우리를 기만할 수 없다.

도대체 인간학은 무엇을 통해 철학적 인간학이 되는가? 단지 철
학적 인간학의 인식들이 보편성의 정도에서만 경험적 인간학의 인
식들과 구별되기 때문인가? 그러나 이때도 과연 보편성의 어떤 정
도에서 경험적 인식은 종결되고 철학적 인식은 시작되는지 부단히
의심스러울 뿐이다.

확실히 인간학은 그것의 방법이 철학적 방법인 한에서, 가령 인
간을 본질적으로 고찰한다라는 의미에서 철학적인 것이라 명명될
수 있다. 그렇다면 철학적 인간학은 우리가 인간이라 명명하는 존
재자를 식물과 동물 및 존재자의 여타의 구역들과 구별하여, 이로
써 이 존재자의 이 특정한 영역의 특수한 본질틀을 부각할 것을 목
표로 한다. 그렇다면 철학적 인간학은 인간에 관한 영역존재론이
되며, 존재자의 전(全)영역으로 함께 분할되는 여타의 존재론들과
그 자체 병립할 뿐이다. 이렇게 이해된 철학적 인간학은 결단코 철
학의 중심이 아니다. 무엇보다 그것의 논점의 내적인 구조를 근거
로 볼 때 그렇다.

그러나 인간학은 철학의 목표나 철학의 출발점을 혹은 이 양자를
동시에 규정하는 한, 또한 철학적일 수 있다. 철학의 목표가 세계관
의 완성에 있다면, 인간학은 "우주 안에서의 인간의 위치"를 한정
해야만 할 것이다. 그리고 인간이 절대적으로 확실한 인식을 근거

---

8) 『우주에서의 인간의 위치』 참고.

짓는 작업의 순서에서 단적으로 첫번째로 주어진 가장 확실한 존재자로서 간주된다면, 그렇게 계획된 철학의 구조는 인간의 주관성을 중심적 단초로 끌어들여야 한다. 첫번째 과제는 두번째 과제와 합치될 수 있고, 또한 이 두 과제는 인간학적 고찰로서 인간에 관한 영역존재론의 방법과 성과를 이용할 수 있다.

그러나 바로 인간학의 철학적 성격을 한정하는 이러한 잡다한 가능성들로부터 이미 이 이념의 무규정성이 밝혀진다. 적어도 그 출발점에서부터 모든 철학적 인간학의 근저에 놓여 있는 경험적-인간학적 인식의 다면성이 주목된다면, 그 무규정성은 증가된다.

철학적 인간학의 이념이 그 다의성에도 불구하고 제아무리 당연하고 자명하다 할지라도, 또한 그 이념이 제아무리 확고히 언제나 거듭 그 타당성을 확보한다 할지라도, 철학에서의 "인간학주의"는 불가피하게 언제나 거듭 논란거리가 된다. 철학적 인간학의 이념은 충분하게 규정되지 않았을 뿐 아니라, 철학 전체에서의 그것의 기능도 여전히 해명되지 않은 채 미결의 상태로 남아 있다.

그러나 이러한 결함의 근거는 철학적 인간학의 이념의 내적인 한계에 있다. 왜냐하면 이 이념 자체가 명확히 철학의 본질에 입각해 근거지어진 바 없이, 오히려 우선은 피상적으로 파악된 철학의 목표와 그 가능적 출발점을 고려하여 그 단초가 놓여졌기 때문이다. 그러므로 결국 이러한 이념의 규정은, 인간학은 중심적인 철학적 문제들에 대한 가능적 저수지를 현시한다라는 정도로 종결되는데, 이러한 성격묘사의 피상성과 철학적 모호성은 단번에 부각된다.

그러나 이미 인간학이 어떤 방식에 따라 철학의 모든 중심문제들을 자신 안에 집결할 때, 왜 이러한 문제들은 '인간이란 무엇인가'라는 물음으로 귀환되는가? 이러한 문제들은 사람들이 그러한 귀환을 감행할 착상을 할 경우에만 '인간이란 무엇인가'라는 물음으로 귀환되는가, 아니면 반드시 귀환되어야 하는가? 만약 반드시 그렇게 귀환되어야 한다면, 이러한 필연성의 근거는 어디에 있는가? 가령 인간이 철학의 중심문제들을 제기한다라는 의미에서뿐 아니라, 이 문제들이 그 내적인 내용에서 인간과 어떤 관련을 맺고 있다라는 의미에서 이 문제들이 인간으로부터 유래하기 때문인가? 철학의 모든 중심문제들은 인간의 본질에 얼마큼 자리잡고 있는가? 도대체 중심문제들은 어떠한 것들이며, 그것들의 중심은 어디에 있는가? 철학활동의 논점이 인간의 본질 안에 거처한 그러한 중심을 갖고 있다면, 철학활동은 무엇을 의미하는가?

이러한 물음들이 그것들의 내적인 체계성에서 전개되고 규정되지 않는 한, 철학적 인간학의 이념의 내적인 한계는 결코 가시화되지 않는다. 이러한 물음들이 구명되지 않으면, 철학내에서 철학적 인간학이 어떤 본질과 권리와 기능을 지니고 있는가에 대해 결정을 내릴 수 있는 그 지반은 여하튼 결여된다.

언제나 거듭 철학적 인간학의 각 시도들은 철학적 인간학을 철학의 본질에 입각해 근거짓지도 않은 채 손쉬운 논증을 통해 이루어질 것이며, 또한 이 분과[철학적 인간학]의 중심적인 지위를 주장할 수 있을 것이다. [이에 반해] 언제나 거듭 인간학의 반대자들은, 인간은 존재자의 중심에 속하지 않으며, 오히려 "그 옆에는" 존재자의 "바다"가 존재한다라는 사실을 [자신들의 입장을 옹호하기 위한] 증거로 끌어들일 수 있을 것이다 ―[그러나] 철학적 인간학의 중심적 지위에 대한 [이러한] 부인 역시 철학적 인간학의 주장보다 조금도 더 철학적이지 않다.

그러므로 철학적 인간학의 이념에 대한 비판적 숙고는 그 이념의 무규정성과 내적인 한계를 밝혀놓을 뿐 아니라, 또한 무엇보다, 그 이념의 본질을 원칙적으로 묻기 위한 그 지반과 틀마저 여하튼 결여되어 있다라는 사실을 명확히 한다.

따라서 칸트가 본래적 형이상학의 세 물음들을 '인간이란 무엇인가'라는 네번째 물음으로 귀환시킨다는 단지 그 이유 때문에, 이 물음을 인간학적 물음으로 파악하고 형이상학의 정초작업을 철학적 인간학에게 맡겨버리는 것은 또한 성급한 일이 될 것이다. 인간학은 [단지] 인간학이라는 이유로 해서, 이미 형이상학을 근거짓는 것은 아니다.

그러나[a] 칸트의 정초작업의 본래적 성과는 바로 인간의 본질에 관한 물음과 형이상학을 근거짓는 작업의 이러한 연관이 아니었던가? 그러므로 이러한 연관이 앞으로 회복되어야 할 정초작업의 과제를 반드시 주도해야 하지 않는가?

그러나 철학적 인간학의 이념에 대한 비판은, '인간이란 무엇인가'라는 네번째 물음을 단순히 제기하는 것만으로는 충분치 않다라는 사실을 내보인다. 도리어 이러한 물음의 무규정성은, 궁극적으로는 아직도 칸트의 정초작업의 결정적 성과가 소유되지 않았음을 지적한다.

제38절 인간의 본질에 관한 물음 그리고 칸트의 정초작업의 본래적 성과

그 어떤 정의나 공식화된 테제를 고수하는 한, 우리가 칸트의 정초작업의 본래적인 성과에 좀더 가까이 접근하지 못한다라는 사실은 더욱더 분명히 밝혀진다. 칸트가 말한 바에 대해서가 아니라 오히려 그의 정초작업에서 발생한 바에 대해 이제까지보다 훨씬 더 단호하게 심문할 때만, 우리는 칸트의 본래적인 철학적 활동에 가까이 다가설 수 있다. 『순수이성비판』에 대해 앞서 수행되었던 좀더 근원적인 해석은 이러한 발생사건을 파헤쳐 드러낼 것만을 오로

---

a. 하지만

지 목표로 한다.

그러나 칸트의 정초작업이 이루어지는 과정에서 어떤 성과가 본래적으로 밝혀졌는가? [그것은] 초월적 상상력이 '놓여진 근거'라는 사실도 아니고, 이 정초작업이 인간 이성의 본질에 관한 물음이 된다는 사실도 아니며, 오히려 칸트가 주관의 주관성을 개현할 때 자기 자신에 의해 놓여진 그 근거 앞에서 후퇴해버렸다라는 사실이다.

이러한 후퇴도 성과에 속하지 않는가? 거기에서는 무엇이 발생하는가? 가령 사람들이 칸트 앞에서 계산해야 할 모순성이 발생하는가? 끝까지 나아가지 않고 후퇴해버렸다는 것은 오로지 부정적인 것에 불과한가? 결코 그렇지 않다. 이것이 오히려 드러내는 바는, 칸트가 『비판』이 처음 설정되었던 지반을 자신의 정초작업에서 자기 스스로 뒤엎어버린다는 사실이다. 순수이성의 개념과 순수감성적 이성의 통일성이 문제가 된다. 주관의 주관성을 철저히 묻는 작업, 즉 "주관적 연역"은 모호해진다. 칸트가 자신의 인간학에 의존하지 않은 까닭은, 이 인간학이 경험적이며 순수하지 않기 때문만이 아니다. 정초작업을 수행하는 과정에서 이 정초작업 자체를 통해 인간에 관한 물음의 방식이 의심스러워지기 때문이기도 하다.

필요한 것은, 인간이란 무엇인가라는 물음에 대해 그 답변을 구하는 것이 아니다. 오히려 필요한 것은, 도대체 어떻게 형이상학 일반을 정초하는 작업에서는 오직 인간에 관해서만 물어질 수 있고 또 그래야만 하는가를 비로소 묻는 것이다.

인간에 관한 물음의 의문성은 칸트의 형이상학의 정초작업이 이루어지는 과정에서 급박하게 드러나는 문제성이다. 그런데 이제 비로소 다음의 사실이 밝혀진다.—순수이성을 구해내려는, 즉 고유한 지반을 고수하려는 의도에서—칸트가 자기 자신에 의하여 개현된 근거 앞에서, 즉 초월적 상상력 앞에서 후퇴한 것은 [도리어] 그 지반의 붕괴 및 형이상학의 심연을 드러내주는 철학활동의 저 운동이다.

칸트의 정초작업에 대해 앞서 수행된 근원적 해석은 이러한 성과
에 입각해 비로소 그 권리와 그 필연성의 기초를 획득한다. 이 해석
작업의 모든 노력들을 이끌었던 것은, 좀더 근원적인 것을 향한 공
허한 육박도 혹은 더 잘 알고자 하는 욕구도 아니다. 오히려 오로지
정초작업의 가장 내적인 특징 및 이 작업의 가장 고유한 논점을 파
헤쳐 드러내려는 과제였다.

그러므로 정초작업이 인간이란 무엇인가라는 물음을, 설령 도외
시하지는 않는다 해도, 그 물음에 어떤 완성된 답변도 주지 않고 오
히려 그 물음을 비로소 그것의 의문성에서 가시화한다면, 특수형이
상학 및 본래적인 철학활동이 반드시 거기로 귀환해야 할 칸트의
그 네번째 물음은 어떤 상태인가?

정초작업의 성과에 대해 지금 얻어낸 이해에 입각해 이 네번째
물음을 물음으로서 완성하고 또 성급한 답변을 포기할 때만, 우리
는 이 물음을 그것이 제기되고자 하는 그런 방식으로 제기할 수 있
을 것이다.

이렇게 물을 필요가 있다. 왜 세 물음들(1. 나는 무엇을 알 수 있
는가? 2. 나는 무엇을 해야 하는가? 3. 나는 무엇을 희망해도 좋은
가?)은 네번째 물음에 "관계"되는가? 왜 "사람들은…… 이 모든 것
을 인간학의 몫으로 돌릴 수 있는가"? 이 세 물음들의 공통점은 무
엇이며, 또한 이 물음들은 어떤 관점에서 통일되기에 네번째 물음
으로 귀환될 수 있는가? 저 세 물음들을 통일적으로 자기 안에 받
아들여 떠받쳐줄 수 있기 위해 이 네번째 물음 자신은 어떻게 물음
을 던져야 하는가?

인간 이성의 가장 내적인 관심이 앞서 명명된 세 물음들을 자신
안에 합일한다. 이 물음들에서는 인간 이성의 가능, 당위, 그리고
허용이 물어진다.

가능(ein Können)이 의문시되어 그것의 가능성들(Möglichkeiten)

안에서 한정되고자 한다면, 가능 자체는 이미 불-가능 안에 들어서 있다. 전능한 존재자는 "나는 무엇을 알 수 있는가?", 즉 "나는 무엇은 알 수 없는가?"를 물을 필요도 없다. 전능한 존재자는 이렇게 물을 필요가 없을 뿐더러, 자신의 본질상 이러한 물음을 여하튼 제기할 수도 없다. 그러나 [전능한 존재자의] 이러한 불능은 결함이 아니며, 오히려 어떠한 결함이나 "불"(不)과도 전혀 관계없다. 그러나 '나는 무엇을 알 수 있는가?'를 묻는 자는 이로써 유한성을 표명한다. 자신의 가장 내적인 관심에서 완전히 이러한 물음에 의해 움직여지는 자는 자신의 본질의 가장 내면적인 곳에 숨어 있는 유한성을 드러낸다.

당위가 의문시된다면, [당위를] 묻는 자는 "긍정"과 "부정" 사이에서 동요하고 있으며 '해서는 안 될 일' 때문에 번민한다. 근본적으로 당위에 관심이 있는 자는 [당위적 행동을] '아직-실현하지-못-하였음'을 알고 있으며, 더욱이 그에게는 자신이 여하튼 무엇을 해야 하는지마저 의문스럽다. 이렇듯 [당위적 행동] 그 자체가 아직 규정되지도 않은 상태에서 [그것의] 실현이 아직-[이루어지지] 않았음은 당위에 가장 내적인 관심을 쏟고 있는 자가 근본적으로 유한하다라는 사실을 알려준다.

허용이 의문시된다면 묻는 자에게 승인되거나 혹은 거절되는 그러한 것이 주요한 문제로 대두한다. 무엇이 기대될 수 있는지, 그리고 무엇은 기대될 수 없는지에 관해 물어진다. 그러나 모든 기대는 결여를 드러낸다. 게다가 이러한 결핍이 인간 이성의 가장 내적인 관심에서 생긴 것이라면, 인간 이성은 본질적으로 유한한 것으로서 입증된다.

그러나 인간의 이성은 이러한 물음들을 통해 유한성을 누설할 뿐 아니라, 또한 자신의 가장 내적인 관심이 유한성 자체를 향하고 있음을 드러낸다. 인간의 이성에서 관건이 되는 것은 가령 가능, 당위,

허용 등의 제거, 즉 따라서 유한성의 해소가 아니라, 오히려 그와 반대로 이 유한성을 솔직히 확인하여 유한성 안에서 스스로를 견지하는 것이다.

따라서 유한성은 순수한 인간 이성에 단순히 부속되어 있지 않다. 오히려 순수한 인간 이성의 유한성은 유한성의 극단적 모습, 즉 유한하게-존재-할 수 있음에 대한 "심려"(Sorge)다.

이로써 얻어진 성과는 이렇다. 인간 이성은 명명된 세 물음들을 제기하기 때문에 유한할 뿐 아니라, 또한 그 역도 성립한다. 인간 이성은 유한하기 때문에, 즉 좀더 정확히 말하자면 자신의 이성적 존재에서 이 유한성 자체가 관건이 될 정도로 그토록 유한하기 때문에, 이 물음들을 제기한다. 이 세 물음들은 이 하나의 것 즉 유한성에 관해 심문하기 때문에, "이 물음들은" '인간이란 무엇인가?'라는 네번째 물음에 "관련된다".

그러나 세 물음들은 네번째 물음에 관련될 뿐 아니라 그것들 자체가 여하튼 이 물음과 다른 것이 아니다. 즉 이 세 물음들은 그것들의 본질상 반드시 이 네번째 물음에 관련되어야 한다. 그러나 이러한 관련은, 이 네번째 물음이 그것의 가장 친근한 일반성과 무규정성을 포기한 채 일목요연하게 인간에서의 유한성에 관해 물음을 던질 경우에만, 본질적이며 필연적인 관련이다.

이러한 물음으로서의 네번째 물음은 앞의 세 물음들의 다음 자리에 적절하게 정돈될 뿐 아니라, 또한 이 나머지 세 물음들을 자신으로부터 파생시킨 첫번째 물음으로 변모한다.

그러나 이러한 성과로 인해, 이 네번째 물음의 문제는 인간에 관한 물음으로 규정되어 있음에도 불구하고 실로 이러한 규정 때문에, 비로소 날카롭게 전개된다. 이 물음이 인간에 관한 어떤 종류의 물음인지, 또한 이 물음은 여하튼 아직도 인간학적인 물음일 수 있는지가 의심스러워진다. 이제 비로소 칸트의 정초작업의 성과가 선명하게 부각되므로 이 작업에서 회복의 좀더 근원적인 가능성이 가시화된다.

형이상학의 정초작업은 인간에서의 유한성에 관한 물음에 근거하며, 그럼으로써 더욱이 이 유한성은 이제 비로소 문제화될 수 있다. 형이상학의 정초작업은 우리의 인식을, 즉 유한한 인식을 그것의 요소들로 "풀어내는 작업"(분석론)이다. 칸트는 이것을 "우리의 내적인 본성에 관한 연구"[9]로 명명한다. 그러나 이 연구는, 이 연구를 본질적으로 이끄는 논점이 충분히 근원적으로 또한 포괄적으로 개념 파악되고, 그로써 "우리" 자신의 "내적인 본성"인 인간에서의 유한성이 문제화될 때만, 인간에 관한 임의적인 또한 방향성 없는 물음에서 벗어나 "철학자에게는……더욱이 의무가"[10] 되기도 한다.

제아무리 인간에 관한 각양각색의 본질적 인식들을 제시한다 하더라도, "철학적 인간학"은 자신이 인간학이라는 단지 그 이유만으로, 철학에서의 근본학문으로서 합당하게 자리매김될 수는 없다. 도리어 철학적 인간학은 다음과 같은 끊임없는 위험을 안고 있다. 즉 인간에 관한 물음을 형이상학의 정초작업을 겨냥해 비로소 물음으로서 완성해야 한다는 필연성이 여전히 은폐되어 있다.

그럼에도 불구하고 "철학적 인간학"이—형이상학의 정초작업의 문제를 벗어나—고유한 양식의 과제를 현시한다라는 사실과 그 방식은 여기에서 구명될 수 없다.

B. 인간에서의 유한성의 문제 그리고 현존재의 형이상학

인간에서의 유한성에 관한 물음의 필연성이라는 이 기초적인 문

---

9) A 703, B 731.
10) 같은 곳.

제를 형이상학의 정초작업을 겨냥해 밝혀내기 위해, 『순수이성비판』에 관한 앞서의 해석이 시도되었다. 따라서 유한성은 처음부터 해석의 단초에서, 그리고 나서 해석을 수행하는 동안에도 지속적으로 회상되어야 했던 그러한 것이기도 했다. 칸트가 미리 단초에 놓여진 지반을 자신의 정초작업에서 스스로 뒤엎어버릴 때, 이제 이것이 의미하는 바는 [도리어] 이렇다. 해석의 출발점에서 칸트의 무언의 "전제들"로서 강조되었던 것, 즉 인식의 본질과 인식의 유한성이 결정적 문제의 성격을 획득한다. 유한성과 유한성에 관한 물음의 독특성이 주관의 주관성에 관한 초월론적 "분석론"의 내적인 형식을 비로소 근본적으로 결정한다.

제39절 인간에서의 유한성의 가능적 규정의 문제

인간에서의 유한성은 어떻게 물어져야 하는가? 도대체 그것은 진정한 문제인가? 인간의 유한성은 언제 어디서나 천태만상으로 명확히 드러나 있지 않은가?

그러므로 인간에서의 유한적인 면을 명명하기 위해서는 인간의 불완전성들로부터 임의의 것을 인용하는 정도로 이미 충분할런지 모른다. 이러한 방식으로 우리는 인간이 유한자임을 입증하는 각종 증거들을 아무튼 획득한다. 그러나 우리는 인간의 유한성의 본질이 어디에 존립하며, 또한 어떻게 이 유한성이 인간을 바로 그러한 존재자로서 그 근거에서부터 전체적으로 규정하는지는 경험하지 못하고 있다.

모든 인간적인 불완전성들의 총합을 통틀어 계산해내어 그것들의 공통적인 면을 "추상하는 작업"이 성공을 거둘 수 있을 때조차도, 유한성의 본질에 관해서는 아무것도 포착되지 못할 것이다. 왜냐하면 인간의 불완전성들이 도대체 인간의 유한성을 직접 보이게끔 하는지의 여부, 그리고 인간의 불완전성들은 오히려 인간의 유한성의 본질로부터는 현격히 거리가 먼 사실적 결과에 불과하며 따라서 단지 이러한 본질에 입각해서만 이해되는 것은 아닌가 하는 여부가 처음부터 의심스럽기 때문이다. 그리고 인간이 창조된 존재임을 이성적으로 증명하는 그 불가능한 일이 실로 가능하더라도, 인간의 특징을 창조된 존재자로 묘사해서는 단지 인간의 유한성의 현실만이 다시 입증될 뿐, 유한성의 본질이 제시되어 이러한 본질이 인간 존재의 근본틀로서 규정되지는 않을 것이다. 그러므로 인간에서의 유한성에 관한──인간의 본질의 가장 일상적인 증언에 관한──물음이 도대체 어떻게 시작되어야 하는가는 실로 전혀 자명하지 않다.

이제까지의 연구는 인간에서의 유한성에 관한 작금의 물음이 인간의 속성들에 대한 임의의 탐색은 아니라는 하나의 사실만을 밝혀 놓았다. 이러한 물음은 오히려 형이상학의 정초작업의 과제에서 자라나온다. 이 과제 자체로부터 이 물음은 근본물음으로서 요구된다. 이에 따라 형이상학의 정초작업의 논점은 인간의 유한성에 관한 물음이 그 안에서 움직여야 할 그러한 방향에 대한 지침을 자기 안에 간직하고 있어야 한다.

그런데 형이상학의 정초작업의 과제가 좀더 근원적으로 회복될 여지가 있다면, 이러한 회복을 통해 정초작업의 문제와 그리고 이 문제에 의해 주도된 인간에서의 유한성에 관한 물음의 본질연관은 더욱 명확히 또한 더욱 날카롭게 밝혀져야 한다.

칸트의 형이상학의 정초작업은 본래적 형이상학인 특수형이상학의 근저를 근거짓는 작업에서, 즉 일반형이상학을 근거짓는 작업에서 출발한다. 그러나 일반형이상학은──"존재론"으로서──이미 고대에, 또한 궁극적으로는 아리스토텔레스에게서 제1철학(πρώτη φιλοσοφία)의, 즉 본래적 철학활동의 하나의[a] 문제로서 성립했던 것

을 하나의 분과로 고정한 형태다. 그러나 거기에서 존재자 그 자체
(ὄν ᾗ ὄv)에 관한 물음은 전체 안에서의 존재자(θεῖον)에 관한 물
음과의 너무도 어두운 연관 안에 머물러 있다.

"형이상학"이란 명칭이 표현하는 문제개념에서는 존재자에 관한
물음의 두 근본방향들뿐 아니라, 또한 동시에 그것들의 가능적 통
일성도 의심스럽다. 이 문제개념에서는, 명명된 두 물음의 방향들이
도대체 존재자에 관한 원칙적 인식의 논점 전체를 몽땅 드러내는가
의 여부도 역시 도외시된다.

그런데 인간에서의 유한성에 관한 물음이 형이상학의 정초작업
의 좀더 근원적인 회복에 입각해 규정되어야 한다면, 칸트의 물음
자체는 강단형이상학의 고착된 분과와 체계성에 대한 정위(定位)로
부터 선회하여 고유한 논점이 펼쳐진 자유로운 장(場)으로 전위되
어야 한다. 여기에는 아리스토텔레스의 물음제기 역시 완성된 것으
로는 받아들여질 수 없다라는 사실이 동시에 내포되어 있다.

존재자란 무엇인가(τί τὸ ὄv)라는 물음과 더불어서, 물론 존재자
에 관한 물음이 제기되기는 한다. 그러나 하나의 물음을 제기한다
는 것[b]이 곧 그 물음의 논점을 장악하여 완성함을 의미하지는 않는
다. 참으로 얼마나 형이상학의 문제가 '존재자란 무엇인가'라는 물
음 안에 아직 은폐되어 있는가의 여부는, 인간에서의 유한성이 문
제로서 포착되어 있어야 하는 한, 이 문제가 이 물음 자체에 포함되
어 있는 방식조차 이 물음으로부터는 우선 전혀 추측될 수 없다라
는 사실에 의해서 인식된다. 더 더욱 단지 이 물음을 밖으로 드러내
어-흉내내어 말해서는 인간에서의 유한성을 어떻게 물어야 하는가
에 관한 지침조차 획득될 수 없다. 그러므로 일반형이상학의 정초
작업의 문제의 회복은 존재자 그 자체가 무엇인가라는 물음을 흉내

---

a. 저(das)
b. 1930년 여름학기 강의 [『서구 철학의 시원』, 전집 35권] 참고.

내어 말함을 의미하지 않는다. 회복은 우리가 간략히 존재물음이라 명명하는 이러한 물음을 문제로 전개해야 한다. 이러한 전개는, 인간에서의 유한성의 문제와, 이를 통해 예시된 연구들이 존재물음의 성취에 얼마큼 필연적으로 귀속하는지를 반드시 보여주어야 한다. 원칙적으로 말하자면, (존재자가 아닌) 존재 그 자체와 인간에서의 유한성 간의 본질연관이 반드시 선명해져야 한다.

제40절 존재물음을 인간에서의 유한성의 문제에 이르는 길로서 근원적으로 완성함

존재자 일반에 관한 (즉 퓌지스(φύσις)의 로고스(λόγος)에 관한) 고대 자연학(φυσιολόγοι)[11]의 원칙적 물음은——이것은 고대 형이상학이 그 시원들로부터 아리스토텔레스까지 이르는 내적인 발전과정이다——그것의 시원적 보편성의 무규정성과 충족에서 벗어나 두 가지 물음방향들의 규정성으로 완성되었다. 이러한 규정성이 아리스토텔레스 이후의 본래적 철학활동을 형성한다.

이 두 물음방향들의 연관이 아무리 모호하더라도, 그러나 어떤 관점에서는 이 둘 사이의 순서가 강조된다. 존재자를 그 전체 안에서 또한 그 주요영역 안에서 묻는 물음이 '존재자 그 자체는 무엇인가'에 관한 어떤 개념파악을 이미 전제하는 한, 존재자 그 자체에 관한 물음이 전체 안에서의 존재자에 관한 물음에 순서상 앞서 있어야 한다. '존재자 일반은 그 자체로서 무엇인가'라는 물음이 전체 안에서의 존재자에 관한 원칙적 인식을 가능적으로 수행하는 순서에서 일차적인 물음이다. 그러나 형이상학이 결정적으로 자기를 근

---

11) 아리스토텔레스, 『자연학』, Γ 4, 203 b 15 참고.——칸트 역시 『순수이성비판』(A 845, B 873)에서 "순수이성의 자연학"에 관해 언급한다.

거짓는 작업의 순서에서도 과연 이러한 우위가 이 물음에 속하는지는, 여기에선 오로지 언급될 뿐인 물음이다.

그러나 '존재자란 무엇인가'라는 일반적 물음은, 여하튼 이제는 더 이상 아무것도 묻지 못하며, 또한 이 물음에 대한 답변이 도대체 어디에서 어떻게 탐색되어야 하는지에 대해, 그 모든 발판마저 거절할 정도로 그토록 무규정적이지 않은가?

'존재자 그 자체는 무엇인가'라는 물음에서는 '도대체 무엇이 존재자를 존재자로 규정하는가'에 관해 물어진다. 우리는 그 무엇을 존재자의 존재로, 또한 그 무엇에 관한 물음을 존재물음이라 명명한다. 존재물음은 존재자를 그 자체로서 규정해주는 그 무엇에 관해 탐구한다. 이 규정자는 자신의 규정활동의 방식에 맞게 인식되어 이러이러한 것으로서 해석되어야 한다. 즉 개념파악되어야 한다. 그러나 존재자의 본질적 규정성을 존재를 통해 개념파악할 수 있기 위해서는 규정자 자신이 충분히 파악될 수 있어야 한다. 즉 존재자 그 자체보다 오히려 존재 그 자체가 먼저 개념파악되어야 한다. 그러므로 '존재자란 무엇인가'라는 물음에는 좀더 근원적인 물음이 놓여 있다. 저 물음에서 이미 앞서 이해된 존재는 무엇을 의미하는가?

'존재자란 무엇인가'라는 물음이 이미 충분히 파악되어 있지 않다면, 어떻게 좀더 근원적이긴 하지만 그러나 "추상화된" [존재]물음이 구체적 논점을 발원케 하겠는가?

그러나 그러한 논점이 이미 있다라는 사실을 증명하기 위해서는, 옛부터 철학에서 너무도 자명한 것으로 받아들여진 바를 지적만 해도 충분할 것이다. 우리는 우리에게 드러난 존재자를 그것에 대한 그때마다의 태도양식에 따라, 즉 일찍이 그것의 무엇-존재(Wassein, τι ἐστιν)를 고려하여 규정하며 심문한다. 이 무엇-존재를 철학은 본질(essentia)이라 명명한다. 본질은 존재자를 그것이 무엇인가라는 그 점에서 가능케 한다. 따라서 사태의 사태성에 대해서는 내적 가능성이란 표현도 성립한다. '그때마다 하나의 존재자가 무엇인가'라는 물음에 대해, 그 존재자의 모양(εἶδος)은 정보를 알려준다. 존재자의 무엇존재는 따라서 이데아(ἰδέα)라 불린다.

그리고 나서 각 존재자에게서는, 이러한 그때마다 특정한 무엇존재를 지닌 존재자가 과연 존재하는지, 아니면 오히려 존재하지 않는지에 관한 물음이 제기되는데, 이러한 물음에 대해서는 언제나 이미 답변이 주어진다. 따라서 우리는 존재자를 그것의 "사실-존재"(Daß-sein, ὅτι ἔστιν)와 관련해서도 규정한다. 이 사실-존재를 철학은 전문용어상 현실성(existentia)이라 파악하곤 한다.

그러므로 각 존재자에게는 무엇-존재와 사실-존재, 즉 본질(가능성)과 현실성이 "있다". 여기에서 "존재"는 그때마다 동일한 것을 의미하는가? 만약 그렇지 않다면, 존재가 무엇-존재와 사실-존재로 나누어지는 근거는 어디에 있는가? 마치 개와 고양이가 있듯, 본질과 현실성 간에는 이처럼 너무도 자명하게 드러난 차별성이 있는가, 아니면 여기에는 궁극적으로 제기되어야 할 하나의 문제, 즉 '존재 그 자체는 무엇인가'가 물어질 때만 명백히 제기될 수 있는 하나의 문제가 놓여 있는가?

이 물음이 완성되지 않으면, 본질의 본질성을 "정의하고" 현실적인 것의 현실성을 "설명하려는" 그러한 시도를 위한 모든 지평은 결여되지 않는가?

그리고 발언되건 혹은 발언되지 않건 간에 모든 명제의 각 "있다(혹은 이다)"에서―그러나 거기서 비로소 그런 것만은 아니다―명백히 훤히 드러나는 참-존재로서의 존재의 의의도,[12] 그 가능근거와 필연성의 양식이 모호한 앞서 언급된 무엇-존재와 사실-존재로의 존재의 분화와 동시에 언제나 얽혀 있지 않은가?

---

12) 『근거의 본질에 관하여』, 1장 참고.

"존재"라는 문제어에 내포되어 있는 사항은 이미 과잉일 정도이
며 너무도 중요하지 않은가? 그러한 문제어가 존재물음의 무규정성
에 그토록 오랫동안 머물러 있어도 되는가, 아니면 이뿐 아니라 이
물음의 완성을 위해 훨씬 더 근원적인 발걸음을 과감히 내딛어야
하는가?

'존재란 무엇인가'라는 물음에 대한 답변이 도대체 어디로부터
기대될 수 있는지의 여부가 계속 모호하다면, 이 물음은 그 답변
을 어떻게 찾아야 하는가? 다음과 같은 물음이 먼저 물어져야 하
지 않는가? 도대체 무엇을 주목해야 우리는 거기로부터 존재 그
자체를 규정할 수 있으며, 또한 그럼으로써 존재의 본질적 분화의
가능성과 필연성이 이해되는 그러한 존재 개념을 획득할 수 있는
가? 그러므로 '존재자 그 자체는 무엇인가'라는 "제1철학"의 물음
은, '존재 그 자체는 무엇인가'라는 물음을 경유하여 훨씬 더 근원
적인 물음으로 귀착되어야 한다. 존재와 같은 것 그리고 더욱이 그 안
에 내포된 각양각색의 풍성한 분류들과 관련들은 도대체 어디로부터 개
념파악되는가?

그런데 형이상학의 정초작업과 인간에서의 유한성에 관한 물음
사이에 어떤 내적 연관이 존립한다면, 존재물음에 관해 이제 얻어
낸 더욱 근원적인 완성은 그 물음과 유한성 문제의 본질적인 관련
을 더욱 기본적으로 표명할 것이다.

그러나 우선은 이러한 관련이 언제나 아직은 불투명하다. 특히
그 까닭은, 사람들이 [이상과 같이] 전개된 존재물음으로부터는 이
러한 관계를 결코 요구하고 싶어하지 않기 때문이다. 이러한 관계
는 앞서 언급된 칸트의 물음들에, 즉 나는 무엇을 희망해도 좋은가
등에 이미 놓여 있을런지도 모른다. 그렇지만 존재물음은, 더욱이
지금 전개된 형태로 보자면 존재 일반의 파악가능성에 관한 물음으
로서의 존재물음은, 어떻게 인간에서의 유한성과 본질적 관계를 가

져야 하는가? 존재물음은 아리스토텔레스에게 정위된 형이상학의
추상적 존재론내에서 하나의 의미를 획득하며, 그럼으로써 현학적
인 동시에 다소간은 자의적인 특수문제의 권리를 요구할 수도 있을
것이다. 그렇지만 인간에서의 유한성과의 본질적 관련성은 명확하
지 않다.

하지만 이제까지 존재문제의 근원적 형태가 아리스토텔레스의
물음에 정위된 가운데 명백히 드러났다 하더라도, 이 문제의 근원
역시 거기에 있는 것은 아니다. 도리어 본래적 철학활동이 존재물
음에 마주칠 수 있는 유일한 경우는, 이 물음이 인간 현존재의 결
정적 가능성[a]으로서만 존재하는 철학의 가장 내적인 본질에 속할
때다.

존재와 같은 것을 개념파악할 가능성에 관해 물어질 때, 이러한
"존재"는 요컨대 철학적으로 전승된 물음을 다시 받아들이기 위
해 억지로 꾸며내어 문제로 강요된 것이 아니다. 오히려 우리 모
두가 인간으로서 이미 부단히 이해하는 그것을 개념파악할 가능
성[b]에 관해 물어진다. 존재물음은 존재개념의 가능성에 관한 물음
으로서 그 자체는 선개념적인 존재이해로부터 발원한다. 그러므
로 존재개념의 가능성에 관한 물음은 다시 한번 한 단계 우회하
여 존재 일반의 이해의 본질에 관한 물음으로 귀착된다. 따라서
형이상학의 정초작업의 좀더 근원적으로 포착된 과제는 존재이해
의 내적 가능성을 해명하는 작업으로 변모한다. 그렇게 파악된 존
재물음이 완성되어야, 과연 존재문제가 인간에서의 유한성과의
내적인 관련을 수반하는지의 여부 및 그 방식에 관한 결정이 비
로소 가능하다.

---

a. 제약적 필연성
b. 초월론적 물음제기라는 의미에서 완전히 재발(再發)하는

제41절 존재이해와 인간 속의 현존재

우리 인간들이 존재자에 대해 태도를 취하고 있음은 분명하다. 존재자를 표상하는 과제 앞에 직면하여 우리는 언제나 임의의 존재자를 인용할 수 있다. 즉 우리가 아니면서 또한 우리와 동일하지도 않은 존재자를, 그리고 우리 자신인 존재자를, 또한 우리 자신은 아니지만 그럼에도 불구하고 자기(自己)로서 우리와 동일한 존재자를 인용할 수 있다. 존재자는 우리에게 알려져 있다.──그러나 존재는 어떠한가? 우리가 그러한 것을 규정하고 또한 그것을 단지 고유하게만 파악해야 한다면, 현기증이 우리를 엄습해오지 않는가? 존재는 무(無)와 같은 것이 아닌가? 사실 다른 사람도 아닌 헤겔이 이렇게 말한 바 있다. "그러므로 순수 존재와 순수 무(無)는 동일한 것이다."[13]

존재 그 자체에 관한 물음을 던지면서 우리는 짙은 어둠에 휩싸인 가장자리를 과감히 공격한다. 그러나 서둘러 회피할 것이 아니라 오히려 존재이해의 완전한 독특성을 더욱 가까이 가져오는 작업이 필요하다. 왜냐하면 "존재"와 그것의 의의 위에 드리운 어둠이 아무리 칠흑 같다 하더라도, 확실히 우리는 존재자가 드러나 있는 장(場) 전체에서 언제나 존재와 같은 것을 이해하며, 존재자의 무엇-존재와 그렇게-존재(So-sein)에 마음을 쓰며, 또한 사실-존재를 경험하고 거기에 이의(異議)를 달기도 하며, 그리고 존재자의 참-존재에 대해 올바른 결정을 내리기도 그릇된 결정을 내리기도 하기 때문이다. 예컨대 "오늘은 휴일이다"와 같은 하나의 문장을 발언할 때마다 우리는 "이다"[있다]와 또한 이와 함께 존재와 같은 것을 이해한다.

---

13) 『논리학』, WW III권, 78쪽 이하.

"불이야!"라고 외칠 때 거기에는 이러한 의미가 들어 있다. "갑자기 불이 붙었다. 도움이 필요하다. 구조해달라.──내 목숨을 살려달라──누구 도와줄 수 없소!"["갑자기 불이 붙어 있다. 도움이 필요한 것이다. 자신을 구조해달라.──자신의 고유한 존재를 안전하게 해달라──누구 도와줄 수 없소!"] 그러나 우리가 존재자에 대해 고유하게 발언하지 않고 오히려 침묵하면서 그것에 태도를 취할 때도, 우리는 무엇-존재, 사실-존재, 참-존재라는 존재자의──비록 은폐되어 있긴 하나──서로 관련된 성격들을 이해한다.

"기분이 아무튼 이러이러하다"에서처럼 모든 기분에서, 우리의 현-존재는 우리에게 드러난다. 우리는 그러므로 존재는 이해하지만 그러나 [그것의] 개념은 결여한다. 이러한 존재에 대한 선(先)개념적 이해는 그 지속성과 광범성에도 불구하고 대개는 전혀 무규정적이다. 예를 들어 물질적 사물, 식물, 동물, 인간, 숫자 등의 독특한 존재양식은 우리에게 알려져 있으나, 이렇게 알려져 있는 것이 그 자체로서 인식되어 있지는 않다. 더 더욱 존재자의 존재는, 그것의 전체적인 폭과 지속성과 무규정성에서 선개념적으로 이해되지만, 그러나 전혀 의심의 여지가 없는 것으로 제시된다. 존재 그 자체가 물어지기는커녕 오히려 그러한 것은 "주어져" 있지도 않은 것처럼 보인다.

이처럼 겨우 몇몇 특징에 따라서만 식별된 존재이해는, 가장 순수한 자명성의 매우 안정된 지반에 머물러 있다. 그러나 만약 존재에 대한 이해가 발생하지[a] 않는다면, 인간은 현재와 같은 존재자로서 결코 존재할 수 없을 것이며, 또한 그처럼 경이로운 능력도 지니지 못할 것이다. 인간은 존재자 한복판에 있는 존재자며, 더욱이 인간에게는 '자신이 아닌 존재자' 및 바로 '자기 자신인 존재자'가 동시

---

a. 에어아이크니스(Ereignis)의 역운(歷運)으로서의 역사.

에 언제나 이미 드러나 있다. 인간의 이러한 존재양식을 우리는 실존이라 명명한다. 존재이해를 근거로 해서만 실존은 가능하다.

자신이 아닌 다른 존재자에게 태도를 취할 때 인간은 이미 그 존재자를 자신을 떠받쳐주는 그것으로서, 자신이 의존해 있는 그것으로서, 따라서 모든 문화와 기술에도 불구하고 자신은 근본적으로 결코 그 주인이 될 수 없는 그것으로서 발견한다. 자신이 아닌 다른 존재자에 의존해 있는 동시에, 인간은 그때마다의 자기 자신도 근본적으로 장악하지 못하고 있다.

인간의 실존과 더불어 존재자 전체를 향한 침입이 일어난다. 이제 비로소 존재자는 그때마다 상이한 폭으로, 또한 명료성의 상이한 단계에 따라, 또한 확실성의 상이한 정도에 따라 자기 자신에 즉해 즉 존재자로서 드러난다. 인간은 다른 존재자 사이에 전재(前在)할 뿐 아니라——물론 이때 다른 존재자는 서로간에 그때마다 그 자체로서 드러나 있지 않다——또한 존재자 한복판에서 존재자 그 자체에 양도되어 있고 [또] 하나의 존재자인 자기 자신에게도 내맡겨져 있다는 우위를 차지한다. 그러나 이러한 우위는, 즉 실존할 수 있는 이러한 우위는, 존재이해를 필요로 한다는 그러한 곤경을 자신 안에 간직한다.

만약 인간이 여하튼 존재자를 그 자체로서 존재하게 할 수 없다면, 인간은 자기(自己)로서, 즉 '피투적 존재자'(das geworfene Seiende)로서 존재할 수 없을 것이다. 그러나 존재자를 그 존재내용과 존재방식에서 존재할 수 있도록 하기 위해, 실존자는 그때마다 이미 '자신이 만나게 될 것'을 '그것은 존재자다'라는 사실을 근거로 기투[이해]하고 있어야 한다. 실존이란 [인간이] 이처럼 의존해 있는 존재자 그 자체에 [자신을] 내맡긴 가운데 존재자 그 자체에 의존해 있음을 의미한다.

실존은 존재양식으로서 그 자신 유한성[b]이며 또한 존재이해를 근거로 해서만 유한성으로서 가능하다. 유한성이 실존적이게 된 경우에만, 존재와 같은 것은 주어지며 또한 반드시 주어져야 한다. 그러므로 인간의 실존을 그 광범성, 지속성, 무규정성, 그리고 무의문성에서 전혀 인식되지 않은 채 철저히 지배하는 존재이해는 인간의 유한성의 가장 내적인 근거로서[c] 드러난다. 존재이해는 인간의 각종 여타의 속성들과 병립해서 흔히 나타나는 속성의 평범한 일반성을 갖지 않는다. 오히려 존재이해의 "일반성"(Allgemeinheit)은 현존재의 유한성의 가장 내적인 근거의 근원성이다. 존재이해는, 유한한 것 가운데 가장 유한한 것이라는 단지 그 이유 때문에, 유한한 인간 존재의 소위 말하는 "창조적" 능력들도 가능케 할 수 있다. 그리고 존재이해는, 유한성의 근거에서 발생한다는 단지 그 이유 때문에, 앞서 특징지어진 광범성과 지속성뿐 아니라 또한 은폐성도 지니는 것이다.

존재이해를 근거로 인간은 현(現)이다. 존재자를 활짝 여는 침입 사건은 현의 존재와 더불어 발생한다. 이로써 존재자 그 자체는 [인간의] 자기(自己)에 대해 자신을 표명할 수 있다. 인간 속의 현존재의 유한성은 인간[d]보다 더 근원적이다.

일반형이상학의 근본물음인 '존재자란 무엇인가'라는 물음의 완성은, 존재개념에 관한 명시적 물음을 탁월하게 떠받쳐주면서 추진하며 이끌고 있는 존재이해의 내적인 본질에 관한 좀더 근원적 이념으로 소환되었다. 형이상학의 근본문제에 대한 좀더 근원적인 파악을 열망했던 까닭은, 정초작업의 문제와 인간에서의 유한성에 관한 물음의 연관을 가시화하려는 의도 때문이었다. 이제 다음과 같은 점이 밝혀진다. 우리는 존재이해와 인간에서의 유한성의 관련에

---

b. 무화의 비성(Nichtigkeit des Nichtens)

c. 또한 그로써, 여기에서 명명된 "유한성"의 본질로서

d. 탈-존적(ex-sistente)

대해 결코 비로소 물을 필요도 없다. 존재이해 자신이 유한성의 가장 내적인 본질이다. 이로써 우리는 형이상학의 정초작업의 논점의 근저에 놓여 있는 유한성의 개념을 획득하였다. 이 정초작업이 '인간이란 무엇인가'라는 물음에 입각하고 있다면, 이제 이 물음의 의문점은 첫번째 단계에서 제거된다. 즉 인간에 관한 물음은 규정성을 획득하였다.

인간은 자신에서의 현존재를 근거로 해서만 인간이라면, 인간보다 더 근원적인 것에 관한 물음은 원칙상 인간학적 물음일 수 없다. [그러나] 철학적 인간학까지를 포함한 모든 인간학은 인간을 이미 인간으로서 정립해놓았다.

형이상학의 정초작업의 문제는 인간 속의 현존재에 관한, 즉 현존재의 가장 내적인 근거에 관한, 즉 본질적으로 실존하는 유한성인 존재이해에 관한 물음에서 그 뿌리를 발견한다. 현존재에 관한 이러한 물음은 그렇게 규정된 존재자ᵉ가 어떤 본질을 지니고 있는가를 묻는다. 그러한 존재자의 본질이 실존에 있는 한, 현존재의 본질에 관한 물음은 실존론적 물음이다. 존재자의 존재에 관한 모든 물음, 그리고 이뿐 아니라 유한성이, 즉 존재이해가 그 존재틀에 속하는 그러한 존재자[인간]의 존재에 관한 물음이 형이상학이다.

따라서 형이상학의 정초작업은 현존재의 형이상학에 근거한다. 형이상학의 정초작업이 적어도 그 자신 형이상학이어야 하고, 더욱이 그것도 탁월한 형이상학이어야 한다라는 사실은 과연 놀라운 것인가?

칸트의 철학활동에서는 형이상학의 가능성 문제가 그 이전 혹은 그 이후 어느 때보다 깨어 있다. 그런데 만약 그에게 이러한 연관이 밝혀져 있지 않았더라면, 그는 자신의 가장 내적인 요구에 관해 거

---

e. 현-존재는 존재[자]적 의미에서의 "존재자"가 아니다.

의 아무것도 이해하지 못한 꼴이 되고 말았을 것이다. 『순수이성비판』의 완성에 직접적 계기가 되었던 그 영민하고도 침착한 태도에서, 칸트는 형이상학의 가능성 문제를 언급한 바 있다. 그는 자신의 친구이자 제자였던 마르쿠스 헤르츠(Markus Herz)에게 보낸 편지(1781)에서 『순수이성비판』에 관해 이렇게 적고 있다. "이러한 유형의 연구는 언제나 어려운 일로 남을 것이다. 왜냐하면 이러한 연구는 형이상학의 형이상학(Die Metaphysik von der Metaphysik)을 포함하기 때문이다……."[14]

이 편지말은 『순수이성비판』에서 단지 부분적으로나마 "인식론"을 찾으려는 그 모든 시도를 궁극적으로 논파하며, 또한 형이상학의 정초작업을 회복하려는 그 모든 시도에 대해 "형이상학의 형이상학"을 명료히 밝혀냄으로써, 정초작업의 발생사건에게 가능적 궤도를 열어줄 구체적인 지반에 이르라는 의무를 부과한다.

C. 기초존재론인 현존재의 형이상학

자신의 고유한 물음과 그것의 전제들을 여전히 이해하고 있는 인간학이라면, 형이상학의 정초작업을 수행하겠다는 요구는 물론이려니와 형이상학의 정초작업의 문제를 전개하겠다라는 요구조차도 할 수 없다. 형이상학의 정초작업을 위해 필연적인 물음, 즉 인간이란 무엇인가라는 물음을 떠맡는 것은 현존재의 형이상학이다.

이 표현은 긍정적인 의미에서 볼 때 두 가지의 뜻을 지니고 있다. 현존재의 형이상학은 현존재에 관한 형이상학일 뿐 아니라, 또한 '현존재로서 필연적으로 생기(生起)하는 형이상학'이다. 여기에 담긴

---

14) WW(Cass.) IX, 198쪽.

뜻은 이렇다. 현존재의 형이상학은 마치 동물학이 동물에 관해 다루듯이 [그러한 의미에서] 현존재에 "관한" 형이상학은 결코 될 수 없다. 현존재의 형이상학은 여하튼 어떤 고정된 기존의 "기관"(Organon)이 아니다. 현존재의 형이상학은, 형이상학의 가능성을 완성할 때의 자신의 이념의 변화에 따라 자신을 항상 새롭게 형성해야 한다.

현존재의 형이상학은 현존재 자체내에서 형이상학이 은폐된 채 생기하는 사건에 운명적으로 결부되어 있으며, 이러한 은폐적 생기 사건 때문에 인간은 이 생기가 시도되는 그 날짜와 시간 그리고 그 해(年)와 세기(世紀)를 셈하기도 하고 혹은 망각하기도 한다.

현존재의 형이상학의 내적인 요구들과 그것들의 규정의 어려움을 칸트는 자신의 시도에서 충분히 밝혀놓았다. 그러나 그 시도의 가장 고유한 올바른 의미의 성과는, 바로 존재론적 종합의 가능성에 관한 물음과 인간에서의 유한성의 개현 간의 문제연관을 개현하는 작업에 있다. 즉 어떻게 현존재의 형이상학이 구체적으로 실현되어야 하는가에 관한 숙고를 요구하는 데 있다.

제42절 기초존재론의 이념

형이상학의 정초작업은 그것의 과제설정에서건 또한 과제를 수행하는 시발점, 과정, 목표에서건 오로지 정초작업의 근본물음에 의해서만 부단히 날카롭게 주도되어야 한다. 이러한 근본물음은 존재이해의 내적 가능성의 문제인데, 이 문제로부터 존재에 관한 모든 명시적 물음들이 자라나올 수 있어야 한다. 정초작업의 물음에 의해 인도되는 현존재의 형이상학은, 현존재의 존재틀을 개현하되, 이 존재틀을 존재이해의 내적 가능성으로서 가시화해야 한다.

현존재의 존재틀을 개현하는 작업이 존재론이다. 존재론 안에 형이상학의 가능근거가—형이상학의 토대인 현존재의 유한성이—
놓여 있어야 하는 한, 존재론은 기초존재론을 의미한다. 이러한 명
칭의 속내용에는 존재이해의 가능성을 겨냥한 '인간에서의 유한성
의 문제'가 결정적인 것으로 포함되어 있다.

그러나 기초존재론은 단지 현존재의 형이상학의 첫번째 단계에
불과하다. 무엇이 현존재의 형이상학 전체에 속하며, 또한 어떻게
현존재의 형이상학이 그때마다 역사적으로 '현사실적인 현존재'에
뿌리를 내리고 있는지의 여부는 여기에서 구명될 수 없다. 지금은
단지 『순수이성비판』에 관한 앞서의 해석작업을 주도한 기초존재
론의 이념을 명확히 확인하는 작업이 과제로 설정된다. 더욱이 기
초존재론의 성격묘사는, 이 이념을 수행하는 앞선 [작품의] 시도가
움직이고 있는 그 단순한 발전단계를 새롭게 제시하기 위해[15], 단지
근본특징들에 따라서만 서술되어야 한다.

모든 존재자의 존재틀과 탁월한 의미를 지닌 현존재의 존재틀은,
이해가 기투의 성격을 갖는 한에서만 이해될 수 있다.—실로 기초
존재론이 내보이는—이해는 인식활동의 양식일 뿐 아니라, 일차적
으로는 실존 일반의 근본계기이기 때문에, 기투활동의 명시적 이행
(履行)과 이뿐 아니라 존재론적 개념파악 활동에서의 기투활동의
명시적 이행은 필연적으로 구성(Konstruktion)이어야 한다.

그러나 여기에서 구성은 어떤 것을 아무런 구속 없이 자유롭게
생각해냄을 의미하지는 않는다. 오히려 구성은 실로 기투의 선행적
인 안내지침과 도약까지도 미리 규정되고 안전하게 확보되어 있어
야 하는 기투활동이다. 현존재는 그것의 유한성 안에서, 또한 정확
히 말하자면 존재이해의 내적 가능성에 대한 고려에 입각해 구성되
어야 한다. 모든 기초존재론적 구성은 그것의 기투가 보여주는 바

---

15) 『존재와 시간』 참고.

에서, 즉 그러한 구성이 현존재를 그것의 개방성(Offenbarkeit)으로 가져와 현존재의 내적 형이상학을 현-존케 하는 방식에서 실현된다.

기초존재론적 구성은, 다음과 같은 것의 내적 가능성을, 즉 실로 가장 숙지된 것으로서 모든 현존재를 철저히 지배하나 그럼에도 불구하고 규정되어 있지 않은, 또한 더욱이 너무나도 자명한 그런 어떤 것의 내적 가능성을 파헤쳐 드러내야 한다는 점에 그 탁월한 특징이 있다. 이러한 구성은 현존재가 자신에게서 스스로 자라나온 힘을 통해, 자신 안에 [감추어진] 형이상학적인 근원적 사실을 공략하는 것으로서 이해될 수 있다. 그런데 이러한 형이상학적인 근원적 사실은 현존재의 유한성 중 가장 유한한 것이 비록 숙지되어 있기는 하나, 그럼에도 불구하고 개념파악되지는 않았다라는 점에서 존립한다.

현존재의 유한성은──존재이해는──망각 속에 있다.

망각은 우연적이며 일시적인 것이 아니라 오히려 필연적이고도 지속적으로 형성된다. 존재이해의 내적 가능성의 개현을 목표로 하는 모든 기초존재론적 구성은, 기투에 의해 얻어낸 것을 기투활동을 통해 망각으로부터 탈취해야 한다.

따라서 형이상학의 정초작업인 현존재의 형이상학의 기초존재론적 근본행위는 "재상기"(Wiedererinnerung)다.

그러나 진정한 상기는 상기된 것을 항상 내면화해야 한다. 즉 그것을 그것의 가장 내적인 가능성에서 자신에게 점점 더 재차 다가오게끔 해야 한다. 기초존재론의 수행과 관련하여 이것이 의미하는 바는 이렇다. 기초존재론은 존재물음 쪽으로부터의 그 유일하며 지속적인 안내지침을 완전히 작용되게끔 함으로써, 존재물음에 부과된 현존재의 실존론적 분석론을 올바른 궤도에서 견지하는 데 최고의 노력을 기울인다.

제43절 기초존재론의 시발점과 행로[16]

인간 속의 현존재는 인간을, 존재자의 한복판에 존재하면서 존재자 그 자체에 태도를 취하고 있는, 또한 이로써 현존재 안에서 드러나는 모든 여타의 존재자와는 달리 본질적으로 자신의 고유한 존재에서 규정되는 그러한 존재자로서 규정한다.

현존재의 분석론이 처음부터 매진해야 할 작업은, 인간 속의 현존재를 우선은 바로 인간의 존재양식 안에서 가시화하는 작업이다. 그런데 인간의 존재양식은 현존재와 그것의 존재이해를, 즉 근원적인 유한성을 망각 속에 억눌러버릴 것을 자신의 본질상 기도해왔던 것이다. 현존재의 이—오로지 기초존재론적으로 파악된—결정적인 존재양식을 우리는 일상성이라 명명한다. 일상성의 분석론은 동시에, 인간 속의 현존재에 관한 해석작업을 처음부터 인간의 "체험들"과 "능력들"에 대한 인간학적-심리학적 기술(記述)의 영역으로 끌어들이지 않겠다는 방법적 의도를 지니고 있다. 이렇다고 해서 인간학적-심리학적 인식이 "잘못된" 것으로 설명되지는 않는다. 그러나 그 모든 올바름에도 불구하고, 이러한 인식이 존재물음의 주도적 논점을 통해 요구된 현존재의 실존의—그리고 즉 현존재의 유한성의—문제를 처음부터 지속적으로 주목하기에는 충분치 못하다라는 사실은 지적할 필요가 있다.

일상성에 관한 실존론적 분석론은 우리가 나이프나 포크 따위를 어떻게 다루는가를 기술하려는 것이 아니다. 그러한 분석론이 밝혀

---

16) 이 절과 다음 절을 구체적으로 이해하기 위해선 『존재와 시간』에 관한 연구가 요구된다.—이제까지 알려져 있는 비판에 관한 입장 표명을 여기서는 하지 않으려다. 이러한 입장 표명은—그 각양각색의 "반박들"이 여하튼 그 문제의 차원에서 움직이고 있는 한—따로 다른 책을 출판할 때까지 유보된다.

내야 할 점은, 존재자와의 모든 교섭에는 실로 마치 바로 존재자만
이 있는 듯 보이지만, 그러나 거기에는 이미 현존재의 초월이——세
계-내-존재가——근저에 있다라는 사실 및 그 방식이다. 현존재의
초월과 더불어서, 비록 은닉되어 있고 대개는 규정되지 않은 것이
긴 하나, 여하튼 '존재자 일반의 존재의 기투'가 일어나며, 그로써 존
재자 일반의 존재는 우선 대개는 분화되지 않으나 전체적으로는 이
해될 수 있게 드러난다. 이때도 존재와 존재자 간의 **구별** 그 자체는
여전히 은닉되어 있다. 인간 자신도 여타의 존재자 사이에서 하나
의 존재자로서 출현한다.

　그러나 세계-내-존재는 겨우 주관과 객관 간의 연관이 아니라,
오히려 초월이 존재자의 존재의 기투를 이행하는 한에서 그러한
연관을 미리 가능케 하는 것이다. 그런데 실존론적 분석론에서 이
러한 기투활동(이해)은 우선은 실존론적 분석론의 시발점이 열어
주는 권역내에서만 가시화된다. 그러므로 이해를 즉각 초월의 가
장 내적인 틀로까지 추적하는 작업은 전혀 필요 없다. 오히려 현
존재의 정태성(情態性, Befindlichkeit) 및 피투성(被投性, Ge-
worfenheit)과 맺는 이해의 본질적 통일성을 해명하는 작업이 필
요하다.

　모든 기투는——또한 따라서 인간의 모든 "창조적" 행위도——피투
적 기투다. 즉 모든 기투는 '전체 안에서의 기(既)존재자'에 대한 현
존재의 무력한 의존성을 통해 규정된다. 그러나 피투성은 현존재-
로-다가옴이라는 그 은닉된 사건에 한정되어 있지 않다. 오히려 피
투성은 바로 현-존재 그 자체를 철저히 지배한다. 이 점은 퇴락
(Verfallen)이라 강조되는 그 사건에서 표현된다. 이 사건은 인간의
체험 중 기껏해야 부정적-문화비판적으로 평가될 수 있는 현상하
는 사건들을 의미하지 않고, 오히려 피투적 기투와 일치하는 '현존
재의 가장 내적인 초월적 유한성의 성격'을 의미한다.

일상성의 분석에서 출발하는 실존론적 존재론의 행로가 목표로 삼는 것, 오로지 유일하게 목표로 삼는 것은, 인간 속의 현존재의 유한성의 초월적 근본구조의 통일성을 부각하는 작업이다. 초월에서 현존재 자신은 존재이해를 필요로 하는 것으로서 표명된다. 이러한 초월적 필요성을 통해서 근본적으로 "심려되고"(gesorgt) 있는 것은, 여하튼 현-존재와 같은 것이 존재할 수 있다라는 사실이다. 이러한 초월적 필요성은 현존재를 떠받쳐주는 가장 내적인 유한성이다.

인간 속의 현존재가 존재이해를 가장 내적으로 필요로 하고 있다라는 그러한 초월적 구조의 통일성은 "심려"(Sorge)라는 명칭을 얻어냈다. 그 낱말 자체는 물론 전혀 중요치 않다. 오히려 현존재의 분석론이 그 단어를 통해 논구하고자 했던 사태에 대한 이해가 중요하다. 그러나 사람들이 "심려"라는 표현을——인간에 대한 존재적 성격묘사는 관건이 아니라는 명시적 지침과는 반대로, 또한 그러한 지침에도 불구하고——현존재 자신의 유한한 초월의 구조적 통일성에 대한 명칭으로서가 아니라, 오히려 "인생"에 대한 세계관적-윤리적 평가의 의미로 받아들인다면, 모든 것은 혼란에 빠진다. 그렇다면 현존재의 분석론의 유일한 주도적 논점에 관해서는 여하튼 아무것도 가시화되지 않는다.

물론 계속해서 고려되어야 할 점은, 유한성의 가장 내적인 본질을 부각하는 작입은 형이상학을 근거짓는 작업을 의도한 채 요구된 것인데, 이 작업은 원칙적으로 그 스스로가 항상 유한해야 하며, 결코 절대화될 수 없다라는 사실이다. 이로부터 귀결되는 것은 단지 다음뿐이다. 유한성에 대한 그때마다의 새로운 숙고가, 여러 입각점들을 상호 경쟁시켜 그것들을 매개하면서 조정한다 해도, 유한성에 대한 내밀한 "그 자체 참인" 절대적 인식을 궁극적으로 획득하는 작업은 성공할 수 없다. 오히려 여전히 과제로 남는 것은, 근원적으로 개념파악된 형이상학의 근본물음에 의해 확고하게 주도된 시발점을 통해 접근될 때, 그것의 가장 고유한 본질에 따라 드러나는 유한성 그 자체의 논점을 완성하는 작업이다. 물론 이 시발점도 유일하게 가능한 것으로는 결코 요구될 수 없는 시발점이다.

이로써 이미 분명해진 점은, 형이상학의 정초작업인 현존재의 형이상학은 자신의 고유한 진리를 지니고는 있으나, 이 고유한 진리가 아직은 그것의 본질에서 너무도 은닉되어 있다라는 사실이다. 세계관적인 즉 항상 통속적인 존재적 입장과, 그리고 더욱이 모든 신학적 입장 그 자체는 현존재의 형이상학의 문제의 차원에―그것에 동조하든 거절하든―여하튼 이르지 못한다. 왜냐하면 칸트가 말하고 있듯, "이성 비판은……결코 통속화될 수 없고, 또한 그럴 필요조차 없다."[17]

따라서 "심려"를 유한성의 초월적 통일성으로 해석하는 초월론적 작업에 대해 비판을 시작하고자 한다면―누가 그러한 비판의 가능성과 필연성을 부인하려 하겠는가?―우선은 다음과 같은 점을 밝혀낼 필요가 있다. 즉 현존재의 초월과 따라서 존재이해가 인간에서의 가장 내적인 유한성은 아니라는 사실, 그렇다면 형이상학을 근거짓는 작업은 결코 현존재의 유한성과 이러한 가장 내적인 연관을 맺지 않는다는 사실, 그리고 끝으로 형이상학의 정초작업의 근본물음은 존재이해의 내적 가능성의 문제 안에 포함되어 있지 않다라는 사실을 밝혀낼 필요가 있다.

현존재의 기초존재론적 분석론은 초월을 "심려"로서 통일적으로 해석하기에 앞서, 직접 의도적으로 "불안"을 "결정적인 근본 정태성"으로 부각하는 작업을 시도한다. 이는 실존론적 분석론이 그 자

---

17) B XXXIV.

신을 일깨우는 물음에 의해, 즉 존재이해의 가능성에 관한 물음에 의해 부단히 주도되고 있음을 구체적으로 지적하기 위해서다. 불안이 결정적인 근본 정태성으로 간주되는 까닭은, 구체적인 실존적 이상(理想)을 어떻게든 세계관적으로 알리고자 하는 의도 때문이 아니다. 오히려 불안은 오로지 존재문제 그 자체에 대한 주목에 입각해서만 그 결정적인 성격을 갖는다.

불안은 무(無) 앞으로 나아가 서 있는 근본 정태성이다. 현존재가 자신의 본질적 근거에서 무(無) 안으로 진입해 있을 때만, 존재자의 존재는 여하튼 이해될 수 있다.——그리고 거기에 초월의 가장 깊은 유한성이 있다. 무(無) 안으로의 이러한 진입은 임의적으로 이따금씩 시도되는 무(無)에 대한 "사유"가 아니다. 오히려 기(既) 존재자의 한복판에서의 모든 정태적 상태의 근저에 있는 사건[a]이다. 이 사건은 현존재의 기초존재론적 분석론에서 그것의 내적인 가능성에 따라 해명되어야 한다.

이렇게 즉 기초존재론적으로 이해된 "불안"은 "심려"로부터 범주적 구조의 평범성을 근본적으로 빼앗아낸다. 불안은 근본 실존주 (Grundexistenzial)에 필연적으로 고유한 날카로움을 심려에게 더해주며 그로써 현존재에서의 유한성을 전재(前在)하는 속성으로서가 아니라 오히려 모든 실존자의——비록 대개는 은닉된 것이긴 하나——지속적인 전율로서 규정한다.

그러나 심려를 현존재의 초월적인 근본틀로 부각하는 작업은 단지 기초존재론의 첫번째 단계일 뿐이다. 목표를 향한 더 이상의 행로를 위해서는 존재물음 쪽으로부터의 규정적인 안내지침이 점점 더 가차없이 효과를 발휘해야 한다.

---

a. 무화(無化)하는 태도 : 그러나 이 태도는 초연한 내맡김(Gelassenheit)에 근거한다.

제44절 기초존재론의 목표

실존론적 분석론의 좀더 광범위한 결정적인 발걸음은 심려를 구체적으로 시간성으로서 해명하는 작업이다. 그런데 형이상학의 정초작업의 논점은 인간에서의 유한성과 내적인 관련을 맺고 있다. 그렇기 때문에 "시간성"을 부각하는 작업은 마치 "시간적" 존재자인 인간의 유한성을 구체적으로 규정하는 작업에 봉사하는 듯이 보일 수도 있을 것이다. "시간적인 것"은 보통 유한한 것으로 간주된다.

그러나 우리가 일정한 한계 안에서만 정당한 통속적인 시간규정의 의미에서 인간뿐 아니라 모든 유한한 존재자를 "시간적인 것"으로 파악하는 현실을 미루어볼 때, 현존재를 시간성으로 해석하는 작업은 시간적인 것에 대한 통속적인 경험의 장에서는 결코 이루어질 수 없다.

또한 그러한 작업은 현대철학(베르그송, 딜타이, 지멜)이 "생"(das Leben)의 시간적 성격을 규정함으로써 이전의 철학보다 더 철저히 "생"을 그것의 생명성에서 "더 생동감 있게" 파악하고자 하기 때문에 시도된 것도 아니다.

오히려 현존재를 시간성으로 해석하는 작업이 기초존재론의 목표라면, 이 해석작업은 오로지 존재문제 그 자체에 의해서만 동기가 제공되어야 한다. 이로써 시간에 관한 물음의 기초존재론적 의미가, 즉 『존재와 시간』에서 유일하게 주도적 역할을 하는 그 의미가 비로소 활짝 열린다.

『존재와 시간』에서 이루어진 형이상학에 관한 기초존재론적 정초작업은 회복으로 이해되어야 한다. 고찰의 길을 활짝 열어놓은 플라톤의 『소피스트』편(篇)의 구절은 장식용으로 쓰여진 것이 아니다. 오히려 고대 형이상학에서 존재자의 존재에 대한 거인족의

싸움*이 점화되었다는 사실을 지적하는 소임을 맡고 있다. 이 싸
움에서는——비록 존재물음이 그토록 일반적으로 또한 다의적으로
제기된다 하더라도——과연 어떤 방식으로 존재 그 자체가 이해되는
지의 여부가 이미 가시화되어야 한다. 그러나 이 거인족의 싸움에
서 존재물음이 비로소 그 자체로서 쟁취되긴 하나, 아직도 앞서 특
징지은 방식에 따라 존재이해의 내적 가능성의 문제로서 완성되지
않는 한, 존재 그 자체에 관한 해석과 또한 실로 이에 꼭 필요한
해석의 지평 그 자체는 명료하게 밝혀질 수 없다. 그 문제의 회복
에서 더욱더 절실하게 요망되는 것은, 어떻게 철학활동이 존재를
둘러싼 이러한 최초의 싸움에서, 이를테면 자발적으로 존재에 대
해 언급하고 있는가 하는 그 양식과 방식에 대해 귀를 기울이는
작업이다.

　본연구는 이러한 거인족의 싸움의 근본적인 움직임들을 해석할
수 없음은 물론이려니와 그것들을 주제적으로 서술할 수도 없다.
손으로도 잡을 수 있는 사항을 지적하는 것으로 만족해야 한다.

　고대 형이상학이 진정한 존재자(ὄντως ὄν)를——즉 존재자가 단
지 그렇게 존재할 수 있는 그대로 그렇게 존재하고 있는 존재자
를——지속적인 존재자(ἀεὶ ὄν)로 규정한다라는 사실에서는 무엇이

---

* 우라노스가 아들인 크로노스에 의해 생식기를 절단당했을 때 흐른 피가 가
  이아에 떨어져 태어난 자식들이 Gigantes(거인족들)이다. 크로노스를 비롯
  한 티타네스가 타르타로스에 갇히게 되자 가이아가 '거인족들'을 부추겨 제
  우스를 비롯한 올림포스 신들에게 도전케 하는데, 이들 사이의 싸움을
  gigantomachia(신들과 거인족 간의 싸움)라 일컫는다. 여기서 이것은 '형
  상의 친구들'과 유물론자들 간의 대결에 빗대어 한 말이다. 즉 뒤엣것은 가
  시적인 물체를 존재(ousia)로 생각하는 이오니아의 자연철학자들이나 원자
  론자들 및 이른바 유물론자들을 포함한다. 이에 대하여 앞엣것은 불변의 비
  가시적인 형상을 존재라고 생각하는 피타고라스 학파나 파르메니데스를 비
  롯한 엘레아 학파를 포함하고 있다(김태경 옮김, 『소피스테스』, 한길사,
  2000, pp.163~164의 주96)에서 인용——역자주).

중요한가? 여기에서 존재자의 존재는 명백히 존속성과 지속성으로 이해된다. 어떤 종류의 기투가 이러한 존재이해에 놓여 있는가? 시간을 향한 기투다. 왜냐하면 가령 "nunc stans"(지속적 지금)으로 간주되는 "영속성"도, "지속적인" "지금"으로서 전적으로 단지 시간으로부터만 개념파악되기 때문이다.

본래적인 존재자는 근본적으로 "현전" 혹은 직접 항상 현재하는 소유 혹은 "재산"을 뜻한다는 의미에서 우시아(οὐσία)나 파루시아(παρουσία)로서 이해된다. 그렇다면 이러한 사실에서는 무엇이 중요한가?

이러한 기투가 누설하는 바는 이렇다. 존재는 현전성 안에서의 지속성을 의미한다.

이렇게 즉 좀더 정확히 말해 존재에 대한 자발적인 이해 안에는 시간규정들이 모여들지 않는가? 직접적인 존재이해는 시간을 향한 존재의 근원적이며 또한 자명한 기투 안에 전적으로 보유되어 있지 않은가?

그렇다면 존재를 둘러싼 모든 싸움은 처음부터 시간의 지평 안에서 움직이지 않는가?

존재자의 무엇-존재에 관한 존재론적 해석이 '토 티 엔 에이나이'(τὸ τί ἦν εἶναι) 안에서 발언된다면, 그것은 과연 놀라운 사실인가? "언제나 이미 있었던 것"이라는 이 표현 안에는, 지속적 현전성이란 계기가, 그것도 이제는 더욱이 선행성이란 성격을 지닌 채 포함되어 있지 않은가?

그렇다면 존재론의 전통에서 존재규정들의 성격으로 간주되는 "선험성"(Apriori)을, 마치 사람들이 이러한 "앞섬"은 "당연히" "시간"과 아무런 관련도 없다고 말하듯, 그렇게 단순히 규명하는 것만으로 과연 충분한가? 확실히 통속적 시간이해가 인지하는 시간과는 아무런 관련도 없다. 그러나 이로써 이러한 "앞섬"이 긍정적으로 규정되며, 또한 이로써 그 부담스런 시간성격이 해소되는가?
[오히려] 그것은 첨예화된 문제로서 다시 전환되지 않는가?

우리가 존재자를 분할하면서, 즉 존재자를 그것의 존재를 고려하
여 구별하면서, "자연스레" 존재자를 시간적 존재자, 무시간적 존재
자, 초시간적 존재자로서 규정한다라는 사실은 단지 다소간 성공적
이었던 혹은 언제 어디서건 한번쯤은 성립했던 습관일 뿐인가?

그러나 이처럼 존재를 시간으로부터 자발적으로 또한 자명하게
이해하는 근거는 어디에 있는가? 또한 왜 존재이해는 그러하며 또
한 왜 실로 그렇게 발생해야 하는가를 완성된 문제의 의미에서 묻는
그러한 시도가 도대체 있기나 한 것인가?

아리스토텔레스에 의해 그 이후의 형이상학사에 결정적 영향을
미치는 방식으로 논구된 바 있던 시간의 본질은, 이에 대해 아무런
답변도 주지 못한다. 오히려 밝혀진 내용은 이렇다. 실로 이러한 시
간분석은 하나의 존재이해에 의해 주도된다. 그런데 이러한 존재이
해는—은밀한 행동방식으로—존재를 지속적 현전성으로 이해하
며, 또한 이로써 시간의 "존재"를 "지금"으로부터 규정한다. 즉 시
간의 "존재"를 시간 안에 그때마다 지속적으로 현전해 있는 시간성
격으로부터, 다시 말해 고대적 의미에서는 본래적인 그러한 시간성
격으로부터 규정한다.

그런데 아리스토텔레스에게서도 물론 시간은 "심성" 안에서, 혹
은 "영혼" 안에서 발생하는 것으로서 간주되기는 한다. 그러나 인
간의 영혼, 심성, 정신, 의식의 본질에 관한 규정이 형이상학의 정
초작업의 논점에 입각해서 근본적이며 결정적으로 주도된 바는 없
다. 또한 시간이 이 논점을 예견한 가운데 해석된 바도 없고, 게다
가 현존재의 초월적 근본구조를 시간성으로 해석하는 작업이 하나
의 문제로서 개념파악되거나 수행된 바도 없다.

고대 형이상학과 그 이후의 형이상학의 존재이해에서 가장 내적

인 사건은 시간을 향해 존재를 은밀하게 기투한 것인데, [이제] 이러한 기투에 대한 철학적 "회상"에 입각해, 형이상학의 근본물음의 회복을 위한 과제가 움터나온다. 즉 그 과제란 이 논점에 의해 요구된 인간의 유한성으로의 귀환을 이행함으로써, 현-존재 그 자체에서 시간성을 초월적 근본구조로서 가시화하는 작업이다.

기초존재론의 이러한 목표로 나아가는 도상에서, 즉 동시에 인간에서의 유한성을 부각하기 위해 온 힘을 다하는 가운데 양심, 책임, 죽음에 관한 실존론적 해석작업이 필요하게 된다. 시간성을 근거로 한 역사성에 관한 초월론적 해석은, 존재물음의 회복에서 발생하는 사건의 존재양식을 동시에 앞서 개념적으로 파악해야 한다. 형이상학의 체계와 학설은 인간에 의해 단순히 "창조"된 것이 아니다. 오히려 존재이해와 그것의 기투 및 잘못된 기투는 현존재 그 자체 안에서 발생한다. "형이상학"은 존재자를 향해 침입할 때 발생하는 근본사건이다. [물론] 이러한 침입은 인간 일반과 같은 그러한 것의 현사실적 실존과 더불어 발생하는 침입이다.

기초존재론에서 완성되어야 할 현존재의 형이상학은, 이미 전재(前在)한 학문분과들의 테두리 안에서 하나의 새로운 학문분과로서 요구되지 않는다. 오히려 현존재의 형이상학에서는, 철학적 활동이 현존재의 명백한 초월로서 발생한다라는 사실에 대한 통찰을 일깨우려는 의지가 표명된다.

현존재의 형이상학의 논점이 『존재와 시간』의 논점으로 명명된다면, 이제 기초존재론의 이념을 명료히함으로써, 그 책의 제목에서 "와"라는 표현은 중심적 문제를 간직하고 있다라는 사실이 분명히 밝혀질 수 있다. "존재"와 "시간"이 이제까지의 의미를 포기할 필요는 없으나, 좀더 근원적인 해석이 그것들의 권리와 한계를 근거지어야 한다.

제45절 기초존재론의 이념과 『순수이성비판』

만약 현존재에서의 존재이해가 이를테면 스스로[a] 존재를 시간을 향해 기투한다면, 칸트의 형이상학의 정초작업은 존재자의 존재를 드러낼 내적 가능성에 관한 최초의 결연한 물음으로서, 유한한 초월의 근본규정인 시간에 맞닥뜨려야만 했다. 또한 동시에 그의 형이상학의 정초작업은 통속적인 시간개념을 넘어서 순수한 자기촉발로서의 시간에 대한, 즉 그 본질상 순수통각과 합일하며 이러한 통일성에 따라 순수감성적 이성의 전체성을 가능케 하는 그러한 시간에 대한 초월적 이해로 귀환해야만 했다.

시간이 "직관형식"으로서 기능하며 또한 『순수이성비판』의 도입부에서 그러한 것으로서 해석되기 때문이 아니라, 오히려 존재이해가 인간 속의 현존재의 유한성을 근거로 자신을 시간을 향해 기투해야만 하기 때문에[b], 시간은 초월적 상상력과 본질적 통일을 이루는 가운데 『순수이성비판』에서 중심적인 형이상학적 기능을 획득한다.

그러므로 시간 자신이 이성과 지성의 지배를 뒤흔들어놓는다. "논리학"이 옛부터 지녀온 형이상학에서의 우위는 탈취된다. 논리학의 이념은 의심스러워진다.

초월의 본질이 순수상상력에, 혹은 좀더 근원적으로는 시간성에 근거한다면, 특히 게다가 초월론적 논리학이 칸트의 근원적 의도와는 달리 그것 자체로만 따로 떼어져 절대적인 것으로 간주된다면, 실로 "초월론적" 논리학의 이념은 무의미한 개념이 되고 만다.

칸트가 존재의 근본성격들인 "가능성"(무엇-존재)과 "현실성"(칸

---

a. 이 말은 무엇을 의미하는가?
b. 어떻게 여기에 공간물음이 포함되는가? 현-존재의 "공간성"(『존재와 시간』)

트는 이것을 "현존"이라 명명하였다)에 관해 "만약 사람들이 가능성, 현존, 필연성의 정의를 오로지 순수지성으로부터만 얻어내고자 한다면, 아무도 그것들을 명백한 동어반복을 통하지 않고서는 달리 설명할 수 없었다"[18]라고 말할 수 있었을 때, 아마도 그는 형이상학을 지배해온 논리학의 이러한 붕괴를 분명히 예감하고 있었다.

하지만! 칸트는『순수이성비판』의 '재판'에서는 지성에게 그 지배력을 다시 복원시키지 않았던가? 이 결과 헤겔(Hegel)에서의 형이상학은 유례없을 정도로 철저히 "논리학"이 되고만 것이 아닌가?

독일관념론에서 벌어진 "물자체"에 대한 투쟁은 칸트가 쟁취했던 성과에 대한, 즉 형이상학의 내적 가능성과 필연성은 다시 말해 형이상학의 본질은 유한성 문제의 좀더 근원적인 완성과 군건한 보유를 통해 근본적으로 떠받쳐지고 보존된다라는 그 성과에 대한 증대하는 망각 이외에 다른 무엇을 의미하는가?

"이에 따라 논리학은 순수이성의 체계로서, 즉 순수사유의 왕국으로서 파악되어야 한다. 이 왕국은, 진리가 어떤 베일에도 가려지지 않은 채 즉자적 대자적으로 존재하듯, 진리다. 그 때문에 사람들은 이러한 왕국의 내용은, 신(神)이 자연과 유한정신을 창조하기 이전에 자신의 영원한 본질 안에 있듯, 신에 의해 서술된 것이라고 자신의 심중을 표현할 수 있다."[19] 이러한 방식으로 헤겔이 형이상학을 논리학으로 규명할 때, 과연 무엇이 칸트의 분투로부터 얻어진 것인가?

인간의 본성에 속하는 형이상학 및 이와 더불어 "인간의 본성" 자체가 그 얼마나 자명하지 않은가에 대해 [이보다] 더 철저한 증명이 과연 존재하는가?

우리는 앞서 제시했던『순수이성비판』에 관한 기초존재론적 해

---

18) A 244, B 302.
19)『논리학』, 들어가는 말, WW III권, 35쪽 이하.

석을, 마치 우리가 그 해석을 소유하고 있기에 위대한 조상들보다 더 영민한 자로 자부하는 식으로 이해하고자 하는가? 아니면 우리의 고유한 노력 안에는, 우리가 여하튼 그 노력을 비교해도 된다면, 우리가—물론 우연적으로가 아니라—[실은 능력에 부쳐] 더 이상은 보지 못한 것 앞에서 [우리를] 은닉한 채 회피하려는 의도 또한 결국은 있지 않은가?

아마도『순수이성비판』에 대해 기초존재론적으로 정위된 해석을 통해, 형이상학의 정초작업의 논점은, 비록 그 정초작업이 결정적인 것 앞에서 멈춰서긴 하나, [여하튼] 첨예화되었다. 그러므로 물음들을 통해 그 연구를 열어둔다는 한 가지 과제만이 남아 있다.

[이제까지] 그것을 해석하는 데 연구가 국한되었던 넓은 의미의 초월론적 분석론에는 "초월론적 변증론"이 뒤따르지 않는가? 비록 초월론적 변증론이, 우선은 일반형이상학의 본질에 관해 이미 획득된 통찰내용을 전승된 특수형이상학을 배척하기 위해 비판적으로 적용한 것에 불과하다 하더라도, 이 표면상 단지 부정적인 초월론적 변증론에 관한 성격묘사에는 이미 긍정적인 논점도 있지 않은가?

초월론적 변증론은, 비록 은닉된 채 또한 완성되지 않은 채로이긴 하나 형이상학의 이제까지의 모든 논점을 이미 주도했던 물음에, 즉 현존재의 유한성의 문제에 집중되지 않았던가?

칸트에 따르면, 전승된 형이상학을 가능케 하는 "초월적 가상"은 필연적 가상이다. 이 초월적 비진리는 초월적 진리와의 근원적 통일성을 고려해볼 때, 현존재에서의 유한성의 가장 내적인 본질로부터 긍정적으로 근거지어져야 하지 않는가? 유한성의 이러한 본질에는 저 초월적 가상의 비본질도 속하는가?

게다가 형이상학의 논점을 위한 가능적 근거와 실마리로서의 논리학 일반이 칸트의 정초작업을 통해 뒤흔들릴 때, "초월적 가상"

의 문제는, 칸트가——전승된 논리학으로의 정위에 따라——강요한 그러한 건축술로부터의 해방을 필요로 하지 않는가?

진리 일반의 초월적 본질은 무엇인가? 이것과 비진리의 비본질은, 특히 현존재의 유한성을 근거로 놓고 볼 때, 존재자를 향해 피투된 존재자로서 존재와 같은 것을 이해해야 하는 인간의 근본적 필요성과 어떻게 근원적으로 합일하는가?

하지만 실로 무한자의 이념이 존재론과 같은 그러한 것을 그토록 철저히 배척하지 않는다면, '인간은 "존재론"을 즉 존재이해를 필요로 한다'라는 인간의 가장 내적인 유한성을 근거로, 인간을 "창조적인" 따라서 "무한한" 존재자로 개념파악하려는 시도는 과연 의미를 지니는가? 또한 그러한 권리는 과연 유지되는가?

그러나 인간에서의 유한성은 [그 유한성에] "앞서 정립된"[전제된] 무한성이 없다면, 단지 문제만으로라도 전개될 수 있는가? 도대체 현존재에서의 이러한 "앞선-정립"은 어떤 양식인가? 그렇게 "정립된" 무한성은 무엇을 의미하는가?

존재물음은 다시 그 기본적인 무게와 폭에서의 이 모든 의문성으로 인해 축출되는가? 혹은 존재(σοφία)의 개념에 관한 물음이——철학의 근본물음이——움터나오는 존재자 그 자체에 대한 지향은 오로지 본질적인 것, 단순한 것, 그리고 항구적인 것과의 "우정"(φιλία)에서만 수행되는데, 우리는 너무도 이미 조직체, 경영, 신속성의 어릿광대가 되어버렸기에 그러한 것의 친구일 수 없는가?

혹은 우리는 이제 비로소 그러한 것에 관한 회상이 필요한가?

그러므로 아리스토텔레스는 이렇게 말하였다.

참으로 예나 지금이나 늘 탐구되고 물어지는 것은, 존재란 무엇인가라는 물음이다……(『형이상학』 Z 1, 1028 b 2 이하).

부록

I. 『칸트책』에 대한 메모 사항들

1. 『칸트책』에 대하여

1. 칸트에 대한 일방적인 해석으로서, 2. 『존재와 시간』을 위한 선구적인 작업으로서 간주될 수 있는──양자가 혼재된 채 사유된다.

"칸트 자체"를 발견하는 과제는 칸트 문헌학에 위임되어 있다. 칸트 문헌학이 폭력적인 하이데거의 해석으로부터, 심지어 약간의 것을 배웠다는 사실이 강조되어야 한다 하더라도 그렇다.

그러나 물음은 이것이다. 형이상학의 문제 그리고 이 문제가 의미하는 바는──존재물음.

물론 그 자체는 『존재와 시간』에 대한 "'역사적인' 입문"으로서의 한정된 의미──"역사학적인" [입문이] 아니라, 오히려──"대결".

2. 『칸트책』

칸트를 그가 '말한 것'에 고정하여 서술하는 대신, [그가] '말하지 않은 것'을 숙고하려는 시도. '말한 것'은 궁핍하며, [오히려] '말하지 않은 것'이 풍요로움으로 가득 차 있다.

3.

분석판단과 종합판단의 구별 및 이러한 판단방식들 그 자체를 유한성의 성격들로서 제시함.

유한한 사유는 마치 둥근 원처럼 동어반복이다.

사유가 유한하다는 것은 무엇을 의미하는가?

4. 판단력비판

감성론

감성론이 모순이 아님을 파악하기 위한, 단지 그 정도로만 주목됨. 그러나 이제는 해석에 대한 최고의 증명. 59절, 258쪽 및 238쪽 참고. 취미(반성—상상력)가 내다보는 (그 안을 스스로 꿰뚫어보는!) 저 가상적(可想的)인 것!

5.

"내재적 사유인 존재론의 학문"에 관한 칸트의 기획. 지그문트 벡 (Sigmund Beck)에게 보낸 편지, 20, I, 92 (WW [카시러] X, 115 쪽 주의) 참고.

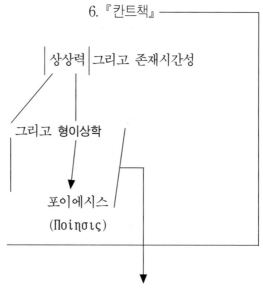

6. 『칸트책』

상상력 | 그리고 존재시간성

그리고 형이상학

포이에시스
(Ποίησις)

반성개념의 모호성으로부터의 그것들의 본질 유래

7.

IV장(章)은 코르뱅(H. Corbin)에 의해 프랑스어로는 *Qu' est-ce que la métaphysique?*(형이상학이란 무엇인가?)로 번역(1938)되었다.

사르트르에게 끼친 영향력은 결정적이다. [그의 철학은]『존재와 시간』에 입각해야 비로소 이해된다.

이 번역판에 대한 나의 프랑스어 서문 참고.

1945년 10월 5일

8. 반성개념들

B 316 이하 참고. 라이프니츠와의 대결──논리적 독단론!

개념 일반, 경험적 개념, 순수지성 개념(범주), 순수이성 개념(이념) 참고.

"어떤 주관적 조건들하에서……우리는 개념들에 이를 수 있는가?" B 316.

이렇게 물을 때, 우리는 반성(숙-고)하는 입장에 서 있다. 즉 대상들로부터 개념들을 얻어내기 위해 그것들을 "직접" 포착(현시)하는 입장에 서 있는 것이 아니다(전제, 감성과 지성의 원칙적 상이성, B 327 참고).

우리가 반성하면서 주목하는 것은, 주어진 표상들이 즉 여기서는 개념들이 "우리의 상이한 인식원천들과" 맺는 관계다(양상! 참고)(감성과 지성 B 316 [상상력? 이성?]).

인식능력에 대한 이 숙고하는 회고를 통해서만 "표상들 상호간의 관계가 올바르게 규정될 수 있다"(개념들의 관계, 즉 판단과 그것의 진리 [B 317]). 즉 단지 그렇게 해서만, 표상들이 어떤 능력 안에서 공속하는지![를] 또한 표상들이 어떤 것 덕분에 그것들의 특수한 통일성을 얻는지[를] (즉 어떤 종류의 종합인지를) 결정.

반성——그러므로 주어진 표상들(개념들)의 다양의 통일성에 관한 물음, 더 정확히 말하자면 그것 앞에서 그것들이 "비교"되고 "결합"되는 그 법정에 관한——논의! 그리고 즉 동시에 선험적으로 통일성을-부여하는 재판소에 관한 [논의]!

주어진 개념은 어떤 인식능력에 속하는가?

표상들 일반의 비교는 언제나 인식능력 안에서 시도된다. 이러한 비교를 나는 단지 인식능력과만 "결집"할 수 있고, 이러한 비교를 통해 과연 이 표상들이 순수지성에 속하는 것으로 사념되는지, 혹은 감성에 속하는 것으로 사념되는지를 결정하며 구별할 수 있다.——"초월론적 숙고"——즉 표상들을 비교할 때 비교되는 것 일반이 어떻게 사념되는지를——즉 존재적으로 사념되는지——혹은 존재론적으로 사념되는지를, 즉 과연 감성에 속하는지 혹은 순수지성에 속하는지를 (B 324) 그 표상들 안에서 표상된 것, 즉 "그것들의 객관"(B 325)을 통해 결정하며 구별할 수 있다. 즉 "초월적 장소"(같은 곳)의 규정. 따라서 B 319(318 참고). "초월론적 숙고"는 "대상들 자체에 관계한다." (즉 표상들 그 자체에 대한 단순한 논리적 비교, 다시 말해 직접적인 비교가 아니라) 오히려 초월론적 반성으로서 "객관적인 비교의 가능근거"(B 319)다.

'표상된 것은 어떤 인식능력에 대한 대상이어야 하는가?'라는 물음에 대한 답변. 이러한 초월론적 숙고를 하지 않으면 "모호성"이 슬쩍 끼어든다. "순수지성의 객관과 현상의 혼동"(B 326).

범주들을 통해 "현시"되는 것은, "대상의 개념을 형성하는 것"(B 325), 즉 객관 그 자체에 속하는 것이다.

반성개념의 "네 항목"을 통해 현시되는 것은, 단지 "사물들의 개념에 선행하는 '표상들의 비교'"일 뿐이다.

좀더 정확히 말하자면—표상들의 초월적 장소를 도외시한, 비교 일반의 형식적인 존재론적(!) 가능성들.

이 문제는 칸트에게서 중요하다. 그 까닭은 실로 독단적 형이상학은 가장 넓은 의미에서의 형식논리학에 내맡겨져 있기 때문이다(B 326 라이프니츠에 대하여! 참고). 즉 사물들에 관해 선험적으로 판단하고자 하는 사유양식, B 319 참고.

9. 질료—형식(B 322 이하 참고)

1) 순수하게 형식화된 상태에서—그리고 지성개념으로부터—규정자로서—즉 긍정하면서-부정하면서 술어화하는 것으로서 (바움가르텐) 취해지며, 그리고 동시에 초월적이다. 즉 대상들 일반의 인식 가능성과 관련되어 있다. 여기서는 이렇게 표현된다. 규정자—규정될 수 있는 것.

그러나 이것은 현존재의 지향적-초월을 근거로 해서만 가능하다. 여기에 이러한 상호관계의 가능조건 및 형식적 필연성이 있다.

나는 그것을 형식상 일반적으로 고안해내어 꾸며내지는 말아야 한다.

칸트에게서는 여기에 이미 그러한 단초가 있다. 왜냐하면 형식논리학이—기초존재론적으로 뿌리 박고 있기 때문이 아니라 오히려 단지 그 자체가—가장 확실한 것이기 때문이다.

B 345 참고 : "통각 그리고 그것과 함께 사유는 표상들의 모든 가능적인 규정적 정돈에 선행한다." 여기에, 칸트가 데카르트 및 라이프니츠와 함께 고수하는 전제가 있다—그에게서 가장 근원적인 선험성은 "나는-생각한다"이다. 그리고 바로 이 점에서 논리학의 우월성은 그것의 근거를 갖는다!

따라서 데카르트의 전제가 전혀 다른 논점에서, 실로 아직도 칸트에게 작용을 미치고 있다라는 사실은 이 전제의 근원적인 잠복을 그야말로 철저히 방해하며, 따라서 사람들은 실로 이 전제를 조금이라도 간과하거나 단순히 삭제할 수 없다.

이 전제는 초월의 문제에 대한 오해와 동일한 의미다.

2) 그러나 이러한 분리의 우위는 해체되어, 동시에 존재적-존재론적 상호관계로 소환되어야 한다.

이러한 분리의 동기가 된 것은 고대철학에서의 휠레(ὕλη)와 에이도스(εἶδος)의 존재론적 구별이다. 그리고 이 구별은 생산의 지평으로부터, 즉 존재개념에 관한 그야말로 특정한 절대화로부터 발원한다. 전재자(前在者)로서의 존재자 그리고 인식=존재자를 규정하는 직관.

3) 형식화의 지배를 통해 물론 모든 것이 해석될 수는 있으나, 동시에 모든 것은 근원적으로 획득된 존재론적 논점과 논리적 논점으로부터 빗나간 도식 안으로 강제로 밀어넣어진다. 이러한 사실을 입증함으로써 형식화의 지배는 분쇄되어야 한다.

순수 논리적 차원에서 초월론적으로 생각해보면 질료가 일차적인 것이다. 규정활동은 규정될 수 있는 것을 전제한다. 따라서 공간과 시간에서 형식을 질료에 앞서 일차적인 것으로 정립하는 것은 기묘하게 보인다. 그런데 이러한 정립이 가능한 까닭은, 이러한 형식이 질료를 비로소 규정될 수 있게끔, 즉 [인간과] 만나게끔 하기 때문이다(B 324). 사람들은 여기에서 사물들 자체의 단순한 개념에 따라 순전히 지성적으로 판단하지 말고, 오히려 현상들을 주시할 필요가 있다. 여기에서는 공간과 시간이 모든 자료에 앞서 선행한다. 질료-개념의 적용에 관하여(B 322/23).

질료—형이상학적으로 설명해보면—순수하게 접근될 수는 있으나 그것에게 객관으로서 귀속하는 술어들을 통해서는 접근될 수 없다. = 외감의 "대상", 감각의 대상, "감성적 직관의 본래적으로-경험적인 것", 자연과학의 형이상학적 시원적 근거들 I. 설명, 주 2.

II. 에른스트 카시러 : 상징적 형식의 철학
2부 : 신화적 사유, 베를린 1925

카시러(Ernst Cassirer)의 이 주저 제2권은 파울 나토르프(Paul Natorp)를 회상하며 헌정된다. "신화적 사유"라는 표제로 인해, 이 연구의 주요 테마를 신화적 사유행위와 순수 논리적 사유행위를 대조하는 가운데 찾고자 하는 유혹을 느낄 수도 있을 것이다. [하지만] 이러한 유혹에 빠지는 대신, [오히려] 실로 "지성의 행위"인 신화적 "사유"의 비자립성이 부각되어야 한다. 이러한 부각은, 신화적 사유가, 그에 속하는 "직관형식"과 함께, 특정한 "생활형식"에 근거한다라는 사실을 입증함으로써 가능하다. 여기에서의 "사유"는 "염원하며 [그것을 얻고자 하는] 노력"만큼을 의미하는데, 이러한 염원과 노력은 물론 자신의 고유한 "사유형식"(해석과 규정의 방식)을 갖고 있다. 따라서 이 연구는 "신화"를 고유한 진리를 지닌 '인간적 현존재의 독자적인 가능성'으로서 개현할 것을 목표로 한다.

카시러는 이러한 물음제기와 더불어서 셸링(Schelling)의 통찰을 명백히 수용한다. "즉 그것('신화학')에서의 모든 것은 그것이 진술하는 그대로 이해되어야 한다. 마치 다른 어떤 것이 사유되는 것처럼은, 다른 어떤 것이 언급되는 것처럼은 이해되지 말아야 한다." (『신화학의 철학으로의 입문』, S.W. 2. I장, 195쪽.) "한 민족의 운명"(셸링)인 신화는 "객관적 과정"이다. 이러한 객관적 과정에 현존재 자신은 여전히 종속되어 있으며, [물론] 그것으로부터 자유로워질 수는 있으나 결코 그것을 자신으로부터 밀쳐내진 못한다.

카시러는 이미 셸링의 근본적인 통찰을 고수하여 신화 속에서 "정신의 궁핍"이나 단순한 가상이 아닌 고유한 "형성력"을 파악하긴 하지만, 신화의 철학의 과제를 셸링의 사변적 형이상학과는 달리 포착한다. 신화에 관한 경험적-심리학적 "설명"은 결단코 철학적 이해를 획득할 수 없다. 따라서 카시러는, 신화의 "객관성"을 고수하는 가운데 심리학적 해석을 거절하면서, "신화적 의식의 현상학"을 시도한다. 이러한 현상학은, 신칸트주의적 의미에서의 초월론적 논점을 확대한 것으로서 제시된다. "자연"뿐 아니라 "문화"의 통일성도 정신의 법칙성으로 개념파악하는 현상학. 신화의 "객관성"은 정신의 올바르게 이해된 "주관성"에 있다. 즉 정신은 "세계의 형태를" 고유하게 정신적으로 "창조하는 원칙"이다(19쪽).

서론(1~36쪽)에서 특성 묘사된 단초에 맞게 카시러는 신화를 "사유형식"(I장 39~91쪽)으로, 또한 "직관형식"(II장 95~188쪽)으로, 또한 "생활형식"(III장 191~285쪽)으로 해석한다. 그러고는 "신화적 의식의 변증법"(IV장 289~320쪽)을 성격 묘사함으로써 전체를 종결한다.

신화적인 사유형식에 대한 분석은 신화적 의식에 대상들이 마주서는 방식을 일반적으로 특징지음으로써 시작된다. 성격 묘사의 실마리로서 기여하는 것은, 코헨(Cohen)의 칸트 해석의 견해에 따른 수학적 물리학의 대상의식, 즉 수동적으로 주어진 "감각들의 혼란"을 "질서" 있게 하는 능동적인 형성활동이다. 신화적인 객관의식[객관을 신화적으로 파악하는 의식]의 근본특징은, 꿈꾸었던 것과 깨어 있을 때 경험한 것 사이에, 단순히 상상된 것과 지각된 것 사이에, 형상과 모사된 사태 사이에, 말(의미)과 사물 사이에, 단지 희망한 것과 현실적인 소유 사이에, 그리고 살아 있는 자와 죽은 자 사이에 뚜렷한 한계가 결여되어 있다라는 사실에 있다.

모든 것은 신화적 현존재가 얽매여 있는 '직접적으로 현전(現前)하는 것'의 하나의 균일한 존재의 지반 안에 체류한다. 이러한 대상의식은 자신에게 독특하며 만족스러운 "설명"과 "이해"를 요구한다. 어떤 것이 다른 어떤 것과 '함께 현전해 있음'이 설명의 "길잡이다". 제비가 여름을 만든다[제비가 돌아오니 여름이다]. 이러한 대동(帶同)현상은 마법적인 지배력의 성격을 갖고 있다(이하 참고). 이때 '대동의 주역'으로서 기능하는 것은 결코 임의적인 것이 아니다. 오히려 그것은 마법적 경험의 주도적인 근본연관으로부터 규정된다. 이러한 마법적인 "현실성의 연관들"이 예컨대 이론적인 자연고찰에서는 아무리 자의적으로 예외로 배제된다 해도, 이 연관들은 자신의 고유한 진리를 갖고 있다. 신화적 사유는 현실을 인과의 계열로 분석적으로 분해하지 않는다. 마법적인 현실이 서로 얽혀 있음은 전체와 부분의 관계에 대한 견해에서 명백히 표명된다. 부분은 전체 자체"이다". 즉 부분은 전체에 비해 전혀 축소되지 않은 마법적인 지배력을 지닌다. 모든 "사물"은 마력들 전체 안에서 다른 것들로의 귀속성을 자기 안에 담지한다. 신화적 사유에서는 "관계항들의 유착(癒着), 혹은 일치의 법칙"이 타당하다(83쪽).

제2장에서 카시러는 이러한 사유형식이 공간과 시간 그리고 수(數)의 이해에 끼친 영향력을 지적한다. 이 "신화의 형성이론" 앞에는 "근본대립"이란 제목이 붙은 절(節)(95~106쪽)이 있다. 이미 신화적 대상의식에 관한 성격묘사는, 어떻게 신화적 현존재가 현전자(現前者)에 의해 사로잡히며 얽매여지며 압도되는가를 지적했다. 현전성은 바로 압도적임을 의미한다. 그리고 여기에는 일상적인 것에 대립되는 특출난 것, 즉 비교 불가능한 것의 성격이 놓여 있다. 그러나 일상적인 것이 부정적인 무(無)는 아니다. 이뿐 아니라 일상적인 것은 [자신을] 압도하는 비범한 것의 지평 안에서 자신의 존재성격을, 즉 "평범한 것"이라는 존재성격을 갖는다. 성스러운 것과 세속적인 것에 관한 이러한 "판단"은, 존재자가 그것의 사태성격상 무엇으로 항상 존재하든, [여하튼] 신화적 현존재가 "태도를 취하는" 현실에 대한 근본적인 분류파악이다.

신화적 "세계"와 신화적 현존재의 이러한 존재성격 자체가, 최근

10년간의 신화연구에서 신화적 "사유"의 하나의 근본범주로서, 혹은 "참다운" 근본범주로서 더욱더 명확히 판명된 바 있는 마나-표상(Mana-Vorstellung)의 의미다. 마나는 객관들의 어떤 특정한 권역을 표시하지 않는다. 마나는 어떤 "정신적인" 힘들의 몫으로 주어진 것도 아니다. 마나는 가장 보편적인 존재성격이다. 즉 현실적인 것이 모든 인간적 현존재를 엄습하는 그 "방식"이다. "mana", "wakanda", "orenda", "manitu" 등의 표현들은 쇄도하는 존재자에 의해 직접 엄습당했을 때의 감탄사들이다(98쪽 이하, 195쪽 이하, 228쪽). [카시러, 『언어와 신화』, 바르부르크 총서, 1925, 52쪽 이하 참고. 이 책에서의 마나-표상에 관한 훨씬 더 투명한 해석은 언어의 문제와 연관되어 있다.]

마나적 현실에 의해 근원적으로 얽매여 있는 상태에서 신화적 현존재는, 항상 자신의 움직임이 이루어지고 있는 차원들을 분류파악한다. 즉 공간, 시간, 수에 관한 해석과 "규정"을 이행(履行)한다. 이러한 "표상들"에 관한 특수하게 신화적인 양상화를 성격묘사할 때도 저자는 이 현상들이 근대 수학적-물리학적 인식에서 경험했던 개념적 해석을 지속적으로 대조한다.

"성스러운 것에 관한 근본감정" 및 이와 함께 주어지는 "판단"은 "공간"에 관한 전체적인 파악과 공간내의 각 경계점들의 양식을 소묘한다. 공간 일반을 비로소 개현하는 공간에 관한 근원적인 분류작업은 공간을 두 "구역들"로 구별한다. 하나는 "성스럽고도" 출중하여 그에 따라 잘 돌보아지고 보호되는 구역이며, 다른 하나는 "평범하여" 항시 누구에게나 접근 가능한 구역이다. 그러나 공간은 결코 우선 "그 자체로서" 주어진 뒤에, 그러고 나서 비로소 신화적으로 "해석"되지 않는다. 오히려 신화적 현존재는 "그" 공간을 처음부터 앞서 명명되었던 방식으로 발견한다. 이때 신화적인 공간 정위(定位)는 언제나 낮과 밤의 대립을 통해 주도되는데, 이러한 대립은 그 자신 일차적으로는 신화적으로 표명된 대립, 즉 특수하게 마나적인 지배력을 발휘함으로써 모든 현존재를 자신의 궤도 쪽으로 강요하는 대립이다. 이와 같은 형태로 개현된 공간성 일반이 현존재의 가능적 체류를 함께 규정하는 한, 공간과 공간의 그때마다의 사실적 분류는 가장 다양한 현존재 관련들의 도식으로 된다(예를 들어 토템신앙의 직관권역에 서로 얽혀 있는 계급분류 참고). 이로써 신화적 현존재는 동형적인 또한 쉽게 지배 가능한 전체적인 방향정위를 획득한다.

신화적 현존재에게서 시간은 공간보다 훨씬 더 근원적으로 구성적이다. 이러한 연관들을 특징지을 때 카시러는 통속적인 시간개념을 근저에 놓고, 그리고는 신화의 "시간적인" 성격하에서 예컨대 신(神)들의 "시간-내-존재"를 이해한다. 신화적인 현실의 "신성함"은 그 현실의 유래를 통해 규정된다. 과거 그 자체는 '모든 존재자의 진정하고도 궁극적인 왜[존재이유]'로서 입증된다. 계절의 순환 속에서 또한 삶의 각 국면들과 연령의 각 단계들의 리듬 속에서 시간의 지배력이 표명된다.

개별적인 시간의 단편들은 "신성한 시간들"이며, 그리고 '이 시간들에 대한 태도'는 단순한 계산과는 현격히 거리가 먼 것으로서, 특정한 제식과 의식(예컨대 성년의식)을 통해 규제된다. 시간의 순서는 운명의 순서로서 우주적인 힘이며, 그로써 인간의 모든 행동을 관통하는 구속성을 그 순서의 법칙성에 맞게 드러낸다. 달력의 규칙성과 인륜적인 속박 역시 시간의 힘 안에서 융합된다. 그런데 시간에 대한 신화적-종교적인 근본관계는 하나의 개별적인 시간의 방향을 특히 강조할 수 있다. 시간에 대해 그때마다 겪는 상이한 감정의 변화들과 그 변화들 안에 소묘된 시간에 관한 각종 견해들은, "각 종교들의 성격에서 가장 심오한 차이들 중 하나를" 형성한다. 카시러는 유태인들, 페르시아인들, 인도인들에게서의, 또한 중국의 종교와 이집트의 종교, 그리고 그리스 철학에서의 시간의 전형적인 상들을 그 주요 특징들에 맞게 지적한다(150쪽 이하).

숫자들과 숫자 상호간의 관계들도, 신화적 현존재에게서는, '어떤 방식으로든 존재하는 그 모든 것의 근본성격'에 입각해서, 즉 지배력에 입각해서 이해된다. 모든 숫자는 그것의 "독특한 인상", 즉 그것의 고유한 마력을 지닌다. 동일한 숫자인 것은——그것이 사태 관련적으로는 아무리 상이한 유형이라 하더라도——유착의 원칙에 따라 하나이며 동일한 본질로서 간주된다. "모든 마법은 대부분 숫자들의-마법이다"(178쪽). 숫자에 따른 규정성은 하나의 계열로의 분류를 의미하지 않고, 오히려 비범한 것의 특정한 권역(權域)으로의 귀속성을 의미한다.

숫자는 신화적인 현실성 전체를 힘으로-충만된 세계의 질서의 통일성에 맞게 결합하는 매개다. 신화적인 수론(數論)들이 아무리 다양하게 형태를 취하든, 개별적인 숫자들의 (예컨대 3이나 7의) 신화적인 탁월성이 아무리 상이한 유형이든, 그럼에도 불구하고 특정한 숫자들의 신성한 성격에 대한 확고한 근원적인 밑그림들은 그때마다의 신화적인 공간성과 시간성의 근본양식에 입각해 제시된다. 예를 들어 4라는 숫자의 신성함은 동서남북에 입각해 제시된다. 더욱이 7이라는 숫자의 신성함은 28일 동안 운동하는 달이, 이를테면 자신을 스스로 직관적으로 내보이는 1/4의 방식에 따라 달의 위상(位相)에서 표명되는 '시간의 강력함'으로 귀환한다. 이에 비해 3이란 숫자의 신화적 탁월성에서는 부(父), 모(母), 그리고 자식 간의 근원적인 인간관계가 나타난다. 마치 쌍수와 삼각이란 언어에서도——그것들의 숫자 성격 자신이 아직도 신화적인 작용자의 성격에 완전히 구속되어 있는 그러한 '근원적으로 강력한 관련들'이 나와 너와 그리고 그의 관계를 지시하듯이.

신화적인 객관세계에 대한 또한 그러한 세계를 발견해서 규정하는 양식에 대한 분석으로부터 출발했던 동일한 물음제기는, 이제 "주관적 현실성" 쪽으로 또한 주관적 현실성이 신화 안에서 어떻게 개현되는가의 논의 쪽으로 방향을 전환한다. 카시러는 이러한 구명들을 "물활론"에 대한——즉 여전히 민속학적 연구의 물음제기들을 그야말로 각양각색의 변종된 모습으로 지배하는 물활론에 대한—— 원칙적이며 적절한 비판을 통해 시작한다.

신화적 현존재의 세계는 단순히 그때마다의 지배적인 영혼의 표상들에 입각해 해석되지 않는다. 왜냐하면 우선 "주관" 그 자체가 실로 여전히 은폐되어 있기 때문이다. 그러나 신화적 현존재가 자기 스스로를 여하튼 잘 알고 있는 한, 재차 말하건대 신화적 현존재는 순수하게 사물적으로 파악된 세계에 입각해서도 해석되지 않는다. 객관과 주관 그리고 그 양자의 관계를 신화적 현존재는 '여하튼 현실의 성격으로서 알려진 것'의 지평 안에서, 즉 마나에 입각해서 이해한다. 그리고 자신의 "무규정적인 생의 감정"에서조차 모든 존재자에게 여전히 구속되어 있는 신화적 현존재가 어떻게 세계와 나 사이에서 자신의 특수한 존재양식에, 즉 자신의 "행동"에 뿌리 박은 하나의 고유한 "대결"을 벌이는가의 여부를 밝혀내는 것이 참으로 필요하다.

행동 안에서 일차적으로 발견되고 한정된 '현실의 권역(圈域)'은, 행동 자체에 대한 독특한 반사를 통해 행동을 그것의 상이한 "능력들" 안에서 더불어 드러낸다. 마법적인 강력함의 지평에서는 고유한 행동도 마법적인 작용이다. "고유한 자이며 자립적인 자로서의 인간이 자신을 사물들에 대해 대립시킬 때 수단이 되는 첫번째의 힘은 소망의 힘이다"(194쪽). "그가 창조하는 신들의 형상의 충만함은 대상적 존재와 사건의 권역을 통해서뿐 아니라, 무엇보다 그의 욕구와 이행(履行)의 권역을 통해서도 그를 철저히 이끌고 있으며, 그에게 이러한 권역을 내면으로부터 해명한다"(251쪽). "주관성"과 그것의 각종 태도들을 개현하는 좀더 광범위한 과정은, 인간이 스스로 사물들에 대한 마법적인 구속으로부터 벗어나 세계로부터 물러서는 가운데, 사물들을 실로 "객관적으로" 자신과 만나게 함으로써 도구를 다소간 마법에서 벗어나 소유한 상태에서, 마침내 사물들의 존재연관이 독자적인 것으로 스스로 드러날 때까지, 자연의 신화로부터 문화의 신화로 이행(移行)하는 과정에서 실현된다.

따라서 주관이 순수하게 대립해 있는 사물들로부터 출발해서 거기로 귀환하는 한에서는 자신을 발견하지 못하듯이, 나와-너로 나뉘어진-관계 및 그 어떤 사회형태도 주관성을 개현함에서는 일차적으로 구성적인 역할을 하지 못한다. 부당하게도 신화적 현존재의 근본현상으로서 단초에 놓여 있는 토템신앙은 사회학적으로 설명될 수 없다. 오히려 모든 사회조직과 그 안에 함께 주어진 개별조직은, 토템신앙 자체와 꼭 마찬가지로, 신화적 현존재의 근원적인 존재양식 및 신화적 현존재 안에서 지배적인 마나-표상에 입각한 "근거지음"을 필요로 한다. 토템신앙의 본래적인 문제는, 여하튼 인간과 동물 혹은 식물이 어떤 방식으로든 서로 뒤얽혀 있다는 사실 및 또한 그때마다 특수한 그룹들이 자신들의 특수한 숭배동물을 소지하고 있다는 사실에 있다. 농부, 목동, 그리고 사냥꾼은 식물들과 동물들에게 그때마다 고유하게 의존하는데, 이러한 사실은 직접적으로는 마법적인 친족관계로서 표명될 뿐 아니라 동시에 이로 인해 반사적으로는 그에 해낭하는 인간의 생활권 자체를 명백히 드러나게끔 하기도 한다. 토템신앙은 특정한 식물들과 동물들의 유형을 통해 야기된 것이 아니다. 오히려 인간이 그의 세계와 맺는 기본적인 현존재 관련들로부터 발원한 것이다.

마나-표상을 근저에 놓을 때만, '어떻게 개별적인 자기의식이 형성되며 또한 영혼의 "개념"이 분절되는가'의 여부도 개념파악된다. 후에 개념상 물체와 영혼 혹은 생과 죽음으로 구별되는 것이, 물론 신화적 현존재에게서도 항상 이미 현존하긴 하나 마법적인 지배를 받는 양상이다. 이 마법적인 지배력에 따르면, 비록 [죽은 자에] 해당하는 인간이 [우리를] 구신적(具身的)으로 만나지 않아도, 그 죽은 자는 존재하며 영혼의 힘은 표명된다. 실로 마법적인 작용이 통일된 상태에선 개별적인 영혼의 힘들이, 즉 혹은 "영혼들"이 분열된 채 등장하여 서로 나란히 거주할 수 있다. 이에 상응해서 개별적인 현존재의 "[삶의] 전개"도 상이한 주체들로 분할되며, 그러한 주체들 사이에서 각종의 특정한 이행(移行)들이 일어난다. 마법적인 힘들을 통해 신화적 현존재가 압박받는 상황에서는 "고유한" 영혼도 신화적 현존재에게는 "낯설은" 힘으로서 대립한다. 수호신들의 표상이 깨어 있는 곳에서조차도, 고유한 자기가 이를테면 아직, 개별적인 자아를 돌보는 힘이 된다. 더 높은 단계에 이르러야 비로소 마법적인 데몬(Dämon)이 수호신으로 되며, 그로써 마침내 현존재는 낯설은 힘에 입각해 규정되지 않고, 오히려 자신이 자유롭게 스스로의 힘으로 자기 자신을 위해 인륜적인 주관으로서 행위할 수 있는 능력에 입각해 규정된다.

신적인 것의 지배력과 비범성이 신화적 현존재를 근원적으로 또한 일관되게 지배할 때, 현실성에 대한 근본태도는 결코 단순한 직관일 수 없고, 오히려 제식과 의식(儀式)으로서 완성되는 작용이다. [이제] 모든 신화적 이야기는 언제나 단지 성스러운 행위들에 대한 추가적인 보고일 뿐이다. 이에 반해 성스러운 행위들에서는 신화적 현존재가 직접 현시된다. 제식이 좀더 초기에 완성되면 될수록, 제물은 점점 더 중심으로 부각된다. 제물은 물론 일종의 포기이긴 하나, 동시에 마력들의 배타적인 힘으로부터의 어떤 해방이 준비되는 '스스로에 의해 실현된 행위'다. 그러한 행위 안에서 현존재의 자유로운 힘은 개현된다. 그러나 동시에 더 높은 단계에서의 새로운 극복을 요구하기 위해 인간과 신 사이의 간격은 확대된다.

그러므로 신화는 통일적이며 또한 고유한 법칙을 지닌 형성력으로서 가시화된다. 신화적인 형상화는 내적인 변증법을 내보이는데, 이러한 변증법에서는 좀더 초기의 형식들이 더욱 확대되고 변형되지만, 그러나 단순히 철회되지는 않는다. 신화적 "진행과정"은 현존재 자신에게서 무반성적으로 실현된다. 신화적 진행과정이 그것의 가능성들을 관통했을 때, 그것 자신은 그것의 고유한 극복을 향해 성숙한다. 카시러는 신화가 자신의 고유한 형상세계로 받아들이는 상이한 입장들에 즉해 이러한 변증법을 내보이려고 시도한다(290쪽 이하).

앞서의 빠듯한 보고로 인해, 나는 카시러가 자신의 신화해석의 근저에 놓은 그 풍족한 민속학적 종교사적 자료를 단지 참조하는 작업조차 포기해야만 했다. 사실 카시러는 자신만이 지닌 명철하고도 노련한 서술적 재능을 이용하여, 그 자료들을 개별적으로 분석한 바 있다. 덧붙여 함부르크의 바르부르크 도서관은 그 풍족하고도 진기한 장서들로 인해, 또한 특히 그 전체적인 시설면에서 저자[카시러]에게 엄청난 도움을 주었다(서문, XIII쪽 이하). 신화적 현상들에 관한 분석들 중 특히 언급되었으면 하는 것은, 객관세계를 개현할 때의 도구의 기능에 대한 분석(261쪽 이하)과 제물에 대한 분석이다(273쪽 이하).

앞서 특성 묘사된 신화의 철학에 대한 태도 표명은 세 가지 관점들에 따라 이루어져야 한다. 첫째로 물어야 할 것은 이렇다. 신화적 현존재에 관한 실증과학(민속학과 종교사)을 정초하고 주도하기 위해 이 해석이 성취한 바는 무엇인가? 그런 다음 필요한 것은, 신화에 관한 철학적인 본질분석 자체가 바탕을 두고 있는 토대들과 방법적 원칙들에 대한 검색 작업이다. 그리고 마지막으로는 인간적 현존재와 존재자 일체에서 신화가 갖는 구성적 기능에 관한 원칙적 물음이 제기된다.

첫번째 물음의 방향에서 보자면 카시러의 작품은 귀중한 업적으로서 입증된다. 이 작품은, 신화는 결코 신화적 세계내의 특정한 객관권역으로의 귀환을 통해서는 "설명"되지 않는다라는 사실을 다양하게 증명함으로써, 실증적인 신화연구의 논점을 '원칙적으로 더욱 높은 단계'로 끌어올린다. 자연주의적, 토템신앙적, 물활론적, 사회학적인 설명 시도에 대한 그와 같은 방향에서의 비판은 언제 어디서건 일목요연하며 정곡을 찌르고 있다. 그러한 비판 자체는 신화를 정신의 고유법칙적인 기능형식으로서 선취하는 규정에 근거하고 있다. 신화에 관한 이러한 견해가 경험적인 연구에서 관철될 때, 새로 발견된 사실을 일차적으로 수용해서 해석하기 위한, 또한 이제까지의 성과를 소화하면서 관통하기 위한 더욱 확고한 실마리가 획득된다.

그러나 신화에 관한 앞서의 해석이 실증과학들 안에서 이러한 해석이 갖는 실마리의 기능을 고려해서뿐 아니라, 그것의 고유한 철학적 내용에 따라서도 판단되어야 한다면, 다음과 같은 물음들이 제기된다. '형성하는 의식의 기능형식'으로서 신화를 해석하는 선(先)규정 그 자체는 충분히 근거지어지는가[정초되는가], 또한 그러한 더 말할 나위 없이 절대 필요한 정초의 토대들은 어디에 있는가, 또한 이 토대들 자체는 충분히 확보되고 충분히 논의되는가? 카시러는 신화를 정신이 지닌 형성력("상징적 형식")으로서 주도적으로 선규정하는데, 이에 대한 그의 정초는 본질적으로, 모든 "현실성"은 형태를 만드는 의식의 형성물로서 간주되어야 한다는 칸트의 "코페르니쿠스적 전회"를 원용(援用)한 것이다.

우선 충분한 근거들을 가지고 의심해볼 수 있는 점은, 칸트의 "코페르니쿠스적 전회"에 대한 카시러 및 여하튼 신칸트주의적-인식론적 해석이 과연 초월론적 존재론적 논점의 핵심을 그 논점의 본질적 가능성들에 맞게 적중하는가의 여부다. 그러나 『순수이성비판』이 단순히 "문화비판"으로 "확대"될 수 있는가의 여부는 도외시하자. 하지만 "자연"에 대한 칸트의 가장 고유한 초월론적 해석을 위한 토대들은 이미 명백히 파헤쳐져 근거지어졌는가? 이 물음의 여부는 도대체 그토록 확실한가, 아니면 전혀 지극히 의문투성인가? 충분히 규정되지 않은 채 때로는 "의식"으로, 때로는 "생"으로, 때로는 "정신"으로, 때로는 "이성"으로 명명되는 것의 틀과 존재양식에 대한 그야말로 불가피한 존재론적 논의는 어떤 상태인가? 그러나 칸트의 문제를 "확대한다"라는 의미에서 칸트에게 가능한 의존하는 모든 물음에 앞서 우선 필요한 것은, 신화를 "정신"의 기능형식으로 해석하는 단초가 자신 안에 간직한 저 원칙적인 문제점들 자체를 명확히 해명하는 작업이다. 단지 이러한 작업에 입각해서만, '칸트의 물음제기 및 도식들을 수용하는 것이 과연 내적으로 가능하며 정당한가의 여부 및 또한 얼마나 그러한가의 정도' 역시 결정될 수 있다.

신화를 인간적 현존재의 가능성으로서 간주하는 본질적인 해석은, 존재문제 일반의 빛 안에서 현존재의 근원적인 존재론에 입각해 정초될 수 없는 한, 우연적이며 무방향적인 것으로 남는다. 여기에서 발생하는 원칙적인 문제들이 이 자리에서 구명될 수는 없다. 카시러의 신화 해석에 대한 내재적 비판을 통해 몇 가지의 주요문제들을, 그것들의 불가피성에 맞게 가시화함으로써 카시러에 의해 제기된 과제에 대한 철학적 선명화와 명확한 해명에 기여하는 것으로 충분할 수도 있을 것이다. 카시러는 스스로 자신의 연구는 "제1시원이 되기를" 바랄 뿐이라고 강조한다(서문, XIII쪽).

의식에 대한 신칸트주의적 논점에 정위하면 논의가 촉진되기는 커녕, 오히려 그러한 정위는 실로 문제의 중심에 웅거하는 것조차 방해한다. 그의 작품의 맹아가 이미 그 점을 보여준다. 카시러는, 신화적 현존재에 대한 해석을 이 존재자의 존재틀에 관한 중심적인 성격묘사에서 착수하는 대신, 신화적 대상의식에 대한, 즉 신화적 현존재의 사유형식과 직관형식에 대한 분석과 함께 자신의 논의를 시작한다. 물론 카시러는, 사유형식과 직관형식이 신화적인 "생활형식"으로, 즉 "정신의 근원적인 층"으로 소급되어야 함을 매우 명확히 파악한다(89쪽 이하).

그러나 사유형식과 직관형식의 근원을 "생활형식"으로부터 해명하는 명백하고도 체계적인 작업은 실현되지 않는다. 이러한 근원적 연관들이 밝혀지지 않을 뿐더러 생활형식, 직관형식, 그리고 사유형식의 가능적인 내적 상호연관의 문제조차 제기되지 않는데, 이는 카시러가 모든 본질적인 신화적 현상들에도 불구하고 불가피하게 귀환한 저 마나-표상의 체계적 장소가 '[아직] 규정되어 있지 않음'을 나타낸다. 사유형식들하에서 마나-표상은 논의되지 않으며, 또한 다른 한편으로는 직관형식으로도 입증되지 않는다.

마나-표상이 주제적으로 구명되는 곳은 사유형식으로부터 직관형식으로 이행하는 중 "대립"이란 표제하에서다. 그런데 이 표제는 이 "표상"의 구조적 규정을 신화적 현존재 일반의 구조전체에 입각해 현시하기보다는 오히려 하나의 당혹감을 표현한다. 그러나 동시에 마나-표상은 다시 "기초적인 사유형식"으로 표현된다. 물론 마나-표상에 대한 카시러의 분석은, [그것에 대한] 통상적인 해석들에 비해, 그가 마나를 여타의 존재자 사이에 있는 하나의 존재자처럼 포착하지 않고, 오히려 그것 안에서 모든 신화적인 현실의 "방식"을, 즉 이러한 존재자의 존재를 파악하는 한 중요하다. 그러나 중심적인 문제가 비로소 각성되기 위해서는 반드시 다음과 같은 물음이 물어져야 한다. 이 기초적인 "표상"은 신화적 현존재 안에 단순히 전재(前在)하는가, 아니면 신화적 현존재의 존재론적 틀에 귀속하는가, 또한 그렇다면 무엇으로서 귀속하는가? 마나-표상에서는 다름이 아니라 바로 모든 현존재 일반에 귀속하는 존재이해가 표명된다. 존재이해는 그때마다 현존재의—그러므로 여기서는 신화적 현존재의—존재의 근본양식에 따라 특수한 방식으로 변화하며, 처음부터 사유와 직관활동을 밝게 비춰준다.

그러나 이러한 통찰은 다음과 같은 물음으로 좀더 광범위하게 진척된다. 신화적 "생"의 존재의 근본양식은 도대체 어떤 것이기에 이러한 생에서는 바로 마나-표상이 [사유와 직관활동을] 이끌며 밝게 비추는 존재이해로서 기능하는가? 이 물음에 대해 가능한 답변은 물론 현존재 일반의 존재론적 근본틀의 선행적 완성을 전제한다. 이 근본틀이 존재론적으로 이해되어야 할 "심려"에 놓여 있다면[『존재와 시간』, 철학적 현상학적 연구를 위한 연보, VIII권(1927), 180~230쪽 참고], 신화적 현존재는 일차적으로 "피투성"을 통해 규정되어 있다라는 사실이 밝혀진다. 신화적 현존재의 존재론적 구조는 "피투성"에 입각해 비로소 그 근거에 맞게 분류 파악되는데, 그러한 사실과 그 방식이 여기서는 단지 암시될 뿐이다.

"피투성"에서 관건이 되는 바는 현존재가 세계에 내맡겨져 있다는 점이다. 더욱이 그러한 세계-내-존재는 자신이 내맡겨져 있는 그것[세계]에 의해 압도되어 있는 상태다. ……에 내맡겨진 존재에 대해서만 초강력성 그 자체는 여하튼 표명될 수 있다. 초강력자에 그렇게 의존해 있는 상태에서 현존재는 그것에 의해 얽매이며, 또한 따라서 자신을 단지 이러한 현실[초강력자]에 귀속된 유사한 것으로서만 경험할 수 있다. 따라서 피투성에서는 어떤 방식으로든 개현되는 모든 존재자가 초강력성(마나)의 존재성격을 갖는다. 피투성의 근저에 있는 특수한 "시간성"으로까지 실로 존재론적 해석이 추진된다면, 마나-적 현실이 그때마다 바로 특수한 "순간성" 안에서 표명되는 그 이유와 방식이 존재론적으로 이해된다. 피투성에는, '그때마다 언제나 [우리를] 소스라치게 하는 특출난 것'에 대해 자발적으로 열려 있는 고유한 움직임이 있다. 그렇다면 신화적 사유

의 특수한 "범주들"은 마나-표상을 실마리로 하여 "연역"되어야
한다.

앞서 서로 불가분적으로 얽혀 있던 현상들의 그룹들 중 또 다른
하나의 그룹이 신화적 현존재의 근본태도 및 자기 자신에 대한 태
도에 관한 물음에 입각해 밝혀진다. 카시러에 따르면, 신화적 현존
재에게 자신의 고유한 존재가 드러나게 되는 "일차적인 힘"(강력
함)은 소망(194쪽)의 힘이다. 그러나 왜 그러한 힘이 일차적인 힘인
가? 우리에게 또한 필요한 것은, 이러한 소망이 피투성에 뿌리 박
고 있음을 가시화하는 것, 그리고 (단순한) 소망이 여러 가능성들을
독특하게 조망하지 못함에도 불구하고 어떻게 이러한 성취력을 지
닐 수 있는가를 입증하는 것이다. 소망 자체가 미리 마나-적으로
이해될 때만, 소망은 그러한 "영향을 미치는 작용"으로 표명될 수
있다. 그러나 소망이 세계와 나 사이의 "대결"을 구성해야 한다 하
더라도, 여전히 주목되어야 할 점은, 신화적 현존재의 그러한 태도
들은 항상 단지 자신의 세계를 향한 현존재의 초월이 [존재자를] 개
현하는 방식들일 뿐, 결코 비로소 산출되는 것은 아니라는 사실이다.

"대결"은 현존재의 초월에 근거한다. 그리고 다시 말해 신화적 현
존재가 자신을 "객관들"과 동일시할 수 있는 유일한 까닭은, 세계-
내-존재로서의 신화적 현존재가 세계에 대해 태도를 취하기 때문
이다. 그러나 이렇듯 올바르게 이해된 초월이 어떻게 현존재에게
속할 수 있는지의 여부는 반드시 밝혀져야 한다. "감각들"의 혼란
이란 단초는——감각들은 "어떤 틀 안에 넣어진다"——초월이란 철학
적 문제를 해결하기에 충분치 않을 뿐더러, 또한 초월의 근원적 현
상을, 즉 모든 "수동성"을 위한 가능조건을 은닉한다. 따라서 카시
러도 "인상들"에 관해 언급할 때 원칙적인 혼동에 휘말린다. 때로
는 '순수하게 감각적인 촉발'이 사념되기도 하고, 또한 때로는 마나
-적으로 이해된 현실 자체에 의해 얽매여 있음이 사념되기도 한다.

그런데 마나는 신화적 현존재 자신에게서는 물론 존재양식으로서 개념파악되지 않고, 오히려 그 자체는 마나-적으로 즉 존재자로서 표상된다. 때문에 마나에 대한 존재적 해석들도 전혀 부당한 것만은 아니다.

　카시러는 신화의 형성능력을 성격묘사할 때 종종 신화적 판타지에 관해 언급한다. 그러나 이러한 기초능력은 전혀 해명되지 않은 채로 남아 있다. 그것은 사유형식인가 아니면 직관형식인가, 혹은 그 둘 모두인가 아니면 실로 그중 어떤 것도 아닌가? 초월적 상상력의 현상 및 이 현상이 『순수이성비판』과 『판단력비판』에서 차지하는 존재론적 기능에 논의의 방향을 맞춘 이러한 정위는, 신칸트주의로부터는 전혀 동떨어진 정위이다. 그렇지만 이 정위가 이미 여기에서 적어도 명확히 밝혀줄 수 있는 바는, 신화적 존재이해에 대한 해석이 카시러의 서술에 따라 각별하게 된 것 이상으로 더 광범위하게 얽혀 있고 더 심연적이라는 사실이다.

　끝으로는 카시러가 현존재의 현상들을 해석하고자 시도할 때, 그 실마리가 된 **방법적 준칙**이 지적된다. "정신의 모든 발전을 지배하는 근본규칙 : 정신은 자신의 외화(外化)에서 비로소 자신의 진정하고도 완전한 내면성에 도달한다"(242쪽, 그리고 193, 229, 246, 267쪽 참고). 여기에서도 필요한 것은, 이러한 근본규칙이 존립하는 이유를 근거짓는 작업이며, 또한 '인간적 현존재 일반의 존재틀이 어떠한 것이기에 인간적 현존재는, 이를테면 단지 세계를 우회해서만 고유한 자기에 이르는가?'라는 원칙적 물음에 답변하는 작업이다. 자기성(自己性)과 자립성은 무엇을 의미하는가?

　그러나 이 모든 것에 불구하고도 신화의 철학적인 기초적 문제는 아직 달성된 바 없다. 신화는 도대체 어떤 방식으로 현존재 그 자체에 속하는가? 어떤 관점에서 신화는 존재 일반과 존재의 각종 변양에 관한 보편적인 해석 내부에서 본질적인 현상인가? "상징적 형식의 철학"이 이러한 물음들의 해결을 위해, 혹은 단지 이러한 물음들의 완성만이라도 위해 충분할런지의 여부는 여기에선 구명되지 않은 채로 남을 것이다. 이에 대한 입장 표명은, 모든 "상징적 형식들"이 서술될 뿐 아니라 또한 무엇보다 이러한 체계성의 근본개념들이 철저히 완성되어 그것들의 궁극적인 토대로 귀착될 때, 비로소 획득된다. ['상징문제와 철학의 체계 안에서의 그 문제의 위치'라는 자신의 강연에서 카시러가 행한 구명들 참고. 이 구명들은 물론 아직도 매우 일반적인 것으로 간주되며 또한 너무도 자유부동적인 구명들이다.『미학과 일반예술학을 위한 잡지』, XXI(1927), 295쪽 이하.]

셸링 이래 처음으로 다시 신화를 체계적인 문제로서 철학의 시계(視界) 안에 세우고자 하는 노력이 실로 카시러의 철학에서 관건인 한, 앞서 제기된 비판적 물음들로 인해 카시러의 공헌이 축소될 수는 없을 것이다. 그의 연구는 "상징적 형식의 철학"으로 접목하지 않고도 신화의 새로운 철학을 위한 귀중한 출발점으로 남을 것이다. 물론 그것은 다음과 같은 사실이 이제까지보다 더 단호하게 다시 개념파악될 때만 그렇다. 즉 정신의 현상들에 관해 그토록 풍요롭긴 하나 지배적인 의식에 영합하는 서술은 결코 이미 철학 자체가 아니다. 오히려 철학의 위기는, 고대 이래 아직 극복되지 못한 철학의 몇 안 되는 기본적인 근본문제들이 새롭게 포착될 때, 비로소 분명히 나타난다.

III. 다보스의 강연들

칸트의 『순수이성비판』과 형이상학의 정초작업의 과제

이 강연들은 다음의 테제를 입증해야 한다. 칸트의 『순수이성비판』은 형이상학에 대한 하나의 혹은 최초의 명확한 정초작업이다.

(부정적으로 말하자면, 이 테제는 신칸트주의에 의한 전통적인 해석을 거부한다. 칸트의 『순수이성비판』은 수학적-자연과학적 인식의 이론이 아니다——결코 어떠한 인식론도 아니다.)

형이상학의 이러한 정초작업을 해명함으로써, "형이상학에 관한 형이상학" 안에서는 인간의 본질에 관한 물음이 본질적이라는 사실 및 또한 그 방식이 동시에 명료히 밝혀져야 할 것이다.

정초작업의 논점의 내적인 특성 및 그 작업의 주요단계들과 그것들의 필연성을 제시하는 데 설명의 초점이 모아졌다.

이에 따라 전체의 짜임새는 삼중적이다.

1. 형이상학의 정초작업의 단초.
2. 형이상학의 정초작업의 수행.
3. 형이상학의 정초작업의 근원성.

1번에 대하여. 전승된 형이상학에서의 칸트의 단초가 그 문제의 형식을 규정한다. 초감각적 존재자(세계전체, 영혼[불멸성], 신)에 관한 인식인 특수형이상학이 "본래적 형이상학"(칸트)을 형성하는 한, 형이상학의 가능성에 관한 물음은 일반적으로 이런 내용이다. 존재자 일반에 관한 인식은 어떻게 가능한가? 존재자에 관한 인식의 가능성에 존재자의 존재틀에 관한 선행적인 이해가 속하는 한, 존재적 인식의 가능성에 관한 물음은 존재론적 인식의 가능성에 관한 물음으로 소환된다. 즉 특수형이상학의 정초작업은 일반형이상학의 정초작업(존재론)으로 수렴된다.

그러고 나서 밝혀지는 점은, 어떻게 이러한 존재론의 가능성에 관한 물음이 『순수이성비판』의 문제형식을 취하는가의 여부다.

2번에 대하여. 정초작업의 수행을 이해하기 위해서 결정적으로 중요한 것은, 처음부터 순수한 인간적 즉 유한한 이성만이 논점의 영역을 한정한다라는 사실을 명확히 밝히는 것이다. 이러한 목적을 위해서는 유한한 인식 일반의 본질 및 유한성 그 자체의 근본성격들을 논구하는 작업이 필요하다. 이로써 유한한 직관인 감성에 대한──심리학적 감각론적 개념이 아닌──형이상학적 개념을 통찰할 수 있는 안목이 비로소 형성되기 시작한다. 인간의 직관은 유한하기 때문에 사유를 필요로 하는데, 이 사유 그 자체는 너무도 철저히 유한하다. (무한한 사유의 이념은 모순이다.)

유한한 인식은 "심성의 두 근본원천들"(감성과 지성) 혹은 "두 줄기들"을 구성요소로 존립한다. 그런데 이 두 줄기들은 "아마도" 하나의 "공통적인, 그러나 우리에게는 알려지지 않은 뿌리"로부터 "발원한다".

존재론적 인식(선험적 종합인식)의 가능성에 대한 해명은 순수직관과 순수사유의 "순수한"(몰경험적인) 종합의 본질에 관한 물음이 된다.

정초작업을 수행하는 주요단계들은 따라서 다음과 같다.

a) 순수인식의 본질의 요소들, 즉 순수직관(공간, 시간)과 순수사유에 대한 논구(초월론적 감성론과 개념들의 분석론).

b) 순수종합에서의 이 요소들의 본질적 통일에 대한 성격묘사('재판'의 10절).

c) 이러한 통일의, 즉 순수종합의 내적 가능성에 대한 해명(초월론적 연역).

d) 존재론적 인식의 본질의 가능근거의 개현(도식장).

3번에 대하여. 정초작업의 근원성.

앞선 논의의 성과 : 선험적 종합인식의 가능근거는 초월적 상상력이다. 칸트는 정초작업을 진행하는 과정에서 주도적인 단초와는 반대로 심성의 제3의 근본원천을 도입하였다.

이 원천은 단초에 놓여진 두 줄기들의 "사이에" 있는 게 아니라, 오히려 그것들의 뿌리다.

이 점은, 순수직관과 순수지성이—또한 이것들뿐 아니라 서로 상이하면서도 통일된 이론적 그리고 실천적 이성도 상상력으로 귀환된다라는 사실을 통해 밝혀진다.

이성에서의 단초는 이렇게 파괴된다.

이로써 칸트는 스스로 자신의 철저함을 통해 하나의 입장을 갖게 되었으나, 이 입장 앞에서 물러나야만 했다.

이 입장의 의미는 이렇다. 이제까지 서구 형이상학의 토대들의 와해(정신, 로고스, 이성).

이 입장이 요구하는 바는, 인간의 자연적 소질인 형이상학의 가능근거를 철저히 새롭게 개현하는 작업, 즉 형이상학 그 자체의 가능성을 겨냥한 현존재의 형이상학이다. 즉 모든 철학적 인간학과 문화철학에 앞서 있는 방식으로, 인간의 본질에 관한 물음을 제기해야 하는 현존재의 형이상학이다.

IV. 에른스트 카시러와 마르틴 하이데거의
   다보스 논쟁

카시러 : 하이데거 당신은 신칸트주의를 어떻게 이해하십니까? 하이데거의 공격대상자는 누구입니까? 신칸트주의의 개념만큼 명확히 한정하기 어려운 개념도 거의 없다라고 생각합니다. 신칸트주의적 비판을 현상학적 비판으로 대체하실 때 하이데거 당신에겐 어떤 생각이 떠올랐습니까? 신칸트주의는 근대철학의 속죄양입니다. 그러나 나는 실존하는 신칸트주의의 일원은 아닙니다. 여기에서 [신칸트주의를 둘러싼 논쟁에서] [당신과 나의] 대립이 본래적으로 어떤 점에 놓여 있는지를 명확히 해명해주시면 고맙겠습니다. 나는 결코 어떤 본질적 대립도 밝혀진 바 없다고 믿습니다. "신칸트주의"라는 개념은 실체적으로가 아니라 기능적으로 규정되어야 합니다. 관건이 되는 것은, 철학의 유형 즉 독단적 학설체계가 아니라 오히려 물음제기의 방향입니다. 나는 설령 신칸트주의자에게서 하이데거를 추정해내지는 못하였다 하더라도, 하이데거에게서 신칸트주의자의 면모는 발견했다고 고백하는 바입니다.

하이데거 : 우선 이름부터 거명해야 한다면, 코헨(Cohen), 빈델반트(Windelband), 리케르트(Rickert), 에르드만(Erdmann), 릴(Riehl)입니다. 신칸트주의의 공통점은 그것의 근원에 입각해서만 이해될 수 있습니다. [신칸트주의의] 발생기원은 인식의 전체영역 안에서 과연 어떤 영역이 아직도 철학에 본래적으로 남아 있는가라는 물음과 관련된 철학의 당혹감입니다. 그러니까 1850년경 정신과학과 자연과학이 인식가능한 영역 일체를 차지해버린 결과 다음과 같은 물음이 각성됩니다. '존재자 일체가 각 과학들에게로 분할된다면, 과연 어떤 영역이 여전히 철학에 남겠는가?' 존재자에 대한 인식이

아니라 단지 과학에 대한 인식만이 여전히 남아 있습니다. 그리고 이러한 관점에서 칸트로의 귀환이 규정됩니다. 이 결과 칸트는 수학적-물리학적 인식론의 이론가로서 파악되었습니다. 인식론의 측면에서 칸트가 파악된 것입니다. 후설(Husserl)조차 1900~1910년 사이에는 어떤 의미에서 신칸트주의의 영향력 안에 있었습니다.

내가 신칸트주의로 이해하는 것은 초월론적 변증론에까지 이르는 순수이성의 부분을 자연과학과 관련된 인식론으로 설명하는 『순수이성비판』에 대한 견해입니다. 나의 요점은 여기에서 과학론으로 발췌된 내용이 [실은] 칸트에게서는 비본질적이었다는 사실을 지적하는 것입니다. 칸트는 결코 어떠한 자연과학론도 제시할 의도가 없었고, 오히려 형이상학의 즉 좀더 정확히 말해 존재론의 논점을 밝혀낼 의도였습니다. 나의 관건은 『순수이성비판』의 긍정적인 주요부분의 이러한 핵심내용을 존재론으로 적극 강조하는 작업입니다. 변증론을 존재론으로 해석하는 작업을 근거로 나는 다음의 사실들을 지적할 수 있다고 믿습니다. 즉 [첫째] 우선은 그렇게 보이듯 칸트에게선 단지 부정적인 초월론적 논리학에서의 가상의 문제가 [실은] 긍정적 문제라는 사실, 그리고 [둘째] 과연 가상은 우리가 확립한 하나의 사실에 불과한지, 혹은 과연 이성의 모든 문제는 사람들이 어떻게 인간의 본성에 필연적으로 가상이 속하는지를 처음부터 개념파악하듯이 그렇게만 포착되어야 하는지, 이 여부가 의심스럽다라는 사실입니다.

카시러 : 사람들이 코헨을 단순히 인식론자로서가 아니라 역사학적으로 이해할 때만, 사람들은 그를 올바르게 이해합니다. 나는 나의 고유한 사상전개를 코헨으로부터의 이탈로는 파악하지 않습니다. 물론 나의 작업과정에서 [코헨의 입장과는] 다른 여러 요소들이 밝혀진 바 있습니다. 특히 수학적 자연과학의 위치를 나도 인정하

긴 하였으나, 수학적 자연과학은 문제의 전부로서가 아니라 단지 범형(範型)으로만 성립할 수 있습니다. 그리고 동일한 내용이 나토르프(Natorp)에게도 적용됩니다. 이제 하이데거의 체계적인 핵심문제들을 살펴봅시다.

하나의 관점에서 보자면 우리 사이에는 일치된 의견이 존립합니다. 즉 나에게도 사실상 생산적 상상력은 칸트에게서 중심적 의미를 갖는 듯 보입니다. 나는 상징적인 것에 대한 연구를 통해 이러한 관점에 도달했습니다. 상징적인 것을 생산적 상상력의 능력으로 귀환시키지 않고서는 그 문제를 풀어낼 수 없습니다. 상상력은 모든 사유를 직관에 관련시키는 능력입니다. 형상적 종합을 칸트는 상상력이라 명명합니다. 종합은 순수사유의 근본적인 힘입니다. 그런데 칸트에게서 중요한 것은 그저 종합이 아니라, 오히려 우선은, 상(像)을 이용하는 종합입니다. 이 상(像)의 문제가 형상개념의, 즉 상징개념의 핵심에 이릅니다.

사람들이 칸트의 작품 전체를 주목할 때 엄청난 문제들이 돌발적으로 나타납니다. 그 가운데 하나는 자유의 문제입니다. 이 문제가 나에게는 언제나 칸트의 본래적인 주요 문제였습니다. 자유는 어떻게 가능합니까? 칸트는 이 물음에 대해서 그렇게는 개념파악되지 않는다라고 말합니다. 우리는 단지 자유에 대한 개념파악의 불가능성만을 개념파악하고 있습니다. 이에 대해 나는 일단은 다음과 같은 칸트의 윤리학을 대비시켜보고자 합니다. 정언명법은, 제기된 법칙이 가령 인간에 대해서뿐 아니라 모든 이성적 존재자 일반에 대해서도 타당하다라는 속성을 지녀야 합니다. 여기에 갑자기 이 주목할 만한 이행(移行)이 있습니다. 한 특정한 영역에 대한 제한이 갑자기 붕괴합니다. 인륜적인 것 그 자체는 현상들의 세계를 넘어섭니다. 그런데 이 시점에서 돌발사태가 초래된다라는 사실은 결정적인 형이상학적 사건입니다. 예지적 세계로의 이행이 관건입니다.

그것은 윤리적 사태에 적용됩니다. 인식자의 유한성에 더 이상 상관적이지 않을 뿐더러, 오히려 절대자가 정립되는 그런 하나의 관점이 윤리적 사태에서 획득됩니다. 이것은 역사적으로는 조명될 수 없습니다. 사람들은 칸트가 내딛지 말아야 했을 하나의 발걸음이라고 말할 수 있습니다. 그러나 우리는 자유의 문제가 이런 방식으로 제기된다는 사실, 또한 근원적인 영역이 돌발적으로 나타난다는 사실을 부인할 수 없습니다.

그리고 이것은 하이데거의 상론들과 관련됩니다. 도식화작용의 특별한 의미를 사람들이 과대평가해도 지나치지 않습니다. 칸트에 대한 해석작업에서의 가장 큰 오해들은 이러한 관점에서 저질러졌습니다. 그러나 윤리적 사태에서 칸트는 도식화작용을 금지합니다. 왜냐하면 칸트는 이렇게 말하기 때문입니다. '우리의 자유개념들 등등은 더 이상은 도식화되지 않는 통찰들(인식들과는 다른 것임)이다.' 이론적 인식의 도식화작용은 존재하나 실천이성의 도식화작용은 존재하지 않습니다. 기껏해야 칸트가 실천이성의 전형학(典型學, Typik)이라 명명하는 다른 것이 존재할 뿐입니다. 그리고 도식화작용과 전형학 간을 칸트는 구별하고 있습니다. 사람들이 여기에서도 재차 도식화작용을 포기하지 않는다면 [목적지까지] 난관을 헤쳐나갈 수 없다는 사실을 우리는 이해할 필요가 있습니다. 도식화작용은 칸트에게서도 출발점(a quo)의 용어이지 목적지(ad quem)의 용어는 아닙니다. 『실천이성비판』에서는 새로운 문제들이 등장합니다. 그리고 도식화작용이라는 이 출발점은 칸트에 의해 물론 언제나 고수되기도 하지만 또한 확장되기도 합니다. 칸트는 하이데거의 문제로부터 출발했습니다. 그러나 이러한 권역이 칸트에게서는 확장되었습니다.

총괄 : 이러한 확장이 필연적이었던 까닭은 하나의 문제가 중심점에 서 있기 때문입니다. 하이데거는 우리의 인식력이 유한한 것

임을 논구한 바 있습니다. 우리의 인식력은 상대적이며 또한 구속되어 있습니다. 그렇다면 이런 물음이 성립합니다. 그러한 유한자는 도대체 어떻게 인식에, 이성에, 진리에 도달합니까?

이제 실질적인 물음들에 이릅니다. 하이데거는 일찍이 진리의 문제를 제기한 뒤 이렇게 말한 바 있습니다. '진리들 그 자체 혹은 영원한 진리들은 결코 존재할 수 없다. 오히려 진리들은, 여하튼 존립하는 한, 현존재에 대해 상관적이다.' 그러고는 이런 귀결이 뒤따릅니다. 유한자는 결코 영원한 진리들을 소유할 수 없다고 말입니다. 인간에게는 그 어떤 영원한 필연적인 진리도 존재하지 않습니다. 그리고 여기에서 다시 모든 문제가 명백히 나타납니다. 칸트에게서 문제는 바로 이것이었습니다. 칸트 자신이 제시했던 저 유한성을 훼손하지 않고서도 어떻게, 정말 어떻게, 그럼에도 불구하고 필연적 보편적인 진리들이 존재할 수 있습니까? 선험적 종합판단들은 어떻게 가능합니까? 이러한 판단들은 단지 내용만 보아도 유한한 것이 아니라, 오히려 보편적으로 필연적이지 않습니까?

그것이 문제이기 때문에 칸트는 수학을 예증합니다. 유한한 인식은 다시는 어떤 "제한조건"(Nur)도 전개하지 않는 진리와 관계를 맺습니다. 하이데거는 칸트가 수학의 가능성을 결코 제시한 적이 없다고 말한 바 있습니다. 나는 그러한 물음이 『비판철학 서설』에서 충분히 제기되었다고 생각합니다. 물론 그러한 물음이 『비판철학 서설』에서 유일한 물음은 아니며, 또한 유일한 물음일 수도 없다라는 점은 인정합니다. 그러나 '이러한 유한자가 그 자체로서는 유한성에 구속되지 않은 대상들의 규정에 어떻게 이르는가'라는 이 순수이론적 물음도 이제 명확히 밝혀져야 합니다.

나의 물음은 이렇습니다. 하이데거는 칸트가 윤리적 사태와 이론적 사태에서 그리고 『판단력 비판』에서 변호했던 이러한 전체적인 객관성을, 즉 절대성의 이러한 형식을 포기하고자 합니까? 하이데거는 유한자에게로 완전히 물러나고자 합니까, 아니면 만약 그렇지 않다면 하이데거에게서 이러한 영역으로의 돌파는 어디에서 가능합니까? 내가 그 장소를 묻는 까닭은, 내 자신이 그것을 실제 아직 모르기 때문입니다. 왜냐하면 하이데거에게서는 그 통과점이 처음부터 고정되어[봉쇄되어 – 역자의 주] 있기 때문입니다. 그러나 나는 하이데거가 그러한 통과점 곁에 서서 머무를 능력과 의욕조차 가질 수 없다라고 믿습니다. 하이데거 자신이 일단 이러한 물음들을 제기해야 합니다. 그러면 나는, 전혀 새로운 문제들이 등장할 것이라 믿습니다.

하이데거 : 우선 수학적 자연과학의 물음에 대해 답하겠습니다. 칸트에게서 존재자의 한 영역으로서의 자연은 임의적 영역이 아니었다라고 사람들은 말할 수 있습니다. [그러나] 칸트에게서 자연은 결코 수학적 자연과학의 대상을 의미하지 않습니다. 오히려 자연의 존재자는 전재자(前在者)란 의미의 존재자입니다. 칸트가 원칙론에서 본래적으로 알려주고자 했던 바는, 수학적 자연과학의 대상에 관한 범주적 구조론이 아닙니다. 그가 알려주고자 했던 바는 존재자 일반에 관한 이론이었습니다(나는 이를 입증합니다). 칸트는 주어질 어떤 객관들도 가정하지 않은 채, 즉 (심적 존재자든 자연적 존재자든) 존재자의 어떤 특정한 구역도 가정하지 않은 채 존재 일반에 관한 이론을 탐색합니다. 그는 자연과학의 대상으로서의 자연의 존재론에도, 또한 심리학의 대상으로서의 자연의 존재론에도 앞서 있는 일반존재론을 탐구합니다. 내가 지적하고자 하는 바는, 분석론은 자연과학의 대상으로서의 자연의 존재론일 뿐 아니라 또한 일반존재론, 즉 비판적으로 근거지어진 일반형이상학이기도 하다라는 사실입니다. 칸트 자신은 다음과 같이 말합니다. 자연과학은 어떻게 가능한가 등과 같이, 칸트가 예증(例證)한 『비판철학 서설』의

논점은 중심동기가 아니며, 오히려 중심동기는 일반형이상학의 가능성에 관한 물음, 즉 일반형이상학의 가능성에 관한 상론입니다.

그런데 상상력은 다른 문제입니다. 그러므로 카시러는 유한성이 윤리적 저술들에서는 초험적인 것으로 됨을 지적하고자 합니다.— 정언명법에는 유한자를 넘어서는 어떤 것이 놓여 있습니다. 그러나 바로 명법(Imperativ)의 개념 그 자체는 유한자와의 어떤 내적인 관련을 내보입니다. 최상의 것을 향한 이러한 넘어섬도 언제나 단지 유한자를 향한, 즉 피조물(천사)을 향한 넘어섬일 뿐입니다. 이러한 초월도 역시 피창조성과 유한성의 내부에 머물러 있습니다. 명법 자체에 놓여 있는 이러한 내적인 관련과 윤리의 유한성은, 칸트가 '자기의 관리자'(Selbsthalterin)인 인간의 이성에 관해, 즉 자기 자신에게 순수하게 의존할 뿐 영원한 자인 절대자로는 도피할 수 없는, 그러나 또한 사물들의 세계로도 도피할 수 없는 이성에 관해 언급하는 자리에서 분명히 나타납니다. 이러한 중간존재가 실천이성의 본질입니다.

나는 사람들이 인륜적 행위가 지향하는 것에 미리 정위된다면, 칸트의 윤리학을 파악하는 데 잘못을 저지르며 또한 법칙 자체가 현존재에 대해 갖는 내적인 기능도 거의 보지 못할 것이라 믿습니다. 다음과 같은 물음을 제기하지 않는다면, 사람들은 인륜적 존재자의 유한성 문제를 구명할 수 없습니다. 여기에서 법칙은 무엇을 의미하는가, 또한 법칙성 자체는 현존재와 인격성에 대해 어떻게 구성되는가? 감성을 넘어서는 어떤 것이 법칙 안에 이미 놓여 있음은 부인될 수 없습니다. 그러나 물음은 이것입니다. 현존재 자신의 내적인 구조는 어떠합니까, 그것은 유한합니까, 아니면 무한합니까?

유한성을 과연 넘어서느냐를 묻는 이러한 물음에 그야말로 중심적인 문제가 놓여 있습니다. 나는 유한성 일반의 가능성에 관해 묻는 작업은 특수한 물음이라고 말한 바 있습니다. 왜냐하면 사람들은 형식적 차원에서 단순히 이렇게도 논증할 수 있기 때문입니다. '유한자에 관해 진술하고 유한자를 유한자로 규정하려 하자마자, 나는 이미 무한성의 이념을 가져야 한다.' 이러한 논증이 우선은 많은 것을 말하진 않습니다. 그러나 여기에 중심문제가 놓여 있다는 것만큼은 말하고 있습니다. 사람들이 유한성의 구성요소로서 논구한 것 안에서는 내용적으로 실로 무한성의 이러한 성격이 현출합니다. 이제 나는 이러한 사실을, 내가 '칸트는 도식화작용을 하는 상상력을 원본적 현시능력으로 표현한다'라고 말했던 사실에 의거해 명확히 밝혀보고자 합니다.

이러한 원본성은 수용활동에 대한 의존성이 전제되어 있긴 하나 여하튼 현시의 능력, 즉 자유롭게 스스로 부여하는 능력입니다. 그러므로 이러한 원본성은 물론 어떤 방식으로는 창조적 능력으로서 있습니다. 유한자로서의 인간이 존재론적 사태에서는 어떤 무한성을 가지고 있습니다. 그러나 인간은 존재자 자체를 창조한다라는 의미에서는 결코 무한하거나 절대적이지 않습니다. 오히려 존재를 이해한다라는 의미에서 무한합니다. 하지만 칸트가 말하듯이 존재에 대한 존재론적 이해가 존재자에 대한 내적인 경험에서만 가능한 한, 존재론적 이해의 이러한 무한성은 존재적 경험에 본질적으로 구속되어 있습니다. 그 결과 사람들은 그 역으로 이렇게 말해야 합니다. '상상력에서 불쑥 튀어나온 이러한 무한성은 바로 유한성에 대한 가장 날카로운 논증이다.' 왜냐하면 존재론은 유한성의 지표이기 때문입니다. 신은 존재론을 가지고 있지 않습니다. 그리고 인간이 현시능력을 가졌다라는 사실은 자신의 유한성을 입증하는 가장 날카로운 논증입니다. 왜냐하면 존재론은 유한자만을 필요로 하기 때문입니다.

그리고 나서 진리의 개념과 관련된 카시러의 반대물음이 제기됩니다. 칸트에게서 존재론적 인식은 일반적으로 꼭 있어야 할 인식,

즉 모든 사실적 경험들을 선취하는 인식입니다. 동시에 나는 칸트가 경험을 가능케 하는 것, 즉 존재론적 인식의 내적 가능성은 우연적이라고 여러 곳에서 말한 사실을 지적할 필요가 있습니다.——진리 자체는 초월의 구조와 아주 밀접하게 일치하며, 그로써 현존재는 다른 것에 대해 또한 자기 자신에 대해서도 열려 있는 존재자입니다. 우리는 존재자의 비은폐성 안에 머물러 있는 존재자입니다. 이처럼 존재자의 개방성 안에 머물러 있음을 나는 진리-내-존재라고 표기합니다. 그리고 나는 한걸음 더 나아가 이렇게도 말하는 바입니다. '인간의 진리-내-존재의 유한성을 근거로 동시에 비-진리-내-존재도 성립한다.' 비진리는 현존재의 구조의 가장 내적인 핵심에 속합니다. 그리고 여기에서 나는 칸트의 형이상학적 "가상"이 형이상학적으로 근거지어지는 그 뿌리를 비로소 발견하였다라고 믿습니다.

이제 보편타당한 영원한 진리들에 관한 카시러의 물음에 답해보겠습니다. '진리는 현존재와 상관적이다'라고 내가 말할 때, 이 말은 '진리는 언제나 개별적 인간이 사유하는 것에 불과하다'라는 그런 의미의 존재적 진술이 결코 아닙니다. 오히려 이 명제는 '진리는 현존재가 실존할 때만 여하튼 진리로서 존재할 수 있고 진리 일반으로서 의미를 지닌다'라는 형이상학적 명제입니다. 현존재가 실존하지 않으면 어떠한 진리도 존재하지 않으며, 그렇다면 여하튼 무(無)만이 존재합니다. 오히려 현존재와 같은 것의 실존과 더불어 비로소 진리가 현존재 자신에게 도달합니다. 그런데 물음은 이것입니다. 진리의 영원성의 타당성은 어떤 상태인가? 이 물음을 사람들은 타당성의 문제에, 즉 발언된 명제에 정위하며 그로부터 비로소 과연 [이 명제에서] 무엇이 타당한가라는 물음으로 되돌아갑니다. 그리고 나서 거기에서 가치들이나 혹은 그와 같은 것 등등을 발견합니다.

나는 이 문제가 다르게 전개되어야 한다라고 생각합니다. 진리는 현존재와 상관적입니다. 이렇다고 해서, 모든 사람들에 대해 존재자를 있는 그대로 드러낼 가능성이 존재하지 않을 것이다라고는 말할 수 없습니다. 그러나 나는 진리의 이러한 초주관성은, 즉 진리-내-존재인 개별자들 자체를 넘어서 진리가 이처럼 불현듯 나타나는 현상은, 개별자들이 존재자 자체에 양도되어 존재자 자체를 형태짓는 가능성으로 전위(轉位)되어 있음을 이미 의미한다라고 말하고자 하는 바입니다. 여기에서 객관적 인식으로 분리될 수 있는 것은 그때마다의 현사실적인 개별적 실존에 맞게 진리의 내용을 지니며, 이 진리의 내용은 존재자에 관한 내용으로서 그 어떤 것을 말하고 있습니다. 만약 사람들이 '체험의 흐름과는 반대로 어떤 지속적인 것, 즉 영원한 것, 즉 의미이자 개념인 것이 존재한다'라고 말한다면, 거기에 귀속하는 독특한 타당성은 조잡하게 해석됩니다.

　나는 '도대체 여기에서 영원함이란 본래적으로 무엇을 의미하는가?'라는 반대물음을 제기합니다. 우리는 도대체 어디로부터 이러한 영원함에 관해 알고 있습니까? 이러한 영원함은 단지 시간의 지속(ἀεί)이라는 의미에서의 지속성에 불과하지 않습니까? 이러한 영원함은 단지 시간 자체의 내적인 초월을 근거로 하여 가능한 것에 불과하지 않습니까? 시간성에 관한 나의 모든 해석은 '선험성, 지속적 존재자(ἀεί ὄν), 우시아(οὐσία) 등 초월론적 형이상학의 이 모든 명칭들이 과연 우연적인가 아니면 어디로부터 유래하는가?'를 묻는 이러한 형이상학적 의도를 지니고 있습니다. 그러한 명칭들이 영원한 것에 관해 언급할 때, 그것들은 어떻게 이해될 수 있습니까? 그것들은, 시간의 본질 안에 내적인 초월이 놓여 있다라는 사실, 시간은 초월을 가능케 하는 것일 뿐 아니라 그 자체가 이미 지평적 성격을 갖는다라는 사실, 장래적 혹은 회상적 태도를 취할 때 나는 언제나 동시에 현재, 장래성, 기존성 일반의 지평을 갖는다라는 사실, 여기에서 초월적 존재론적 시간규정이 발견되며 이 시간규정 안에서 비로소 실체의 지속성과 같은 것이 구성된다라는 사실 등을 통해서만 단지 이해될 수 있고 단지 가능하기도 한 것입니다.──이러한 측면으로부터만 시간성에 관한 나의 모든 해석은 이해될 수 있습니다.

시간성의 이러한 내적인 구조를 논구하기 위해서, 그리고 시간은 체험들이 진행되는 테두리에 불과하지 않다라는 사실을 내보이기 위해서, 시간성의 이러한 가장 내적인 성격을 현존재 자체에서 드러내기 위해서, 내 책은 각고의 노력들이 필요했습니다. 존재문제는 고대 이래 언제나 시간을 기반으로 그야말로 불명료한 의미에서 해석된다라는 사실, 또한 시간은 언제나 주관에 귀속된다라는 사실만을 오로지 주목하는 가운데 이 책의 면(面) 하나하나가 쓰여졌습니다.

그리고 존재 일반에 관한 물음을 주목하는 가운데 이 물음과 시간의 연관을 주시하면서, 한번쯤은 비로소 현존재의 시간성을 부각하는 작업이 필요했습니다. [더욱이] 이 작업은 어떤 이론과 거래함을 의미하지 않고, 오히려 하나의 완전히 규정된 논점에서 인간적 현존재에 관한 물음이 제기된다라는 사실을 의미합니다.──인간 속의 현존재를 논의하는 『존재와 시간』의 이 전체적인 논점은 결코 철학적 인간학이 아닙니다. 덧붙여 철학적 인간학은 지나칠 정도로 너무나 협소하며, 또한 지나칠 정도로 너무나 일시적입니다.

나는 이제껏 그 자체로서는 전개된 바 없는 하나의 논점이, 즉 물음을 통해 규정될 하나의 논점이 여기에 놓여 있다고 믿습니다. 만약 존재이해의 가능성과 더불어 인간의 초월의 가능성이, 또한 존재자를 형태짓는 태도의 가능성이, 다시 말해 인간 자신의 세계 사내에서의 역사적 사건의 가능성이 가능해야 한다면, 그리고 이러한 가능성이 존재에 대한 이해에 근거한다면, 그리고 이러한 존재론적 이해가 어떤 의미에서는 시간에 정위되어 있다면, 우리의 과제는 '존재이해의 가능성을 주목하면서 현존재의 시간성을 논구하는 작업'입니다. 그리고 거기에 모든 문제들이 정위되어 있습니다.

죽음에 대한 분석은 현존재의 근본적인 장래성을 하나의 방향에서 논구하는 기능을 갖고 있지, 죽음의 본질에 관한 궁극적이며 형이상학적인 테제 전체를 산출하는 기능을 갖진 않습니다. 불안에 대한 분석도 단 하나의 기능만을 갖습니다. 즉 그 기능은 인간에서의 중심적 현상을 가시화하는 기능이 아니라, 오히려 '현존재 자신의 어떤 형이상학적 의미를 근거로 해야 인간 일반이 무(無)와 같은 것 앞에 세워질 수 있는가'라는 물음을 준비하는 기능입니다. 불안에 대한 분석은, 무와 같은 것을 단지 이념으로라도 사유할 가능성은 불안의 정태성(情態性)의 이러한 규정 안에서 함께 근거지어진다는 사실을 기반으로 시도됩니다.

무나 혹은 불안을 이해할 때만, 나는 존재를 이해할 가능성을 갖습니다. 무가 이해될 수 없다면, 존재도 이해될 수 없습니다. 존재와 무에 관한 이해의 통일성에서만 '왜'의 근원에 관한 물음도 활짝 열립니다. 왜 인간은 왜에 관해 물을 수 있습니까, 또한 왜 인간은 물어야만 합니까? 존재, 무, 그리고 왜에 관한 이러한 중심 문제들은 가장 기본적인 문제들이며 또한 가장 구체적인 문제들입니다. 이 문제들을 향해 현존재에 관한 모든 분석론은 정위되어 있습니다.

그리고 나는 만약 사람들이 이러한 점을 앞서 파악한다면, 『존재와 시간』에 관한 비판이 입각했던 모든 가정이 나의 의도의 본래적 핵심을 적중하지 못하였다라는 사실을 확실히 알게 되리라 믿습니다. 또한 나는 다른 한편으로는 아주 자신 있게 다음과 같은 사실을 인정할 수 있습니다. 즉 사람들이 이를테면 『존재와 시간』에서의 이러한 현존재에 관한 분석론을 폐쇄적인 태도에서 인간에 관한 연구로서 받아들여, '인간에 관한 이러한 이해를 근거로 어떻게 문화와 문화영역의 형태에 관한 이해가 가능해야 하는가'라는 물음을 제기한다면, 즉 사람들이 이러한 물음을 그렇게 제기한다면, 여기에서 논의된 것에 의거해서 무엇인가를 말하기란 절대적으로 불가능할 것입니다. 이러한 물음들은 모두 나의 중심적인 문제와 관련해 불충분합니다.

나는 동시에 좀더 광범위한 방법적 물음을 제기하는 바입니다. 형이상학의 가능성의 문제를 위한 지반을 획득하려는 문제에 그 규정근거를 두고 있는 현존재의 형이상학은 어떻게 착수되어야 합니까? 현존재의 형이상학의 근저에 특정한 세계관이 놓여 있지는 않습니까? 만약 내가 어떤 입각점으로부터도 자유로운 철학을 부여한다라고 말한 바 있다면 그것은 나의 잘못일 것입니다. 여기에서의 문제는 철학과 세계관의 관계의 문제로 표현됩니다. 철학은 세계관의 부여를 과제로서 지니지는 않지만, 그러나 아마도 세계관은 철학활동의 전제입니다. 그리고 철학자가 부여하는 세계관은 학설이란 의미의, 또한 영향력을 끼친다는 의미의 직접적인 세계관은 결코 아닙니다. 오히려 철학자가 부여하는 세계관은, 현존재의 초월 자체를 즉 전체 안에서의 존재자와 태도관계를 맺는 이 유한자의 내적 가능성을 근원적이게(radikal) 하는 작업이 철학활동에서 성공을 거둔다는 사실에 바탕을 두고 있습니다.

표현방법을 달리 바꿔보겠습니다. 카시러는 이렇게 말합니다. '우리는 자유를 개념파악하지 못하며, 오히려 단지 자유에 대한 개념파악의 불가능성만을 개념파악한다.' 자유는 개념파악되지 않습니다. '자유가 어떻게 가능한가'라는 물음은 배리적(背理的)입니다. 그러나 이로부터 이를테면 여기에 비합리적인 것의 문제가 존속한다라는 결론이 뒤따르진 않습니다. 오히려 자유는 결코 이론적 파악의 대상이 아니라 철학활동의 대상이기 때문에, 그것이 오로지 의미할 수 있는 바는, 자유는 단지 해방(Befreiung)을 통해서만 존재하며 존재할 수 있다라는 사실입니다. 인간에서의 자유와의 유일하게 적합한 관련은 인간에서의 자유를 해방하는 것입니다.

철학활동의 이러한 차원에 들어선다는 것은 학술적 토론의 사태가 아닙니다. 오히려 그러한 사태에 관해 개별 철학자는 아무것도 모르고 있습니다. 이러한 사태는 철학자가 그것에 대해서는 스스로 몸을 낮추어야 될 과제이기도 합니다. [따라서] 철학활동의 이러한 차원으로 들어서기 위해서는 인간 속의 현존재를 이처럼 해방하는 사건이 철학 그 자체가 실행할 수 있는 유일하며 중심적인 사건이어야 합니다. 그리고 이러한 의미에서 나는 이렇게 믿고자 합니다. [첫째] 나에게 전혀 낯설은 카시러의 용어 목적지(ad quem)는 문화철학의 의미를 띠고 있습니다. [둘째] 그리고 문화철학의 이러한 물음이 인류사의 발생사건 안에서 비로소 그것의 형이상학적 기능을 얻는 것은, 문화철학이 상이한 분야들을 단순히 현시하는 작업에 머물지 않고, 오히려 동시에 그 각 분야들의 내적인 활력에 뿌리를 박아, 그로써 근본사건인 현존재의 형이상학 자체에서 명확히 또한 처음부터——즉 추후에가 아니라——가시화될 때입니다.

카시러에 대한 물음들 :

1. 인간은 무한성을 향한 어떤 길을 갖고 있습니까? 그리고 인간이 무한성에 관여할 수 있는 그 방식은 어떠합니까?

2. 무한성은 유한성의 결성적(缺性的) 규정으로서 획득되어야 합니까, 아니면 고유한 영역입니까?

3. 철학은 불안으로부터 [인간을] 자유롭게 할 과제를 얼마큼이나 지니고 있습니까? 혹은 철학이 인간을 실로 철저히 불안으로 인도할 과제를 지니고 있진 않습니까?

카시러 : 1번 물음에 대하여. 형식의 매개를 통하는 것 외에 다른 길은 없습니다. 형식의 기능은 이러합니다. 인간은 자신의 현존재를 형식으로 변화시키면서, 즉 자신의 모든 체험을 어떤 하나의 객관적 형태로 반드시 전환하면서, 이 객관적 형태 안에서 자신을 객관화합니다. 그러나 이로써 인간이 철저히 출발점의 유한성으로부터 자유로워지는 것은 아닙니다(왜냐하면 인간의 현존재가 아직은 출발점의 고유한 유한성에 관련되어 있기 때문입니다). 하지만 인간의 현존재가 유한성으로부터 충분히 자라나오면서 인간의 현존재는 유한성을 새로운 어떤 것을 향해 이끌어갑니다. [이상이 형식의 기능입니다.] 이 새로운 어떤 것은 내재적 무한성입니다. 인간은 자신의 고유한 유한성으로부터 실재적 무한성으로 도약할 수 없습니다. 그러나 인간은 자신을 자신의 실존의 직접성으로부터 순수형식의 영역으로 이끄는 초월적 기초를 가질 수 있고, 또한 반드시 가져야만 합니다. 그리고 자신의 무한성을 인간은 단지 이러한 형식에서만 소유합니다. "이러한 영계(靈界)의 성배(聖杯)로부터 인간에게 무한성이 흘러들어온다." 영계는 형이상학적 영계가 아닙니다. 진정한 영계는 바로 인간 자신에 의해 창조된 정신세계입니다. 인간이 그러한 세계를 창조할 수 있었음은 자신의 무한성의 징표입니다.

2번 물음에 대하여. 무한성은 결성적 규정일 뿐 아니라 또한 고유한 영역이기도 합니다. 그러나 유한적인 것과 관련해 순전히 부정적으로만 획득되는 영역은 아닙니다. 즉 유한성에 대한 모순투쟁만이 무한성에서 구성되는 것이 아니라, 진정 어떤 의미에서 보자면 [무한성의] 총체성은 유한성 자체에 대한 충족입니다. 유한성의 이러한 충족이 바로 무한성을 구성합니다. 괴테는 말합니다. "네가 무한적인 것으로 성큼 발걸음을 내딛고자 한다면, 단지 유한적인 것 안에서 사방팔방으로 나아가라!" 유한성이 충족되면서, 즉 유한성이 사방팔방을 향해 나아가면서, 유한성은 무한성으로 성큼 발걸음을 내딛습니다. 그것은 결성과는 반대입니다. 즉 유한성 자체의 완전한 충전입니다.

3번 물음에 대하여. 그것은 인간이 오로지 일종의 고백을 통해서만 답변할 수 있는 그야말로 근본적인 물음입니다. 철학은 인간을 가능한 한 자유로워지게끔 해야 합니다. 그런 한에서만 인간은 오직 자유로워질 수 있습니다. 철학은 그러한 역할을 하기 때문에 인간을 단순한 정태성인 불안으로부터, 물론 어떤 의미에서는 철저히 해방한다라고 나는 믿습니다. 나는, 또한 오늘 아침 하이데거가 상론하였듯, 자유는 전진적 해방의 길 위에서만 본래적으로 발견될 수 있고 이 해방의 길은 인간에게 무한한 과정이라 믿습니다. 나는 하이데거가 이러한 견해에 동조할 수 있으리라 믿습니다. 여기에 가장 어려운 문제가 놓여 있음을 비록 나도 파악하고는 있으나, 나는 그렇게 믿습니다. 나는 자유의 의미와 목표가 사실상 "현세의 불안을 너희들로부터 던져버려라"라는 의미의 해방이라고 생각하고 싶습니다. 그것은 내가 언제나 신봉해왔던 관념론의 입장입니다.

기록자의 요청 : 언어학적 진술 : 두 분 선생님은 전혀 다른 언어로 말하고 있습니다. 우리들에게 중요한 것은 이 두 언어에서 어떤 공통적 요소를 추려내는 것입니다. 카시러는 이미 자신의 "활동공산"내에서 [이러한 의미의] 번역을 시도한 바 있습니다. 우리는 하이데거로부터, 과연 그가 이러한 번역을 인정하는가를 경험해야 합니다. 번역될 수 없는 요소가 등장할 때까지 번역의 가능성은 유효합니다. 각 언어의 특징을 산출하는 것은 전문용어들입니다. 나는 두 분 선생님의 언어에서 다른 선생님의 언어로의 번역이 회의적인 이러한 전문용어 몇 가지를 총괄적으로 찾아내려 시도하였습니다. 나는 현존재, 존재, 존재적인 것과 같은 하이데거의 표현들을 꼽아

봅니다. 역으로 카시러의 표현들을 꼽아보자면, 정신에서의 기능적
인 것 그리고 근원적 공간의 다른 공간으로의 변환 등을 들 수 있
습니다. 만약 이러한 전문용어들에 대해 양쪽에서 어떤 번역도 존
재하지 않음이 확인된다면, 아마도 이러한 전문용어들에서 카시러
의 철학정신과 하이데거의 철학정신은 구별될 것입니다.

하이데거 : 카시러는 첫번째 강연에서 출발점(a quo)과 목적지(ad
quem)라는 전문용어를 사용하였습니다. 카시러에게서 목적지라는
전문용어는 [존재자를] 형태짓는 의식의 각 형식들의 전체성을 해
명한다는 의미에서 문화철학 전체를 뜻한다고 사람들은 말할 수 있
을 것입니다. 카시러에게서 출발점이라는 전문용어는 정말 문제거
리입니다. 나의 입장은 그 반대입니다. 출발점이라는 전문용어는 내
가 전개한 나의 중심적 논점입니다. 물음은 이렇습니다. 과연 목적
지라는 전문용어가 나에게도 그토록 명확할까요? 나에게 그 용어는
문화철학 전체 안에 존립하지 않고, 오히려 '존재자란 무엇인가?'
혹은 '도대체 존재는 무엇을 의미하는가?'라는 물음 안에 존립합니
다. 형이상학의 근본문제를 위한 지반을 획득하려는 이러한 물음으
로부터 나에게는 현존재의 형이상학의 논점이 제기됩니다. 칸트에
대한 해석작업의 핵심에 다시 한번 접근해봅시다.

나의 의도는 인식론적 해석과는 반대로 어떤 새로운 것을 가져와
상상력을 명예롭게 하는 것이 아니었습니다. 오히려 명확히 밝혀져
야 할 점은, 『순수이성비판』의 내적인 논점, 즉 존재론의 가능성에
관한 물음은 칸트의 출발점이었던 전통적 의미의 존재개념을 철저
히 폭파하는 쪽으로 치닫는다라는 사실이었습니다. 형이상학의 정
초작업을 시도하는 가운데 칸트는 본래적 지반을 심연화하는 쪽으
로 치닫게 됩니다. 칸트가 '세 근본물음들은 인간이란 무엇인가라는
네번째 근본물음으로 귀환된다'라고 말할 때, 이 네번째 물음은 그

것의 물음성격상 의심스럽게 되었습니다. 내가 지적하고자 시도했던 바는, 로고스의 개념으로부터의 출발은 전혀 자명하지 않다라는 사실, 오히려 형이상학의 가능성의 물음은 현존재 자체의 형이상학을 형이상학적 물음의 기초의 가능성으로서 요구한다라는 사실, 그로써 인간이란 무엇인가라는 물음은 인간학적 체계의 의미에서는 결코 답변되지 말아야 하며, 오히려 그 물음이 제기되고자 하는 그 관점을 고려해서 비로소 본래적으로 밝혀져야 한다라는 사실이었습니다.

여기에서 나는 출발점과 목적지라는 전문용어의 개념들로 돌아옵니다. 철학은 반드시 문제로 되어야 할 출발점이라는 전문용어를 갖고 있다라는 사실, 그리고 철학은 출발점과 상관관계에 있는 목적지라는 전문용어를 가지고 있다라는 사실, 이것은 단지 [사태의 본질을 해명하려는 철학의] 하나의 발견적인 물음제기의 방식에 불과합니까, 아니면 철학 자체의 본질에 놓여 있습니까? 이 논점이 나에게는 이제까지의 카시러 철학에서 아직 명확하게 뚜렷이 각인된 것처럼은 보이지 않습니다. 카시러에게서 우선 중요한 것은, 형태의 상이한 형식들을 산출하고 나서 형태를 만들어내는 힘들 자체의 어떤 차원을 이 형태들을 주목하는 가운데 추가로 상술하는 것입니다. 그런데 사람들은, '그러므로 이러한 차원은 내가 현존재라고 명명한 것과 근본적으로 동일한 것이다'라고 말할 수 있을 것입니다. 그러나 그것은 오류일 것입니다. 이 둘의 차이는 자유의 개념에서 가장 명확합니다.

나는, 현존재의 내적인 초월을 해방하는 것이 철학활동 자체의 근본성격이라는 의미에서 해방에 관해 언급해 왔습니다. 이때 이러한 해방의 본래적 의미는, 이를테면 형태를 부여하는 의식의 형상들을 위해 또한 형식의 왕국을 위해 자유롭게 됨에 있지 않고, 오히려 현존재의 유한성을 위해 자유롭게 됨에 있습니다. 즉 해방의 본래적 의미는 바로 현존재의 피투성 안으로 들어섬, 즉 자유의 본질에 놓여 있는 모순투쟁에 들어섬에 있습니다. 비록 나는 '자유롭게 있음'을 통해 비로소 나 자신일 수 있으나, 자유를 내가 나에게 스스로 부여한 바는 없습니다. 그러나 나 자신이 무차별적 설명근거라는 의미에서 존재하는 것은 아닙니다. 오히려 현존재야말로 인간의 실존과 또한 이와 더불어 실존 자체의 모든 문제성이 본질적이게 되는 본래적인 근본사건입니다.

이러한 점에 입각하여 사람들은 기록자가 요청한 번역에 관한 물음에 답변할 수 있다라고 나는 믿습니다. 내가 현존재라고 표기한 것은 카시러의 개념을 가지고는 번역되지 않는다라고 나는 믿습니다. 만약 사람들이 의식을 언급한다면 그것은 바로 나에 의해 거절당했던 것입니다. 내가 현존재라고 명명하는 것은, 사람들이 정신이라고 표기하는 것을 통해 또한 사람들이 생(生)이라고 명명하는 것을 통해 본질적으로 더불어 규정될 뿐 아니라, 또한 중요한 것은, 현존재는, 이를테면 육체에 속박되어 있고 또한 육체에 속박된 상태에서 존재자와 고유한 결합을 이루며, 존재자의 한복판에 처해 있는 그러한 인간의 연관성의 근원적 통일성이자 내재적 구조라는 점입니다. 더욱이 인간은 존재자를 경시하는 정신의 의미에서 존재자의 한복판에 처해 있는 것이 아니라, 오히려 현존재가 존재자의 한복판에 던져져 있는 상태에서 자유로운 자로서 존재자를 향한 침입을 감행한다라는 의미에서 존재자의 한복판에 처해 있습니다. 그런데 이러한 침입은 언제나 역사적인 그리고 궁극적 의미에서는 우연적인 침입입니다. 현존재의 실존의 최고 형식은 생과 죽음 사이에서 현존재가 지속하는 동안 극히 몇 안 되는 드문 순간들로만 귀환될 정도로, 즉 인간은 극히 몇 안 되는 순간에만 자신의 고유한 가능성의 정점에서 실존하며, 그렇지 않으면 자신의 존재자의 한복판에서 동요할 정도로, 존재자를 향한 현존재의 침입은 우연적입니다.

카시러의 상징적 형식의 철학 안에 잠복해 있는 것의 존재양식에 관한 물음, 즉 그것의 내적인 존재틀에 관한 중심적 물음을 규정하는 것은 바로 현존재의 형이상학입니다.——그런데 현존재의 형이상학은 소위 각종 문화분야와 철학분과들의 체계성을 의중에 둔 채 이러한 물음을 규정하지 않습니다. 나의 모든 철학적 작업에서 나는 각 철학분과들의 전승된 형태와 분류상태를 완전히 방치해두었습니다. 왜냐하면 나는, 그러한 것들에게로 논의의 방향을 정하는 것은, 우리를 철학의 내적인 논점으로 더 이상 되돌아가지 못하게끔 하는 가장 가혹한 불운이라 믿기 때문입니다. 플라톤과 아리스토텔레스도 철학의 그러한 분류에 관해 아무것도 파악한 바 없습니다. 그러한 분류는 물음의 내적인 논점이 사라져버린 학파의, 즉 그러한 철학의 관심사였습니다. [이제는] 이러한 철학분과들을 돌파해나갈 노력이 필요합니다. 더욱이 그 까닭은 우리가 미학 등등의 분과들을 헤쳐나갈 때 우리는 다시 그 해당분야의 특수한 형이상학적 존재양식으로 되돌아오기 때문입니다. 예술은 스스로 형태를 부여하는 의식의 형식일 뿐 아니라, 예술 자신은 현존재 자신의 근본사건내에 그 형이상학적 의미를 가지고 있습니다.

이러한 구별을 나는 의도적으로 강조하였습니다. 만약 우리가 수평화에 이른다면 그것은 실질적 작업에 도움이 되지 않습니다. 오히려 논구의 날카로움을 통해서만 그 문제는 명확해지므로, 나는 다시 한번 우리의 전체적인 논의를 칸트의 『순수이성비판』의 상징적 기호 쪽으로 되돌려, 다시 한번 인간이란 무엇인가라는 물음을 중심물음으로서 확정하고자 합니다. 동시에 이 물음은 우리가 그 어떤 고립된 윤리적 의미에서 제기하는 물음이 아니라, 오히려 다음의 두 입장들의 논점에 입각하여 명료하게 드러나는 물음입니다.

즉 첫번째 입장은 철학자에게서 인간에 관한 물음은 철학자가 단적으로 자신을 스스로 도외시하는 방식으로만 본질적이 된다라는 입장입니다. 두번째 입장은, 이 물음은 인간중심적으로 제기되어선 안 되며, 오히려 인간이 전체 안에서의 존재자와 자기 자신에 대해 초험적인[초월적인], 즉 열려 있는 자라는 사실을 통해, 또한 인간은 이러한 탈중심적 성격 때문에 동시에 존재자 일반의 전체 안에 들어서게 된다라는 사실을 통해 밝혀져야 한다라는 입장입니다.——그리고 단지 이렇게 해서만 철학적 인간학의 물음과 이념은 의미를 갖는 것입니다. 이것은 우리가 인간을 주어진 객관으로서 경험적으로 탐구한다라는 의미가 아니며, 또한 따라서 내가 인간에 관한 인간학을 기획한다라는 의미도 아닙니다. 오히려 인간의 본질에 관한 물음은, 철학 자체의 중심 논점으로부터 유래할 때만, 즉 인간을 자기 자신을 넘어 존재자 전체로 귀환시킴으로써 인간에게서 그의 모든 자유에도 불구하고 그의 현존재의 무력감을 드러내보이는 그러한 철학 자체의 중심 논점으로부터 유래할 때만, 오로지 그 의미와 권리를 갖는 것입니다. 물론 이러한 무력감은 비관론이나 우울증을 유발하는 동기가 아닙니다. 오히려 이러한 무력감은, 저항이 있는 곳에서만 인간의 본래적 작용이 가능하다라는 사실에 대한, 또한 철학은 이를테면 인간을 단순히 정신의 작품들만을 이용하는 그의 게으른 측면으로부터 그의 숙명의 가혹함으로 되던져버리는 과제를 갖고 있다라는 사실에 대한 이해의 동기가 됩니다.

카시러 : 나도 수평화에 반대합니다. 우리는 누구나 자신의 입각점에 머물면서 자기 자신뿐 아니라 타자까지도 파악하고픈 열망을 욕구하며, 또한 그러한 열망을 가져야 하며, 그러한 열망을 실현할 수도 있습니다. 내가 볼 때 그러한 열망의 가능성은 철학적 인식 일반의 이념 안에, 즉 하이데거도 인정할 이념 안에 놓여 있는 듯합니다. [그러나] 나는 하이데거를 그의 입장으로부터 떼어내 그를 다

른 시선으로 강제할 시도에 착수할 의사가 없으며, 오히려 단지 그의 입장만을 이해하고자 합니다.

하이데거와 나의 대립이 어디에서 성립하는지는 이미 더욱 분명해졌다고 나는 믿습니다. 그러나 이러한 대립을 거듭 강조하는 것은 도움이 되지 않습니다. 우리는 단순한 논리적 논증을 통해서는 거의 아무것도 달성되지 않는 입장에 서 있습니다. 아무에게도 이러한 입장을 수용하라고 강요할 수는 없습니다. 그리고 순전히 논리적인 강제력이라 해도, 아무에게도 나 자신에게 본질적인 듯한 입장을 가지고 논의를 시작하라고 강요할 수 없습니다. 그러므로 여기에서 우리는 서로 상대적이라는 판결을 받을 것입니다. "그 사람이 어떤 종류의 철학을 선택하는가는 그가 어떤 종류의 인간인가에 달려 있다." 그러나 경험적 인간을 중심으로 세우게 될 이러한 상대성에 우리가 언제까지나 머물러서는 안 됩니다. 그리고 참으로 중요했던 것은 하이데거의 마지막 말이었습니다.

하이데거의 입장도 인간중심적일 수 없습니다. 그리고 그의 입장이 인간중심적이 아니고자 한다면, 나는 도대체 우리의 대립에서 공통적 중심이 어디에 있는가를 묻습니다. 그것이 경험적 사태에 있을 수 없음은 분명합니다. 우리는 바로 서로간의 대립에서 다시 그 공통적 중심을 찾아야 합니다. 그런데 나는 우리가 그것을 찾을 필요가 없다고 말합니다. 왜냐하면 우리는 이러한 중심을 갖고 있기 때문입니다. 더욱이 그 까닭은 하나의 공통적인 객관적 인간의 세계가 있기 때문입니다. 이러한 세계에서도 개인들간의 차이가 물론 결코 지양되진 않지만, 그러나 여기에는 개인에서 개인으로 이르는 가교가 놓여 있다라는 조건이 붙습니다. 그것은 나에게는 언제나 거듭 언어라는 근본현상에서 등장합니다.

누구나 자신의 언어로 말하고 있습니다. 그리고 한 사람의 언어가 다른 사람의 언어로 번역될 것이라고는 생각하기 어렵습니다.

그러나 우리는 언어라는 매개체를 통해 우리를 이해합니다. **공통적 언어와 같은 것이 있습니다.** 그리고 상이한 말투들의 무한성을 넘어서는 통일성과 같은 것이 있습니다. 여기에 나의 결정적인 요점이 있습니다. 나는 상징적 형식의 객관성으로부터 출발하는데, 그 까닭은 여기에선 개념적으론 파악불가능한 것이 작용하기 때문입니다. 언어는 가장 분명한 예입니다. 우리는 여기에서 공통적 지반에 발을 내딛었다고 주장합니다. 우리는 그러한 사실을 우선은 요청으로서 주장합니다. 그리고 모든 기만에도 불구하고 우리는 이러한 요구를 잘못 평가하지 않습니다. 그것은 내가 객관정신의 세계라고 명명하고자 하는 것입니다.

현존재로부터 하나의 끈이 만들어져 나오며, 이 끈은 그러한 객관정신을 매개로 우리를 다시 다른 현존재와 결합합니다. 상징들의 이러한 세계를 통하는 것 말고는 현존재로부터 현존재로 이르는 다른 길은 존재하지 않는다라고 나는 생각합니다. 이러한 현사실(Faktum)이 존재합니다. 만약 이러한 현사실이 존재하지 않는다면, 과연 양해와 같은 것이 어떻게 존재할 수 있을지를 나는 모를 것입니다. 또한 인식활동은 다음과 같은 주장의 근본적인 경우일 뿐입니다. 즉 하나의 사태에 대해 하나의 객관적 진술이 공식화된다라는 사실, 그리고 그러한 객관적 진술은 이젠 개별자의 주관성을 고려하지 않는 필연성의 성격을 갖는다라는 사실의 근본적인 경우일 뿐입니다.

자신의 형이상학의 근본물음은 플라톤과 아리스토텔레스가 규정했던 것과 동일한 물음, 즉 '존재자는 무엇인가'라는 물음이라고 하이데거는 올바르게 말한 바 있습니다. 그리고 더 나아가 그는, 칸트도 모든 형이상학의 이러한 근본물음에 다시 관련되어 있다라고 말한 바 있습니다. 이 말을 나는 주저 없이 인정합니다. 그러나 바로 여기에, 즉 좀더 자세히 말하자면 칸트가 코페르니쿠스적 전회라고 명명했던 것에 [우리의] 본질적인 차이가 존립하는 듯 보입니다. 이러한 전회를 통해 존재물음이 결코 제거된 것처럼은 보이지 않습니다. [만약 그렇게 보인다면] 그러한 해석은 그야말로 잘못된 해석일 것입니다. 그러나 존재물음은 이러한 전회를 통해 그것의 고대의 형태보다 훨씬 더 복잡한 형태를 갖게 됩니다. 전회의 본질은 어디에 있을까요?

"지금까지 사람들은 인식이 대상을 올바르게 향해야 한다라고 가정했다⋯⋯. 그러나 사람들은 그 반대의 물음을 한번 시도해본다. 만약 우리의 지식이 대상을 올바르게 향할 필요 없이, 오히려 대상이 인식을 올바르게 향해야 한다면 도대체 어떻게 될까?" 이 인용문이 의미하는 바는, 대상들의 규정성에 관한 이러한 물음에는 '대상성 일반의 존재구성에 관한 물음'이 선행한다라는 사실입니다. 또한 이러한 대상성 일반에 타당한 것은 이러한 존재구조내에 있는 모든 대상들에 대해서도 타당해야 한다라는 사실입니다. 이제는 더 이상 단 하나의 그러한 존재구조만이 있지 않고, 오히려 우리가 전혀 상이한 존재구조들을 갖고 있다라는 사실에 이러한 전회의 새로운 점이 있는 듯 보입니다.

새로운 존재구조는 각각 그것의 새로운 선험적 전제를 갖고 있습니다. 칸트는 자신이 경험의 가능성의 조건들에 결부되어 있음을 보여줍니다. 칸트가 보여주는 바는, 어떻게 각 유형의 새로운 형식은 그때마다 대상적인 것의 새로운 세계에 관계하는지, 또한 어떻게 미학적 대상은 경험적 대상에 구속되어 있지 않은지, 또한 어떻게 미학적 대상은 자신의 고유한 선험적 범주들을 갖고 있는지, 또한 어떻게 예술도 하나의 세계를 구성하는지, 또한 어떻게 이러한 법칙들은 물리적인 것의 법칙들과 다른 것인지의 여부입니다. 이로써 전혀 새로운 다종성(多種性)이 대상의 문제 일반에 들어섭니다. 이로써 옛 독단적 형이상학으로부터 새로운 칸트의 형이상학이 진정으로 생성됩니다. 옛 형이상학의 존재는 실체, 즉 '근저에 놓여 있는 것'이었습니다. 새로운 형이상학에서의 존재는, 나의 언어로 말하자면, 이제는 실체의 존재가 아니라 오히려 다양한 기능적 규정들과 의미들로부터 출발하는 존재입니다. 그리고 나의 입장을 하이데거로부터 구별하는 본질적인 요점은 여기에 있는 듯합니다.

나는, 코헨이 언제나 거듭 공식화한 바 있던, 초월적인 것에 관한 칸트적인 물음제기 곁에 늘상 머물러 있습니다. 코헨은 초월론적 방법의 본질적인 면을 이 방법이 하나의 현사실과 더불어 출발한다라는 점에서 파악했습니다. 그런데 그는 '본래적으로 물을 가치가 있는 것'으로서 언제나 거듭 수학적 자연과학만을 내세웠기 때문에, 초월론적 방법을 '하나의 현사실과 더불어 출발해서 이 현사실의 가능성에 관해 묻는 방법'으로 해석하는 이러한 일반적 정의를 축소해버렸습니다. [하지만] 이러한 한정된 울타리 안에 칸트는 서 있지 않습니다. 그러나 나는 언어라는 현사실의 가능성에 관해 묻습니다. 우리가 이 매개체를 통해 현존재 상호간을 이해할 수 있음은 어떻게 일어나는 것이며, 또한 어떻게 사유될 수 있습니까? 우리가 예술작품을 객관적으로 규정된 것으로서, 즉 객관적으로 존재하는 것으로서, 즉 이러한 유의미체로서 그것의 전체성에서 여하튼 파악할 수 있음은 어떻게 가능합니까?

이러한 물음이 해결되어야 합니다. 아마도 이로써 철학의 모든 물음들이 [물론] 해결되진 않습니다. 아마도 이로써 사람들이 광범위한 분야로 가까이 접근해갈 수도 없습니다. 그러나 사람들이 이러한 물음을 우선 일단 제기하는 것은 필연적입니다. 그리고 나는 사람들이 이러한 물음을 제기했을 때 비로소 하이데거의 물음제기에 이르는 접근통로를 탁 트이게 만들 것이라 믿습니다.

하이데거 : 칸트와 고대를 대립시킨 가운데 카시러가 던진 마지막 물음은 내가 모든 작품의 특성을 규정할 또 한번의 기회가 되었습니다. 플라톤의 물음이 반드시 회복되어야 한다라고 나는 말합니다. 그러나 이 말이 우리가 그리스인들의 답변으로 물러남을 의미할 순 없습니다. 내가 강조하는 바는, 존재 자체는 다양하게 분기(分岐)되어 있으며, 중심문제는 존재방식들의 내적인 다양성을 존재의 이념에 입각해 이해할 지반을 획득하는 작업에 존립한다라는 사실입니다. 그리고 나의 관심사는 존재 일반의 이러한 이념을 중심적인 것으로 획득하는 작업입니다. 또한 나의 연구의 유일한 노력은 존재, 존재의 구조, 존재의 다양성에 관한 물음을 위해 그 지평을 획득하는 작업에 경도되었습니다.

단순한 매개는 결코 [아무것도] 생산적으로 촉진하지 못할 것입니다. 철학이 인간의 창조적 업적과는 달리 인간의 유한성을 울타리로 해서 제한되어 있음은, 인간의 유한한 관심사인 철학의 본질입니다. 철학은 인간의 전체이자 최상의 것을 향해 나아가기 때문에, 철학을 통해 유한성은 자신을 그야말로 철저한 방식으로 내보여야 합니다.

중요한 점은 이렇습니다. [첫째] 여러분들은 나와 카시러의 대결로부터 '철학하는 사람들의 입장의 상이성에 정위되지 말아야 한다'라는 이 하나의 사실만큼은 손에 넣었습니다. [둘째] 여러분들은 [이제는] 카시러와 하이데거에게 몰두하지 않고, 오히려 '우리가 형이상학의 중심물음을 다시 진지하게 다루는 길 위에 있음'을 감지할 정도로 그렇게 폭넓게 발전해왔습니다. 그리고 내가 여러분들에게 지적하고자 하는 바는, 여러분들이 여기에서 미시적으로 파악한 것, 즉 논점의 통일성이란 시각에서 보았을 때 드러나는 철학하는 각 사람들의 차이성이 거시적으론 전혀 달리 표현된다라는 사실입니다. 또한 철학사와의 대결에서 실로 본질적인 점은 즉 철학사를 이해하는 첫걸음은 각 입장들과 입각점들의 차이성으로부터 벗어나, 실로 이 입각점들의 차이가 어떻게 철학적 작업의 뿌리로서 존재하는지를 파악하는 것이라는 사실입니다.

V. 『칸트책』에 관한 오데브레히트와 카시러의 비판에 대하여

근본물음 : 인간 인식의 유한성의 본질과
근거지음 ; 유한성 일반의 문제

1. 인식활동의 유한성
(카시러, 오데브레히트)
(나의 칸트 해석에 관한 비판들에 대하여)

1) 우리의 인식활동과 절대적 인식활동을 비교하는 작업은 무엇을 해야 하며, 또 무엇을 하고자 하는가? [이러한 물음을 통해 나는] 단지, 우리의 인식활동의 유한성은 무엇을 의미하며, 또한 그것의 유한성은 어디에서 파악되는지를 규명할 뿐이다.

절대적 인식활동은 단지 구성된 이념(이 책의 90쪽 이하 참고)일 뿐인데, 그것도 좀더 정확히 말하자면, 우리의 인식활동에 입각해 구성된 이념일 뿐이다. 즉 우리의 인식활동에서, 특수하게 유한한 면이 제거되고 우리의 인식활동의 본질이 해방된 것이다. 이를 위해 절대적 인식의 현실적 전재(前在)를 현실적으로 인식할 필요는 없다.―절대적 인식의 현실적 전재는 물론 그 자신 신(神)의 존재를 의미할 것이다―그리고 우리는 단지 주도적 이념의 구성을 위해 절대적 인식의 현실적 전재를 끌어들이는데, 이로써 우리는 실로 게다가 [인간 인식활동의] 유한성을 비로소 입증한다.

2) 결단코 나는 유한한 인식활동을 절대적 직관으로부터 "연역" 한 바 없다. 그것은 오데브레히트(Odebrecht)(「독일철학신문」 V, 1, 1931)의 생각이다. 그는 마치 "원본적 직관이라는 상위개념으로부

터 사유의 직관적 성격이 필연적으로 밝혀질" 수 있는 것처럼 생각한다.

오히려 : 사유의 직관적 성격은 실로 그 어떤 곳으로부터도 연역을 통해 밝혀지지 않고, 오히려 주어짐에 의존하는 근본경험 안에서 우리에게 드러난다. 모든 것은 옛 그대로다. 비록 사람들이 사유를 유한한 인식활동으로서 표기할 것을 의도한다 하더라도, (물론 그렇다면 유한한 것은 필연적으로 달리 해석되어야 한다. "세속적인 것"—이 해석의 관점이자 지반) 사유는 반드시 칸트의 의도와의 연관에서 또 그것과 관련해서 파악되고 명명되어야 한다.(현상체와 가상체!『칸트와 형이상학의 문제』, 101쪽 이하! 참고.『칸트와 형이상학의 문제』: 유한성—유한성이 우리의 인식활동과 관련하여 어디에서 존립하는지의 여부는 우리의 인식활동 자체를 주목하면서 해명된다.)

피투성은 인식활동의 유한성의 근거다(『칸트와 형이상학의 문제』, 93쪽 참고). 이 피투성은 우선은 우리 자신이 아닌 존재자에 대한 의존성으로서 파악된다. 유한성은 근본적으로 인식활동의 유한성이 아니다. 오히려 인식활동은 피투성의 본질적 귀결일 뿐이다. 그리고 바로 이 점에, 직관에 봉사하는 것으로서의 사유의 필연성이 근거한다. 해석과 규정성이 존재자의 경험을 위해 필요함이 전제된다면 그렇다. ([사유의] 봉사의 역할과 봉사가 '일차적이며 유한한 인식'인 유한한 직관활동을 위해 필요한 것으로서 입증될 때, 동시에 그것들은 지성에 대해서는 본질적인 것으로서 증명된다(『칸트와 형이상학의 문제』, 94쪽 이하 참고)).

"사유"는 유한성의 지표다. 즉 직관에 의존해 있는 것이다. 그리고 직관 자체는 주어짐—피투성에 의존해 있음으로 인해 발원한다. 이러한 발원 혹은 […에] 근거함은 본질적 관계들을 의미한다. 사유가 직관활동으로 되진 않지만(오데브레히트), 그러나 아마도 표상활동으로서는 고수된다. 어떤 것을 일반적으로 표상하는 활동은, 유한한 직관이 반드시 인식이기 위해서는 필연적으로 그것을 필요로 한다라는 사실을 근거로 이해된다.

"인식활동은 일차적으로 직관활동이다"(이 책의 88쪽, 거기의 주의사항들! 참고). 즉 인식활동에서의 근본성격은 직관활동이다. 유한한 인식활동에서 물론 이러한 성격은 [유한한 인식활동을] 일차적으로 근거짓는 필연적인 성격이지만, 그러나—실로 [유한한 인식활동은] 유한한 것이기 때문에—[그것을 근거짓는] 충분한 성격은 아니다.

그러고 나서 사유의 봉사적 성격에 입각해 판단의 형식적이며 명제적-진리적인 본질을 밝혀냄.

지성은 유한한 인식활동을 위해 본질적이다. 즉 지성은 자신의 유한성의 성격에서 스스로 직관을 능가한다.

2. 카시러의 비판에 대하여

두 가지의 관점들에서의 근본물음. 인식의 본질 :

1) 인식은 "일차적으로"(『칸트와 형이상학의 문제』 참고) 직관이다(인식=직관은 아니다). 그러나 무한한 인식은 "단지" 직관이다(구성으로서의 유한성).

"일차적인 것"은 "이차적인 것"과 관련된다.—그러나 이차적인 것은 사소한 것이 아니라 오히려 본질적으로 필연적인 것이다. 하지만 이러한 필연성은 봉사의 역할 구조에서 그렇다. 그런데—유한한 것인—이 봉사하는 자가 외람된 행동을 한다. 그러나 이것은 무한성의 증거가 아니라 오히려 그 반대다. 칸트 자신은 이러한 현상을 당해내지 못하고 있다.

2) 이 모든 논의에서 보건대, 인식은 a) "그때마다 오직" 직관도 사유도 아니며, b) 또한 직관인 동시에 사유도 아니고, 즉 그때마다

그 양자도 아니고, 오히려 c) 제3자와 '좀더 근원적인 것'으로서의 이것 즉 상상력과 "시간"이다. 그러나 이로써 하나의 문제[가 발생하지 않는가]!

3. 카시러

하지만 바로 상상력이 나에 의해 [인식의] 중심으로 부각된다면, 지성의 자발성에 관한 가르침은 무엇을 의미해야 하는가?

그러나 카시러는, 지성에 대한 이러한 강조가 정말 애매하다라는 사실에 대해, 또한 마르부르크 학파가 [칸트의 본래 작업과는] 전혀 다른 작업을 착수했다라는 사실에 대해 침묵한다.──단지 지성만 있고, 또한 단지 논리학만 있고, 그리고 감성은 무한한 과정에서 사라져버려야 할 운명적인 찌꺼기에 불과하다니! 공간과 시간이 지성의 개념들이라니!

지성은 이를테면 없어도 될 것을 단지 단순히 간직하고 있다(슈레페(Schleppe))라고 나는 결코 주장한 바 없다!

그리고 카시러가 '횃불을 나르는 자'(Fackelträgerin)라는 표현으로 무엇을 의미하려 하든, 그것은 단지 하나의 그림일 뿐 사유와 직관의 관련의 본질에 대해선 실로 아무것도 말하지 않는다. 그 본질은 상상력의 현상 안에 문제로서 실로 은닉되어 있다.

4. 카시러에 대하여

지성의 본질 그리고 유한성

지성은 횃불을 나르는 자로서 봉사한다. 여하튼 봉사역할을 하고 있다. 그리고 횃불을 나름이란 무엇을 의미하는가 ── 밝게 비춤인가!

지성은 사실상 실로 빛을 산출하는 자가 아니다. 오히려 '밝힘'(Lichtung)을 필요로 한다. 즉 지성은 지성으로서 단지 [직관의 다양을] 규정하는 역할만 한다. 지성은 단지 도식화된 지성으로서만 밝게 비추는 역할을 한다. 지성은 자발적인 힘으로는 결코 봉사의 역할을 수행할 수 없다.

카시러는 자구에 얽매여 실로 순수지성과 논리학의 논점을 간과한다.

5. "유한성"(카시러)

확실히——[유한성이] 문제다. 그러나 결정적인 물음은 이렇다. 왜? 그리고 어떻게?

[유한성의] 문제가 이러저러한 사람에게는 아마도 한번쯤은 숙취(宿醉)한 순간에 등장하기도 하는데, 단지 그런 이유 때문에만 유한성에 관해 철학적으로 사유하는 것은, 결코 철학적 동기가 아니다.

마치 카시러는 중심 테마를 갖긴 하였으나 그것을 완전히 외면한 듯이 보인다.

6. 카시러(일반적인 것)

카시러는 자신의 훌륭한 원칙을 준수하는가?——[자신의] 의도를 심도 있게 논의하는가?("유한성"[의 원칙을 따르는가]? 그런 면도 있고 그렇지 않은 면도 있다!) : [그의 관심사는] 존재물음과 인간에 관한 물음이다. 더욱이 이 인간에 관한 물음이 바로 문제거리가 된다.——그러므로 의식의-문제 전체가 논란거리가 된다. 마르부르크 학파 : 직관과 사유, 이뿐 아니라 제3자!

아니다! 이 문제나 또한 [이 문제에 대한] 해석 전체는 이 [인간에 관한] 물음을 기반으로 이해되거나 평가되지 않는다. 그 대신에 임의의 측면으로부터 각종 반박들이 제시된다. 하지만 이 반박들은 모두 부분적으로만! 옳다라는 위험적 요소를 지니고 있다. 카시러가 전적으로 오인하고 있는 바는, 해석에서는 하나의 문제를 부각하는 것이 중요하다라는 사실, 그리고 이뿐 아니라 이 문제는 비로소 가시화되어야 하며, 그것도 칸트를 회상하는 가운데 그러해야 한다라는 사실이다. 이로써 하나의 해석이 요구된다. 그것이 역사적 객관성을 규정한다. 칸트 그 자체는──우리에게 아마도 "전혀 다가오지 못하며," 혹은 아무것도 규정하지 못하는데(에빙하우스(Ebbinghaus))──하나의 근본적인 오해다.

그러나 이러한 올바른 해석의 은닉된 이념을 가지고서 카시러 또한 자신의 작업을 이행하고 있다.

7. 카시러에 대하여

논점의 권역 전체를 처음부터 끝까지 논의하지 못했음(이 책의 92쪽)은 인정한다. [그러나] 단지 하나의 부분만을 해석하려는 의도는 아니었다. 결단코 그런 의도는 아니었다. 오히려 실로 근본문제에 입각하여 "형이상학의 문제"를 칸트에게서 가시화하려는, 그리고 그것도 바로 통상적 해석에 따라 단지 "인식론"으로만 돌출된 "부분"에 입각하여 그 문제를 가시화하려는 의도였다.

이 부분에서 추적되어야 할 것은 실로 칸트가 정초하면서 변화시킨 그 형이상학의 문제를 향한 관점들──즉 이러한 변화의 기반과 장소들이다.

8. 카시러에 대하여

의도 : 서로의 노력에 대한 해명!

물음 : 왜 카시러는 나에 의해 선택된 지반에 머무를 수 없는가? (이 책의 65쪽)

1) 형이상학의 문제가 달리 전개되고 근거지어질 수 있는가?

2) 칸트는 사실상 이러한 지반 위에서 움직이지 않는가?

3) 혹은 과연 칸트가 형이상학의 문제를 얼마나 의식했고 또한 우선 순위로 실행했는가의 여부는 단지 논란거리에 불과한가?

3)에 대해 나는, 나의 해석이 폭력적이며 극단적임을 군말 없이 인정한다. 그러나 이는 바로 (2)와 (1)을 전제하고서다!!

[나의] 관심사는 실로 칸트—와 형이상학의 문제를 향하고 있다!

9.

헤르츠(M. Herz)에게 보낸 그 유명한 편지가 널리 인기 있게 인용되는데, 이제는 그러한 인용의 정당성에 대해서도 의심할 필요가 있다. 칸트가 "약 3개월 이내에" 완성할 것이라고 확신했던 이후로 거의 10년이란 세월을 사용했다라는 사실이 그다지 주목되지 않고 있다.

그 세월 사이에 [그 편지 내용과는] 다른 어떤 것이 착수되었음에 틀림없다. 편지에서 그 문제[형이상학의 문제]는 아직은 너무도 전통적이다. 비록 이미 순수지성적 인식의 가능성에 관한 물음에 [논의가] 비판적으로 정위되어 있긴 하나, 마치 이 가능성이 단순히 독자적으로 존재하는 것처럼 보인다. 비록 감성이 주목되긴 하였으나, 유한성이 본래적으로 중심적인 것으로는 주목되지 않았다.

10. 카시러

단순히 인간학적인 것 그리고 감관의 내용, 법칙, 현상과 물자체.

존재와 시간 대신 존재와 당위.

그러나 : 이념—이뿐 아니라 도식조차! (유비). 법칙—본질적으로 표상된 것.

11.

당위존재의 양상에서의 존재

12.

자유의 실천적 실재성. 이 예지적인 것은 실로 이론적으로 파악될 수 없다.

유한한 이성적 존재자—감성에 의해 촉발된 존재자. 이러한 존재자 자체는 단순히 인간학적 존재자가 아니라 오히려 전체적인 존재자. 바로—감관-내용과 단순히 "심리적인 것" 간의—이러한 분리를 극복하라.

VI. 1866년 이래 철학교수직의 역사에 관하여

이 글이 보고하는 시대는 철학사에서 "마르부르크 학파"로서, 이미 확고하고도 명백한 자리매김을 한 바 있는 마르부르크 대학에서의 그 철학적 연구가 태동하여 성장하고 완성되며 마침내 그 변모를 일신했던 시대와 합치한다.

19세기 중엽 헤겔 학파의 붕괴는 철학의 일반적인 몰락으로 이어졌다. 동시대에 눈부시게 성장한 실증과학들(역사학과 자연과학들)의 주변에서 철학은 자신의 명성을 완전히 상실하고 말았다. 철학이 장려되는 곳에서조차 그러한 장려는 철학의 고유한 본질에 대한 무지와 곡해 속에 이루어졌다. 철학은 그 당시 지배적이던 과학적 의식에 직면해 실증과학들에 대한 자기 역행적인 동화를 통해 자연과학적 "철학"(심리학)으로서, 혹은 철학사로서 세력을 도모해야만 했다.

이에 비해 1860년대 이래 시작된 과학적 철학의 혁신은, 비록 손으로 더듬는 정도이긴 하였으나, 독자적인 철학적 논점에 대한 이해를 재획득할 것을 목표로 했다. 철학의 대상과 논의양식과 체계적 통일성을 확보하려는 각종 노력들이 결정적인 추진력과 중요한 촉매제를 얻었던 것은 마르부르크 대학에서 행해진 연구작업을 통해서였다. 이 연구작업은 칸트의 "비판" 작업을 새롭게 자기 것으로 획득함으로써, 우선은 철학의 과학적 본질을 다시 확인하려 노력했다. 물론 1860년대에 이미 젤러(Ed. Zeller, 1849~62, 마르부르크 대학 철학교수), 오토 리프만(Otto Liebmann), 헬름홀츠(Herm. Helmholtz), 그리고 랑에(Fr. A. Lange, 1873~75, 마르부르크 대학 철학 정교수) 등을 통해 '칸트로 돌아가자!'라는 외침이 공공연히 울려퍼졌다. 그러나 비로소 코헨(H. Cohen)이 자신의 작품 『칸트의 경험이론』(1871)을 통해, '그 당시 칸트를 자기 것으로 재획득하려

했던 시도'를 과학적으로 결정적인 지점에 올려놓았고, 그 이후의
"신칸트주의"의 각종 변종들을 긍정적으로건 부정적으로건 규정하
였다.

  같은 시대에 딜타이(W. Dilthey)의 『슐라이허마흐(Schleiermach)
의 생애 I』(1870)과 브렌타노(Fr. Brentano)의 『경험적 관점에서
본 심리학 I』(1874)도 출판되었는데, 이 두 작품들의 경향은 칸트에
대한 혁신과는 거리가 먼 것이었다. 그렇지만 이 두 작품들은 현존
재의 역사성의 문제에 정위된 딜타이의 "생 철학"의 출발점이 되었
고, 또한 후설(E. Husserl)을 통해 근거지어진 현상학적 연구의 발
전을 위한 자극제가 되었다. 오늘날 체계적으로 융합되기 시작한
이 두 방향들에 따라 신칸트주의에 대한 극복의 길이 개척되었고,
그 결과 "마르부르크 학파"의 성장과 개혁도 이 두 방향들에 의해
촉진되었다.

  랑에는 자신의 철학적 주저(主著)인 『유물론의 역사』에서 칸트의
비판적 관념론에 대해 그 원칙적인 철학적 의미를 인정한 바 있었
다. 그런데 이는 "가장 단순한 또한 [모든 것을] 규제하는 세계관"으
로서의 유물론이 칸트의 비판적 관념론에서 분명히 극복되었던 한
에서였다. 랑에는 스스로 성취한 칸트 이해를 근거로 즉각 코헨 작
품의 영향력을 인식하였고, 또한 아무런 주저 없이 자신의 고유한
칸트 해석을 새롭게 시험하였다. 랑에는 코헨이 마르부르크 대학에
서 교수자격을 취득하도록 권유했다(1873년 11월). 참으로 그 다음
해에 코헨은 바이센본(Weißenborn)의 사망 이후 정교수직의 유일
한 후보자로서 추천되었다. 코헨이 비록 이 교수직을 얻지는 못하
였으나, 1875년 부활절 때 조교수직을 그리고 랑에의 사망(1875년
11월) 이후엔 그의 교수직을 취득하여 1912년까지 그 자리를 차지
했다. 정년퇴임 이후 코헨은 베를린으로 이주하였으며, 거기에서 풍
성한 저술활동 외에도 자신의 사망시(1918년 4월)까지 그곳의 유

태-신학교에서 각종 강의와 강독연습을 개최하였다.

코헨은 칸트적 논점의 핵심을 초월적 통각의 근원적 체계적 통일성에서 찾아냈다. 현실성 일반의 구성문제를 그는 순수사유의 이행(履行) 연관에서 비롯된 수학적-물리학적 인식대상의 대상성의 근원에 관한 물음에서 파악했다. 이처럼 이해된 '과학적 자연인식에 대한 초월론적-논리적 정초작업'의 과제로 인해, 철학은 실증과학에서는 원칙적으로 도달될 수 없는 독자적인 문제영역을 당연히 확보했다. 이론적 인식을 주관의 인륜적-실천적 태도들 및 예술적-조형적(造形的) 태도들로부터 한정한 작업은, 그에 상응해서 칸트를 포괄적으로 해석하는 작업으로 치달았다. 이 작업을 코헨은 『칸트의 윤리학 정초』(1877)와 『칸트의 미학 정초』(1889)라는 두 작품에서 제시했다.

"대상세계들"에 대한 이 삼중적인 초월론적 정초작업에서 관건이 되었던 것은, 초월론적인 정초 전체의 체계적인 통일성에 관한 물음이었다. 체계이념에 대한 일차적인 구명이자, 또한 자신의 미래의 작업에 대해서도 결정적인 영향력을 끼친 구명을 코헨이 전개했던 논문은 『미분방법의 원칙과 그 원칙의 역사』(1883)였다. 이 논문의 소제목은 "인식비판의 정초를 위한 장(章)"이었다. "이성비판"이란 표현이 "인식비판"으로 변화한 것은, 아마 '인식은 과학이며, 엄격히 말해 수학적 자연과학이다'라는 또한 '비판적 관념론은 "과학의 사실"을 초월론적 정초작업의 객관으로 삼음으로써, 비로소 "과학적"이게 된다'라는 코헨의 원칙적 확신을 표현했을 것이다. 이 확신은 후에 그의 고유한 체계적 구성을 지배했다. "오직 과학에서만 사물들은 주어지며, 그리고 철학적 물음을 위해 포착될 수 있게 전재(前在)한다." "인식하는 의식은······ 철학적 연구가 관여할 수 있는 그러한 현실성을 단지 과학적 인식의 사실에서만 갖는다." 이처럼 초월론적 철학의 범위를 아주 협소하게 과학의 사실 안에 한정시킨

결과, 윤리적 대상들과 미학적 대상들도 일차적으로는 '과학적으로
파악된 것'으로서 문제화하는 성향이 생겨났다.

코헨은 윤리학을 위해 미리 주어진 과학으로서 사실상 법학을 요
청하였는데, 반면 미학에서는 직접 예술작품들에 정위했을 뿐, 체계
이념이 요구하듯, 작품들에 관한 과학에 정위하진 않았다. 이와 같
은 형태로 정위된 '논리적, 윤리적, 미학적 근본개념들의 체계성'은
코헨의 삼분법적 체계(『순수인식의 논리학』(1902), 『순수의욕의 윤
리학』(1904), 『순수감정의 미학』(1912))에서 그 완성을 맛보았다.
[그런데] 코헨은 종교의 철학적 문제를 그 당시까지는 윤리학의 문
제로 해체했던 반면, 자신의 논문 『철학의 체계에서의 종교의 개
념』(1915)에선 종교현상을 그것의 고유한 의미에 맞게 파악하려 시
도했다.

코헨은 칸트를 해석한 작품들 외에는 철학사에 관한 대작을 발표
한 적이 없다. 그렇지만 그의 체계적인 작업은 처음부터 소크라테
스 이전의 철학자들, 플라톤과 니콜라스 쿠자누스, 데카르트와 라이프
니츠 등과의 지속적인 대결을 통해 가능했고 또한 이끌려졌다.

고대 및 근대철학에 대한 철저한 연구작업은 체계적인 문제이해
를 통해 주목되었고 더욱 구체화되었다. 이를 주도했던 이는 코헨의
오랜 기간에 걸친 공동연구자이자 친구인 파울 나토르프(Paul
Natorp)였다. 1881년 가을에 나토르프는 마르부르크 대학에서 교
수자격을 획득했으며, 1885년에는 철학과 조교수로, 그리고 1893년
에는 베르크만(J. Bergmann)의 후임자로서 철학과 정교수로 임용
되었다. 1922년에 정년퇴임하였으나, 그럼에도 불구하고 여전히 강
의와 강독연습에 열성이었던 나토르프는 70세 생일 직후인 1924년
8월에 사망하였다. 나토르프의 철학적 작업은 우선은 엄격히 코헨의
정신 안에서 수행되었다. 그렇지만 후에 그는 코헨의 체계의 틈새
와 일면성을 가장 명확하게 파악하여, 그것을 좀더 근원적으로 정

초하는 독자적인 체계로 더욱 발전시켜 나갈 수 있었다.

나토르프의 가장 초기의 연구들은 고대철학을 문제사(史)적으로 풀어 헤치는 작업으로 간주되었다. 『고대에서의 인식문제의 역사에 관한 연구들』(1884)은 과학에 대해 엄청난 영향을 끼친 작품이다. 물론 『플라톤의 이데아론. 관념론 입문』(1903)이란 작품은 거센 반박에 부딪치기도 했다. [그러나] 개별적인 해석들의 유지가능성을 도외시한다면, 이 작품은, 철학사는 체계적인 문제이해를 그 작업의 해석학적 전제로서 반드시 지녀야 한다라는 사실을 철학사에게 명백히 드러내보여야 한다는 그 절박한 과제를 달성했다. 이보다는 덜 주목된 「아리스토텔레스의 형이상학의 테마와 구성에 관하여」(「철학월간잡지」 XXIV권, 1888)라는 논문에서, 나토르프는 현대에 이르러 비로소 좀더 이해가능케 된 각종 결과들과 문제들을 선취했다.

논리적, 윤리적, 그리고 미학적 태도들에 대한 초월론적 정초작업은 그 작업의 "정점"을 주관에 두고 있다. 따라서 정초작업은 비경험적인 초월심리학이란 의미에서 의식을 주제적으로 숙고함으로써 비로소 그 근거에 도달한다. 이러한 방향에서의 최초의 시도를 나토르프가 우리에게 소개했던 곳은 『비판적 방법에 따른 심리학 서론』(1888)이었다. 이후 10년간 두 사람(딜타이와 후설)에 의해 이루어진 심리학에 대한 생동감 넘치는 원칙적인 숙고와 대결하는 가운데――이러한 숙고의 영향력은 오늘날 비로소 심리학 자신에 의해 개념파악되고 있다――나토르프는 성큼 근원적으로 문제를 제기하기에 이르렀다.

그의 새로운 입장은 초기의 『서론』을 개작한 작품에서 표명되었는데, 이 작품은 1912년 『비판적 방법에 따른 일반심리학 I』이란 제목으로 출판되었다. 나토르프는 자신의 모든 철학적 작업에서처럼 이 작품에서도 철학의 체계적 통일성의 체계적 전개를 더욱더 강력히 지향했다. 코헨은 아직 근본적으로는 초월철학의 각 분과들을 피상적이며 추가적으로 총괄하는 단계에 머물렀는데, 이를 극복하기 위해 무엇보다 필요했던 것은, 정신의 모든 가능적 태도들을 이러한 태도들에 관한 과학들에게로 수평화하라는 코헨에 의해 강요된 시도와 손을 끊는 것이었다. 과학들의 방법적 우위를 배제함으로써 이론적 태도는 "비이론적인" 태도들, 즉 인륜적·예술적·종교적 태도들 "옆으로" 그 자리를 이동했다. 논리학의 이념은 과학들을 즉 "이론학"을 정초하는 작업의 울타리로부터 해방되었고, 또한 [이제는] 일반적인 범주론으로서, 이론학 및 "실천학"과 "시학" 등의 앞자리에 분류되었다.

이와 같이 준비된 '정신의 개별적인 생(生) 영역의 독자성에 대한 철학적 물음의 좀더 자유로운 입장'은 정신사를 한층 더 활짝 열어 밝혀 해석하였다. 이 입장은 동시에 "주관적 정신"과 "객관적 정신"에 대한 현상학적 범주적 분석의 원칙적 의미에 관한 긍정적인 평가를 가능케 했다. 사후(死後)에 비로소 출판된 것이긴 하나 (1925), [생전에] 나토르프 자신에 의해 인쇄될 수 있도록 완결된 『실천철학에 관한 강의들』은, 그의 사유가 지닌 새롭고도 포괄적인 체계적 경향성을 구체적으로 통찰할 계기가 된다.

1900년에 창립된 철학세미나로 인해 일련의 귀중한 연구들이 창출되었는데, 이 연구들은 1906년 이래 모두 "코헨과 나토르프에 의해 편집된 철학논문집"에 수록되었다.

"마르부르크 학파"의 성장과 변형은 오늘날 에른스트 카시러(함부르크 대학 정교수)와 니콜라이 하르트만(1909년 마르부르크 대학에서 교수자격 취득, 1920년 조교수, 1922년 나토르프의 후임자로 정교수, 1925년 가을 이래로 쾰른에 거주)의 연구작업들에서 표명된다. 괼란트(A. Görland, 함부르크 대학 교수)와 킨켈(W. Kinkel, 기센 대학 교수)은 코헨을 통해 확정된 관점들을 주로 고수하는 반면,

카시러는 지난 수년 이래 일반 "문화철학"을 신칸트적인 물음제기의 지반 위에서 기투하려 노력한다. 그의 『상징적 형식의 철학』(I부 언어, 1923, II부 신화적 사유, 1925)은 "표현"의 이념을 실마리로 정신의 제반 태도들과 형태들을 체계적으로 해석하려 시도한다. 나토르프의 제반 노력들이 비중을 두는 작업은 정신의 개별적인 "상징들"에 대한 구체적인 해석작업이 아니라, 오히려 일반적 범주적 차원에서 체계의 초석을 놓는 작업인데, [이 점에서] 카시러도 고유한 길에서는 나토르프의 이러한 노력들에 부합한다.

"학파"의 논점을 원칙적으로 전환하는 방향에 일조한 것은 하르트만(Hartmann)의 연구들(『인식의 형이상학의 근본특징들』(1921)과 『윤리학』(1926))이다. 고대 이래 과학적 철학의 위대한 전통을 규정한 존재론적 문제들에 대한 이해가 현상학적 연구와 대상이론을 통해 새롭게 각성되고 주도되는데, [이러한 새로운 이해에 발맞추어] 하르트만은 인식론적 물음제기뿐 아니라 철학 일반의 물음제기까지도 관념론적-비판적 지평의 협소함으로부터 벗어나게 하려는 시도에 착수한다. 그러나 그럼에도 불구하고 하르트만이 철학의 제 분과들의 전승된 내용과 그 제 분과들 안에서 지배적인 문제의 관점들을 고수한 것은 사실이다. [여하튼] "마르부르크 학파"의 이러한 체계적인 변형의 결과, 일반존재론과 특수존재론의 역사에 대한 새로운 이해도 가능케 된다. 하임조에트(H. Heimsoeth, 1912년 마르부르크 대학에서 교수자격 취득, 1923년 가을 이래 쾨니히스베르크 대학 정교수)는 칸트철학의 존재론적 전사(前史)에 대한 자신의 연구들을 통해 형이상학의 전개에 관한 지식을 본질적으로 촉진했다.

"학파"의 외부에서는 철학과 정교수(1874~93)였던 율리우스 베르크만(Julius Bergmann)이 인상적이고도 자립적인 교수활동을 펼쳤다. 1893년 10월 1일부터 그는 봉급을 포기하고 강의의 부담감으로부터 벗어났으나, 그렇지만 1904년 그의 사망시까지 교수단의 일원으로서의 자신의 권리는 계속 완전히 소유했다. 베르크만은 로체(Lotze)와 트렌델렌부르크(Trendelenburg)의 제자였다. 형이상학의 논리학에 대한 그의 작업들(『일반형이상학』(1879), 『존재와 인식』(1880), 『논리학의 근본문제들』(1882)), 『철학의 요점에 관한 연구들』(1900))은 눈에 띄지 않으면서도 강력한 영향을 끼쳤다. 베르크만은 1868년 「철학월간잡지」를 창간하였는데, 이 잡지는 지난 세기 마지막 10년간 전문잡지로서 주도적인 역할을 하다 1894년 『철학사를 위한 잡지』와 통합되었다.

1908년에 만들어진 철학과 조교수직을 차지했던 이는 멘처(P. Menzer, 1906년 이래 마르부르크 대학에서 근무, 1908년 할레 대학 정교수로 초빙됨), 슈바르츠(H. Schwarz, 마르부르크 대학에서 1908~10년 근무, 그 이후 그라이프츠발트 대학의 정교수), 미쉬(G. Misch, 마르부르크 대학에서 1911~17년 근무, 그 이후 괴팅겐 대학의 정교수), 분트(M. Wundt, 마르부르크 대학에서 1918~20년 근무, 그 이후 예나 대학의 정교수), 하르트만(1920~22)이었다.

참고자료

서평 : 에른스트 카시러, 『상징적 형식의 철학』, 제2부 「신화적 사유」, 브루노 카시러 출판사, 베를린, 1925.『독일 리테라투어차이퉁』(베를린), 1928년 5월 속간 21호, 1000~1012에 발표됨.

다보스의 강연들 : 「칸트의 순수이성비판과 형이상학의 정초작업의 과제」, 『다보스 평론』, IV(1929), 7번, 194~196쪽에 발표됨.

「1866년 이래 철학교수직의 역사에 관하여」, 『마르부르크의 필립스 대학 1527~1927』. 엘베르트의 서점(G. 브라운), 마르부르크, 1927년, 681~687쪽에 발표됨.

편집자 후기

　여기에 제시된 전집 3권은 1973년에 출판된 『칸트와 형이상학의 문제』의 단행본 4판을 포함한다. 4판은 하이데거 자신이 관심을 쏟았을 뿐 아니라 부록을 덧붙임으로써 확대된 판이었다. 그런데 4판 보다 부록이 추가로 확대된 이 책은 증보된 단행본 5판으로서 출간된다.

　1929년의 1판은 본(Bonn)의 프리드리히 코헨 출판사에서 간행되었는데, 이 출판사의 주도권은 1928년 이래 비토리오 클로스터만이 장악했다. 재정적인 어려움으로 인해 이 출판사가 해체된 이후, 1판의 재고는 마인 강 프랑크푸르트 시의 게르하르트 슐테부름케 출판사에서 1934년에 간행되었다. 2판(1951) 이후로 『칸트책』은──하이데거 자신이 『칸트와 형이상학의 문제』를 간략히 『칸트책』이라 명명했다──이미 1929년 1판의 출판을 담당한 바 있던 비토리오 클로스터만의 출판사에서 간행된다.

　이 책을 편집할 때 편집자에게는 『칸트와 형이상학의 문제』의 필사본이 있었다. 3판에 비해 '새로 짠 판'이었던 4판의 인쇄본과 2판을 1판과 비교한 결과, 1951년의 2판을 '새로 짠 판'[4판]에는 이제 군말 없이 교정된 소수의 서체상의 오식(誤植)들을 도외시한다 하더라도, 의미를 혼란시키는 네 가지의 잘못이 슬쩍 끼어들어 있었음이 밝혀졌다. 이제 95쪽에서 "표상하는"(vorstellig)이란 표현은 "다시 한번 표상하는"(vorstelliger)이란 표현으로 대체되었고,

235쪽에선 "존재"(Seins)란 표현이 "자기"(Selbst)라는 표현으로 대체되었다. 또한 262쪽에서는 "'이 지금 현전해 있는 존재자'가 그것과 동일한 것이라는 사실"(daß dieses jetzt anwesende Seiende dasselbe sei, wie das)이라는 탈루(脫漏)된 문장이 다시 삽입되었다. 그리고 276쪽에서는 "근원적인"(ursprünglichen)이란 표현이 "좀더 근원적인"(ursprünglicheren)이란 표현으로 대체되었다.

이제까지 제1부로 출간된 전집의 1, 2, 4, 5, 9 그리고 12권이 그렇듯, 여기에 제시된 3권도 하이데거가 1판 소장본에 적어 놓은 난외주석들을 포함한다. 2판 이후의 소장본에는 난외주석들이 없다. 난외주석들의 순서는 하이데거가 사용한 참고표시들에 따라 정해졌다. 인쇄할 때 난외주석들은 정자체 소문자의 각주들로 재현되었고 단락별로 나누어졌다. 다수의 긴 난외주석들과 짧은 난외주석들은 펜으로 기입되어 있었고, 나머지는 연필로 기입되어 있었다. 몇 가지의 긴 난외주석들은 하이데거가 쪽수와 단락이 표시된 메모지에 그 주석과 관련된 장소의 근거를 대며 적어 놓은 것이었다. 난외주석들 중 많은 것들은 『칸트책』에 대한 에른스트 카시러(1931)와 루돌프 오데브레히트(1931/32)의 두 비평문이 출판되었던 시절에 쓰여진 것이었다. 이 난외주석들 대부분은 『칸트책』을 내재적으로-규명하는 성격을 갖고 있다. 단지 소수의 난외주석들만이 후기의 존재사적인 숙고를 지반으로 해서 기록되었다. 몇 가지의 기록사항들은 단지 언어적 표현을 좀더 개선한 것에 불과하다.

*   *   *

1973년의 4판에서는 두 가지의 텍스트만을 포함했던 부록이 [5판에서는] 네 가지 더 증보되었다. 이제 부록은 하이데거가 1판의 소장본에 끼어놓았던 새로운 "『칸트책』에 대한 메모사항들"로부터 시작된다. 이 쪽지-메모사항들에는 하이데거가 원본 그대로 복사해 4판의 서문에 실어 넣은 저 쪽지도 속해 있다. 필적과 내용에 따라 판단해보건대 이 메모사항들은 30~40년대에 쓰여진 것이다.

부록의 두번째 텍스트는 "에른스트 카시러의 『상징적 형식의 철학. 2부 : 신화적 사유』(1925)에 대한 서평"이다. 하이데거의 이 서평은 1928년 「도이체 리테라투어차이퉁」에서 처음 발간된 이후, 더 이상은 출판된 적이 없던 글이다. 인쇄된 텍스트는 유고(遺稿)에 있던 필사본에—즉 조심스럽게 정서(淨書)한 원고에—즉해 재검되었다. 별쇄본은 『칸트책』의 소장본에 삽입물로 들어 있다.

부록의 세번째 자리에는 하이데거가 1929년 제II차 다보스 대학의 강좌(3월 17일~4월 6일)에서 행한 "칸트의 순수이성비판과 형이상학의 정초작업의 과제"에 관한 세 차례의 강연들에 대한 요약문이 새로 인쇄되어 실려 있다. 이 요약문은 하이데거 자신이 정성을 기울여 작성한 것으로서 4판에서 처음 간행된 바 있다. 이 요약문에 대한 수필본이나 혹은 세 차례의 강연들 자체에 관한 수필본은 유고에 없다. 요약문에서 언급된 세 강연들의 짜임새는 이 짜임새가 『칸트책』의 총 4개의 장(章) 중 앞의 세 장의 짜임새에 상응함을 보여준다. 하이데거는 세 차례의 다보스 강연에서 그해말 발간된 『칸트책』의 앞의 세 장의 사유과정을 강연하였다. 1973년 4판의 교정작업을 하는 동안 그가 이 책의 현편집자[본인]에게 전한 말에 따르면, 그는 다보스에서 돌아온 이후 즉각 『칸트책』의 원고를 마무리짓는 작업에 착수했으며 중단 없이 3주간을 작업한 끝에 이 원고를 탈고했다.

이미 4판에서 그랬듯이, 이곳 5판에도 다보스의 강연들에 관한 요약문에 연이어, "에른스트 카시러와 마르틴 하이데거의 다보스 논쟁"에 관한 보고서가 수록되어 있다. 이 논쟁은 하이데거와 카시러 각각의 강연들 직후 이루어졌다. 오토 프리드리히 볼노브(Otto

Friedrich Bollnow)와 요아킴 리터(Joachim Ritter)는 다보스 대학의 강좌 참여자로서 그 논쟁에 관한 이 보고서를 작성한 바 있었다. 하이데거는 4판을 준비할 당시 타이프라이터로 친 자신의 소장본을 갖고 있지 않았기에, 볼노브 박사가 고맙게도 자신의 소장본을 인쇄할 수 있도록 편의를 봐주었다. 그렇지만 그 동안 하이데거 자신의 소장본이 그의 유고에서 발견될 수 있었다. 타이프라이터로 친 텍스트를 『칸트책』 4판에서 인쇄된 텍스트와 비교한 끝에, 그 당시 발생한 몇 안 되는 탈루된 문장들이 보완되었다.

『칸트책』 1판의 소장본의 삽입물 중에는 봉투도 하나 있었는데, 그 봉투에는 "『칸트책』에 대한 오데브레히트와 카시러의 비판. 근본물음 : 인간 인식의 유한성의 본질과 근거지음 ― 유한성 일반의 문제"라는 손으로 쓴 표제가 붙어 있다. 이 봉투에는 『칸트책』에 관해 1931/32년에 발표된 두 비평문에 대한 하이데거의 수기(手記) 메모사항이 들어 있었는데, 이 글이 부록에서는 "『칸트책』에 관한 오데브레히트와 카시러의 비판에 대하여"라는 제목하에 인쇄되었다. 두 비평문의 별쇄본도 저자의 소장본에는 끼어 있었다. 이 별쇄본들은 부분적으로 철저히 연구 조사되어 있고 수많은 난외주석들이 적혀 있는데, 이 주석들의 내용은 두 비평문에 대한 하이데거의 비판적인 반박들과 광범위하게 일치한다. 또한 이 난외주석들은 이 책에 인쇄되어 있는 『칸트책』 소장본의 수많은 난외주석들과도 밀접한 연관을 이루고 있다. 에른스트 카시러의 비평문인 "칸트와 형이상학의 문제. 마르틴 하이데거의 칸트해석에 대한 논평"은 『칸트스투디엔』(XXXVI, 1/2권, 1931, 1~26쪽)에 발표되었다. 루돌프 오데브레히트의 서평은 「독일철학잡지」(V, 1, 1931/32, 132~135쪽)에 인쇄되어 있다.

"1866년 이래 철학교수직의 역사에 관하여"라는 텍스트를 재인쇄함으로써 부록은 종결된다. 이 논문은 하이데거가 『마르부르크의 필립스 대학 1527~1927』이란 축하 기념논총에 발표했던 논문이다. 이 텍스트에는 에른스트 카시러도 속해 있는 "마르부르크 학파"의 신칸트주의의 태동, 성장, 완성 그리고 변형 등이 서술되어 있기에, 하이데거는 자신의 전집내에서 이 텍스트도 『칸트책』의 부록 안에 넣겠다고 결정했다.

*　*　*

난외주석들 및 또한 부록에서 처음 간행된 상이한 각종 메모사항들을 옮겨 베끼는 작업은 헤르만 하이데거(Hermann Heidegger) 박사와 하르트무트 티에트엔(Hartmut Tietjen) 박사와 함께 이것들을 원본과 일일이 대조하는 작업을 거쳐 이루어졌다. 낱말과 텍스트의 내용을 확실히 하는 작업에 이러한 도움을 주신 것에 대해 두 분 선생님께 마음에서 우러나오는 진솔한 감사를 드리는 바다.

한스-헬무트 간더(Hans-Helmuth Gander) 박사는 내가 이 책을 교정하는 작업을 할 때 참으로 신중하고도 세심한 태도로 도와주었다. 이에 대해서 나는 그에게도 충심으로 감사드린다.

1990년 5월 프라이부르크에서
폰 헤르만(F.-W. v. Herrmann)

참조

하이데거가 이따금 자신의 난외주석에서 지시하는 강의필사본의 쪽수들은 편집자에 의해 전집의 인쇄본에 해당하는 쪽수들로 대체되었다. 마찬가지로 하이데거의 주석들에서 『근거의 본질에 관하여』의 판수와 연(年)수와 쪽수에 대한 지시사항도 가장 새로운 상태의 것으로 고쳐졌다.

옮긴이의 말

　이 책은 마르틴 하이데거의 *Kant und das Problem der Metaphysik*, Fünfte, vermehrte Auflage, Vittorio Klostermann GmbH, 1991을 번역한 것이다. 이 5판에는 하이데거의 칸트 해석을 둘러싸고 벌어지는 각종 논쟁에 대해 하이데거 자신이 어떤 태도를 취하는지를 알아볼 수 있는 다양한 문헌들이 모두 포함되어 있다. 특히 에른스트 카시러와 하이데거의 다보스 논쟁에 대한 기록, 카시러의 상징형식의 철학 제2부인 신화적 사유에 대한 하이데거의 해석, 그리고 오데브레히트와 카시러의 비판에 대한 하이데거의 반론 등은 앞으로 하이데거 철학을 더 깊이 연구하는 데 많은 도움이 될 중요한 자료들이다.
　『칸트와 형이상학의 문제』는 본래 『존재와 시간』의 제2부로 기획되었던 "존재론의 역사에 대한 현상학적 해체 작업"의 한 부분이다. 이 책에서 하이데거는 존재물음이 칸트의 철학 안에서 어떻게 은닉된 채 전개되고 있는가를 입증하고자 한다. 이 책은 결코 칸트 철학에 대한 단순한 소개서가 아니다. 그러기보다는 『존재와 시간』에 대한 가장 권위 있는 해석서다. 실례로 프랑스에서는 1938년 앙리 코르뱅에 의해 『칸트와 형이상학의 문제』의 제4장이 『형이상학이란 무엇인가?』라는 제목으로 번역되었는데, 사르트르가 이 번역본을 읽고 나서야 비로소 『존재와 시간』을 이해하게 되었음은 널리 알려진 사실이다. 사르트르는 앙리 코르뱅의 이러한 번역 작업을 역사적 사건으로까지 명명하였다고 한다. 이런 사실로 미루어보아 우리는 이 책이 사르트르에게 얼마나 지대한 영향을 끼쳤는가를 충분히 짐작할 수 있다.

『칸트와 형이상학의 문제』는 하이데거가 칸트의 언어를 빌어 자신의 철학을 말한 작품이다. 그래서 이 책은 칸트 철학을 의도적으로 왜곡한 대표적인 사례로서 폄하되기도 한다. 하지만 하이데거는 비록 자신의 해석의 강압성은 시인했지만, 자신의 작품에서 단 하나의 문구도 수정한 적이 없다. 오히려 그는 틈틈이 이 작품에 대한 비판을 검토하며 이에 대한 자기의 반박 내용을 자신의 소장본에 적어놓을 만큼 이 작품에 대해 많은 애착을 가지고 있었다. 그 까닭은 적어도 그의 입장에서 보자면, 해석이란 원저자가 겉으로 드러내고자 한 내용을 명료하게 풀어내는 작업에만 그치는 것이 아니라, 오히려 원저자의 사유를 지배하고는 있었으나 원저자가 차마 드러내지 못했던 숨어 있는 알맹이를 찾아내는 것이기 때문이었다. 옮긴이도 하이데거의 칸트 해석이 갖는 문제점을 옮긴이의 해제 "하이데거의 칸트 읽기 : 역사학적 칸트와 하이데거적 칸트"에서 밝혀놓긴 하였으나, 이러한 논의는 단지 우리의 이해를 돕기 위한 하나의 방편이었다.

수십년간 한 사람의 철학자를 연구하여도 그 철학자의 울타리를 벗어나지 못하는 것이 우리의 현실이다. 옮긴이는 우리네 앵무새 철학은 하이데거로부터 철학함의 의미를 배워야 한다고 생각한다. 자신의 문제의식의 지평에서 원저자와 대화를 나누어가며 자신의 철학을 원저자의 언어로 구체화하는 하이데거의 작업은 인간의 사유가 얼마나 위대할 수 있는가를 전율적으로 보여준다. 따라서 『칸트와 형이상학의 문제』에서 시도한 하이데거의 칸트 해석이 칸트 철학에 어긋난다라고 말하는 어리석음만큼은 이제 멀리해야 한다. 오히려 우리는 하이데거의 칸트 해석이 드러내고자 했던 미래의 사유가 참으로 우리 시대의 형이상학적 위기를 헤쳐나갈 대안이 될 수 있는가를 숙고해야 한다.

옮긴이가 이 책의 번역을 시작한 지도 벌써 십 수년이 흘렀다. 한 권의 책을 번역하는 데 십년의 세월을 훌쩍 넘어버렸다는 사실이 참으로 부끄럽기까지 하다. 이해가는 만큼 읽고 이해한 만큼 번역하기가 여러 차례였고, 중도에 그만두기도 비일비재했다. 천학비재(淺學菲才)라! 하지만 주위 여러분들의 격려에 힘입어 이 책의 번역을 마무리하게 되니 감개무량하다. 그 분들에게 고마움을 표한다.

옮긴이는 이 책을 이해하는 과정에서 어려움을 겪을 때마다 고(故) 최재희 교수님의 저서인 『칸트와 형이상학』(박영사, 1979)을 읽곤 하였다. 이 독서가 옮긴이에게 큰 도움이 된 것은 물론이다. 참고로 『칸트와 형이상학』은 최재희 교수님께서 『칸트와 형이상학의 문제』의 사상을 검토하면서 해설한 책이다. 지도교수님이신 소광희 선생님에 대한 고마움은 이루 말할 수 없다. 선생님의 가르침이 없었더라면 이 책의 번역은 불가능했을 것이다. 외우(畏友)인 신상희 박사에게도 감사드린다. 신상희 박사는 이 책의 저작권 문제를 해결하는 데 도움을 주었다. 의제(義弟)이기도 한 추기연 선생에게 감사드린다. 추기연 선생은 이 책의 제15절까지의 번역문을 친절하게 읽고 교정해주었다.

출판계의 어려운 사정에도 불구하고 인문학의 발전을 위해 기꺼이 이 책의 출판을 맡아주신 한길사 김언호 사장님께 고마움을 표한다. 또한 이 책이 한 권의 묵직한 책으로 세상에 나올 수 있도록 온갖 궂은일을 도맡은 한길사 편집부 여러분께도 감사드린다. 끝으로 이 책이 밝고 건강한 책이 될 수 있도록 용어와 문장 정리에 애써주신 김계현님께 감사드린다.

2001년 4월 2일
한내마을에서
德隣 李善一

하이데거 연보

1889 9월 26일, 독일 슈바르츠발트의 작은 마을인 메스키르히에서 술창 고지기인 부친 프리드리히 하이데거(1851. 8. 7~1924. 5. 2)와 모 친 요한나 켐프(1858. 3. 21~1927. 5. 3)의 아들로 출생.

1903~1906 콘스탄츠 김나지움 재학.

1906~1909 프라이부르크 대학 김나지움 재학.

1909~1911 프라이부르크 대학에서 신학 연구.

1911~1913 프라이부르크 대학에서 철학, 정신과학, 자연과학을 연구.

1913 슈나이더 리케르트 교수에게서 철학박사학위를 취득. 논문 제목은 '심 리주의의 판단론'(Die Lehre vom Urteil im Psychologismus).

1915 프라이부르크 대학에서 교수자격 논문 통과. 논문 제목은 '둔스 스 코투스의 범주론과 의미론'(Die Kategorien-und Bedeutungslehre des Duns Scotus).

1915~1918 군복무.

1917 엘프리데 페트리와 결혼.

1919 아들 외르크 하이데거 출생.

1920 아들 헤르만 하이데거 출생.

1922 토트나우베르크에 산장연구실을 지음.

1923 대우 정교수로 마르부르크 대학으로 초빙되어 1928년까지 재직. 쾰른의 칸트 연구회에서 막스 셸러의 초빙으로 '현존재와 참-존 재'(Dasein und Wahrsein) 강연. 그 이후 에센에서 다시 강연.

1926 12월 4일, 마르부르크 대학에서 '현상학적 탐구의 개념과 발 전'(Begriff und Entwicklung der phänomenologischen Forschung) 강연.

1927 『존재와 시간』(Sein und Zeit) 출간.

1928 에드문트 후설의 후계자로 프라이부르크 대학의 정교수로 초빙됨.
『칸트와 형이상학의 문제』(Kant und das Problem der Metaphysik) 출간.
리가에 있는 헤르데 연구소에서 강연.

1929 1월 24일, 프랑크푸르트 대학에서 '철학적 인간학과 현존재의 형이
상학'(Philosophische Anthropologie und Metaphysik des Daseins) 강연.
3월, 다보스 대학에서 '칸트의 순수이성비판과 형이상학의 정초작
업의 과제' 강연.
4월 9일, 에드문트 후설의 70회 생일에 강연.
7월 24일, 프라이부르크 대학에서 교수취임 논문으로 '형이상학이
란 무엇인가?'(Was ist Metaphysik?) 강연.
12월, 카를스루에에서 '철학의 오늘날의 문제상황'(Die heutige Pro-
blemlage der Philosophie) 강연.

1930 3월 21일~22일, 암스테르담의 과학통일원에서 '오늘날의 철학의
문제상황'(Die Problemlage der heutigen Philosophie)과 '헤겔과 형이
상학의 문제' 강연.
10월에 브레멘에서, 12월 5일 마르부르크에서, 12월 11일 프라이부
르크에서, 그리고 1932년에는 드레스덴에서 '진리의 본질에 관하
여'(Vom Wesen der Wahrheit) 강연.

1933 프라이부르크 대학 총장에 취임. 5월 27일, 취임강연으로 '독일
대학의 자기 주장'(Die Selbstbehauptung der deutschen Universität)을
발표.

1934 총장직 사임.

1935 11월 13일, 프라이부르크 대학에서 '예술작품의 근원' 강연.
1936년 1월에 취리히 대학에서 다시 강연.

1936 4월 2일, 이탈리아의 로마에서 '횔덜린과 시지음의 본질' 강연(『횔
덜린의 시의 해명』에 수록).
11월 17일과 24일, 그리고 12월 4일에 Freien Deutschen Hochstift
Frankfurt a. M.에서 세 가지 강연인 '예술작품의 근원'을 발표(『숲
길』에 수록).

1938 6월 9일, '현대 세계상의 논리'라는 주제 아래 개최된 프라이부르크
대학의 예술학회, 자연과학회, 의학회에서 '형이상학에 의한 근대적

세계상의 정초'(Die Begründung des neuzeitlichen Weltbildes durch die Metaphysik) 강연. 이 강연은 '세계상의 시대'(Die Zeit des Weltbildes)라는 제목으로 『숲길』에 수록되었음.

1939 1939년과 1940년에 수차례에 걸쳐 횔덜린의 송가 '마치 축제일에……'(Hölderlins Hymne 'Wie wenn am Feiertage') 강연(『횔덜린 시의 해명』에 수록).

1940 '플라톤의 진리론'(Platons Lehre von der Wahrheit) 강연(『이정표』에 수록).

1943 클루콘(P. Kluckhohn) 추모글에서 횔덜린 사망 100주년을 기념하여 '회상'(Andenken)을 발표.
6월 6일, 프라이부르크 대학에서 횔덜린 사망 100주년을 기념하여 '귀향'(Heimkunft), '친척들에게'(An die Verwandten)를 강연.
'신은 죽었다'는 니체의 말(Nietzsches Wort 'Gott ist tot')을 발표 (『숲길』에 수록).

1944 가을, 인민폭동에 휩쓸림.

1945 1951년까지 독일 점령군에 의해 강제 휴직됨.

1946 릴케 사망 20주년을 기념하여 '무엇을 위한 시인인가?'(Wozu Dichter?) 강연(『숲길』에 수록).

1947 '들길'(Der Feldweg), '사유의 경험으로부터'(Aus der Erfahrung des Denkens).

1949 12월, 브레멘의 한 클럽에서 네 가지 강연 '존재하는 그것에로의 통찰'(사물—몰아세움—위험—전회)을 발표한 후, 1950년 뷜러회어에서 다시 강연.

1950 6월 6일, 바이에른의 예술원에서 '사물' 강연.
10월 7일, 막스 코머렐을 기념하기 위해 뷜러회어에서 '언어'(Die Sprache)를 강연한 후, 이 논문을 1951년 2월 14일 다시 강연함(『언어에의 도상에서』에 수록).

1951 8월 5일, '인간과 공간'이라는 주제 아래 다름슈타트에서 개최된 세미나에서 '건축, 거주, 사유'(Bauen, Wohnen, Denken) 강연.
10월 6일, 뷜러회어에서 '……인간은 시적으로 거주하는데……' (……dichterisch wohnet der Mensch……) 강연.

1953 5월 8일, 브레멘의 한 클럽에서 '니체의 차라투스트라는 누구인가?'

(Wer ist Nietzsches Zarathustra?) 강연.

5월 15일, 샤우인슬란트의 과학서적 판매업자의 세미나 모임에서 '학문과 숙고'(Wissenschaft und Besinnung) 강연.

8월 4일, 이 강연 논문을 바이에른의 예술원에서 다시 발표.

11월 18일, '기술시대에서의 예술'이라는 주제 아래 바이에른의 예술원에서 개최된 세미나 모임에서 '기술에 대한 물음'을 강연. 이 강연논문을 1954년 2월 12일 프라이부르크 대학에서 개최한 '칸트 사망 150주년 기념강연회'에서 다시 발표.

1954 6월 19일, 프라이부르크 대학, 취리히 대학, 콘스탄츠 대학에서 '숙고'(Besinnung) 강연.

1955 10월 30일, 메스키르히에서 작곡가 크로이처(C. Kreutzer) 탄생 175주년을 기념하여 '초연한 내맡김'(Gelassenheit) 강연.

9월, 프랑스의 세리지라살에서 '철학, 그것은 무엇인가?'(Was ist das —die Philosophie?) 강연.

1956 5월 25일, 브레멘의 한 클럽에서, 10월 24일에 빈 대학에서 '근거율'(Der Satz vom Grund) 강연.

헤블 일에 '헤벨과의 대화'(Gespräch mit Hebel beim 'Schatzkästlein') 강연.

프라이부르크 대학 건축회에서 '파울 클레' 강연.

1957 2월 24일, 토트나우베르크에서 '형이상학의 존재 - 신론적 틀'(Die onto-theologische Verfassung der Metaphysik) 강연(『동일성과 차이』에 수록).

여름학기에 프라이부르크 대학 창립 500주년을 기념하여 '동일률' 강연(『동일성과 차이』에 수록).

12월 14일과 18일, 1958년 2월 7일에 프라이부르크 대학의 Studium Generale 세미나 강연으로 '언어의 본질'을 발표(『언어에의 도상에서』에 수록).

1958 3월 20일, Nouvelle Faculté von Aix-en-Provence에서 '헤겔과 그리스인'(Hegel et les Grecs)을 강연하고 이 강연논문을 독일어로 7월 6일 하이델베르크 과학원 세미나 모임에서 다시 강연(『이정표』에 수록).

5월 11일, 빈 부르크티어터스의 축제일에 '시지음과 사유. 게오르크의 시 '말'에 대하여'(Dichten und Denken. Zu Stefan Georges

Gedicht 'Das Wort') 강연(『언어에의 도상에서』에 수록).

1959 1월, 바이에른의 예술원에서 '언어에 이르는 길' 강연(『언어에의 도 상에서』에 수록).

하이델베르크의 학술원 원장으로 초빙되어 기념 강연.

6월 6일, 횔덜린 협회의 기념 세미나 논문으로 뮌헨의 퀴빌리에 극 장에서 '횔덜린의 땅과 하늘'(Hölderlins Erde und Himmel)을 발표.

9월 27일, 메스키르히의 명예시민으로 추대되어 '나의 고향 메스키 르히에 감사하며'(Dank an die Meßkircher Heimat) 강연.

바덴바덴에서 '현시대에서의 예술규정'(Die Bestimmung der Künste im gegenwärtigen Weltalter) 강연.

1960 7월 2일, 베셀부렌에서 '언어와 고향'(Sprache und Heimat) 강연.

1962 4월, 그리스로의 첫 여행길에 오름.

1964 5월 2일, 메스키르히의 마르틴잘에서 'Abraham a Santa Clara'를 축 사함.

1967 4월 4일, 그리스 아테네의 학술원과 예술원에서 '예술의 유래와 사 유의 규정'(Die Herkunft der Kunst und die Bestimmung des Denkens) 강연.

1968 암리스빌에서 르네 샤르의 프랑스어 번역으로 '횔덜린 : 시'(Hölderli n : Das Gedicht)를 발표.

8월 30일~9월 8일 토르에서 개최된 세미나 모임에서 '피히테와 셸링의 체계와는 구분되는 헤겔의 사상'(Hegel : Differenz des Fichteschen und Schellingschen Systems) 강연.

1969 9월 2일~11일, 토르에서 개최된 세미나 모임에서 '칸트 : 신의 현 존을 증명하기 위한 유일한 가능근거'(Kant : Über den einzig möglichen Beweisgrund vom Dasein Gottes) 강연.

1970 4월 9일, 뮌헨에서 '예술의 규정에 대한 물음'(Die Frage nach der Bestimmung der Kunst) 강연.

1976 5월 26일, 메스키르히에서 사망하여 5월 28일 그곳의 공원묘지에 안장됨.

찾아보기

420

428

432

칸트와 형이상학의 문제

지은이 마르틴 하이데거
옮긴이 이선일
펴낸이 김언호

펴낸곳 (주)도서출판 한길사
등록 1976년 12월 24일
주소 10881 경기도 파주시 광인사길 37
홈페이지 www.hangilsa.co.kr
전자우편 hangilsa@hangilsa.co.kr
전화 031-955-2000~3 **팩스** 031-955-2005

부사장 박관순 **총괄이사** 김서영 **관리이사** 곽명호
영업이사 이경호 **경영이사** 김관영 **편집주간** 백은숙
편집 박희진 노유연 이한민 박홍민 배소현 임진영
관리 이주환 문주상 이희문 원선아 이진아 **마케팅** 정아린
디자인 창포 031-955-2097
인쇄 오색프린팅 **제본** 경일제책사

제1판 제 1쇄 2001년 5월 15일
제1판 제 7쇄 2023년 12월 20일

값 28,000원

ISBN 978-89-356-5287-7 94160